ALEJANDRO JODOROWSKY

EVANGELIOS PARA SANAR

Libros del Tiempo **Ediciones Siruela**

1.ª edición: marzo de 2007
2.ª edición: abril de 2007

Este libro no puede ser distribuido en Latinoamérica.

Ediciones Siruela agradece al Círculo de Bellas Artes de Madrid y a su equipo técnico el permiso concedido y la ayuda prestada para la grabación de este DVD, el 5 de junio de 2006. Asimismo, Ediciones Siruela agradece a las personas que aparecen en el DVD que acompaña a este libro la cesión de sus derechos de imagen.

Todos los derechos reservados de este libro y del DVD. Ninguna parte de esta publicación puede ser reproducida, almacenada o transmitida en manera alguna ni por ningún medio, ya sea eléctrico, químico, mecánico, óptico, de grabación o de fotocopia, sin permiso previo del editor.

En cubierta: Alejandro Jodorowsky, detalle
de una foto de © Alberto García-Alix
Diseño gráfico: Gloria Gauger
Realización del DVD:
www.astradeproducciones.com
© Alejandro Jodorowsky, 2007
© Ediciones Siruela, S. A., 2007
c/ Almagro 25, ppal. dcha.
28010 Madrid   Tel.: + 34 91 355 57 20
Fax: + 34 91 355 22 01
siruela@siruela.com   www.siruela.com
Printed and made in Spain

Índice

Prólogo
Alejandro Jodorowsky   13

EVANGELIOS PARA SANAR

MARÍA CÓSMICA

Introducción   19

1
La genealogía de José   29
La anunciación a José (Mateo 1:18-25)   31
María y el nacimiento de Jesús   41
La visita de los Magos (Mateo 2:1-12)   43

2
La anunciación del nacimiento de Juan
  (Lucas 1:5-25)   53
La anunciación del nacimiento de Jesús
  (Lucas 1:26-38)   67

3

María y José	81
Visita de María a Elisabet (Lucas 1:39-56)	87
Nacimiento y circuncisión de Juan el Bautista	99
Juventud de Juan el Bautista (Lucas 1:80)	107

4

El censo	109
El sacrificio de José	113
La concepción y el alumbramiento perfecto	115

5

La visita de los pastores	141
Lo que María guarda en su corazón	142
La circuncisión	144
La circuncisión del sexo	147
La circuncisión del corazón	148
La circuncisión del intelecto	149
La mujer y la circuncisión	149
El Cristo y la circuncisión	152

6

La ley de Moisés	153
Presentación de Jesús en el templo	159
Profecía de Simeón (Lucas 2:25-35)	166
Profecía de Ana (Lucas 2:36-39)	175

7

Infancia de Cristo (Lucas 2:40)	177
Primeras palabras de Jesús en el templo (Lucas 2:41-52)	178
Los Maestros de Cristo	183
La vida sexual de Cristo	193

Prefiguración de Cristo en el Antiguo
  Testamento   **197**
Vocación profética de Juan el Bautista
  (Mateo 3:1-16; Lucas 3:1-6)   **199**
Llamado de Juan a la conversión
  (Mateo 3:7-10) / Amenaza de Juicio
  (Lucas 3:7-9)   **206**
Bautismo de agua y bautismo de fuego
  (Mateo 3:11-12)   **207**
Bautismo de Jesús (Mateo 3:13-17; Lucas 3:21-22)   **208**
La tentación de Jesús (Mateo 4:1-11)   **215**

DIOS INTERIOR

Introducción   **227**

8
Jesús se retira a Galilea (Mateo 4:12-17)   **233**
Los primeros discípulos (Mateo 4:18-22)   **237**
Jesús y las multitudes (Mateo 4:23-25)   **241**
El Sermón de la Montaña (Mateo 5:1-2)   **242**
Las bienaventuranzas y el Tarot   **245**
La quinta esencia   **246**
Numerología del Tarot   **251**
Las bienaventuranzas (Mateo 5:3-12)   **254**
La sal y la luz (Mateo 5:13-16)   **269**

9
Jesús y la ley (Mateo 5:17-21)   **273**
Asesinato y reconciliación (Mateo 5:21-26)   **274**
Adulterio y escándalo (Mateo 5:27-30)   **276**
El repudio (Mateo 5:31-32)   **278**

10

El texto dictado por la divinidad	**281**
La oración (Mateo 6:5-9)	**282**
Nosotros	**285**

11

Testimonio de Juan (Juan 1:19-28)	**297**
El Cordero de Dios (Juan 1:29-34)	**297**
Los primeros discípulos (Juan 1:35-51)	**298**
La primera señal: las bodas de Caná (Juan 2:1-12)	**302**

12

Los mercaderes del templo (Mateo 21:12-17)	**317**
La purificación del templo (Juan 2:13-22)	**329**
La higuera sin fruto (Mateo 21:18-22)	**333**
La fe que no basta (Juan 2:23-25)	**335**
La conversación con Nicomedes (Juan 3:1-21)	**336**

13

Juan y Jesús (Juan 3:22-30)	**343**
El que viene de lo alto (Juan 3:31-36)	**346**
La conversación con la samaritana (Juan 4:1-42)	**348**

14

La segunda señal de Caná (Juan 4:43-54)	**371**
La fe	**374**
Los milagros	**376**
Curación de un paralítico en Jerusalén (Juan 5:1-18)	**381**
El poder del Hijo (Juan 5:19-30)	**390**

15

Retorno ofensivo del espíritu impuro
   (Mateo 12:43-45) **395**
Jesús alimenta a una gran multitud (Juan 6:1-15) **399**
Jesús camina sobre las aguas (Mateo 14:22-23) **408**
Jesús, pan de vida (Juan 6:22-59) **415**

16

La mujer adúltera (Juan 8:1-11) **425**
La curación de un ciego (Juan 9:1-12) **433**

17

El ser y el tener **445**
La resurrección de Lázaro (Juan 11:1-44) **453**

18

Proemio **473**
Cristo y la Pasión **474**
Inminencia de la prueba (Lucas 22:35-37) **476**
María **479**
José (Lucas 23:50-53) **481**
Judas (Mateo 27:3-10) **482**
La Pasión y la Crucifixión **483**
Sepultura de Jesús **495**
Las doce deformaciones **500**
Los dos principios **508**

19

La resurrección según Mateo
   (Mateo 27:57-66; 28:1-10) **513**
La resurrección según Marcos (Marcos 16:9-20) **520**
La resurrección según Lucas (Lucas 24:13-53) **528**
La resurrección según Juan (Juan 21:15-23) **533**

Prólogo

Después de haber analizado múltiples árboles genealógicos y de haber visto los estragos causados por la antigua interpretación de los Evangelios –enfermedades físicas y mentales, suicidios, insatisfacción sexual, misoginia, perversiones, guerras–, y pensando que si bien un individuo no puede cambiar el mundo al menos puede comenzar a cambiarlo («Si quieres caminar un kilómetro, primero da un paso», *Tao te king*, Lao Tse), decidí dar una serie de conferencias analizando y comentando los cuatro evangelios (de Mateo, Marcos, Lucas y Juan) para limpiar en cierta forma la manera en que habían sido interpretados. Estas conferencias, dictadas en la Universidad de Jussieu en París y recogidas en cinta magnetofónica por una alumna, Layla Bess, y transcritas íntegramente, con su estilo oral plagado de numerosas repeticiones, fueron reunidas en España por un grupo de terapeutas, SAT, en una edición limitada que rápidamente se agotó. No teniendo tiempo de emprender el arduo trabajo de pulir el estilo oral para convertirlo en literario, impedí que el libro fuera reeditado... Pero en esta última época he observado que algunos creyentes, cansados de esas inhibitorias interpretaciones que mantienen como ideal la castidad y la conservación del himen, negando que una mujer de sexualidad satisfecha pueda elevarse a una cima espiritual, suplantaban a una diosa de dimensión cósmica (María) por un homónimo menos virginal (María Magdalena), capaz de satisfacer la parte viril del Mesías, engendrando con él hijos sabios y elevándose a las alturas espirituales a las que las mujeres de hoy se sienten capaces de acceder. Constatando que este cambio en la mentalidad popular era aprovechado por escritores sin escrúpulos para, desviándolo hacia un esoterismo vulgar y ridículo, enriquecerse, decidí corregir, aumentar y permitir editar otra vez *Los Evangelios para sanar*. Era necesario demostrar –primera parte de este libro– que los poderes espirituales que se le atribuyen a Magdalena son los de María y que los Evangelios –como se explica en la segunda– ofrecen un método para «cristalizar» el Cristo, es decir, lograr que lo Universal se refleje en lo Individual, convirtiéndolo en Avatar. (En matemáticas, la transformación de un número por la inversión, por ejemplo 21 en 12, es denominado «un avatar».) Si nos hacemos conscientes, entregándonos a Su voluntad, de que el núcleo central de nuestro espíritu es un avatar del Dios universal, comprenderemos que nada nos separa de la conciencia cósmica. *Avatar* proviene del sánscrito *Avatâra*, literalmente «descenso», bajada comprendida como la encarnación divina en un individuo. En el fondo, la esencia del mensaje es que, si aceptamos la presencia de un Dios interior, cada uno de nosotros, no sólo Jesús, Krishna o el Dalai Lama, es un Avatar. Una interpretación correcta de los Evangelios, que corresponda a nuestra época, intentará proponer una Moral satisfactoria basada en la salud y la belleza; y enseñar a los que estén listos y prestos a mutar, el sagrado regreso a sí mismos.

Alejandro Jodorowsky

EVANGELIOS PARA SANAR

MARÍA CÓSMICA

Introducción

Al principio, cuando comencé a leer las cartas del Tarot en el transcurso de consultas individuales, me concentré en los problemas del consultante y consideré ciertas enfermedades como entidades autónomas. Poco a poco me di cuenta de que estos problemas tenían su origen en el parto. La manera en que las personas habían sido paridas influía en su destino de un modo determinante. Luego comprendí que estudiar el parto no era suficiente; hacía falta saber cómo se había desarrollado la estancia en el vientre de la madre. La gestación podría no ser ese paraíso del que se habla, sino ser ya en sí misma el infierno. La sensación de tener un lugar en el mundo está estrechamente ligada al lugar que uno ocupa durante esos nueve meses prenatales.

Para comprender este periodo de la concepción, me pareció necesario conocer cuál había sido la vida de la madre y la forma en que ella había percibido al padre de su niño. Esto suponía un estudio del ambiente en que había vivido esa mujer, de sus padres y sus abuelos, así como un estudio de los padres y abuelos del hombre con quien ella había procreado. Es a esto a lo que denominé «psicogenealogía». En primer lugar puse el acento en el aspecto psicológico del árbol genealógico, puesto que me pareció evidente que el árbol estaba en la base de toda neurosis, obsesión, cáncer, tuberculosis, manía, etcétera. Cada cual hereda una enorme marca psicológica que carga como una trampa mientras no es consciente de ella.

Por ejemplo, vi un árbol en el que el hombre no existía a lo largo de tres o cuatro generaciones. Cada vez que el primogénito alcanzaba la edad de ocho años, el padre moría y el niño se transformaba en el «esposo» de su madre. En esta familia, los niños eran considerados unos estorbos. Este tipo de situación dibuja extrañas conformaciones en el espíritu de quien la experimenta.

En seguida me percaté de que los aspectos culturales, económicos y políticos del árbol genealógico tenían un lugar importante. Conocer el nivel cultural de la familia a lo largo de las generaciones, saber si una profesión se había transmitido de padres a hijos, observar cómo las guerras se habían colocado en la historia familiar, estudiar la incidencia de nacionalidades, raíces raciales, religiones, etcétera, eran igualmente datos interesantes e indispensables para comprender la influencia del árbol sobre un ser.

Conocí a una persona cuyo padre era musulmán y su madre judía. Uno y otra habían rechazado sus orígenes, por lo que su hijo carecía de cultura, nacionalidad y raíz. No creo que sea indispensable atarse a una nacionalidad o a unas raíces determinadas. Admiro la libertad de ese personaje del Tarot que puede precisamente simbolizarla: El Loco [Le Mat]. Sin embargo, para llegar a esta libertad hace falta haber conocido y honrado las raíces. Si uno no sabe de dónde viene, desconoce a dónde va. Cortar con el pasado no significa ignorar nuestros orígenes, y conocer nuestros orígenes no significa atarse a ellos.

Es así como cobró importancia el aspecto sociológico del árbol genealógico. No podíamos estudiar una familia sin analizar la sociedad en la que se encontraba sumergida. Me di cuenta de que más allá de los aspectos psicológicos y sociológicos, existía un aspecto espiritual. Tras cada enfermedad, cada depresión y cada problema se encuentra un mito, un mito olvidado que está en la base de todo, de la religión desde luego, pero también de la sociedad.

Independientemente de que seamos judíos, musulmanes, cristianos, budistas, taoístas o ateos, desde el instante en que vivimos en Occidente somos influenciados por el mito que ha impregnado al mundo occidental: el mito judeocristiano, que está en la base de nuestra vida social, económica, política, intelectual, sexual y espiritual. Jung, que ha hablado muy bien de todo esto, estudió la interdependencia que existe entre el mito y nuestro inconsciente profundo, y concluyó que no podemos vivir de una forma realizada si no logramos construir una divinidad interior.

Como punto culminante de tales informaciones, me pareció indispensable conocer este mito porque nos fue transmitido por generaciones que no poseían el grado de comprensión que tenemos nosotros. El mito era un símbolo y su interpretación variaba en función del nivel de quien lo interpretara. Y es una interpretación errónea y enferma la que ha llegado hasta nosotros.

Si pasamos el Evangelio por el tamiz de nuestro actual grado de comprensión, toda la pintura religiosa nos parecerá primitiva. Los artistas que se han inclinado hacia ese tema obedecieron a las directrices morales de un periodo ahora caduco. Tales directrices ya no nos corresponden; en la actualidad nos falta fijar sobre este texto una mirada que refleje nuestro grado de evolución y de conocimiento.

Hay dos modos de abordar el mito. Uno es el de quien busca establecerlo como una verdad y por tanto emprende investigaciones históricas, geográficas y sociales para probar su realidad (es lo que hacen los religiosos). El otro consiste en aceptar el mito como un símbolo y tratar de penetrar en su misterio. En este último caso, uno ya no busca averiguar si es real o no, y la nueva interpretación, hecha al margen de todos los fundamentos religiosos tradicionales, puede llevarnos muy lejos en la búsqueda de nuestra verdad interior y en el reconocimiento de nuestra alma.

Vivimos en un mundo materialista desprovisto de moral: es otra razón que me ha impulsado a explorar el Evangelio. Las leyes que nos rigen no son «morales». La bondad no aparece en sus líneas. Las leyes están hechas para proteger al más fuerte: firmar un contrato, por ejemplo, implica ávidas batallas para evitar ser estafados. Todos los contratos se establecen sobre el robo: se trata de ver quién tendrá ventaja sobre el otro. El que impone su fuerza es respetado y honrado; admiramos su inteligencia y su éxito. Por el contrario, la víctima es despreciada porque se dejó engañar.

Navegamos así en un mundo materialista edificado sobre el robo, la competición, la explotación, el egoísmo... Todo está diseñado para impedir que la conciencia del hombre se desarrolle, porque la conciencia molesta, trastorna. El sistema escolar mantiene a los niños en un nivel lejano a la toma de conciencia: un nivel que impide al mundo cambiar. De modo manifiesto existe una conspiración tendente a mantener al mundo tal cual es, sobre sus cimientos desprovistos de moral.

A los sesenta años, es decir en el ocaso de la vida, tiramos a los seres humanos al basurero social. Los hemos acostumbrado a esta idea. Al aceptarla, los individuos viven acompañados de la angustia de llegar a esta edad crítica.

Así, nos encontramos en una sociedad criminal que destruye al ser. Es la conspiración contra el despertar. ¿Qué hacer? Me pregunté si al ocuparnos de sanar el mito no llegaríamos a crear una nueva moral que nos permitiera alcanzar la conciencia colectiva. Esta moral no tendría como fundamentos las nociones de bien o mal, sino la de belleza.

Sin embargo, ¿qué moral podemos construir si vivimos entre personas que desprecian el espíritu tanto como a quienes lo desarrollan? Un individuo es considerado enemigo en el momento en que se atreve a cultivar una sensibilidad, una conciencia, una creatividad propias, en el momento en que osa convertirse en sí mismo.

¿Qué hacer ante estos seres que consideran que el mundo les pertenece porque son la mayoría? ¿Qué hacer ante todas esas personas para quienes la filosofía consiste en vender caro lo que obtuvieron barato, esas personas que están en competición y buscan rebajar a los otros por todos los medios posibles? ¿Qué hacer en un mundo que se burla de cada ser y de su genio, un mundo que no necesita ni de la conciencia ni del corazón de cada uno? Un mundo que quiere que seamos compradores frustrados.

Éste es el problema que me impuse, la razón que me llevó a estudiar el mito cristiano. Digo «mito» dirigiéndome a los no creyentes; los creyentes podrán comprender «religión».

El mito cristiano, del mismo modo que el Tarot, no puede ser reducido a una visión determinada, fija, preestablecida. Funciona como un símbolo y, por tanto, no puede ser captado intelectualmente. En el Tarot, el error consiste en petrificar cada arcano en una definición rígida y cerrada. Sin embargo, cada carta es un misterio insondable capaz de recibir mil interpretaciones distintas. Para captar el juego, hace falta impregnarse de él hasta que comience a entrar en relación con nuestra emocionalidad. A partir de ahí, las cartas ejercen una acción sobre nosotros. Sólo entonces uno puede hablar de cada arcano en el grado de nuestra inspiración y proyectando lo que somos. Lo importante es comprender que lo que vemos corresponde a una proyección de nosotros mismos. El juego funciona como un espejo. De la misma forma, el mito funciona como un espejo que describe acontecimientos inconscientes. Su lectura debe pasar por el lenguaje emocional, el lenguaje del corazón.

La memorización es un camino indicado para llegar a ese lenguaje. Memorizar el mito, como memorizar el Tarot, permite visualizarlo y después vivirlo.

Mi primer afán al estudiar el Evangelio es exaltarlo al buscar las más bellas interpretaciones posibles. Soy muy consciente de que se trata de un trabajo sin fin porque uno siempre podrá encontrar una belleza mayor. Es como en el Tarot: hace falta comenzar y nunca cejar. A medida que enriquezcamos este estudio, enriqueceremos nuestras vidas e imperceptiblemente cambiará todo en nosotros: nuestros movimientos, nuestra manera de comer, de pensar, de sentir, de hacer el amor, de parir, de creer, de morir... Si no lo interrumpimos jamás, este trabajo producirá un cambio.

Mi manera de proceder no pertenece a ninguna escuela.

Con el Tarot aprendí a mirar sin prejuicios. Antes de proyectar cualquier idea, hace falta ante todo ver. Es la condición esencial para elaborar una teoría válida.

Mirando los arcanos comprendí que cada carta, por su aspecto simbólico, era una forma abierta sobre la que cada cual podía emplear su imaginación. Así, por ejemplo, podemos interpretar negativamente la carta llamada La Torre [La Maison-Dieu] y decir que se trata de la torre de Babel, o del castigo de la vanidad, o de un accidente o del desgarramiento de la pareja, etcétera, mas también podemos decir que ese arcano significa la danza alrededor del templo, la recepción de la palabra sagrada, el atanor (horno alquímico) o la toma de posesión del terreno y un homenaje a la vida divina, etcétera.

Del mismo modo, el Evangelio es una especie de forma abierta que permite millares de interpretaciones. Su mensaje es misterioso y está oculto. Como sucede con el Antiguo Testamento, cuando uno comienza a penetrar profundamente en el Evangelio, se encuentra ante textos de tal complejidad que parece en verdad imposible que un ser humano haya podido escribirlos. Antes bien, uno diría que se trata de una obra divina que habría sido «recibida» por el hombre y que le es muy superior. Por otra parte, estas obras superan a todas las interpretaciones que pueda hacérseles.

Para estudiar cada capítulo, lo he tomado como un arcano del Tarot. He contemplado todos sus detalles. Traté de imaginar todo lo que ahí sucedía como si viera una película y, a partir del momento en que me había impregnado bien de ello, dejé hablar a mi intuición sin saber a dónde me llevaría.

El ideal hubiera sido estudiar el texto a partir de su versión original, pero utilicé la traducción ecuménica puesto que numerosos grupos religiosos se han puesto de acuerdo sobre ese texto.

He emprendido este trabajo de relectura con total humildad y sin querer agraviar a quienes ya conocen el Evangelio. Por otra parte, me parece que cuando uno ama un tema, nada le resulta más bello que escuchar a otros hablar de él.

Espero con este trabajo contribuir a la toma de conciencia colectiva que está por venir. Pero es posible que tengamos que esperar hasta el siglo XXII para que la humanidad cambie de modo fundamental. ¿Qué sucedería si Cristo se presentara hoy? El Cristo es un Mesías: si acude es para salvar a la humanidad. Ningún individuo puede salvarla ahora. Si el Cristo viene, será un Cristo colectivo. Será la iluminación de toda la humanidad.

Si la humanidad entera no se ilumina, lo humano se acaba. El Cristo o es colectivo o no es.

¿Y qué es el hombre? El hombre tiene que comprender que su cuerpo es el universo, que el tiempo es lo que le sucede a él, y que su conciencia es parte de la conciencia cósmica. Tenemos que comprender –aunque no lo vivamos, aunque muramos antes de verlo– que el hombre va a poblar las estrellas, que va a lograr vivir tanto como el universo, que constituirá una conciencia global y será la mente del cosmos. Si no tenemos este ideal, no vale la pena vivir. Poco a poco debemos acercarnos a este ideal. Nosotros no veremos la llegada de la Conciencia cósmica; no veremos los frutos de las semillas que estamos plantando. Debemos sacrificarnos, porque sólo nuestros descendientes lo verán. Ése es el sentido del sacrificio que nos enseñan los Evangelios: la absoluta humildad necesaria para actuar sabiendo que no veremos los resultados.

La mala lectura del mito nos enseña a vivir en el mayor egoísmo: ensuciamos el planeta y no nos importa porque no padeceremos la catástrofe; ensuciamos nuestros cuerpos y nos autodestruimos para morir pronto y no ver los resultados de las devastaciones que estamos cometiendo. Sólo nos importa el tiempo que calculamos estar aquí, y el porvenir nos tiene sin cuidado, aunque sea el de nuestros hijos; vagamente nos tranquilizamos pensando que ellos se las arreglarán como nosotros. Pero la verdadera humildad consiste en trabajar y actuar en cada instante creyendo en la humanidad futura, en que ella llegará a abrirse al cosmos como una flor en un mañana que nosotros, tú, yo, no llegaremos a ver.

Tenemos que pensar en lo que vendrá, y amarlo. Debemos actuar creyendo en la humanidad futura. Trabajar para ella, incansablemente. Aprender a aceptar el sacrificio. Porque de otra forma, ese cambio no se producirá. *Nosotros* plantaremos la semilla, *nosotros* trabajaremos, *nosotros* haremos avanzar a la humanidad hacia su realización.

¿Cómo nacen los mitos? Primero alguien los sueña, esos sueños luego son convertidos en cantos, después alguien los transforma en poemas y, finalmente, alguien más los escribe en Libros Sagrados. ¿Y de dónde proceden estos sueños iniciales? Quizá de la misma divinidad (si somos creyentes) o de los arquetipos (si no lo somos). Así como la araña teje telas, nosotros fabricamos sueños. Ése es el mito fundacional, porque sostiene a toda la sociedad. Y contra los sueños se erige el poder, el egoísmo.

Por ello me planteo leer el mito fundacional al pie de la letra: cada frase del Evangelio es perfecta y contiene una enseñanza. Y mi proyecto fue colocar sobre este texto una mirada artística.

Me propuse ser fiel a los escritos, no poner en duda sus afirmaciones, no buscar los lados negativos ni emitir la menor crítica destructiva, no herir la sensibilidad religiosa ni cometer ninguna blasfemia y, sobre todo, exaltar el texto realzando su belleza. Si no puedo cambiar ni una sola letra del mito puedo, no obstante, cambiar su interpretación, colocarla en nuestro actual nivel de conciencia y en la perspectiva de la humanidad futura.

Porque el mito fundacional está rodeado de nubes negras que son las interpretaciones arcaicas que las sectas han hecho sobre ese mensaje. Actualmente, esas interpretaciones están terminando con la humanidad: provocan guerras, hecatombes familiares, cánceres en todas partes del cuerpo –sobre todo en las partes sexuales–, pervierten la expresión humana, aniquilan la felicidad, crean pobreza.

Pondré un ejemplo, de los que lamentablemente hay tantos. Una de las infinitas resultantes de la mala lectura del mito, y de las más nefastas, es lo que llamo «el síndrome del niño perfecto». Examinemos un árbol genealógico: si a lo largo de varias generaciones se repiten en él los nombres «José» y «María», lo más probable es que se dé este síndrome de forma cíclica. Los «José» y «María» pueden estar *escondidos* (por ejemplo, un «José Manuel» casado con una «Rosa María»), pero aun así el síndrome se presentará con su hijo primogénito, al que no necesariamente llamarán «Jesús»: bien puede ser Christian, Salvador, Emanuel, Pascual, Cristóbal o cualquier otro nombre de resonancias crísticas. Si es varón, sus padres le exigirán que sea *perfecto*: tendrá que ser sabio a los 7 años, impecable a los 15, irreprochable a los 30, y es muy probable que enferme y muera a los 33, víctima de una de esas atroces enfermedades de la «modernidad».

Este ser humano se sacrificará inconscientemente porque así ha sido su condicionamiento desde el árbol genealógico y desde la pésima lectura del mito como sexualidad refrenada. Y si es mujer, mejor, porque entonces ni siquiera se le exigirá ser perfecta: sólo podrá ser la madre de un varón perfecto (esto es lo más a lo que se le permitirá llegar) y a su vez transmitirá el ciclo y cumplirá el síndrome.

Nuestro mito fundacional ha sido manipulado para ponerlo al servicio de la explotación. Pensando que el arte es algo que cura, yo he reinterpretado los Evangelios según una visión artística.

Vivimos aterrados. Sobre todo nos ahoga el pavor económico. Los animales tienen miedo, es su reacción instintiva ante lo inesperado: es lo propio del animal, no del ser humano. En los Evangelios, lo que un ángel dice cuando se presenta ante alguien es: «No tengas miedo», lo que significa colocar a la persona en un estado de *humanidad*. Actualmente vivimos en una pavorosa bestialidad económica. Una lectura positiva del mito comienza exactamente así, con un «no tengas miedo», arrancándonos de la animalidad en que vivimos y colocándonos en la perspectiva de nuestra humanidad presente y futura.

1

La genealogía de José

Mateo comienza con la «Genealogía de Jesucristo» (cap. 1, versículos 1-17):

> Libro de los orígenes de Jesús Cristo, hijo de David...

y va dando una larga lista de personajes que han engendrado a José, y termina con:

> ...Jacob engendró a José, el esposo de María, de la cual nació Jesús, llamado Cristo.

José, ¿por qué José? Me pregunté cuál había sido la vida del primer José del que habla la Biblia. Lo encontré en el capítulo 37 del Génesis.

Este José del Génesis era tan bello que su padre le ofreció una túnica. Sus hermanos (que eran doce) sintieron envidia y se pusieron furiosos porque el padre había distinguido a José.

Cuando uno recuerda que no se podía cortar la túnica de Cristo y que quienes se la disputaban tuvieron que jugársela a los dados porque estaba hecha de una sola pieza, nos damos cuenta de que esa túnica comienza con este primer José. Por otra parte, ¿quién dio la túnica a Cristo? Podemos pensar que fue José (el padre de Jesús), puesto que Cristo es hijo de David a través de José. Hay que comprender que es José quien otorga su árbol genealógico a Cristo y que de este modo ofrece a Dios la posibilidad de cumplir su promesa hecha en la casa de David (Segundo Libro de Samuel, 7:12-16). Ergo, por más increíble que pudiera parecer, sin José no hay Mesías.

¿Quién era este José del Génesis? Sus hermanos, celosos, lo lanzan al fondo de una cisterna o un pozo para que muera. Luego toman la túnica de José y la manchan con la sangre de un animal; la muestran así a su padre (Jacob): éste cree que José ha sido devorado por una bestia y se hunde en una profunda pesadumbre.

José, pues, está desnudo en un pozo. Se dice que la verdad está desnuda en el fondo de un pozo. José era la verdad. Se decía que era justo. ¿Y qué sabía hacer? *Interpretar los sueños.* Tuvo dos de ellos, que narró a sus hermanos:

> Oíd este sueño que he tenido. Estábamos atando gavillas en medio del campo, cuando he aquí que mi gavilla se levantó y se mantuvo derecha, mientras que las vuestras se ponían a su alrededor y se inclinaban ante ella.

¿Qué significa este curioso hecho de que las otras doce gavillas se inclinaran ante la de José? Los doce apóstoles se inclinan ante el Cristo.

José sabía soñar y Dios lo protegía. ¿Qué hizo en el fondo del pozo, desnudo, sin nada que comer? No tenía sino una sola cosa que hacer: ponerse a meditar. Cae en trance, se concentra en sí mismo. Se comunica con el cosmos. Se comunica con su Maestro. Se comunica con su destino.

Más tarde casi llega a ser faraón de Egipto porque sus hermanos lo venden a ciertos mercaderes que a su vez lo venden en Egipto. Ahí es enviado a la prisión. Luego interpreta un sueño del faraón, el famoso sueño de las siete vacas flacas y las siete vacas gordas. En seguida el faraón le da todo Egipto para administrarlo.

Es a partir del fondo de ese pozo que la epopeya cristiana comienza muy claramente a dibujarse: no existiría si alguien no hubiera lanzado a un hombre al fondo de un pozo, es decir a lo más profundo de su desamparo. Nuestra civilización no existiría (según el mito, evidentemente).

Este otro hombre, José (padre de Jesús), está en el fondo de un pozo (el pozo de nuestro desconocimiento y nuestra incomprensión). Será preciso hacerlo salir. Será preciso reconocer su valor. Él es el *principal* motor del Evangelio. Debemos comenzar por él, es decir, por «La anunciación a José».

La anunciación a José
(Mateo 1:18-25)

El nacimiento de Jesucristo fue así. Su madre, María, estaba desposada con José; y antes de vivir juntos, resultó que ella había concebido en su seno por obra del Espíritu Santo. Pero José, su esposo, que era un hombre justo y no quería difamarla públicamente, resolvió repudiarla en secreto.

¿Qué es un hombre justo? Para responder a esta pregunta busquemos en la Biblia cuándo se dice por vez primera que un hombre es «justo». Es en el capítulo 15 del Génesis, versículos 5-6; en esta época, Abraham es viejo, tan viejo como Zacarías, padre de Juan.

Dios lo llevó fuera y le dijo: «Contempla el cielo y cuenta las estrellas si puedes hacerlo».

Abraham exclama «Eso no es posible, ¿cómo voy a contar las estrellas?». Lo intenta inútilmente; entonces Dios agrega «Tal será tu descendencia».

Se lo dice a un anciano casado con una mujer tan vieja como él. No obstante,

Abraham tuvo fe en el Señor, y por ello el Señor lo consideró como justo.

He aquí la descripción de «justo»: José fue un hombre que tuvo fe en lo que el Señor le decía. Era un hombre justo. Esto quiere decir que conocía la ley y seguía todos los preceptos. (Los judíos aprenden de memoria la Torah completa. Además de memorizarla, analizan cada frase, la comentan, etcétera.)

Un hombre justo es un hombre perfecto, santo, que observa la religión de un modo impecable y puro. Esto es José.

El Evangelio no precisa su edad. Es falso afirmar que era viejo, porque ello no está escrito en parte alguna. En tanto su edad no está señalada, cada cual se hace de José la imagen que quiere. El Evangelio deja impreciso este punto porque José puede ser el espíritu de cualquiera de nosotros, el espíritu del hombre. No hace falta ni es importante ubicarlo en una edad. Podría ser un muchacho de catorce o quince años, como la Virgen.

Hay algo esencial que no se dice pero que bien podría estar escrito entre las líneas

José, su marido, que era un hombre justo y no quería difamarla públicamente...

¿Cómo se entera de que María está encinta? Es necesario imaginar la manera en que José se dio cuenta, así como hay que imaginar la belleza de su mujer.

José no había elegido a una mujer vulgar. María era una mujer perfecta hasta la última de sus células, una mujer completamente *consagrada* hasta en el menor de sus huesos. Era la perfección misma.

Evidentemente, un ser como ella no podría haber ocultado a José un suceso así. María no era capaz de mentir. Desde que aparece el fenómeno de la ausencia de sus reglas, ella se acerca a su marido y le dice «Estoy encinta y soy virgen». En ese momento, José no le cree. Es un hombre justo y creyente, pero en ese caso no cree porque está escrito que, no queriéndola difamar, resuelve repudiarla en secreto.

Un problema se le presenta entonces: repudiarla en secreto no es compatible con el hecho de que él sea un hombre justo. En efecto, si es justo y no le cree, debe anunciar públicamente «Esta mujer se ha acostado con otro hombre. Es adúltera. Debemos castigarla con la lapidación».

José entra en conflicto consigo mismo: debe denunciarla pero no quiere difamarla. Esto significa que la ama totalmente y que ella es más fuerte que toda la ley. La fuerza de su amor es más que evidente. ¿Por qué iba a pedir en matrimonio a una mujer si no la amara por completo? Sobre todo, ella ha nacido en Nazaret. Pero vemos en una nota del Evangelio que Nazaret es la ciudad más olvidada, una pequeña aldea sin importancia. Y así, María era una muchacha sin importancia.

¿Por qué un hombre justo se casaría con una muchacha sin importancia? ¿Y por qué no cumpliría la ley? Por una sola razón: porque esta muchacha era más bella que la ley. Objetivamente era en verdad más bella, y de tal manera que José no sólo no quería lapidarla sino tampoco difamarla. Al mismo tiempo, en su amor, no podía aceptar que ella estuviera encinta de otro hombre.

...resolvió repudiarla en secreto...

Para ocultar el hecho de repudiarla, José parte. ¿Es posible imaginar la inmensa decepción de este hombre, la duda que debe torturarlo? Ha caído en el fondo de un pozo. Parte sin nada.

Para él, partir era abandonar la Torah, la ley, pecar, romper con todo lo que él era, destruirse totalmente porque, como veremos más adelante, un hombre justo no puede vivir lejos del templo. El ideal de un hombre justo es vivir, de la mañana a la noche, cerca del templo, con la Escritura, con Dios.

Además, siendo justo, no puede mentir. De este modo, aparte de repudiar a María se ha separado de la sociedad y por tanto de la comunidad judía. Ya no puede encararse con otros judíos y mentir. Su partida, entonces, es definitiva. Debe ir a Egipto o a Arabia. Debe transgredir la ley, romper con Dios. Lo abandona todo y se encuentra completamente desnudo en el fondo de un pozo.

Para él, María es incluso más fuerte que Dios. Se trata del *amor loco*, el amor de un hombre que ama a una mujer con toda la fuerza de su ser. La ama con su sexo, con su corazón, con su cabeza, con su vida misma. La ama porque jamás vio una mujer más bella. Por otra parte, María es tan hermosa que Dios la ve. José sabe que no es digno de María porque «Ella es todo y yo soy nada». Es la voz del amor.

Entonces, desde este enorme amor, José rompe con todo: con su vida, con la tradición e incluso con su linaje, puesto que proviene directamente de David. Con un inmenso dolor en el fondo del alma, repudia a María. En verdad es difícil tratar de imaginarse la dimensión de ese dolor. Al perder a su mujer, José pierde todo lo que tiene y, sin embargo, aún la ama.

Había planeado esto, y he aquí que el Ángel del Señor se le aparece en sueños y le dice...

José duerme y en el sueño se le aparece el Ángel del Señor. Aquí es necesario un múltiple esfuerzo de la imaginación, darse cuenta de lo que representa ver al Ángel del Señor, es decir, la manifestación divina concretada en un ángel. Hay que visualizar todos los cambios posibles de moléculas, las vibraciones, las músicas, los aromas, las aureolas, las ruedas de energía que giran, los cambios de colores... Por esta razón, lo primero que dice el ángel cuando alguien lo ve es «¡No tengas miedo!». Al decir esto, el ángel sopla dulcemente, la persona se calma y puede soportar la visión de este ser que es la única entidad cósmica capaz de contemplar directamente a la divinidad sin ser pulverizada. Ésa es la fuerza de una tal aparición.

El ángel está al borde de un precipicio y en la espalda porta lo enorme, lo infinito, lo inconcebible, lo indefinible, lo indecible, lo impensable... el misterio total. Todo ello está ahí, en su espalda.

Las alas del ángel Gabriel están hundidas en el misterio total porque Dios sobrepasa los límites de nuestro pensamiento: el lenguaje es todo, salvo Dios. Todo lo que podemos nombrar no es Él. Poseemos un instrumento para definir todo el universo, con excepción de Dios. Él es indefinible y está por completo fuera del lenguaje, de los números... No podemos nombrarlo. Y si no podemos darle nombre, no podemos verlo. Somos incapaces de definirlo. Él puede vernos, puede amarnos. Nosotros no podemos.

Quien dice «amo a Dios», miente. Es más exacto decir «Me dejo amar por Dios y transmito su amor». Es el amor de Dios, el pensamiento de Dios, la fe de Dios, la Ley de Dios. Siempre de Dios. El mundo *de* Dios. El enorme misterio que portamos es el que está de este lado del lenguaje. Lo único que podemos hacer es mojar el ala en lo desconocido. Y con el ala en lo desconocido, Gabriel se erige ante José.

Hay sueños que pueden cambiar toda una vida. El cambio proviene del interior. La aparición en sueños de este ángel (que era cósmico, inconmensurable, enorme, no humano...) fue la potencia contenida del universo entero que vino a hablar a José.

¿Qué le dijo esta visión increíble y con qué voz habló? Seguro que no se expresó con una voz gangosa o grandilocuente. Le habló con una voz que entraba profundamente en el plexo solar, en todos los huesos, en la columna vertebral... Como lava, ella se vertía hacia el interior del ombligo, del vientre, del cuerpo entero. En el interior de José esa voz se movía, borbotando. José estaba tan trastornado por la visión como por esta voz que lo atravesaba.

Y esta voz le dijo:

José, hijo de David...

En cuanto le dijo «José, hijo de David», él vio de inmediato su filiación. Todo su árbol genealógico surgió en su memoria. Esta voz lo lanzó hacia el pasado. Vio todas las generaciones que lo habían precedido. Vio el momento en que David (en el Primer Libro de Samuel, 26:1-25) dijo a Saúl que quería ajusticiarlo: «Escucha, mientras dormías yo hubiera podido matarte, tú estabas en la oscuridad y sin defensa. ¡Mira!, ésta es la prueba, he tomado de tu cabecera tu lanza y una vasija de agua. ¡Detengamos estos combates!». Y José (Segundo Libro de Samuel, 6:20-23) vio también a David danzar ante el Arca exclamando «Soy una hormiga. Soy un pobre hombre». La mujer de David le dijo entonces «Tengo vergüenza de ti. ¿Cómo tú, un rey, puede danzar ante el Arca?». Y David le respondió «Me burlo de lo que piensas. Si deseo danzar ante la palabra divina, ¡danzo! Tu pensamiento no tiene ascendiente sobre mí. Tus límites son tus límites. No son los míos porque ante la divinidad no tengo límites».

José no era débil porque tenía la fuerza de David, y David era un guerrero. La espada de Goliat se convierte en la espada de David: ha sido consagrada.

José vio también el momento en que David escuchó la promesa del Señor, quien le dijo:

Cuando tus días sean cumplidos y descanses con tus padres, Yo alzaré tu descendencia después de ti hasta aquel que será tu descendiente, y estableceré firmemente su realeza. Será él quien edificará una casa en mi Nombre y Yo pondré para siempre su trono real. Seré para él un padre y él será para Mí un hijo.

Es de esa descendencia de la que surgirá el Mesías, el cambio del mundo, la puerta, la luz y la vía.

José ha encontrado su raíz reanimada por el soplo del ángel. En seguida, el ángel le advierte:

No tengas miedo de llevar a tu casa a María, tu esposa...

Nadie lapidará a la Virgen. José podría haberla hecho matar. En efecto, si la colectividad judía lo hubiera sabido, ella habría sido lapidada. Es, así, la primera vez que José salva la vida del Mesías al aceptar a María en su casa. Sin José no habría habido Cristo. Es la maravillosa clase de hombre que es José. ¿Por qué acepta a María? Porque cree. Es un hombre justo.

No tengas miedo de llevar a tu casa a María, tu esposa...

El ángel le está diciendo «La Virgen es *tu* esposa, no la de Cristo. Al decir que ella es tu esposa, Dios, mi amo, te une a ella, Tú la aceptarás porque el Cristo será el hijo de David. Eres tú quien va a otorgarle su genealogía. Necesitamos de ti. Tú eres psíquicamente su padre aunque tu esperma no lo haya concebido. Sin ti, no hay Cristo. La promesa ha sido hecha a la casa de David y es a través de ti que Dios realiza la alianza».

El ángel, pues, pide a José que lleve a María a su casa. Más tarde, Jesús pedirá a Juan que la lleve a la suya. A María se la lleva siempre a la casa de alguien: nadie va a la casa de María.

Llevar a María a la casa de alguien significa reconocer

nuestro propio cuerpo. No se trata de un cuerpo que tiene un espíritu: es un espíritu que tiene un cuerpo.

...quien ha sido engendrado en ella viene del Espíritu Santo y ella dará a luz un hijo al que pondrá el nombre de Jesús.

El ángel transmite a José el nombre. Esto quiere decir que Jesús ha sido nombrado por el Maestro, esto es, por Dios.

Cuando el ángel le dice que el niño se llamará Jesús, las letras del nombre aparecen en el sueño de José brillando como diamantes: ve en el Cosmos estas letras hechas de materiales inconcebibles y luminosos. En su sueño, el nombre de Jesús tiene la dimensión del universo. Tal vez está escrito con todas las estrellas del cielo.

Es la primera vez que el Cristo es nombrado. ¿Y qué es nombrar? Nombrar es crear. En el acto de ser nombrado, Cristo ha sido creado por completo. Resulta especialmente hermoso que sea José quien lo nombra.

Si José no aceptara a este niño, haría falta que Dios designara a otro. Para ello sería necesario que Él escogiera a otra Virgen. Por tanto, resulta evidente que el niño debe nacer en la casa de David. He aquí la historia y he aquí la importancia del padre. Del mismo modo que hemos construido una basílica en homenaje a la Virgen, en el futuro, cuando saquemos a José de su pozo, construiremos una basílica en su honor. Él es tan importante como María: José es enorme, tan sutil en su paternidad.

El ángel añade:

Porque es él quien limpiará los pecados de su pueblo.

Limpiar los pecados de su pueblo... Aquí es imprescindible consultar unas líneas que se encuentran en el Éxodo (20:5-6):

Porque Yo, el Eterno, tu Dios, soy un Dios celoso que persigue los crímenes de los padres sobre los hijos hasta la tercera y la cuarta generación de quienes me ofendieron, y que extiendo mi benevolencia hasta la milésima generación de quienes me amaron y guardaron mis mandamientos.

Esto quiere decir que si los arquetipos paterno y materno cometen el crimen o el pecado de «mal imprimir» al niño, este Dios celoso que todos portamos nos perseguirá hasta la tercera y cuarta generaciones.

Cada vez que estudio el árbol genealógico de una persona, esto se confirma. No es por azar que el Evangelio comienza con un árbol genealógico. No es azaroso que el primer mensaje recibido por José lo lance al comienzo de su árbol. Es porque cada falta que cometemos va a caer como una desgracia, como una plaga sobre nuestros descendientes hasta la cuarta generación. Sin embargo, cada cosa que hagamos de bien durará mil generaciones. Esto no podría ser más bello.

Formamos parte del pueblo de Cristo, pero él todavía no ha limpiado nuestros pecados. Nos salvará en el momento de la tercera venida. Esto quiere decir que verdaderamente salvará al pueblo cuando lo hayamos despertado en el alma de todos nosotros. Si no lo realizamos, jamás alcanzaremos la salvación.

Todo esto sucedió porque se cumplía lo que el Señor dijo por medio del Profeta: «He aquí que la Virgen concebirá y parirá a un hijo al que dará el nombre de Emanuel, que se traduce como "Dios entre nosotros"».

El Mesías fue anunciado desde el mismo comienzo de la Biblia: cuando tomamos la primera y la última letra de la primera palabra de la Torah, obtenemos la palabra «hija», y por tanto, «virgen». Y cuando tomamos la última letra y luego la primera letra de la Torah, obtenemos la palabra «corazón». Toda la Torah está comprendida en tal palabra y este libro se halla enteramente dedicado a anunciar un Mesías.

El propósito de la Torah es decir que un hombre vendrá y que será Dios: Dios en carne humana. Y todo el Evangelio se escribe para cumplir la Torah. La Torah es igual a María, así como el Evangelio es igual a Cristo. La Torah ha sido portada por una pequeña colectividad que ha dado a luz el Nuevo Testamento, que en sí es portado por toda la humanidad. Sin madre y padre no hay hijo. No podemos leer a uno sin leer al otro.

Al despertar...

¿Despertar de un sueño o abrir la conciencia? Despertarse puede entenderse como un acto físico o como un acto espiritual (iluminarse). Esta frase quiere decir que José se iluminó. Cuando él duda, está dormido y es su corazón el que lo envuelve en el sueño.

Al despertar, José hizo lo que el Ángel del Señor le había prescrito: llevó a su casa a su esposa pero no la conoció hasta que ella dio a luz un hijo a quien dio el nombre de Jesús.

José no conoció a María hasta el momento en que ella dio a luz. En la versión ecuménica, una nota indica a este respecto: «En el lenguaje bíblico, el verbo *conocer* puede designar las relaciones sexuales». ¿Más tarde María tuvo con José relaciones conyugales? Nada podemos concluir a partir de este texto. Así, para el mito, lo que sucede luego carece de interés. Para la lectura mítica, la versión es: José no la tocó; respetó las palabras del ángel; creyó; tuvo fe.

Tiempo después José tuvo otros sueños, como el que precedió a la fuga a Egipto (Mateo 2:13-15).

Después de su partida [la de los Magos], he aquí que el Ángel del Señor se apareció en sueños a José y le dijo: «Levántate, toma contigo al niño y a su madre, y huye a Egipto».

Ahí José salva la vida de Jesús por segunda vez. Es él quien resulta encargado de esta misión.

Lo que yo quería mostrar al comienzo del presente estudio es que nuestro mito tiene a un padre y a una madre, que la magnitud del padre es tan grande como la de la madre y que en ello estriba un equilibrio perfecto.

Si uno se propone imaginar el fin de José, tendremos que llamarlo el hombre de la muerte bella. En efecto, desaparece discretamente. No oímos hablar más de él. Intentemos imaginar la bella muerte que debe haber tenido, antes de desaparecer. ¿Quién no desearía, como él, morir en los brazos de Cristo y de la Virgen María? Porque es ahí donde muere: su hijo y su mujer lo ayudan a morir.

Imaginemos la escena. Mientras José agoniza, Cristo lo acompaña y le dice «En un segundo vas a desaparecer, y en otro segundo nos vas a reencontrar. Simplemente vas a cerrar los ojos y cuando los abras de nuevo, estaremos ahí, contigo, en la eternidad».

En este momento, todos los ángeles y todas las potencias divinas se aparecen porque se trata de José y gracias a él Dios ha podido encarnarse.

Cuando ha rendido el espíritu, su muerte no dura más que un segundo. Ha cerrado los ojos y de inmediato los abre para reencontrarse al lado de su hijo y de María. Es por esta razón que los llamamos la Sagrada Familia. La muerte no ha durado más que un instante porque quienes lo acompañaban al final del camino y le decían adiós eran los mismos que lo recibirán en seguida. Entre el momento en que José cierra los ojos y aquel en que los abre, no ha pasado ni un segundo de espera.

Para nosotros es igual. Entre el momento en que uno se duerme y el momento en que se despierta no hay noción de paso del tiempo: no sabemos cuántas horas hemos dormido. En la muerte será lo mismo.

Sea que la muerte exista, y en este caso que desaparecemos (y esto no es un drama; hoy, pensando en ella, tenemos miedo, pero cuando llegue el momento acabará rápidamente), sea que cerremos los ojos y los abramos de inmediato, no durará más que un segundo porque todo el tiempo durante el cual uno va a esperar la resurrección no cuenta.

¿Qué es la muerte? Es exhalar un último suspiro y cerrar los ojos. No dura más que un segundo. Es lo que José hizo. Qué muerte soberbia tuvo en los brazos del propio Jesús.

Hace falta subrayar que José jamás abandonó a su familia y que siempre la protegió. Leamos lo que decían de Emanuel:

> Este niño, al comienzo, no conocía el bien y el mal. Beberá leche y miel y permanecerá con su padre hasta que conozca el bien y el mal.

Otra labor de José consiste, pues, en enseñar al niño el bien y el mal. Hay que darse cuenta del poder de este niño y comprender cómo de importante era esta labor. En los cuatro Evangelios apócrifos hay leyendas que afirman que en la infancia Jesús hizo cosas terribles. Si el lector conoce a los niños, podrá imaginar de lo que este infante era capaz cuando tenía un año: ya a esta edad era el poder total y podía derrumbar un templo de un solo golpe. Mas José estaba ahí y velaba por él con el más grande amor.

En parte alguna se halla escrito que José estuviera ausente durante el alumbramiento de Cristo, y afirmar tal ausencia sería falso. Estuvo ahí y presenció todo el fenómeno: vio el desarrollo de este increíble parto y recibió en sus rodillas al recién nacido.

María y el nacimiento de Jesús

Cuando el ángel le anuncia que va a engendrar un hijo, ella le responde «¿Cómo será eso posible? Soy virgen». Literalmente, María exclama «No he conocido a ningún hombre». Al decir esto último, lo que afirma es «He llegado a tal nivel de vibraciones que jamás he visto a un hombre completo. Mi plenitud y perfección son tan grandes que no conozco un solo hombre que pudiera ser mi complemento. ¿Cómo podría concebir un hijo si soy virgen y nadie me ha tocado, puesto que jamás amé a ningún hombre? No amo más que a la divinidad».

Su deseo de la divinidad era tan excepcional y tan grande que, entre todas las mujeres que habían existido y que habrían de existir, ella era el Prototipo de la perfección total.

En seguida hay que imaginar a esta primera célula dividiéndose en el útero de María. Es una joya sin posible comparación. Es tan excepcional que Juan, siendo un feto, es poseído por el Espíritu Santo cuando se halla en presencia de estas primeras células, mientras que la propia Elisabet cae en trance.

La creación de este ser en el vientre de María fue una epopeya maravillosa. Era un canto inimaginable porque ningún pensamiento negativo podía injertarse en este ser en formación. Todo se pensó y buscó para la creación de este Dios.

Porque es un Dios que *nosotros vamos a crear*. No vamos a reproducirnos, o sea procrear a alguien que nos continuará, a alguien que se parecerá a nosotros: no queremos que tenga nuestros ojos, nuestra nariz, nuestros cabellos..., ¡nuestro nombre! Vamos a crear a un dios, a un inmortal. No estamos angustiados pensando que crearemos a un ser que va a morir. Crearemos al más grande espíritu que haya llegado al mundo, ¡un Dios!

Si llevo a un Dios en mi vientre, ¿puedo continuar moviéndome de cualquier modo? No, es imposible. Desde que porto una joya (como indica la oración tibetana *Om Mani Padme Hum*: «Oh, la joya en el loto»), hay un aliento divino en mi interior. Todos mis movimientos se cubren de una exquisita delicadeza.

Es perfectamente posible llorar de emoción al imaginar los movimientos de esta mujer hacia el momento en que tenía un embarazo de un mes.

Cuando miramos a una persona bella, es decir una persona que tiene ideas hermosas en la cabeza, nos emocionamos; cuando vemos un gurú, es emocionante oírlo hablar de cosas bellas. Por tanto, si nos encontramos con una mujer que porta a Dios en su vientre, ¿qué podremos sentir? De ahí la importancia de imaginar qué ser era María.

Si ella abriera la puerta nos dejaría sin aliento, y si se colocara ante nosotros, temblaríamos y caeríamos en éxtasis. Veríamos emanar del vientre de María finos rayos de luz que harían refulgir toda la estancia. Tales rayos provendrían del inconcebible ser que se forma en esa agua bendita. Porque no es sino agua bendita la que produce ese vientre. El agua en que tal ser va a formarse es la más bendita del mundo.

Por primera vez, la divinidad está en el interior de su obra. No se halla en el exterior: la divinidad es engendrada por el ser humano. La humanidad entera da su carne para gestar a la divinidad y, en ese caso, la carne no es carroña.

María porta a su Dios. Cuando el feto crece, María entra en comunicación con él. Lo escucha. Es ella la que escucha, no él. Le basta ser capaz de escuchar a su hijo: no le impone nada y es él quien la guía, quien le habla. Es su Maestro; está en ella y guiará cada uno de los movimientos de María, cada uno de sus pensamientos, cada una de sus acciones.

De pronto, le dice «El momento ha llegado». Y María repite «El momento ha llegado». Después, él afirma «Durante toda mi vida guardaré esa sensación que tenía cuando estaba contigo porque nunca me separaré de ti. Lo que me has dado es tan bello que permaneceré contigo a lo largo de toda mi vida terrestre y de toda mi vida eterna.

Lo que un ser humano puede dar a la divinidad es ciertamente bello. Quiero mostrarte que tienes una finalidad, que puedes integrarte en mí, que la raza humana forma parte de Cristo. Somos Dios. Eres Dios. Soy Dios. Estamos unidos, y así continuaremos siempre porque estamos casados, definitivamente. Mi gestación ha sido mi matrimonio, ¿comprendes? Estamos casados. Es el momento de decirse adiós».

La Virgen María le responde «Sí, es el momento de decirnos adiós. Y lo digo con alegría porque no te he creado para mí. Te he creado para el mundo, Además, no he sido yo quien te ha hecho: tú te has hecho en mí. Eres tú quien me ha elegido. Haz de mí lo que desees. Es menester que nazcas. Es menester que te alumbre para el mundo».

La visita de los Magos
(Mateo 2:1-12)

Jesús nació en Belén de Judea, en tiempos del rey Herodes.

En esta época, los judíos son dominados por un rey extranjero y exteriormente colaboran con una religión distinta a la propia.

He aquí que los Magos venidos de Oriente...

Debemos notar que no se dice «tres Magos venidos de Oriente», sino «los Magos». Jamás se dijo que fueran tres. ¿Cuántos eran? Sabemos que provienen de Oriente: podemos pensar que se trata de toda una hermandad de magos la que llegó.

Además, ¿qué es un mago en esta época? No un prestidigitador. Un mago es una persona que trabaja profundamente con el milagro, con la otra dimensión del espíritu. Los magos son las cumbres espirituales de una cultura.

Tales cumbres espirituales de diferentes países (como veremos más adelante), ¿se reúnen para aportar su conocimiento? No: viajan únicamente para rendir homenaje, puesto que este ser que ha nacido no tiene necesidad de conocimiento alguno.

Por otra parte, cuando se dice que el Cristo recorrió el mundo entre sus veinte y sus treinta años de edad, salimos del mito: Cristo no tenía ninguna necesidad de aprender lo que fuera. Si estuvo en diferentes escuelas fue para enseñar, no para aprender. Sigamos el mito: él permaneció con María y José, estuvieron juntos. Nació de una buena madre y de un buen padre: estaba equilibrado. Sería imposible que Dios quisiera encarnarse en una pareja desequilibrada. José corresponde a María. Son esposos de tal manera, que al cien por ciento de belleza en María corresponde un cien por ciento de belleza en José. De otro modo, todo esto habría sido imposible.

Es una hermandad de magos, pues, la que se presenta.

En lo personal pienso que eran diez, y ésta es la razón: Abraham corre detrás de Dios y le dice «Vas a destruir Sodoma, pero si en esta ciudad hubiera cincuenta hombres justos, ¿la destruirías?». Dios responde «No, no la destruiría». Entonces Abraham pregunta «¿Y si no hubiera más que cuarenta?». Dios le da la misma respuesta. Abraham insiste «Y... ¿si no fueran más que treinta?». Dios: «No la destruiría». Abraham: «¿Y veinte?». Dios: «No la destruiría». Abraham: «¿Y diez?». Esta vez, Dios afirma que no la destruiría y se va.

Esto quiere decir que el número mínimo de hombres justos debe al menos ser diez.

Sean los que sean, jamás fueron tres. Y del mismo modo no eran, como se dice, uno de raza negra, uno de raza amarilla y uno de raza blanca. Esta versión es por completo delirante, y también lo es decir que venían montados en camellos.

He aquí que los Magos venidos de Oriente llegaron a Jerusalén y preguntaron: «¿Dónde está el rey de los judíos que acaba de nacer? Vimos su astro en Oriente y venimos a rendirle homenaje».

Esto significa que han saltado en el espacio. En Oriente ven un astro y de inmediato llegan a Jerusalén. Sabios como eran, comprendieron al punto la llamada y el mensaje del astro, y saltaron en el espacio. A pie, a lomos de camello o de cualquier otro modo, habrían perdido años en llegar.

Saltaron en el espacio, se encontraron en Jerusalén y ahí el astro desapareció. Desapareció antes de que los Magos llegaran al lugar del nacimiento. Se hallan, pues, en Jerusalén en vez de estar cerca del recién nacido. ¿Por qué están fuera de lugar? Porque estaba escrito que debían presentarse ante Herodes.

Es necesario comprender que se trata de una astucia sagrada. Si la estrella los guía, ¿cómo es que los Magos van a preguntar a Herodes dónde se encuentra el rey de los judíos? ¿Cómo es que el astro los guía y de pronto ya no lo hace? ¿Qué significa este hecho tan curioso? Alguna cosa muy grave se prepara ahí.

«...venimos a rendirle homenaje.»

No van a aprender su conocimiento, sino a rendirle homenaje.

Al decir que ha nacido el rey de los judíos, los Magos anuncian la venida del Mesías. El rey de los judíos no puede ser sino el Mesías. Los judíos no aceptarían a otro rey.

Por esta nueva, el rey Herodes se turbó, y toda Jerusalén con él.

He ahí la razón de que el astro desapareciera. Con esa frase, todo está dicho: «el rey Herodes se turbó, y toda Jerusalén con él». Esto significa que toda Jerusalén colaboraba con Herodes, y que, según el mito, el pueblo estaba vencido. Los sacerdotes, que ya colaboraban con el imperio romano, habían fijado la letra.

Como sabemos, en su origen la Torah sólo estaba escrita con consonantes. El lector añadía las vocales al leer. Estas vocales, pues, podían cambiar, generándose así numerosas combinaciones de sentido a partir de una sola frase o de una sola palabra. Más tarde todo fue fijado: las vocales fueron establecidas sobre el propio texto, lo que restringió las posibilidades de interpretación.

¿Por qué todo mundo se echa a temblar? Porque los intereses están creados y este rey de los judíos aparece justamente en medio de esos intereses: viene a sacudir todo lo establecido. A partir del momento en que las vocales han sido fijadas, todo ha sido fijado. He ahí la historia y cómo se presenta la situación: María, José y Jesús son judíos.

Reunió a todos los grandes sacerdotes y a los escribas del pueblo...

Los religiosos, los escribas, los sacerdotes, todo el mundo se presenta y colabora. En ese momento, todos conocían la nueva.

Reunió a todos los grandes sacerdotes y a los escribas del pueblo y les preguntó el lugar donde debía nacer el Mesías. «En Belén de Judea», le dijeron, «porque es lo escrito por el profeta:

> Y tú, Belén, tierra de Judá,
> ciertamente no eres la más pequeña
> de las cabezas de distrito de Judá,
> porque es de ti que surgirá el caudillo
> que apacentará a Israel, mi pueblo».

Dicen, pues, a Herodes «Está anunciado y tendrá lugar en Belén».

Entonces Herodes hizo llamar secretamente a los Magos...

Herodes no comunica a los sacerdotes que planea matar a Cristo. Ellos desconocen tal plan. Esto quiere decir que los judíos se echan temblar de duda, pero no de criminalidad.

Herodes llama a los Magos en secreto. Para seguir siendo el rey de los judíos, él solo organiza su plan de asesinato. No cuenta, pues, con la colaboración de los sacerdotes. No existe tal colaboración contra Cristo. Sólo han ido a decir a Herodes dónde debía nacer Cristo según su tradición; han leído el Antiguo Testamento y le revelan una profecía sobre Belén.

Entonces Herodes hizo llamar secretamente a los Magos, les hizo precisar la fecha en la cual el astro había aparecido y los envió a Belén diciéndoles: «Id e informaos puntualmente acerca de ese niño, y cuando lo encontréis avisadme, para que yo también vaya a rendirle homenaje».

Herodes quiere engañar a los Magos.

Éstos se ponen en camino y el astro aparece de nuevo. La labor pues, está hecha. Ahora todo el mundo está al corriente. El nacimiento se ha anunciado. Faltaba que todos se percataran de que atravesaban –como atravesamos ahora– un estado de crisis, un periodo crítico. Faltaba que todo el mundo se echara a temblar.

Hoy, el mundo tiembla: tiembla como cuando se anunció el nacimiento del rey de los judíos. Y era necesario que todos lo supieran porque la humanidad comenzará a crear al Cristo sólo cuando esté completamente amenazada de muerte. No antes. Así es la humanidad.

Mientras el hombre no está amenazado de muerte, no se decide a cambiar. Mientras un hombre no padece un cáncer, no resuelve mejorar su psique. Es por esto que cuando no hacemos nada, la enfermedad llega; nos pone en peligro mortal, y entonces sólo hay dos caminos: o realizamos el trabajo de producir a nuestro Dios, o estamos perdidos. En el momento en que nos sabemos acorralados, no hay sino dos posibilidades: morimos o revelamos a nuestro Dios interior.

Si la humanidad está condenada a muerte, creará a su Cristo. Hace falta que se estremezca. Esto es lo que pasó en aquel entonces: la humanidad se puso a temblar. Por eso la estrella desapareció.

En la actualidad nos hallamos en un periodo de temor y de temblores. El dinero se esfuma, los valores, la familia, el país se esfuman. La paz, el arte, las filosofías, todo se viene abajo.

Ante esto, yo exclamo «¡Qué bueno, qué alegría, qué maravilla! ¡Por fin!».

Cuando sean aceptados los temblores, el astro aparecerá de nuevo y nos guiará hacia la conciencia. ¡Y va a aparecer! Esto significa que, en un primer momento, el astro surge y hace temblar. Todo el mundo se muere de angustia, y en el colmo de la angustia, la estrella refulge de nuevo y nos conduce al nacimiento. Sin embargo, hace falta temblar porque de otro modo nada cambiará.

A estas palabras del rey, los Magos se pusieron en camino. Y he aquí que el astro, ya visto por ellos en el Oriente, avanzaba guiándolos...

¿Para qué el astro se apareció a los Magos? Con objeto de precisar –y está dicho– que el Cristo no es únicamente para el pueblo judío. Esto revela cuán bello es tal pueblo.

Los judíos, fatigados de escribir con un abecedario sin vocales, de usar consonantes que eran al mismo tiempo números, exhaustos de leer, releer e interpretar diez mil veces cada frase, cansados de la Cábala, de ser un grupo cerrado en el cual ningún extranjero podía entrar, crearon al Cristo judío. No ignoraban el tesoro que tenían en las manos: la maravilla de maravillas. Poseían el conocimiento, poseían la fe, pero sólo para ellos. Así llegaron ciertos hombres muy bellos que se dijeron «¡No es posible! Hace falta darlo a todo el mundo. Somos el corazón de la humanidad. Somos elegidos... El corazón debe hacer circular la sangre, que es la Escritura».

He aquí por qué los primeros en saber del nacimiento de Cristo fueron extranjeros: los más bellos seres de todos los países. En seguida serán los pastores, los hombres simples que no tienen cultura, es decir que no tienen letras fijadas por pequeños puntos. No serán los escribas ni los poderosos sino los pastores, los analfabetos.

Estos personajes eran hermosos porque fueron ellos quienes hicieron al Cristo ¿Quiénes eran? Todas las personas, todos los apóstoles judíos que crearon al Cristo, eran *los José*. Son encarnados por José. Son las personas que se sacrifican por la creación. Ellos abrieron el cofre del tesoro a todo el mundo.

...el astro, ya visto por ellos en el Oriente, avanzaba guiándolos hasta que lo vieron detenerse encima del sitio en donde estaba el niño.

El astro se colocó encima de Cristo. Hace falta trazar un eje: padre, madre, niño, astro. De este modo entendemos que existe una unión entre el niño y la estrella. El Cristo está en el seno de María, la madre, y frente a ella está José en adoración. Así pues, José va a interpretar al sacerdote y María al altar, mientras que Cristo será la hostia, la nave total, la unión con la estrella. Y tal estrella se halla unida con el centro del universo, con el centro de la divinidad... Es el eje espiritual del mundo. Se trata, pues, de la creación del primer templo. En esta frase lo vemos nacer:

A la vista del astro, [los Magos] experimentaron una muy grande alegría.

¿Es posible imaginar un astro que *guía*? Representémonos ahí, en plena noche, a mitad de un camino y, de pronto, aparece para guiarnos una luz fina, transparente, delicada, tan increíblemente bella como el espíritu. Porque este astro es una luz pura que nos guía y emite una extraordinaria onda de amor. De otra forma, no podríamos seguirla. Si fuera deslumbrante, resultaría imposible ir tras ella. Es una luz que no lastima los ojos. Es una luz que acaricia.

La estrella es una luz que guía como si en verdad fuera un animal suprahumano. Es una conciencia, una conciencia divina que sabe a dónde va. Sabe, además, a quién llamar, en dónde aparecer. Sabe también dónde desaparecer y conoce exactamente en qué punto colocarse. No comete errores. Esta estrella simboliza aquello en lo que todos vamos a convertirnos.

Dicen que cuando se enciende una lámpara en el rincón de un cuarto, surge una luz en todo el mundo. Y nosotros, si encendemos nuestra lámpara, crearemos a este astro que va a guiar a todos los Magos hacia el encuentro con lo esencial.

Al entrar en la casa, [los Magos] vieron al niño con María, su madre, e, inclinándose, le rindieron homenaje.

Los Magos le rinden homenaje. No le enseñan nada.

Lo que ven es a una madre con su bebé. Y no a un ser en trance de llanto continuo. Si ustedes contemplan a un niño que acaba de nacer, notarán que, aunque está bien, debe adaptarse a su cuerpo: tiembla, se menea, es como un océano. Hace movimientos sin cesar. Ver un bebé inmóvil es milagroso.

Entonces, cuando los Magos entraron, ¿qué vieron? A un bebé completamente asentado en el seno de su madre. Estaba sereno: ya era un sabio.

Los Magos entraron respetuosamente. Es imposible que entraran gesticulando y hablando sin cesar. Lo hicieron con el mayor respeto porque el astro había estado guiándolos y porque deseaban ver a aquel a quien habían esperado toda su vida.

En su lugar de origen, cada uno había esperado ese momento mientras estaba en su rincón, solo, leyendo millares y millares de libros, haciendo millares de oraciones y meditaciones. De pronto, cada Mago supo que todo ese trabajo había sido recompensado. Ahí lo supieron: tenían poderes pero entendieron que todos éstos no valían nada al lado de aquel a quien querían ver.

Entraron portando sus cofres, la mirada baja en signo de respeto. Sólo se permitieron echar un vistazo, y a ello siguió un momento de estupefacción: habían vislumbrado a este ser de luz y a la belleza de la madre y a la belleza del padre. Cayeron de rodillas sin pensar que el suelo podría estar sucio y que ellos usaban vestiduras delicadas. Se arrodillaron sin reflexionar. Después, presentaron sus cofres y los abrieron ante el bebé.

Cuando el niño, sostenido por María, ve a los Magos, abre los brazos; en un acto de amor, María lo levanta hacia el astro. De inmediato la luz del astro penetra en todo el cuarto. Luego, María hace descender al niño y ambos ven los cofres.

Hay una fortuna en oro. No solemos darnos cuenta de que los Magos han otorgado al niño una fortuna. ¿Con qué si no iba a vivir José en Egipto?

...e, inclinándose, le rindieron homenaje. Tras abrir sus cofres...

Subrayemos que se dice «sus cofres», no «sus tres cofres».

...le ofrecieron en presente oro, incienso y mirra. Después, advertidos en sueños por la divinidad de no retornar ante Herodes, regresaron a su país por otro camino.

Así pues, tenemos oro. Resulta evidente que es el metal más puro, el más bello y el más blando, porque es tan dúctil y maleable como el corazón. Es el metal del corazón, el metal dulce. Es la perfección de los metales. El oro es el corazón de la tierra. Es por ello que se utiliza como un valor mercantil, pero este dinero solar es sagrado.

Al ofrecerle oro, los Magos reconocen a Jesús en tanto que ser material, puesto que es un hombre real hecho de carne humana. Y esta carne humana va a producir el oro. El oro es lo mejor de la tierra. Los Magos, pues, han reconocido a Jesús en cuanto hombre.
Con el incienso, lo han reconocido en cuanto Dios.
¿Y la mirra? Es una medicina. Sirve para preservar los cadáveres e impedir la putrefacción. Las mujeres la usan para hacer volver las menstruaciones. Es un aceite muy espeso y denso. Con la mirra, los Magos han reconocido a Jesús en cuanto médico, curandero.
Así, tenemos un proceso alquímico: el oro, que es dúctil y da el aceite; la mirra y el aceite que dan un perfume, el incienso. Entonces, vemos los tres procesos: la tierra, el corazón y el espíritu. Jesús es reconocido en cuanto Dios, en cuanto hombre y en cuanto médico.
Estos presentes no son resultado del azar. Los Magos le han otorgado sus instrumentos de trabajo. Le han rendido homenaje.

La tradición indica que había tres Magos a causa de estos tres presentes. Además, se ha inventado que eran reyes. No, no lo eran. Si hablamos de reyes, no hacemos honor a la sabiduría sino al poder. Un mago está en un nivel muy superior al de un rey.

Los que llegan son hombres de conocimiento. Tienen corazón porque un hombre de conocimiento es un hombre de corazón.

Por ello son *percibidos*. Herodes carecía de corazón, lo mismo que los sacerdotes que colaboraban con él. Éstos ya no tenían corazón porque se habían alejado de la Biblia y porque esta última se contiene entera en la palabra *corazón*.

2

La anunciación del nacimiento de Juan
(Lucas 1:5-25)

Es curioso, pero la historia de Cristo no comienza con él. Comienza con la historia de Juan, el hombre que va a preparar el camino, es decir el que va a anunciar al Cristo.

Es necesario comprender que para llegar a Cristo hace falta pasar por Juan. Sin él no hubiera existido Cristo. Si en nosotros no hay algo que nos anuncie el arribo y florecimiento de nuestro Dios interior, si no hay un trabajo consciente, una labor de preparación, jamás realizaremos su nacimiento. Es menester, pues, «arrojarse» al desierto y comenzar a preparar el camino.

Si uno no se pone a anunciar que el trabajo es realizable, si no se aplica a la tarea, si no se consagra a crear el camino para que su Dios interior aparezca, esto no se realizará en absoluto. Es lo que encuentran los terapeutas, las personas que forman grupos de meditación, los creadores del arte sagrado, los individuos que elevan su nivel de conciencia. Todos ellos son *los Juan*. Ser un Juan significa ser alguien que va a anunciar y a bautizar, a preparar el camino. Porque si éste no es preparado, nada se puede realizar.

Para dedicarse a esta labor hace falta un gran sacrificio. En efecto: desde niño, Juan abandona a su padre y a su madre, se interna en el desierto y se convierte en ermitaño. Se prepara. Está en la prueba. Para que se produzca la llegada del segundo Cristo, así como la del tercero, hace falta comprender a Juan.

Había en tiempos de Herodes, rey de Judea...

Desde esta primera frase entramos de inmediato en el problema: aprendemos que Judea estaba vencida y que Herodes se hallaba en el poder. La cultura judía se encuentra, pues, bajo el yugo de otra cultura.

Ello implica que las cosas van mal y que el pueblo ha llegado a lo más bajo: está sumido en la esclavitud.

Más aún: sus sacerdotes colaboran, en tanto siguen oficiando. No están en lucha. (Esta colaboración es comparable a la que se dio en Francia durante la Ocupación: es el estado de un pueblo vencido que, para sobrevivir, transige con el vencedor.) Por otra parte, sabemos que los sacerdotes cooperaban con el poder instituido: recordemos aquel momento en que Herodes los llama para obtener información sobre el nacimiento del Mesías anunciado por los Magos.

Es un periodo de colaboración y por tanto de profunda tristeza, puesto que el pueblo judío se halla esperando la liberación por el Espíritu. Esta liberación se producirá cuando las personas lleguen a lo más bajo.

En este periodo en que todo está muerto, existe un rito; pero es un rito sin esperanza.

Había en tiempos de Herodes, rey de Judea, un sacerdote llamado Zacarías, de la clase de Abia.

En aquel entonces existían veinticuatro clases de sacerdotes y cada clase oficiaba en el templo durante una semana. Esto significa que dos veces por año, una clase tenía el derecho de ir al templo. El sacerdote que iba a oficiar era seleccionado por medio de un sorteo. Esta vez se había elegido a Zacarías.

...su mujer pertenecía a la descendencia de Aarón y se llamaba Elisabet [Isabel].

En hebreo, *Elie-sa-beth* significa «la casa de Elías». Ahora bien, Elías era el Mesías o el anunciador del Mesías. En ningún modo resulta azaroso que Juan nazca de una Elisabet.

Ambos eran justos ante Dios y de una manera irreprochable seguían todos los mandamientos y observancias del Señor. Mas he aquí que no habían procreado porque Elisabet era estéril y los dos tenían una edad avanzada.

Como veremos después, Elisabet y Zacarías eran tan ancianos que en principio se quiso dar el nombre de Zacarías a su hijo recién nacido, puesto que según la tradición debían otorgarle el nombre del abuelo. La gente veía al provecto Zacarías como el abuelo de su propio hijo.

Elisabet era estéril y anciana.

Ambos observaban los mandamientos de Dios de una manera *irreprochable*. Ser «justo ante Dios» significa ser puro y acatar todos los mandamientos.

Zacarías era un sacerdote. Él y su mujer creían profundamente; eran personas plenas de amor por el ser humano. Eran justos: no podían realizar actos impuros. Y fueron elegidos por eso, porque eran de una extrema justeza y de una gran diafanidad espiritual.

Además, pasaron por una dura prueba, en la medida en que carecían de hijos. En efecto: en esa época era vergonzoso para una mujer el no haber procreado. La esterilidad se miraba como un castigo: había necesidad de que la raza se reprodujera y el mandamiento era crecer y multiplicarse. Al término de diez años, si la mujer era estéril, el hombre tenía el derecho de divorciarse de ella.

Lo que podemos subrayar en estos antecedentes es muy bello: el amor de Zacarías por Elisabet era tan grande que él jamás quiso separarse de ella. Permanecieron juntos hasta la ancianidad aunque Elisabet fuera despreciada por todos.

Esto también nos indica que ambos sufrían respectivamente de enormes complejos: él por no haber sido capaz de engendrar un descendiente, y ella por no haber podido dar un hijo a este hombre a quien amaba tanto. Sin embargo, permanecieron juntos sobrellevando el desprecio de la comunidad.

Vino para Zacarías el tiempo de oficiar ante Dios según el turno de su clase: siguiendo la costumbre del sacerdocio, fue designado a suertes para ofrendar el incienso en el interior del santuario del Señor.

Es necesario representarse la imagen de este sacerdote que, dos veces por año, llega al templo con los demás sacerdotes de su clase. Se hace un sorteo y es él quien resulta elegido para ofrecer el incienso en el interior del santuario.

Desde luego que no se le designa por un mero azar. En principio parece azaroso, mas, de hecho, ya ha sido designado: ya pasó las pruebas y, pese a ellas, jamás culpó a Dios, jamás le reprochó algo como «¿Por qué no me diste un hijo? ¿Por qué hiciste estéril a mi mujer? ¿Por qué quisiste que recibiéramos el desprecio aunque sé que ella es hermosa porque es justa? Jamás moví ni un solo dedo para salir de tu ley, obedecí todos tus preceptos, los seguí minuto a minuto porque soy justo ante Ti. Ella también es justa ante Ti. ¿Por qué nos castigaste con esta esterilidad? ¿Qué te hicimos? Sin embargo, Tú sabes lo que haces. No te reclamamos nada. Aceptamos nuestra suerte. Hay una culpa en nosotros. No sé cuál... No es nuestra pero la aceptamos. Si quieres castigarnos, puedes hacerlo. Amo a mi mujer. No quiero repudiarla».

Es, pues, un bello contrato el que Zacarías ha hecho con su mujer: permanecer juntos en la adversidad.

Entonces este hombre, que evidentemente está triste, entra en el templo. De seguro, en ese momento no piensa en tener un hijo: ha perdido la esperanza. Es viejo y su mujer es igualmente añosa.

Atraviesa el templo en completa soledad, puesto que esta ceremonia debe realizarla un sacerdote solo. Todo el pueblo espera en el exterior. Se trata de su encuentro con este Dios al que ama. Va a hacer lo que todos los sacerdotes a su turno: pedir la llegada del Mesías.

Es su mayor deseo y no cultiva otro. No piensa en sí mismo. Desde que entra en el templo deja de lado sus problemas personales, vacía su corazón y su espíritu. Zacarías es el sacerdote; avanza hasta el altar para pedir: «¡Yo te lo imploro! ¡Haz venir al Cristo que nos liberará de esta opresión, de esta caída en la que vivimos!».

He ahí la forma en que esto comienza.

Toda la multitud del pueblo estaba en oración en el exterior del templo a la hora de la ofrenda del incienso.

Escuchemos las voces de quienes están fuera del templo: es como el sonido del mar, un murmullo incesante. De vez en cuando el sonido se amplifica como bajo el efecto de una ráfaga y el templo vibra mecido por estos millares de plegarias: «¡Envíanos al Cristo! ¡Envíanos al Cristo! ¡Por favor, el Cristo! ¡El Cristo! ¡Por favor, el Cristo! ¡Envíanos al Cristo!».

Escuchándolas, Zacarías avanza impulsado por estas voces de las que él es un simple emisario. Es humilde; la suerte le ha concedido el honor de ser el mensajero del pueblo y no desea sino cumplir su tarea: quemar el incienso. Porta la ofrenda y se aproxima al altar, marcha sintiendo el temor que puede experimentar cualquier hombre que se presenta ante un poderoso Dios que ha fulminado, de un solo golpe, a miles de personas. Zacarías avanza, aunque no se siente lo bastante puro como para presentar esta ofrenda.

Entonces se le apareció un Ángel del Señor, de pie a la derecha del altar del incienso.

El ángel aparece a la derecha del altar. ¿Qué significa este hecho? Puesto que si yo estoy de frente al altar, esto implica que el ángel aparece a mi izquierda. En la cultura occidental, el lado izquierdo es el receptivo, mientras que el derecho es el activo. Eso significa que, mientras avanzo, él se dirige a mi receptividad, a mi corazón, a mi amor doliente, a mi emotividad. Este ángel es la prolongación de todos los dones que puedo hacer de mi vida afectiva.

El altar es de oro: es, pues, perfecto, puro. Sin embargo, más puro aún es este ángel que aparece. Hace falta imaginarlo y también imaginar la reacción de Zacarías.

Al verlo, Zacarías se turbó y el miedo se abatió sobre él. Pero el ángel le dijo: «¡No tengas miedo, Zacarías!».

Resulta muy comprensible que le dijera «¡No tengas miedo!», porque sin duda ver a un ángel no es cualquier cosa. Mientras Zacarías avanza, el ángel se le aparece como un eje remolinante en espiral que proyecta miles de chispas. Al mismo tiempo, el suelo se pone a temblar. Afuera surge ininterrumpidamente la voz de la multitud en oración. En el interior del templo resuena esa voz del pueblo, pero aún más fuerte se oye y se ve otra cosa: raíces sonoras que descienden del cielo y que producen millares de estallidos de luz como un ramillete de plumas de pavo real.

Ante esta energía infinita (porque un ángel es una insospechable cantidad de energía), Zacarías, al aproximarse, se pregunta «¿Es un ángel? ¿Es un demonio? ¿Por qué yo? ¿Se trata de una alucinación? ¿Sueño? ¿Es un achaque de mi edad? ¿Acaso estoy perdiendo la vista? De seguro es esto... Ya he sido castigado con la esterilidad ¡y ahora se me presenta un demonio! Pero no... Un demonio no puede hallarse en la parte más activa del altar. Jamás un diablo podría erguirse al lado del altar del incienso... Pero entonces... ¡estoy recibiendo una comunicación divina! ¡Al fin! Toda mi vida he esperado que Dios se manifestara. En lo más secreto de mi alma, yo le decía: ¡Hazme un milagro! ¡Te juro que no se lo diré a nadie! Será un secreto entre Tú y yo. Por ejemplo, haz aparecer en la palma de una de mis manos un grano de trigo, sólo un pequeño grano. O bien haz caer del techo una piedrecilla, y hazla caer muy lentamente para que yo sepa que su caída no es azarosa; hazla navegar un poco en el aire antes de hacerla caer. O bien haz aparecer una rosa ante mis pies. Te juro que no lo contaré a nadie. Sólo un secreto entre Tú y yo. ¡Dame una manifestación tuya! Tengo fe. Estoy preparado para morir sin esta prueba, pero si tuvieras la bondad de darme una pequeña muestra, ella me tranquilizaría a pesar de todo... Yo, un pobre viejo. Como Tú eres la plena justeza, si me has castigado con la esterilidad es porque yo la merecía. ¡Y he aquí que hoy merezco ver un Ángel del Señor! Ahora puedo morir en paz. Antes me era imposible porque no había engendrado vida. No me he realizado. ¿Por qué? ¿Por qué estoy condenado a no realizarme?».

Si intentamos colocarnos en el lugar de Zacarías, veremos que no podían ser otros sus pensamientos.

...el ángel le dijo: «¡No tengas miedo!».

Esta poderosa energía ve al anciano. Imaginemos la cantidad de amor que poseía este ángel (porque un ángel es una energía de amor). Además lo sabe todo, puesto que el inconsciente lo sabe todo, y detrás de Zacarías el ángel ve a Juan, ve al Cristo y ve la meta de la humanidad: producir la conciencia colectiva que va a transformar el universo.

En verdad colaboraremos a la construcción del universo. Somos los soldados desconocidos del próximo Cristo. Trabajamos en la creación de una sociedad que nos corresponda. Somos los soldados desconocidos de la eternidad. Seremos anónimos y nos disolveremos en este Dios maravilloso, pero Él lo sabrá y un día el Arco del Triunfo se abrirá. El Soldado Desconocido saldrá y se paseará en plena luz.

Al decir a Zacarías «¡No tengas miedo!», el ángel le quita todo pavor porque su voz es pura. Hace falta aprender esa lección y, para mejor comprenderla, conviene contar una historia: dos monjes están aplicados en oración. Uno está rodeado de conejos mientras que el otro permanece aislado. «¿Por qué todos los conejos se te acercan y a mí no?», pregunta este último. «Es muy simple», responde el primero, «se debe a que, al contrario que tú, yo no me alimento de conejo».

Así, ¿por qué Zacarías deja de recelar del ángel en cuanto éste le pide «No tengas miedo»? Es porque el ángel lo ama totalmente: ante todo es una inconmensurable energía de amor.

El ángel es tan inmenso que al principio no podemos creer en él y le tenemos pavor porque nos sobrepasa. Mas cuando esta forma angelical, esta energía, nos dice «¡No tengas miedo!», por una vez en nuestra vida perdemos el temor. ¿Es posible imaginar un estado que consiste en vivir sin tener miedo, nosotros que vivimos en el pavor?.

Para comenzar, tenemos miedo de morir; es un miedo que nos persigue constantemente y es el primero al que se debe vencer. En seguida tenemos miedo de la locura; el hombre es un animal loco porque en Dios hay demencia: es el arcano del Tarot conocido como El Loco. No tiene ley. Un día Dios se comporta ante nosotros de una manera y al siguiente se manifiesta de otra completamente distinta. Jamás sigue un transcurso lógico. Es por ello que tenemos tanto temor de la locura.

Estamos sin cesar entre el miedo a la muerte y el miedo a la locura. No experimentar temor significa estar listos para atravesarlo todo poseyendo la fe total de que el ángel estará a nuestro lado.

Como dijo Swami Râmdâs: «Dios es una herramienta a utilizar». Nuestro inconsciente nos ha hecho trabajar de tal modo, nos ha lanzado a buscar de tal manera, que nos ha fabricado una herramienta. ¡Hace falta que la utilicemos!

Hay que comprender que este ángel, aparecido a la derecha del altar, se manifiesta en nuestro corazón. Somos el altar de oro y en nuestro interior hay un ángel que nos va a hablar. De golpe, en medio de la noche, en medio de la angustia cuando vemos nuestro cuerpo envejecer y consumirse nuestra vida, un ángel interior nos dice «¡No tengas miedo!». Y ahí nos entregamos a él porque proviene directamente del inconsciente que comunica con el Dios interior, y durante unos minutos perdemos el pavor, hacemos un intermedio en el miedo constante.

Zacarías ve al ángel. Nosotros somos también Zacarías, el viejo decepcionado, el viejo castigado. En verdad somos estériles: en alguna parte de nosotros hay una zona estéril. Portamos esta carencia de fe. Porque aunque Zacarías dice lo contrario y hace esfuerzos en este sentido, no tiene fe.

En alguna parte somos Zacarías y ahí recibiremos la visita del ángel si lo esperamos lo suficiente, si no nos dejamos desviar por una sola crítica, si no nos permitimos ninguna distracción y ninguna duda. Prioritariamente ser inquebrantables en nuestra fe *aunque no creamos*, porque la verdadera fe existe aun cuando uno no cree. Entonces decimos «No creo y sin embargo estoy *ahí*».

El arcano del Tarot conocido como El Ermitaño dice «Estoy *ahí* con mi lámpara. Dirijo la luz hacia mí, en la noche oscura, para que Él me vea. Hace falta que me venga a buscar. Yo resisto y no me muevo. Si reviento, sea, pero no me muevo. No tengo fe pero estoy *ahí* de todas formas».

Yo soy Zacarías. Yo ignoraba que el ángel me iba a hablar pero en cuanto entro al templo, el ángel aparece a mi izquierda y me dice «¡No tengas miedo! Mientras lo tengas no me verás ni me escucharás. Por tanto, la condición sine qua non para que tu evolución se produzca es que carezcas de temor. Debes saber que de ahí donde Dios te ha puesto, Dios siempre te sacará. Lo contrario del temor es la confianza».

«No tengas miedo, Zacarías, porque tu ruego ha sido satisfecho.»

Zacarías se pregunta «¿Mi ruego ha sido satisfecho? Pero ¿cómo? Lo único por lo que he orado es por la llegada del Mesías. Entonces, ¡el Mesías vendrá! ¡Qué maravilla!».

«Tu mujer Elisabet engendrará un hijo y tú le pondrás el nombre de Juan.»

Zacarías se dice «¡Pero éste no era mi ruego! ¡No pedí un hijo, lo juro! ¡No oré por eso! ¡Oré por todos, jamás para mí!».

«Tendrás gozo y alegría y muchos se regocijarán de este nacimiento.»

Zacarías piensa «¿Muchos? ¿Cuántas personas podrán regocijarse del nacimiento de mi hijo? ¿Cuántos amigos tengo? Ninguno. Mi mujer es despreciada. Hacen falta al menos diez personas para circuncidar a un niño... ¿Encontraré siquiera diez para que se regocijen conmigo en ese bautismo?».

Zacarías ignoraba que este nacimiento iba a tocar a millones y millones de personas y que toda la humanidad iba a regocijarse. Según el mito, eran todos los seres humanos sin excepción, e incluso los muertos el día de su resurrección, los que iban a celebrar este nacimiento. Zacarías ignoraba cuán enorme era lo que implicaban las palabras del ángel: no tenía conciencia de la importancia de este suceso. El ángel le estaba diciendo que a partir de ese instante todos los seres humanos iban a regocijarse del nacimiento de su hijo; y es verdad que hoy, dos mil años después, nos regocijamos todavía.

A veces recibimos una anunciación... Como una hormiga trabajamos en una pequeña obra sin saber que posiblemente esta obra va a perdurar a través de los siglos. El autor del Tarot de Marsella, ¿sabría cuánto íbamos a regocijarnos con su creación? La realizó en el total anonimato y aquí, siglo XXI, aún festejamos esta pequeña creación ¿Miguel de Cervantes tendría claro cuánto íbamos a regocijarnos con Don Quijote?

«Porque será grande ante el Señor.»

La persona que anuncia y que prepara el camino es grande ante el Señor. El espíritu que nos anima cuando preparamos el camino es un espíritu sagrado. Es lo más sagrado de nosotros mismos. Es el Juan que se halla en lo más recóndito de nuestro ego. Es nuestro ego empleado como debe serlo. El ego se convierte en Juan sólo a partir del momento en que deja de trabajar para sí mismo y comienza a trabajar para el otro.

Durante la mayor parte del tiempo, a la vez que veo, me veo. Veo y me veo. Sólo cuenta el ego, el yo que siempre trabaja para sí mismo. (Hay una sílaba sánscrita empleada en los mantras para evocar al Ser supremo: «AUM»; si invertimos las letras de esta sílaba obtenemos «MUA», un juego fonético en francés con la pronunciación de la palabra *moi*, que significa «yo». El Ser supremo y el Yo son opuestos, pero son lo mismo.)

Nos parecemos constantemente a los autistas: el Yo trabaja únicamente para sí y pide sin cesar. Su demanda es como un pozo sin fondo. Pido. Pido al otro. Pido a la vida. Pido a Dios. Pido a las personas que están a mi lado. Pido a la sociedad. *Pido*. Porque en esto consiste el «Yo»: una petición continua.

En este estadio no hay todavía un *Juan*, un ego bien empleado. Únicamente cuando el ego, en lugar de pedir, aprende a anunciar la llegada de la luz, se convierte en Juan. Entonces dice «¿Pido? ¡No! Doy. Mas ¿de qué manera doy? Por lo demás, yo no puedo dar, puesto que sólo el Cristo, aquel que vendrá, dará. Yo abro el camino. Hago una obra. Construyo un templo. Es todo lo que puedo hacer. Construyo un templo pero no puedo habitarlo. En cuanto Juan, preparo el camino para que el Cristo habite el templo. No soy yo quien debe habitarlo: es el sitio de nuestro Dios colectivo».

Esto quiere decir que preparamos el camino y que nuestra creación colectiva habitará en la humanidad. Soy, pues, Juan, porque consagro el ego a la obra colectiva. Es en esto en lo que consiste ser Juan.

«No beberá vino ni bebida fermentada...»

Esta frase significa que Juan será un asceta. En ese momento, el vino es la verdad de la tradición, la verdad «fermentada», anticuada, caduca. Más tarde Juan podrá beber el vino de Cristo, su sangre: la nueva verdad. La verdad vivida y no heredada.

«...y estará lleno del Espíritu Santo desde el seno de su madre.»

Desde el momento en que Juan no tenga sino unas cuantas células, el Espíritu Santo lo tocará: estará casi consciente en el seno de su madre.

¿De qué estará consciente sino de Dios? No podrá poseer otra conciencia y todo lo demás será nada. La única conciencia que existe es la conciencia de Dios. Nosotros no tenemos una conciencia propia: nuestra conciencia es la de Dios a través de cada uno.

Recuerdo una historia de Farid Ud-Din Attar en la que un sufí está llorando y otro le pregunta «¿Por qué lloras?», y aquél responde «Porque tengo tanta necesidad de Dios..., ¡pero Dios no tiene ninguna necesidad de mí!».

¿Quién sabe? Acaso Dios nos necesita y es precisamente por esto por lo que nos creó: tenemos una obra que realizar.

En realidad, esta historia significa que Dios no tiene ninguna necesidad de nuestro sufrimiento y que sólo lo encontraremos en la alegría.

Hay quien dice «¡Yo no veo a Dios!». Podríamos responderle «Es cierto. No lo ves, pero Él te ve».

No vemos nuestro Dios interior, pero Él ve nuestra conciencia.

Nadie debe ser una muleta para nosotros. Desde el momento en que buscamos una muleta, nuestro Dios interior nos castiga. Si busco a mi mujer *ideal* o a mi hombre *ideal*, es decir a mi muleta, soy castigado y me siguen cuatro generaciones de enfermedades. Cualquiera que sea la muleta que elegimos, somos castigados por tenerla. Si para solucionar sus problemas alguien quiere procrear un hijo, tanto ese alguien como el hijo serán castigados. Porque los niños no se engendran para servir como muletas.

Ciertas personas creen que tener un hijo solucionará todos sus problemas. Eso no sólo no soluciona nada sino que el niño está dañado. Un hijo no viene como una prótesis, como un bastón o una pierna artificial, como un gancho que remplaza a una mano. Procrear un hijo en estas condiciones es un acto de narcisismo. El niño debe ser procreado como Juan: para establecer el camino, para que se produzca el arribo de la conciencia colectiva.

«Él devolverá a muchos de los hijos de Israel al Señor su Dios...»

Todos los que buscan el Espíritu son los hijos de Israel.

«...y marchará delante bajo la mirada de Dios con el espíritu y el poder de Elías, para devolver el corazón de los padres a los hijos...»

El trabajo consiste en devolver el corazón de los padres (y cuando se dice «padres» ello significa «padres y madres») a sus hijos. Esto confirma lo que se comentó líneas atrás: actualmente y por lo general, el corazón de los padres no se da a los niños sino a los propios padres. La humanidad ha padecido mucho a estos padres y madres que no están consagrados sino a sí mismos en vez de preparar el camino y de trabajar para el niño en cuanto niño, y no en cuanto prolongación narcisista de los padres. Los progenitores no se han convertido en Juan, no se han transformado en seres completos que crean un nuevo ser completo.

Únicamente un padre sin rostro y una madre sin rostro pueden dar vida a un niño que no tenga rostro. Es una labor muy ardua.

«...y conducir a los rebeldes a pensar como los justos, a fin de tener para el Señor un pueblo preparado.»

Esto significa que si el pueblo no está preparado, el Maestro no puede venir.

Zacarías dijo al ángel...

Recordemos que en ese momento Zacarías no cree, porque lo que sucede es demasiado bello. Entonces se dice «No soy sino un miserable anciano de la octava de las veinticuatro clases de sacerdotes. Si estoy aquí, en este templo, es porque hubo un sorteo. Nadie me designó personalmente. Es sólo el azar. Así, ¿con qué derecho, con qué mérito? ¿*Yo*? Hay que mirar el estado en que me encuentro. Y además con una mujer menopáusica que cada día se hace más ruina, restos de un ser humano. Vivo con una ruina, con un resto, y yo mismo lo soy. Mi juventud y todo lo que con ella se relaciona, se ha ido. ¿Cómo voy a producir, en la humanidad, esta cosa enorme? ¡No, no, no! ¡Esto no es posible!».

Zacarías dijo al ángel: «¿Cómo lo sabría?».

Aquí está preguntando «¿Cómo creer?».

«...Porque soy un anciano y mi mujer está avanzada en edad.» El ángel le respondió: «Yo soy Gabriel y me tengo ante Dios».

Gabriel, quien *se tiene ante Dios*. Hay que imaginar su poder, si era capaz de tenerse ante Dios sin ser fulminado.

«Fui enviado para hablarte y anunciarte esta buena nueva. Y bien, serás reducido al silencio y no podrás hablar sino hasta el día en que esto se realizará, porque no has creído en mis palabras, que se cumplirán en su tiempo.»

Zacarías se queda mudo: tendrá que esperar nueve meses para recobrar la palabra. ¡Ahora va a creer! Felizmente, ya que es por completo necesario. En efecto, si no cree, es tan viejo que jamás hará el amor con su mujer y es menester que lo haga. Desde el momento en que obtiene la prueba que le hacía falta, creerá y obedecerá. Es por esto que el ángel le quita la palabra. ¿Cómo hará Zacarías para explicar todo a su mujer? Ella estará sorprendida...

El pueblo esperaba a Zacarías y se asombraba de su tardanza en el santuario. Cuando salió, no podía hablar a las personas y ellas comprendieron que Zacarías había tenido una visión en el santuario: les hacía señas y permanecía mudo. Cuando finalizó su tiempo de servicio, regresó a su casa. Después de esto, Elisabet, su mujer, quedó encinta.

¿Cómo sucedió esto? De regreso en su hogar, Zacarías encuentra Elisabet rejuvenecida y al punto se siente atraído por ella. Él mismo recupera todo su vigor y esa noche son dos jóvenes quienes se entregan a un coito excepcional. El milagro se ha producido y ellos conciben a Juan en plena juventud.

A la mañana siguiente, este vigor súbitamente desaparece. Son de nuevo ancianos.

...durante cinco meses ella se ocultó...

En los primeros meses, Elisabet volvió a ser una anciana. Sabía que portaba la vida y que todo era un milagro, pero no podía mostrarse delante de las personas. Hay que imaginarla: una vieja cuyo vientre se iba abultando... Por tanto, durante cinco meses nadie supo de ella.

Elisabet se decía: «He aquí lo que ha hecho el Señor en los tiempos en que fijó los ojos sobre mí para terminar con lo que hacía mi vergüenza ante los hombres».

Elisabet se está diciendo «Ahora ya no tengo vergüenza. He engendrado un hijo. No puedo mostrarme pero acepto el milagro. Yo lo tengo. Lo llevo con un amor inmenso porque mi hijo es para sí mismo y para los otros. En el seno de mi vieja carne se encuentra la nueva. Soy como Sara cuando Abraham la preñó. Es la nueva vida que aparece en un cuerpo viejo, como un pequeño pez que surge en un océano milenario».

El océano era milenario: luego de una eternidad, estaba pleno de riquezas. De súbito, un pez vivo aparece. Para el océano, este pequeño pez vivo es más importante que todos sus tesoros. La vida que nace en las ruinas, en los restos...: en nuestra fe y en nuestro sufrimiento, grande como un océano.

En un momento de mi vida, mi lado izquierdo y mi lado derecho se encuentran y hacen el amor. Entonces doy con mi belleza interna y veo nacer en mí al nuevo hombre. Comprendo, pues, que ya jamás seré el mismo porque se ha producido algo increíble y toda mi vida ha cambiado. Mi vida entera no es más que una piel vieja; ahora entiendo que lo que he poseído, atesorado, conservado, se consagrará a hacerme crecer, a engrandecer a Juan en mi interior. Y Juan no será para mí porque vendrá a preparar el camino milagroso que la humanidad espera.

La anunciación del nacimiento de Jesús
(Lucas 1:26-38)

Durante cinco meses, Elisabet permanece completamente oculta. Nadie se da cuenta de lo que le ha sucedido, nadie va a visitarla. Zacarías ha quedado mudo. Ahora cree totalmente, por una parte porque ha perdido la voz y, por otra, a causa de lo que ha visto y de lo que ve. Ve que su mujer está encinta y por ello Zacarías se halla en crisis y se dice «Se me ha presentado un milagro: pude hacer el amor y, al hacerlo, mi mujer y yo hemos rejuvenecido porque no podríamos habernos amado sin volver a la juventud. La excitación sexual pertenece a la vida pura, a la juventud pura. Cuando esta excitación nos tocó a ambos, nos volvimos jóvenes: nos deseamos totalmente, o no habríamos podido hacer el amor. Nuestro hijo es producto del deseo. ¡Ahora, yo creo! Esto me llegó en la extrema ancianidad. Planté una semilla en la esterilidad. Tuve esperma y Elisabet tuvo óvulos. El niño ha sido engendrado realmente. Hay, pues, una verdad; aunque ésta se esconda, hace falta que yo crea. Estamos en el proceso de crear a Juan. Seremos útiles a toda la humanidad. Fuimos escogidos. La más grande recompensa que recibimos fue hacer bien a los otros. Ése es el regalo y lo he recibido. Puedo servir a los otros. Soy útil».

En ese momento, ¿Zacarías contaba con alguien? Con María. ¿Dónde estaba ella? En Nazaret, una pequeña ciudad desconocida en el Antiguo Testamento.

Al sexto mes, el ángel Gabriel fue enviado por Dios a una ciudad de Galilea de nombre Nazaret...

Es el mismo ángel, que regresa para una segunda misión. Esta vez no va a ver a un anciano sino a una joven. Atraviesa toda la creación. El viaje de este poder increíble se desenvuelve de lo muy grande a lo muy pequeño: Gabriel surca las galaxias portentosas, localiza el Sistema Solar, busca la Tierra y va directamente hacia la aldea más diminuta. ¿Por qué? Porque ahí se encuentra –dice el Evangelio– con «una joven» –es decir, una virgen.

...a una joven desposada con un hombre llamado José, de la casa de David...

Antes hemos visto lo que José significaba y notamos que sin él no habría Cristo. Sabemos que es absolutamente necesario, en la medida en que el Cristo debía nacer en la familia de David.

...y el nombre de la joven era María.

Santo Tomás de Aquino afirmó «Etimológicamente, María significa *interiormente iluminada*». Hace falta, pues, describir en qué consiste una persona en tal estado, con objeto de saber lo que representa, para nosotros, convertirse en una *María*. Estar «iluminado» equivale a eliminarse en cuanto ego, es decir que nada del ego debe restar en nosotros. En este sentido, iluminarse es eliminarse.

María también quiere decir «iluminadora de otros». Estar eliminado (iluminado) significa eliminar al otro en el sentido de eliminar su dolor.

El gran deseo de los seres humanos es *llegar a ser lo que son*. Es lo que señala la gran frase pronunciada por Dios: *Soy el que soy* (o *Soy lo que soy*). Mientras no seamos lo que somos, sufrimos. ¿Y qué somos?

Somos Juan. Somos un alma al servicio, un alma que crea el camino para iluminar a los otros. Esto es esencial: no existe una iluminación personal e individual. La iluminación personal consiste en iluminar a otro.

¿Cómo podemos realizar esto? Somos capaces de hacerlo cuando ya no existimos, es decir cuando ya no existimos en cuanto ego. Así, estamos al servicio de otro, lo absorbemos, lo vemos completamente y lo elevamos a nuestro nivel para que a su turno él pueda iluminar a los otros.

Más adelante, Santo Tomás añade «El nombre de María significa *soberana*». Es evidente: a través del hecho de desaparecer, uno comienza a mandar. El verdadero soberano es aquel que no existe en cuanto ego, sino en cuanto canal: canal de la esencia. Es decir, en cuanto servidor de Dios.

Santo Tomás de Aquino dijo que María significa también «estrella de mar». Esto es muy hermoso: somos una estrella en mitad del océano. Esta estrella guía a los viajeros perdidos. Cada vez que estemos extraviados, nos bastará con buscar la estrella capaz de guiarnos. Tal estrella es el don de nuestra carne, porque si hay algo importante en la Virgen María, es desde luego el hecho de que ella sea en carne y en hueso, que posea sangre, un corazón, etcétera.

Es una joven virgen. ¿Por qué el acento se coloca en su virginidad? Porque eso significa que ella será siempre virgen. En nosotros existe una parte siempre virgen, una parte que no ha sido tocada y que nunca lo será. Es un punto luminoso necesario para construir a toda la humanidad.

Y entrando el ángel en donde ella estaba, le dijo...

Si él *entra*, esto implica que María estaba encerrada. ¿Qué hacía en tal encierro? ¿Cocinar, limpiar? No: estaba en completa comunicación con cada célula de su cuerpo y oraba. Era un ser que estaba rezando, y de tal modo que cada átomo de su cuerpo se abrió para aceptar y recibir a la divinidad. Su vientre se abrió, su seno se abrió... Cada latido de su corazón decía «Dios».

Era virgen y estaba aislada porque se había separado de su tradición (tradición que exigía reproducirse). Estaba casada y sin embargo no había copulado con su marido: todo lo había sacrificado, incluso aquello que llamamos su felicidad. María estaba presta a ser virgen y, por tanto, a sufrir el destierro, esto es, a vivir la vergüenza.

María estaba completamente separada del mundo mientras se hallaba en trance de orar, de llamar, de no tener miedo, de *darse*: porque desde el comienzo de la creación se encontraba en el designio divino. Era la creación privilegiada de la divinidad.

Para el ser humano amado por la divinidad, el tiempo de la caída había terminado y llegaba el de la ascensión. Hacía falta conducirlo a la eternidad, y María era la elegida.

Mientras que José provenía de David y por tanto de una línea de hombres justos –esto es, una línea de personas que habían hecho todo para producir el Mesías, el ser colectivo–, María estaba sola (puesto que se hallaba encerrada): ni siquiera seguía apegada a su madre o a su colectividad, y menos a su país, y menos aún a su aldea. No estaba comprometida con nadie.

En un completo estado de meditación profunda, había accedido a una tal intensidad de oración, que la divinidad la escuchó. En ese momento, en esa aldea perdida en el mundo, en ese punto en que la civilización estaba en lo más bajo, existía un ser que había llegado a la cumbre del don humano. Una cúspide, en efecto: su luz era tan grande que si no se hubiera enclaustrado, toda la humanidad se habría dado cuenta de que la pureza total estaba ahí.

María era la absoluta diafanidad. En su sexo ningún deseo entraba si no era el deseo por Dios. Además, asumía su sexo porque asumía toda su carne. En su corazón no se albergaba otra emoción que la dirigida a Dios. Ningún ser humano podía entrar porque ello la distraería de la divinidad. En su cerebro no se albergaba otro pensamiento que el dirigido a Dios. Estaba, pues, encerrada en oración.

Y es en ese momento que el ángel *entra*. ¿De dónde viene? Evidentemente, del centro mismo de María. ¿De dónde viene un ángel? Del centro de nosotros mismos. Gabriel emerge del interior de María. Hace falta comprender que en ese instante, la Virgen no era más que corteza vacía, una cáscara de naranja sin la naranja. Es decir que era una forma hueca en la cual el ángel entró: de un solo golpe, penetra en cada átomo de su cuerpo. Para esto debía pasar por su corazón; María recibió de su corazón el mensaje.

«Yo te saludo, María...»

Imaginemos la situación: ella está ahí y, de súbito, ve al ángel Gabriel. ¡No olvidemos que es el ángel que *se tiene ante Dios*! Conoce a la divinidad, de la que es una manifestación directa. Se presenta y le dice «Yo te saludo». ¿Queda suficientemente claro que este ángel que «se tiene ante Dios» se inclina ante un ser humano? ¿Qué clase de ser es María para que el ángel se inclinara ante ella?

Esto indica que un día el ser humano alcanzará tal nivel de belleza que el ángel Gabriel se inclinará ante él.

El pasaje implica también que si el ángel Gabriel *se tiene* ante Dios, el humano *será* con Dios. Iremos más lejos en la divinidad que Gabriel, puesto que nuestro destino es ser uno con Dios. Para nosotros, el ángel Gabriel no es sino un grado de elevación, no nuestra cima. Seremos más altos que él. Desde luego; si no, ¿por qué vivimos? Nuestra meta es ser más altos que el ángel, ya que él se ha inclinado ante un humano. Hablo, claro, de un ser como la Virgen María (en el mito o la creencia).

«Yo te saludo, María, tú que tienes el favor de Dios. El Señor es contigo.»

«El favor de Dios» o «la gracia de Dios»: las dos traducciones son posibles.

San Bernardo interpreta así esta línea: el ángel llega a anunciar que el Señor está con él pero, desde que se presenta, dice a María «El Señor es contigo». San Bernardo se pregunta –y yo encuentro esto genial–: ¿qué le queda para anunciar si el Señor está con ella? Por tanto María, aun antes de ser inseminada, es ya un ser increíble. Su perfume y su apariencia son tan fuertes, que al principio Dios ha sentido que ella está ahí y le ha enviado un mensajero. Después de haberlo enviado, Dios se transporta directamente junto a ella. Es más rápido que su mensajero, de suerte que llega antes que éste.

Tal es la interpretación de san Bernardo. Mi visión es distinta.

El ángel dice a María «Siento que estás plena de gracia». ¿Qué significa estar plena de gracia? ¿Qué es la gracia? Encontramos la iluminación en lo mental, el orgasmo cósmico en el sexo, el trance en el cuerpo, mientras que la gracia no se halla sino en el corazón.

Al decirle «estás plena de gracia», el ángel afirma «Estás llena de amor hasta el último de tus átomos. Eres la gracia pura porque no existes. Nada hay en ti sino el amor total y puro. Tus palabras son amor, tus gestos son amor, tu piel es amor, tu respiración es amor, los latidos de tu corazón son amor. Todo en ti es amor, ¡todo! Estás tan llena de gracia, que insuflas tu amor al universo entero, con su pasado, su presente y su futuro. Eres tú quien perdona a Eva porque amas a toda la humanidad que ha venido y a toda la que vendrá. Llenas de tu amor al infinito y a la eternidad. Llenas incluso a Dios.

Lo llenas de tal modo y tu amor es tan grande, que Dios está contigo y se convierte en tu marido. Esto se debe a que estás ciertamente plena de gracia. No es Él quien ha venido a buscarte: es tu amor el que ha ido a buscar a Dios.

Cuando comenzaste estabas lejos, a millones y millones de kilómetros, en la oscuridad, la muerte y la angustia. Has sido capaz de vencer a la muerte, a la angustia, a las fronteras del tiempo y el espacio. Ese amor era tan poderoso que se ha transformado en un aroma; tu perfume ha invadido de tal manera el universo entero, que lo no manifiesto se ha identificado con una rosa: es la forma que, por tus actos, lo invisible ha elegido para manifestarse. Tú eres la rosa. Tú eres la paz. Has aportado la calma a todo el universo porque éste jamás podrá deshacerse de tu perfume, que es persistente y eterno. Has dejado tu huella. Por tu amor, eres ya el corazón del universo y tu amor es el universo mismo.

Es por esta razón que Dios está *contigo*. Ya no está *en* ti sino que está *con* tu ser. Eso significa que te ama de tal forma que te separa de Él para tener el gozo de ser fuera de ti y de verte. Así, Él es tú, pero está *contigo*. Si fuera completamente tú, no te vería. Y si no te viera, por vez primera Dios sufriría. Por tanto, está con tu ser».

A estas palabras, ella se turbó sobremanera y se preguntó qué salutación sería ésta.

¿Cómo no iba a turbarse? Escuchar las palabras del ángel era su más preciado anhelo, pero de ahí a que ello se concretizara existía un margen. Cuando se le certifica que todos sus anhelos van a realizarse, María no puede creerlo puesto que su humildad no tiene límites. Aprende entonces que su trabajo de búsqueda de una pureza total ha sido reconocido. Cualquiera que sea nuestro nivel, ser reconocido es siempre emocionante.

La Virgen se turba porque ella puede, durante la sombra de un instante, romper su humildad y dar libre curso a su alegría. Se turba porque está dividida entre su regocijo y su inmensa modestia.

El ángel ha corrido el riesgo de herir la extrema humildad de la Virgen. Es un momento muy delicado porque, para ella, permitirse un instante de alborozo sería romper en dos su obra y destruirla.

Entonces el ángel le dijo: «No temas, María, porque has hallado gracia delante de Dios. He aquí que concebirás en tu vientre, y darás a luz un hijo y le darás el nombre de Jesús».

Ahí María debe reaccionar, puesto que no se le ha precisado que es de Dios de quien quedará preñada. Entonces debe decirse «¿Yo, encinta? Pero ¿por qué? Me he consagrado a Dios por completo. No quiero quedar encinta si no es de Él. No quiero engendrar de un hombre. No es que deteste a los hombres sino que quisiera consagrarme a otro designio. Algo me dice que mi camino no es ése».

Es necesario comprender la posición de María. Gabriel le dice que Jesús «será grande», y en este caso «grande» significa divino.

«Será grande y se le llamará Hijo del Altísimo; y el Señor Dios le dará el trono de David su padre...»

Será, pues, poderoso, y recibirá el nombre de Hijo de Dios.

«...y reinará para siempre sobre la casa de Jacob...»

Dicho de otra manera, sobre la humanidad.

«...y su reino no tendrá fin.»

En esos instantes, María piensa «Este ángel me está tentando. Me dice que mi hijo será grande, que recibirá el nombre de Hijo de Dios y que reinará... ¡Pero no estoy obligada a aceptar! ¡Que me dejen tranquila! ¿Qué bien me haría quedar encinta de un rey? Quiero a mi hijo perfecto; no quiero nada para él además de que sea él completamente, es decir que sea su divinidad. Quiero que mi hijo sea su vida, que sea el Dios interior que él es. Si me he separado de la casa de David, ¡no es para ahora regocijarme de engendrar un rey! Me he encerrado, me he apartado de mi pueblo, del hombre. ¿Por qué debería alegrarme de una cosa que no es buena? Sin embargo, es el Ángel del Señor el que me habla. Lo escucharé hasta el fin».

Entonces María dijo al ángel...

Ella le habla: no le tiene miedo.

«¿Cómo será esto posible? Soy virgen.»

Cuando afirma «Soy virgen» implica que, por naturaleza, es impenetrable: todo debe provenir de ella; nada va a crearla desde el exterior porque el alma es impenetrable.
Como decía G. I. Gurdjieff, «No puedo hacer el trabajo por ti». Dicho de otro modo: «Que tú estés iluminado y que te acerques a mí, no significa que yo esté iluminado». Por eso los japoneses afirman «Si ves un Buda en el camino, ¡córtale el cuello!».

La iluminación de otro no es la mía, aunque evidentemente su estado puede ayudar al mío. En efecto, si yo estoy iluminado, ayudaré a otro a encontrar su propia iluminación. Sin embargo, mientras él no esté iluminado, mientras no estemos en el mismo nivel, no nos podremos comunicar de verdad: no podremos efectivamente estar juntos y cantar juntos. La meta no es que yo esté iluminado y el otro no.

María dice «Soy virgen» porque el fenómeno debe realizarse en su matriz; debe nacer como una flor del interior de sí misma.

El alma es virgen y lo será siempre. Aparte de Dios, nadie la posee jamás, nadie la inseminará. Entonces ¡no esperemos del otro lo que debemos hacer nosotros mismos! Es la lección de la Virgen cuando dice «¿Cómo será esto posible? Soy virgen». Es decir, «¡Nada de tentaciones conmigo! ¡Poco me importa que sea rey o no, que sea grande o no! Yo soy virgen y estoy decidida a permanecer así. ¡Entonces tú, ángel Gabriel, dime cómo será esto posible en la medida en que busco la conciencia total sin abandonar mi virginidad!».

El ángel le respondió: «El Espíritu Santo vendrá sobre ti, y el poder del Altísimo te cubrirá con su sombra; por ello el Santo Ser que nacerá, será llamado Hijo de Dios».

María piensa «Aquí se habla de otra cosa: "El Espíritu Santo vendrá sobre ti" significa que una dimensión inconmensurable de la divinidad aparecerá y vendrá sobre mí. Me envolverá enteramente porque "sobre mí" quiere decir que me rodeará por completo como un anillo resplandeciente. El Espíritu Santo es este anillo que hacemos, una esfera universal de una pureza increíble. Seré para el Espíritu Santo como el hueso de una fruta. ¡Hará de mí su corazón!».

Gabriel le ha dicho «Dios te cubrirá con su sombra», y a continuación María reflexiona sobre estas palabras: «Por lo tanto, seré rodeada de una oscuridad que me va a internar en el secreto cabal. Nadie podrá ver lo que sucederá. Un día estaré ahí, ciertamente en espera, en postura de meditación (¿en qué otra postura podría estar?) y el poder me tomará. Mientras me posea, dejaré atrás a todos los universos. Sobrepasaré todos los misterios de la materia, todas las dimensiones infinitas, todos los templos, todas las creaciones, todos los colores, ¡todo!, ¡absolutamente todo!

El Espíritu Santo es un poder inmenso al que yo podré resistir, porque en la medida en que me va a cubrir, para hacerlo debe darme más y más fuerza.

Y todavía más para no destruirme.

Y debe hacerme aún más fuerte para que no me reduzca a polvo.

¡Siempre más fuerte!

De hecho, la divinidad lo realiza en el instante mismo en que el ángel me lo anuncia. Estallo. Mi corazón late. ¡Este corazón! La fuerza me invade, me absorbe y me maravilla. ¡La fuerza se produce en mí! ¡Goce! ¡Grito! Silencio...».

La Virgen ha experimentado el más grande orgasmo de la humanidad. Se dice:

«Inspiro... Estás conmigo. Jamás seré la misma.

Inspiro y llego a la creación del universo.

Inspiro y llego al término del universo.

Siento la vida de todos los astros.

Veo a todos los hombres que están por venir.

Tengo el conocimiento total.

Porto un Dios en mi interior.

Ahora ¿qué pasará en mí, en el interior de mis células? Él comienza a crecer. Sé que poseo en mí la completa conciencia de Dios. Llevo una conciencia superior a la mía y esta conciencia me sostiene, me observa y me conduce. Sé ahora que no tengo miedo porque espero a Dios en mí. En mi interior, no en mi exterior. Porto el infinito completo. He dado mis células a Dios. Él me ama porque se cubre con lo único que me queda: mi carne. Soy una carne vacía. Él se nutre de mi cadáver viviente.

A partir de ahora, doy mi ser total. Todo será al servicio del templo que se erige en mi interior. Yo soy el templo y porto en mí el otro templo: el cuerpo de mi Señor.

Aquí, en mi vientre, se halla mi padre. Ahora todo mi ser se consagrará a mi padre. Él crecerá en mi vientre. Para ello le ofrezco lo más puro de mi carne. Es mi padre y es también un bebé. Yo creo al bebé mientras él crea su alma. Nace, pues, de él mismo y de mí. En tanto voy a crear a Jesús, él está en trance de crear a Dios. Él es el Cristo. Nosotros lo hacemos juntos: colaboramos. Él no me da: *es en mí*. Yo no le doy: *soy en él*. Realizamos la obra juntos.

Es mi hijo, mi amante y mi padre.

Él me ha dado una célula y ahora porto cuatro. ¡Es increíble! En mi interior, cuatro de mis células están habitadas por Dios completo. Y luego, vertiginosamente se desdoblan, ocho, dieciséis, treinta y dos, sesenta y cuatro.., y así, siempre habitadas.

¿Quién soy? ¡Es inconcebible! Será necesario que yo misma me vigile porque podría volverme loca. Puedo pensar que soy el ser más importante de la humanidad. Puedo creer que soy la más grande mujer del mundo. La tentación es inmensa. En verdad será menester que me controle, que no crea todo eso. Soy una humilde servidora. Soy una mota de polvo. Es Él quien me ha elegido. Yo no quiero nada; Él lo quiere todo.

Este Dios, este niño que llevo, es infinitamente más importante que yo. Yo no cuento para Él. No soy yo quien va a influir en Él. Es Él quien influirá en mí. Es Él, mi niño, quien me está haciendo. Como el mar, como la marea, a cada crecida, me crea. No tengo nada que darle; Él tiene todo para tomar. Lo único que puedo darle es mi pureza, mi verdad, mi perfume y mi devoción. Él nace de mi perfume. ¡No tengo ningún mérito, absolutamente ninguno! Él es la obra. Yo soy una flor efímera».

El ángel agrega:

«Y he aquí que Elisabet, tu parienta, también ha concebido un hijo en su ancianidad...»

Dice «también» refiriéndose a Sara, que a los noventa años quedó encinta de Abraham.

«...y éste es el sexto mes para ella, la que llamaban estéril; porque nada hay imposible para Dios.»

Y María se dice «Si nada hay imposible para Dios y si yo llevo a Dios en mí, nada me es imposible. Así, estoy en el "nada es imposible". Por primera vez, vivo lo que siempre he sido porque siempre deseé lo imposible.

Y si nada es imposible a Dios, esto quiere decir que si yo deseo lo imposible, lo tendré. Soy, para el mundo entero, la demostración viva de que es indispensable desear lo imposible. Mientras nadie lo desea, no se realiza. Mientras alguien no lo desea, no queda preñada de su divinidad interior».

María dijo entonces: «Soy la sierva del Señor»...

¿Cómo la sierva, si ella será la madre? ¿Cómo la servidora, si será el templo y la estructura? ¿Cómo la sierva, si no hay redención sin María, en tanto no hay Cristo?

Porque Dios no podía entrar en un templo sucio, imperfecto. No podía encarnarse sino en lo que es perfecto y florecer en la más alta cima del cuerpo y del ser humano.

María piensa que no obstante es su servidora porque obedece a Voluntad, y exclama:

«...hágase conmigo conforme a tu palabra.»

Y en ello está diciendo «Acepto. Acepto porque sé que soy su servidora y que no me veré tentada a sentirme el más superior de los seres. Sé que no hay ningún mérito en estar iluminada.

En efecto: no hay mérito alguno. No hay otro Dios que Dios y todos somos sus servidores.

¡Que todo pase para mí como lo has dicho! Yo no he hecho más que darme a la gracia. No realizo mi iluminación: me entrego a ella. Carezco de cualquier mérito. No tengo siquiera el mérito de amar».

La belleza no posee mérito. María carece de merecimientos porque es la servidora. Es la belleza de Dios, la iluminación de Dios, la gracia de Dios, el deseo de Dios, la Ley de Dios, la fe de Dios, la conciencia de Dios.

Y el ángel se fue de su presencia.

Cuando María le dice «Soy la sierva del Señor», el ángel se va de su presencia. Nada más hay por hacer: Gabriel ha visto el fenómeno humano en su más alto grado y no le queda sino dejarla.

Otro tanto sucede a María: ya no necesita del ángel porque ella está con Dios. El rey está en su esposa. ¿Qué más podría hacer Gabriel? Humildemente, se retira. Su misión ha finalizado en tanto la Virgen ha sido inseminada: se halla encinta y Dios está ahí, entre nosotros, en el vientre de una mujer.

¡Que nadie venga a negar la belleza del vientre femenino si éste es capaz de contener a Dios!

Es sin duda una bella historia y un capítulo maravilloso. Subrayemos esto: si un cerebro humano pudo imaginarlo (y numerosos cerebros así lo hicieron), ello significa que está inscrito en el ser humano y que nuestra finalidad es la de realizarlo. Si no lo hacemos, la angustia cubrirá a la humanidad.

Hace falta saber que tenemos una divinidad interior. Podemos sentirla en cualquier momento; ella es también la divinidad exterior, pero es por lo interno que la sentimos.

Si el ángel no surge del interior, si no brota del corazón, no viene de ninguna parte. Somos un universo infinito con un centro. Si nos conectamos con este centro, nuestra divinidad interior podrá nacer. De otro modo será incapaz de surgir, si nos conectamos sólo con centros ajenos.

Así, cuando hablamos de todo esto somos *Juan*. Anunciamos, mostramos, describimos: «Tu Dios interior es el Cristo; tu cuerpo deviene templo, es la Virgen».

Es necesario realizarlo en el interior de sí. Para esto hay que enclaustrarse. Uno se pone a meditar y lo realiza. A pesar de todo, hay nueve meses de trabajo. La Virgen, como toda mujer, se ha entregado nueve meses porque gestaba no a un Dios etéreo sino encarnado en un cuerpo humano.

Era menester que Jesús fuera parido y que poseyera un cordón umbilical. Era menester que, al contrario de Adán, Jesús tuviera ombligo. (Adán no lo tuvo porque careció de madre.) Así, el Cristo nace en medio del agua materna, en medio del amor de la mujer, este amor sagrado. Él le dijo «Eres bendita entre todas las mujeres», lo que significa que la Virgen va a aportar el amor de todas las mujeres.

Sin embargo, José estaba a su lado porque es el *padre* de Cristo. Los Evangelios lo dicen: es el padre espiritual. Al impedir que María fuera lapidada, y luego al proteger toda la infancia de Jesús, José le da su vida.

José es nuestro *espíritu interior*. Todo se realizará bajo su vigilancia. Para alcanzar la iluminación, atravesamos emociones profundas que pueden hacernos zozobrar en la locura o la muerte. José nos hará atravesar estas emociones sin que nos hundamos en sus extremos. Así, vamos hacia la iluminación como sobre una cuerda tendida entre la locura y la muerte, y es José quien vigila estas experiencias y nos salva. Es nuestra conciencia. Sin ella somos incapaces de realizar el trabajo.

3

María y José

María es una joven que se ha casado con José. Naturalmente, este último es también muy joven. En forma contraria a cómo uno lo imagina, no es viejo. El Evangelio se toma la molestia de precisar con gran claridad que Zacarías era añoso; a la inversa, en ningún momento se especifica que José fuera anciano. Sólo lo dice la tradición popular.

Evidentemente, esta tradición quiere que José sea un viejo porque resultaría escandaloso que María viviera con un hombre. Se quiere que María habitara con un impotente, no con un varón.

Sin embargo José es un hombre joven y bello; de otro modo, ¿por qué esta joven tan hermosa y perfecta se iba a casar con un viejo impotente? ¿Qué haría con un abuelo? Y por otra parte, ¿por qué un anciano se querría casar con una joven virgen poseedora de este espíritu increíble, esta pureza y esta fuerza con que, sabemos, está dotada? Si alguien afirma lo contrario, que explique por qué José debe ser un vejete.

Hacer de José un hombre acabado es despojarlo de toda su potencia. De hecho, se trata de un hombre joven y vigoroso, un adolescente en plena forma y poseedor de un perfecto aparato genital. Concebirlo de este modo me parece más procedente, más adaptado a nuestra época, puesto que son los jóvenes quienes van a producir el Cristo.

Del mismo modo y pensando en términos artísticos, no puedo más que concebirlo joven. Si yo escribiera el Evangelio, no repetiría uno de mis «efectos» dramáticos. Ya Zacarías es un anciano: ¿por qué reiterar esa situación con José? Esto significaría que dos personajes importantes del Evangelio son hijos de ancianos y que únicamente los viejos pueden procrear a los profetas y a los Dioses.

Es mucho más bello concebir a José tan joven como María –o apenas un poco mayor que ella– y a ambos en edad de casarse según la tradición judía de esa época. Si deseaban tener hijos, los judíos no esperaban a ser viejos para contraer matrimonio.

Además, es hermoso que José sea joven y que no acepte cuando su mujer le dice «Estoy encinta de Dios». Eso nos muestra que la amaba por completo.

José provenía de la línea de David y habitaba en la ciudad de éste, Belén, hacia el tiempo en que María era residente de Nazaret. Más tarde, para el censo –como se ve en «Nacimiento y circuncisión de Cristo» (Lucas 2:1-21)–, José se lleva a María a Belén.

Vimos ya que Nazaret es una aldea casi imaginaria por ser uno de los puntos más pequeños del país. María no era oriunda de Belén; por lo demás, no se habla de su familia ni se describe su árbol genealógico. María proviene de una familia anónima.

¿Cómo fue que un hombre surgido de una descendencia prestigiosa se casó con una mujer sin linaje conocido y residente en una aldea casi inexistente? La respuesta es que estaba perdidamente enamorado de ella. Si José no hubiera amado tan completa, terrible, profunda y apasionadamente a María, la historia no tendría ninguna razón de ser. Es el más grande amor que la humanidad ha conocido. El amor de José y María es más grande que el de Romeo y Julieta.

¿En qué momento María comunica a José que está encinta? Apenas Dios la ha poseído, María sabe, por sentir la potencia sagrada en su cuerpo, que ya está encinta. E inmediatamente emprende viaje para visitar a Elisabet y permanece con ella hasta el nacimiento de Juan, que tiene lugar tres meses más tarde. En seguida, supongo, regresa a su casa y al entrar encuentra a José. Entonces le anuncia «Estoy encinta de tres meses». Si se hacen cuentas a partir de los datos ofrecidos en este capítulo del Evangelio, existe aquí una cierta discrepancia temporal; pero no nos preocupemos por ello: estamos en la región de los mitos, donde algunas leyes humanas son abolidas. El Evangelio nos dice que como José era *justo* y no quería que el pueblo la lapidara por adulterio, decidió partir en secreto.

Volvamos a imaginar, con todos los elementos que tenemos ahora, el tremendo *shock* que José recibe al averiguar que la mujer que ha elegido para casarse está encinta de Dios, quien por tanto se convierte en el rival de José.

En lo personal, si amo profunda y completamente a una mujer y me entero de que ha sido preñada por Dios, es muy cierto que estaría celoso de Él al igual que si se tratara de cualquier otro. ¿Qué bien podría aportarme el hecho de que sea Dios? Mi primer impulso es el de ver quién me ha robado a mi mujer. ¡Él me ha burlado! Si hay tantas mujeres, ¿por qué ha escogido justamente a la *mía*? ¡Es el más grande amor de mi vida y jamás tendré otro!

El hecho de que María haya sacrificado su vida sexual por la creación de Jesús, implica que José ha sacrificado también la suya por la misma enorme y hermosísima razón. Igualmente hermoso es que la historia de María y José sea una historia de amor. Ello dota aún de más fuerza a la partida en secreto de José.

Después él sueña que un ángel le habla. Hemos visto ya la maravilla que puede ser un ángel: un complejo polígono de fuego. El ángel le dice «Debes guardar a María cerca de ti porque de este niño depende el destino de la humanidad». Esto es determinante: el destino de la humanidad depende de José, puesto que él podría hacer que lapidaran a María.

Más tarde este destino depende todavía de José, porque tras un nuevo sueño, él se lleva al niño a Egipto para protegerlo de Herodes. Y luego es también José quien se lo lleva de Egipto. Nunca se repetirá lo suficiente: sin José no habría Cristo.

Es un hombre que va a seguir a su mujer en la medida en que ella ha elegido vivir con el máximo de toma de conciencia.

Eva hizo lo mismo: sin ella no habría existido María. La gran heroína de nuestro mito o de nuestra religión es Eva. Adán vivía indiferente en el Edén, brincoteando como un niño pequeño. Si hubiera permanecido ahí, hoy estaríamos en el paraíso, ni más ni menos inteligentes que unos gorilas. Nada habría pasado. Sin embargo, Eva deseó ser inteligente: fue ella quien hizo el movimiento hacia el despertar cuando escuchó a la serpiente, es decir cuando obedeció a la llamada del intelecto. Sin ella no habría habido una caída y sin ésta no habría existido una ascensión. Sin Eva, María no habría existido, puesto que María equivale a su realización.

Cuando veneramos a María deberíamos también rendir homenaje a Eva y comprenderla. Si un día se realiza la toma de conciencia colectiva, será gracias a ella. Eva comió del árbol del conocimiento e hizo bien. Ahora llegamos al fin de ese árbol y debemos comer del *árbol de la eternidad*. Según el mito o la religión, debemos morder el fruto de la eternidad. Alcanzaremos lo eterno. Gracias a Eva, gracias a la serpiente. («¡Oh alma, que haces de tu caída una ascensión!», dice el *Dibouk*, una pieza de teatro yiddish.)

Es una cuestión de preferencias: hay quien decide que José era un anciano de barba blanca que arrastra los pies y tiene las manos callosas por haber trabajado tanto la madera; a la vez que María era una muchacha inocente, ignorante, ingenua, dedicada a alimentar a su bebé.

Según esta versión, la imagen de María corresponde a una mujer buena, pura, ingenua, ulteriormente ignorante y un poco boba. En efecto: José la protege sin saber demasiado por qué. María es tan humilde que Dios le ha hecho el honor de producir a Dios. La máxima de sus «cualidades» es la de seguir a José, dejarse llevar. Este anciano, lleno de experiencia, cuida a esta pequeña y gentil María. Le dice «Nos vamos a Egipto, querida mía. ¡No te preocupes! Yo conozco la vida. ¡Sígueme tranquilamente! ¡Ocúpate de tu bebé! ¡Dale de mamar!». Y ella, inocente y sumisa, responde «Sí, mi querido José. Te escucho y te sigo».

¡En absoluto es posible pensar que José y María eran así! En lo personal, los veo a ambos jóvenes, sólidos y despiertos.

Veo a la Virgen María firme y fuerte. Es tan fuerte que ha engendrado a un Dios. Para ser capaz de llevar el poder entero de Dios en su vientre, hace falta que María posea una considerable energía física. Hacen falta un vientre y unos ovarios plenos de energía, un útero poderoso y de una elasticidad indescriptible. Hacen falta buenas piernas y un pecho pleno de una leche maravillosa.

Para alimentar a Dios, a María no podía faltarle la leche. No le iba a ofrecer un alimento ácido o envenenado, o uno que le causara urticaria. No: ella está plena de purísima leche y le proporciona absolutamente todo lo necesario.

María es fuerte. No cultiva ningún temor. Nadie la asusta. ¿Cómo María va a atemorizarse de cualquier cosa si ni siquiera se ha espantado ante el ángel Gabriel, que *se tiene ante Dios*?

Es una mujer que ha sido envuelta con la sombra del Señor. Esto es como un choque eléctrico comparable al de tres mil sillas eléctricas. Hay que imaginar el inconcebible placer que ella recibe en el curso de este suceso. El Espíritu Santo ha entrado en su corazón, que está abierto, y Dios entero se ha introducido en su cuerpo. El poder total la ha penetrado. ¿Podría una débil jovencita vivir momento así?

En mitad de esta sombra inconmensurable, por vez primera María ha sentido a la divinidad penetrando en cada una de sus células. ¿Será imaginable un placer más grande que el experimentado cuando el propio Dios entra en un cuerpo humano? Es interminable todo lo que esto representa. Cuando Dios entra en los ovarios de María, ella no ofrece ninguna resistencia. La vagina está íntegramente humedecida (porque se trata de un ser normal que experimenta un deseo total). El corazón está completamente abierto. El cerebro totalmente vacío. Nada de familia, de recuerdos, de nada: María no es sino carne abierta. Su corazón, su sexo, todo está abierto. En ese instante, Dios mismo ha invadido cada célula de su cuerpo, que debe haber experimentado un temblor inmenso. María debió dar pruebas de una fuerza inconcebible para contener a este poder enorme.

Así, en medio de una explosión de inconmensurable placer, María absorbe la divinidad en sus ovarios y queda encinta.

La mujer que ha atravesado una experiencia semejante debía estar acompañada por un hombre igualmente fuerte. Este hombre era José. Él estaba listo para batirse contra Roma entera, contra el mundo entero. Estaba presto a guardar el secreto de este nacimiento durante toda la infancia de Jesús. Recordemos que si se hubiera sabido, el niño habría sido asesinado. José está más que dispuesto a defenderlo. Para ello se lo lleva a Egipto en cuanto recibe la orden.

Pasan diez años en el extranjero. ¿De qué vivieron durante este periodo? Del oro que les habían ofrecido los Magos. No eran una pareja de pobres campesinos: poseían un cofre de oro, así como mirra e incienso, dos sustancias que valían su peso en oro puesto que eran muy difíciles de encontrar.

Cuando pienso en la Virgen no puedo olvidar que actualmente existe un alto porcentaje de mujeres que no conocen el orgasmo cósmico.

Lo peor es que esta frigidez femenina en nuestra civilización proviene de una mala interpretación de María. Justamente la mujer que ha tenido el mayor orgasmo en la historia de la humanidad, ha producido la más considerable cantidad de mujeres frígidas en el mundo.

En el curso de mi trabajo con la psicogenealogía me he encontrado con árboles genealógicos en que todas las mujeres se llaman María y los hombres José. Muy frecuentemente llevar estos nombres corresponde a una penuria sexual.

En una mala interpretación de los Evangelios, la Virgen María es representada frígida y José impotente. Esto ha generado dramas masivos, suicidios, neurastenias, alcoholismos, cánceres, tuberculosis, enfermedades cardiacas, etcétera. El drama de nuestra mitología mal interpretada, en la cual existe una concepción de la Virgen María sin sexualidad, ha provocado más muertes que Hitler. Familias completas han sido afectadas por este problema que, por lo demás, es el causante de estragos ecológicos y sociales, de vidas perdidas por personas que han carecido completamente de placer en la vida, por personas de sexos secos, de orgasmos precoces, etcétera...

Si nos aplicamos a leer verdaderamente el mito al pie de la letra, encontramos sin lugar a dudas que ha sido María quien ha recibido el más grande placer en toda la historia humana. Si ha habido un ser que experimentara un orgasmo cósmico, ha sido ella. No puede, por tanto, ser el símbolo de la sequedad. Bien al contrario, ella es el símbolo de la mujer gozosa y satisfecha en todo su ser.

Además, María va a realizarse en cuanto madre. Es lo que veremos a continuación.

Visita de María a Elisabet
(Lucas 1:39-56)

En aquellos días, levantándose María, fue deprisa a la montaña a lo alto del país, a una ciudad de Judá; y entró en casa de Zacarías y saludó a Elisabet.

Ya conocemos a Zacarías y a Elisabet. ¿Dónde están luego de haber sido ayudados por el ángel del Señor para concebir un hijo? Después de que Elisabet queda encinta, ella y su marido se esconden. Tienen vergüenza de decirlo. Zacarías no puede hacerlo, puesto que ha quedado mudo, y Elisabet no osa mostrar su vientre que comienza a abultarse.

Elisabet es tan añosa que, normalmente, debía morir por este embarazo. ¿Qué sucede para que ella sea capaz de resistir su estado y llegue a término? De hecho, todo su organismo ha rejuvenecido. Elisabet es como un viejo árbol que se llena de savia nueva. Toda su carne ha sido renovada. Ha tenido, al fin, el gozo de saber que era capaz de alumbrar. El milagro se ha producido: Elisabet porta a su hijo y está plena de orgullo.

No sabe que lleva a Juan; nadie se lo ha dicho. Queda, pues, un misterio.

Zacarías sabe que ha sido ayudado y que no es tan poderoso como Elisabet cree. Él no se siente orgulloso.

Mientras que ella está formando al niño, Zacarías está formando su propio espíritu. Al principio no creyó, e incluso ante el ángel Gabriel mantuvo una duda. Su espíritu es puro, pero no perfecto. Así que durante los nueve meses en que Elisabet crea a Juan, Zacarías se consagra a construir su propio espíritu y también su fe, porque la ha perdido. Sabe que tendrá un hijo pero aún no está convencido. Así pasan un mes, dos, tres..., en el silencio y la total incomunicación.

Sin embargo Zacarías es un sacerdote, y ¿qué hace un sacerdote judío a lo largo de la jornada? Discute las Escrituras con los otros sacerdotes. Mas estando sordo y mudo, Zacarías no puede hacer esto: se encuentra extraviado y ve a sus amigos estudiar la Biblia sin poderlos acompañar en esa actividad. Es incapaz de decir una sola palabra y de escuchar lo que sea. De este modo, pasa nueve meses en el silencio de Dios observando el vientre de su mujer. Está ahí, separado de la Torah, en la oscuridad y el silencio total: en el fondo de un pozo. Hay que imaginar con cuánta impaciencia debía esperar el nacimiento de ese niño para comprobar si todo aquello era verdad.

Zacarías espera, pero duda de sí mismo. ¿Tuvo una alucinación? Mientras dude, no hablará.

Elisabet y Zacarías son una parte de nosotros. Si carecemos de fe, debemos sumergirnos en el silencio. ¿A qué corresponden Elisabet y Zacarías en nuestro interior? Representan nuestra vieja vida, la desdicha de nuestra anciana vida donde todo está bien pero en la que carecemos de fe. Simbolizan todo lo que hemos vivido y el dolor por el que hemos pasado. Elisabet es una mujer doliente y este sufrimiento va a servir para cierto fin. La parte que sufre en nosotros y que no ha recibido todo lo que esperaba es Zacarías. Hará falta que en algún momento esa parte se sumerja en el silencio y se decida a tener fe, esto es, a aceptar que su sufrimiento engendrará a un ser que preparará el camino de la toma de conciencia total. Este ser es el nuevo Yo. Es Juan.

Zacarías es, pues, una parte de nosotros. Esta parte necesita engendrar el amor en nuestro interior para renovarse; requiere tener la fe suficiente como para pensar que no tenemos que permanecer en nuestro viejo dolor hasta el fin de nuestra vida. Existe una esperanza de cambio, *de todas maneras*.

Estamos marcados por todo lo que nos llega, por todas las desdichas que hemos encontrado. Sin embargo, esto va a cambiar. En este capítulo del Evangelio se pide algo concreto a nuestro anciano interior y a nuestra anciana interior: tener fe. *Fe.* Si lo aceptamos, tenemos que someternos al silencio para trabajar, sin comunicarnos con nadie. Debemos crear esa fe sin pedir ayuda. Debemos trabajar en nuestro propio interior. Debemos, pues, atravesar el desierto, la soledad interna, la oscuridad y la falta completa de comunicación interior. Luego, una vez que nos hemos dado cuenta de que estamos sordos, mudos y solos, en ese preciso momento podremos hablar, expresarnos y recibir nuestra fe.

Zacarías no recibe ayuda: ve agrandarse el suceso en su interior y no puede hacer nada. Desconozco si él está seguro de que eso sea real o no, pero sé que de todas maneras se dice: «Hay algo en mí que está por cambiar».

Deberemos ver que en nosotros algo avanza. Contamos ya con una Elisabet que está encinta: es la prueba rotunda de que ese algo crece. Por lo pronto, Juan no ha nacido. Resulta imprescindible hacerlo nacer.

María llega en ese preciso momento. Ha atravesado deprisa el país y entra en la casa de Zacarías sin tocar antes a la puerta. Puesto que ha sido fecundada, porta un botón de células tan grande como el universo. Exteriormente, esto no se ve. Su vientre todavía no se ha redondeado. Sin embargo, ella sabe que ya no es la misma. Sólo María sabe: porta un secreto.

El ángel le ha informado de que Elisabet está encinta, y en seguida María se precipita a verla. ¿Por qué? Tras vivir la experiencia de su vida, María desea comunicarse con alguien como ella: viaja para ver a su semejante, es decir para ver su nivel.

¿Cuál es la mayor alegría de una persona iluminada? Encontrarse con otro iluminado y poder hablar en el mismo nivel, experimentar el placer de estar ante alguien no para hablar de sí, sino para vibrar conjuntamente en el mismo registro.

Por lo general, cuando salimos de una meditación, de un periodo de trabajo sobre nosotros mismos, o cuando acabamos de adquirir un nuevo conocimiento, retornamos a la vida cotidiana y de inmediato somos agredidos, humillados: se burlan de nuestro descubrimiento. Esto es lamentable. Al regreso de esta nueva experiencia desearíamos encontrar personas que correspondan a nuestro hallazgo, ¡pero no! Nuestros parientes, amigos, jefes, vecinos, todo el mundo nos agrede porque existe una conspiración contra la toma de conciencia. Las personas nos han conocido tal como éramos, con nuestra mediocridad, y eso les bastaba. Si esas personas estaban con nosotros es porque ellas querían mantener inamovible ese nivel.

Es terrible cuando una pareja hace un trabajo sobre sí misma y uno de sus integrantes avanza mientras que el otro se queda atrás. No creamos que este último se halla feliz del progreso de su ser amado; sucede a la inversa y lo que resulta es una catástrofe con reflexiones como «Pero ¿quién te ha cambiado? ¡Deja de frecuentar a esas personas! ¡No es posible! No te reconozco. Ya no eres como antes y eso me angustia. Entonces, o vuelves a ser como eras, o seré yo quien esté en la obligación de cambiar, y no quiero».

No queremos cambiar, no lo queremos en absoluto. El ego se aferra. El ego negativo sabe que debe estallar para que nosotros cambiemos y no está dispuesto a hacerlo. Es como un huevo; en un momento dado, el huevo comienza a temblar y se dice «¡Caramba! ¡Cómo me gustaría que me metieran en agua hirviendo para hacerme duro y que así ya no exista un pollo que me rompa desde el interior!».

María entra, pues, en la casa de Zacarías. Él la ve pasar pero no puede hablarle. María va directamente a ver a Elisabet. ¿Qué hace ésta en ese momento? Sólo puede hacer una cosa: agradecer a la divinidad por haber recibido ese regalo.

Elisabet ha deseado tanto ese niño, que está completamente concentrada en su formación. Ha limpiado su cuarto, ha colocado flores por todas partes, escucha una música hermosa. Todos los malos olores han sido erradicados de la casa y no hay una sola suciedad en su interior. Elisabet ha abierto las ventanas; las cortinas son blancas: todo es luz. La casa está preparada para que ninguna fealdad del mundo entre en el bebé que Elisabet ha esperado tanto. Ella le ofrece lo mejor que hay. Esta mujer se halla en un total estado religioso.

Elisabet sabe muy bien que el feto experimentará todo lo que ella viva durante esos nueve meses. Sabe también que sus propias emociones quedarán en la base de la formación del cerebro de su hijo. Así, hará todo el esfuerzo posible por estar calmada, tranquila y en paz.

Y Elisabet no tendrá miedo porque en su vientre crece un niño sagrado: ella lo siente y sabe que vive un milagro, puesto que si a su edad ha engendrado es que se ha producido un don milagroso. Así, se halla en un estado de calma perfecta.

Está ya encinta de seis meses. Es anciana pero sus senos comienzan a henchirse y su pecho se ve como pleno de leche. Es algo sublime: la vida misma alentando en un cuerpo que ya había dicho adiós al mundo. Porque Elisabet tiene setenta u ochenta años y está llena de vida. Ni un cuadro de Leonardo Da Vinci podría registrar un suceso de tanta hermosura como esta humilde mujer oculta, con su cabello blanco, su piel arrugada, su vientre abultado y sus senos henchidos.

Elisabet se mantiene bien erguida porque con su columna vertebral debe sostener al bebé. Para ello debe haber afirmado sus pies. Quizá ya no tiene dientes... Se encuentra en un estado de completa euforia. Hay que percatarse de lo que representa el hecho de sentir la vida en un cuerpo viejo. Es fantástico, sin duda: lo más bello que se puede imaginar.

En ese momento ¿qué sucede? Por una parte está la anciana plena de la nueva vida y, por otra, la joven de quince años que ha sido penetrada por Dios entero y que lo porta en su cuerpo. Son, pues, dos monumentos sublimes. La primera lleva a Juan: uno de los hombres más santos que han existido (o igualmente podemos decir que es el más santo, puesto que es el primero en anunciar al Cristo); la otra lleva consigo la primera semilla de Jesús, la semilla que va a cambiar a toda la humanidad. María tiene el cambio total en su vientre; esto quiere decir que lleva nuestra civilización entera y todas las civilizaciones venideras: porta la revolución, la convulsión, la caída de un imperio...

Estas dos mujeres se miran: ¡qué encuentro es éste! Si quisiéramos hablar de un encuentro femenino modelo, helo aquí. ¿Podremos pensar que ellas se criticarán o entrarán en competencia, o que desearán averiguar cuál tiene mayor mérito? A partir del momento en que cruzan una mirada, se comprenden y se adoran, puesto que ambas han conocido un alto nivel de posesión.

...y entró en la casa de Zacarías y saludó a Elisabet. Y aconteció que cuando oyó Elisabet la salutación de María, la criatura saltó en su vientre; y Elisabet fue colmada por el Espíritu Santo. Profirió un gran grito y dijo...

Elisabet no sabe en absoluto lo que ha sucedido a María. En su mundo personal está encantada, realizada, y no se conmueve por ninguna cosa. De súbito ve llegar a una joven e inmediatamente su feto se pone a vibrar porque ha reconocido al Cristo.

El feto de seis meses habla a Elisabet desde el interior. Por comunicación telepática ha presentido este punto increíble de luz. Como Juan viene a anunciar al Cristo, el feto sabe ya que Cristo se ha encarnado en el vientre de María.

Ello implica que, ya en el vientre de María, el feto conocía su finalidad. Entonces, se comunica; y la minúscula encarnación, que está plenamente consciente, envía una vibración.

Resulta imposible afirmar que el Cristo no estaba consciente de su primera célula: es la conciencia total.

Así, el feto Juan absorbe completamente la conciencia total y se remueve en el vientre de su madre. Ella lo percibe y escucha la voz de su hijo que quiere decirle algo y que en efecto le transmite un mensaje.

En seguida esta anciana, que es humilde y no está al tanto de nada, se pone a temblar de éxtasis y lanza un grito enorme. ¿Qué clase de grito es éste? Una expresión de alegría.

El texto dice que Elisabet se encuentra colmada por el Espíritu Santo: es, pues, un poder inefable el que la llena. ¿De dónde viene este poder? De su feto, puesto que el ángel había predicho que su hijo estaría lleno del Espíritu Santo.

¿Y de dónde viene este Espíritu? Del otro vientre. Éste emite vibraciones mientras que el otro las recibe. A la vez, ambas mujeres escuchan a sus respectivos fetos.

Es la situación inversa a la de hoy en día, en que los fetos son obligados a escuchar a sus padres. En la actualidad, prácticamente nadie está a la escucha de su feto. Bien por el contrario, les imponemos todo. Les imponemos su árbol genealógico, su carácter, sus neurosis, etcétera. ¿Quién en nuestra civilización escucha la voz de su feto? Nadie o casi nadie. Mientras está en el vientre, al niño no se le considera más que como una especie de renacuajo. Puesto que no ha nacido, no existe. Lo vemos vivir y moverse, pero permanecemos en pleno delirio narcisista.

Esas dos mujeres se saben portadoras de monumentos y los escuchan.

Elisabet dice a esta joven de quince años que ha ido a visitarla:

«Eres bendita más que todas las mujeres»...

¿Más que cuáles mujeres? Más que todas las que han nacido y que nacerán. Elisabet le dice «Eres, para siempre, la más bendita de las mujeres de la humanidad». Sin embargo, no es Elisabet quien habla sino su feto: son las primeras palabras de Juan.

«¿Por qué se me concede esto a mí, que la madre de mi Señor venga a mí?»

La anciana, orgullosa de su hijo, reconoce de inmediato el milagro y se inclina ante esa joven, su pequeña prima de quince años. Asistimos, pues, a un milagro de percepción. Comprendamos que el milagro de percepción consiste en *percibir* a María en cuanto la mira.

Imaginemos la fuerza que emanaba de María. No es una adolescente que llega con aire tímido, inocente y timorato. Quien abre la puerta es un ser que *sabe*. Es un Maestro: una verdadera Maestra ante la cual todos los gurús del mundo se inclinarían, como hace Elisabet.

Ante esta joven, todos los sabios del mundo se inclinan, todos los budas del mundo, todos los mahomas, todas las culturas, todos los romanos, todos los judíos... Si seguimos el mito, la humanidad entera se inclina ante este ser. La historia completa de la humanidad, todos los que han vivido y los que vivirán se inclinan.

Nosotros mismos nos inclinamos ante esta joven encinta: ella es el ejemplo de cómo debe ser el embarazo. Mientras las otras mujeres no engendren como ella, la conciencia colectiva no nacerá. Hace falta realizarlo, es decir, aprender a tener un bebé.

«Porque tan pronto como llegó la voz de tu salutación a mis oídos, la criatura saltó de alegría en mi vientre.»

El niño se remueve al oír el saludo de María. Hay que imaginar esa voz. ¿Podremos pensar que María se expresa con una voz nasal o con una voz atascada en la garganta o en el pecho? ¿Cómo es la voz de esta Maestra? ¿Tiene una respiración gangosa? ¿Su inspiración se detiene en la glotis o en el diafragma?

Es un ser que respira la divinidad, respira el cosmos. En cada una de sus respiraciones, María inspira hasta lo más profundo de su útero porque Dios se encuentra ahí. En ese momento, María no piensa más que en alimentarlo, en completar su misión: no existe. Para María sólo esta gota que se halla en su vientre, y que no es para ella, existe. Si ella respira, pues, es para oxigenar completamente su cuerpo. Inspira el cosmos hasta el más profundo de sus átomos, y luego espira un aire perfumado que bendice. Está en plena unión con el cosmos, puesto que sólo un ser cósmico puede portar a quien María lleva.

Su voz, por tanto, es delicada. No hay ninguna diferencia en María y su voz: ella *es* su voz.

Cuando habla, su voz entra en los oídos de Elisabet y produce un cambio instantáneo en esta última. Dicho de otro modo, la voz María hace elevarse instantáneamente el nivel de conciencia de Elisabet. Del mismo modo en que el Cristo mira a una persona y ésta se levanta y lo sigue, ya que ha hecho una transmisión por la mirada (con su mirada entra en lo más profundo del ser que pecaba y automáticamente sube su nivel para que éste se convierta en un ser espiritualmente elevado), al entrar en nuestros oídos, la voz de María penetra nuestro corazón. Es imposible que la voz de este personaje mítico no alcance nuestro corazón.

¿A qué parte de Elisabet se dirige una Virgen María como la que tratamos de concebir? María habla al cerebro, al sexo y, principalmente, al corazón de Elisabet. María es una mujer de corazón. Cuando nos habla, nuestro corazón se pone a vibrar. Al oírla tenemos la mayor alegría de nuestra vida. Es, pues, una conversación de amor.

¿Qué sucede a una persona cuando escucha la voz de su ser amado? ¿Qué hace un niño, en la calle, cuando de golpe oye la voz de su madre? Se pone a saltar de gozo. Recordemos la voz de nuestra madre cuando éramos bebés: era nuestro más grande placer. Si encontramos a un ser que tiene la voz de nuestro padre o de nuestra madre (cuando éstos nos proporcionaban aquello que necesitábamos), nuestro corazón se estremece: eso nos produce un efecto increíble.

Las nuevas generaciones pueden experimentar esta alegría porque hoy tenemos la capacidad de conservar las voces en discos o casetes. Así, los niños podrán vivir esta enorme emoción. Podrán preguntarse «¿Cómo eran las voces de mi padre o de mi madre hacia la época en que nací?», y escucharlas de inmediato.

Podrán oír a su padre diciéndoles «Te hablo gracias a esta grabación que escucharás dentro de veinte años. Hablo a tu futuro. Quiero que sepas que yo estaba ahí desde el primer segundo de tu nacimiento (y también desde el primer segundo de tu concepción). Yo te esperaba. Estaba consagrado a recibirte. Estaba al lado de tu madre. Cuando saliste de su vientre, caíste sobre mis rodillas. Hoy, estoy cerca de ti y espero estarlo todavía cuando escuches esta grabación. Si ya no estoy cerca de ti, sabe que mi voz me contiene todo entero. Es lo mejor de mí. Te la transmito porque puede ayudar a tu desarrollo y a que alcances la conciencia universal».

O podrán escuchar a su madre decir «Mi pequeño(a): te di lo mejor de mi sangre y de mi ser. Parirte fue para mí el más grande placer del mundo. No hubo ninguna lucha entre tú y yo. Trabajamos juntos en tu nacimiento. No tuviste necesidad de batirte contra mí para nacer. No fue un enfrentamiento. Los dos, tú y yo, en presencia de tu padre, hicimos el esfuerzo juntos y saliste de mí. Tu salida no fue ni una ruptura ni una separación. Fue como un proceso de prolongación porque en la vida, hijo(a) mío(a), no hay ruptura ni separación. Todo es un proceso continuo. Nada comienza. Nada termina. Soy, pues, una parte de tu proceso. Estoy feliz de que puedas escucharme en el futuro. Espero estar ahí. Si no, sabe que, por mi voz, te transmito todo mi amor. Espero que un día este amor que te doy con mi voz pueda servirte para atravesar las tinieblas si estás en la oscuridad, o a recibir todavía más luz si estás en lo luminoso».

¿Podemos darnos cuenta de lo que escuchó Elisabet cuando María le habló? ¿Dónde estaba la raíz de la voz de María? En su vientre, en el Dios que ella portaba. Su Dios interior era Dios. Él hablaba a través de ella. María no necesitaba decir tales o cuales palabras: era suficiente con que hablara.

«Porque tan pronto como llegó la voz de tu salutación a mis oídos, la criatura saltó de alegría en mi vientre.»

La voz de María llega hasta el feto de Elisabet.

Esto indica que toda voz debe alcanzar la raíz misma de la persona a quien se dirige. Cuando nos comunicamos con alguien, debemos establecer contacto con la edad que ese alguien tiene en el momento de la conversación pero también debemos comunicarnos con su bebé. Porque cada uno de nosotros lleva, hasta la muerte, al niño pequeño que ha sido. De este modo, tenemos que comunicarnos aceptando todas las edades que posee la persona con quien conversamos. Un ser humano no se reduce a lo que emana de él en el momento en que está comunicándose con nosotros. Nos dirigimos a ese momento pero aun más a su bebé, a su anciano y a todas las edades que existen entre estos polos. Nos dirigimos incluso a sus reencarnaciones precedentes y futuras. (¿Por qué no decir que las hay?) Así tenemos conciencia del hecho de que el otro no está fijo sino que es un ciclo infinito.

Cara a cara con el otro, debemos estar llenos de paciencia, de tolerancia, de benevolencia y de esperanza, porque nos sabemos incapaces de juzgar con base en el instante presente. Ello es imposible, hace falta ser capaz de ver el proceso completo del interlocutor, y tal proceso no se limita al instante en que lo podemos ver.

Qué maravilla ver un proceso, ver al otro y al mismo tiempo contemplar a su bebé, a su anciano, su nacimiento, su muerte y su renacimiento. Cuando uno llega a esto, comprende lo que significa comunicarse con una persona: verla completamente, ver su vida anterior, su vida fetal, su nacimiento y ver también su muerte, su renacimiento, aquello en que se va a convertir y los caminos que seguirá para llegar a ser conciencia cósmica: *ángel*.

Todos vamos a ser un ángel Gabriel. Es un estado que nos espera en nuestro proceso. Nos preparamos. Cuando vengamos a anunciar al nuevo Cristo, estaremos llenos de luz, de espirales, de movimientos, de vibraciones. Cada instante será un momento de alegría creativa porque un ángel está constantemente creando y creándose. Cuando somos ángeles, somos un alma que crea, que se crea y que tiene la alegría de ser, porque un ángel no puede sino estar embelesado.

Intentemos imaginar lo que representa ser el ángel Gabriel. Está embelesado y en gran medida, porque se halla al lado de Dios. ¿Un ángel podrá llegar triste y desengañado a hacer la anunciación a María? Al contrario: es el gozo de ser el mensajero de Dios, de poder tenerse ante Él sin calcinarse. Si existe alguien en la plena alegría, es un ángel.

Cuando vemos a un ángel, al principio nos atemorizamos; entonces nos dice «¡No tengas miedo!», y de inmediato perdemos el temor y comenzamos a reír porque estamos alegres. Es la risa total. He ahí en lo que consiste ser un ángel.

Todos seremos ángeles, sin duda alguna. Es claro que un día reiremos a carcajadas. Se dice que ésta será la iluminación. A veces, cuando los monjes se iluminan, su primera reacción es reír: expresar y experimentar su alegría de vivir.

La alegría de vivir. En cuanto que artista, recibo la oportunidad de tener momentos de alegría creativa y también la de ver a alguien transformarse y realizarse. Cuando vemos a alguien sanar es la alegría total.

¿No hemos experimentado alegría cuando alguien gana mucho dinero, o se realiza, o se ilumina?

La iluminación es sinónimo de tener alegría por el otro, por su realización.

¡Qué gozo nos procura un niño cuando está alegre! Por ejemplo, qué maravilla verlo, en Navidad, abrir su regalo y ponerse a jugar y jugar tanto que olvida nuestra presencia. Está tan concentrado en su juego, que no nos ve. Se halla en el gozo completo y nuestra alegría personal consiste en haberle procurado la suya, incluso si en ese momento no tenemos ninguna significación para el niño. Qué regocijo para un hombre el procurar un orgasmo a una mujer que había sido frígida durante casi toda su vida. Es verdaderamente gozoso liberar a alguien. La alegría de abrir una prisión y dar la libertad a alguien que estaba prisionero. La alegría de sanar a un animal que sufre. La alegría de dar de comer a un gato abandonado y verlo beber. Son alegrías indecibles. Elisabet alaba a María:

«Y bienaventurada tú, la que has creído...».

Cuando creemos, somos bienaventurados. Creer hace mayor bien que no creer.

En seguida, las dos mujeres caen en éxtasis y María se pone a cantar un largo poema de alegría. Ambas están iluminadas.

«Engrandece mi alma al Señor;
y mi espíritu se regocija en Dios, mi Salvador.
Porque Él ha fijado su mirada en su humilde sierva.
Pues he aquí que, en adelante, todas las generaciones me dirán bienaventurada.
Porque el Todopoderoso ha hecho por mí grandes cosas;
santo es Su Nombre,
Su bondad se extiende de generación en generación sobre quienes le temen.
Él interviene con toda la fuerza de su brazo; dispersó a los hombres de pensamiento orgulloso;
arrojó de sus tronos a los poderosos, y exaltó a los humildes;
a los hambrientos colmó de bienes,
y a los ricos devolvió las manos vacías;
Él socorrió a Israel, su siervo,
recordando la misericordia
de la cual habló a nuestros padres,

en favor de Abraham y de su descendencia para siempre.»

María permaneció con Elisabet cerca de tres meses. Después se volvió a su casa.

Elisabet estaba encinta de seis meses cuando María llegó a visitarla: podemos pensar que esta última se quedó a su lado hasta el parto de Elisabet.

Como Cristo está presente en el momento en que Juan sale del vientre de Elisabet, lo primero que Juan ve es el vientre de María, antes de mirar a su propia madre. Es evidente, puesto que él viene a anunciar a Dios y Dios está ante él, esperándolo. Juan establece un contacto telepático con Cristo y ambos se comunican de nuevo. Y es así como se ratifica la unión.

Nacimiento y circuncisión de Juan el Bautista

Cuando a Elisabet se le cumplió el tiempo de su alumbramiento, dio a luz a un hijo. Y cuando oyeron los vecinos y los parientes que Dios había engrandecido para con ella su misericordia, se regocijaron con ella.

En el momento en que nace Juan, todos los vecinos y parientes acuden y se maravillan del hecho de que la anciana Elisabet tenga un niño. Ella se convierte en la curiosidad de la comarca. Es un fenómeno que todos llegan a celebrar. De hecho, no saben a quién están festejando: esto es el secreto. Y menos aún saben que Dios está entre ellos.

Supongamos que en secreto una mujer encinta de Dios esté en asamblea. Nadie lo sabe y, sin embargo, ninguno puede estar triste precisamente porque el resplandor de Dios no permite la tristeza a su alrededor.

Es lo que sucede en este alumbramiento. María, una mujer que lleva en su vientre al creador del universo, está presente. Así, resplandece de energía y todos se alegran sin saber bien por qué. No están conscientes de estar ennoblecidos por Dios pero, como son todos religiosos, se encuentran en pleno éxtasis.

¿Cuál sería nuestro estado anímico si una mujer encinta del Mesías llamara a nuestra puerta? ¿Preguntaríamos quién es el padre? No: acaso palparíamos un poco su vientre y ello nos haría el efecto de mil hongos alucinógenos. Entraríamos en un verdadero viaje. Flotaríamos. Por primera vez en nuestra vida, conoceríamos un estado percibido por muy pocas personas. Es el estado en que ya no se tiene miedo.

Muy pocas personas conocen eso que se llama la paz, la serenidad. Ello se manifiesta de este modo: de súbito no tenemos ningún problema intelectual o emocional, ningún deseo insatisfecho y ninguna necesidad material. No tenemos miedo de morir, ni temor al futuro. Estamos completamente en el instante. Flotamos y vivimos con el universo: nos hallamos en una paz total. Carecemos de dudas y no nos planteamos ninguna meta. Ya no temenos la agresión o la falta de cualquier cosa. Estamos ahí por completo, en el instante, en la paz total, en el absoluto relajamiento, sin angustias ni temores ni preocupaciones.

Durante el nacimiento de Juan, toda la asamblea se halla en esa paz. En seguida María se va y Elisabet permanece con el niño.

Aconteció que al octavo día vinieron para circuncidar al niño; y querían llamarlo con el nombre de su padre, Zacarías.

La costumbre era otorgar al niño el nombre del abuelo y no el de su padre. Sin embargo, Zacarías era tan viejo que la gente pensó llamar así al recién nacido.

Entonces su madre tomó la palabra: «No; se llamará Juan».

Es en verdad un milagro, porque nadie ha dicho a Elisabet cuál debe ser el nombre del niño. El ángel lo había indicado en el templo a Zacarías pero, como éste se hallaba mudo, no lo había podido comunicar. Así que por ella misma, Elisabet dice «No; se llamará Juan». Esto indica que el propio feto le ha dictado su nombre.

Jesús ha sido nombrado por el ángel Gabriel. Poco después de su nacimiento, hay una frase precisa (Lucas 2:21):

> Cumplidos los ocho días para circuncidar al niño, le pusieron por nombre Jesús, el cual le había sido puesto por el ángel antes de que fuese concebido.

Esto quiere decir que cada uno de nosotros tiene un nombre antes de su concepción. Ningún ser humano nos dará este nombre verdadero. Sólo Dios puede otorgarlo: ésa es la perfección.

(Cuando aceptamos que alguien nos bautice y nos ponga nombre, lo reconocemos como nuestro creador.) El nombre que cada cual tiene antes de su concepción no proviene de su árbol genealógico. Lo que más comúnmente sucede es que los padres no son perceptivos: procrean hijos por equis razones que no tienen ninguna relación con el motivo normal que consiste en obedecer a la Ley divina y crear un ser que irá por el mundo para aumentar la conciencia cósmica y realizar al nuevo Cristo.

Cuando se procrea un hijo con objeto de que nos sirva de muleta o de prótesis, o por satisfacer a la familia, ese hijo tendrá un nombre ya asignado antes de su concepción. Lo habitual en estos casos es que un nombre venga asociado a estos nudos neuróticos y se vaya repitiendo a lo largo del árbol.

A veces, el inconsciente hace bromas con los nombres. Por ejemplo, una mujer se casa con un Pascual; en seguida ella se divorcia y vuelve a casarse con otro Pascual. O bien una mujer tiene una pequeña fijación con su padre, que se llama Emilio, los años pasan y ella toma por amante a un hombre que se parece físicamente a su padre y que también se llama Emilio. A veces son bromas siniestras.

Hay que darse cuenta de las vergüenzas, trifulcas y problemas que pueden surgir de un apelativo. Conozco a un hombre, Pierre Delhorme, profesor de karate en Francia y muy preocupado por afirmar su virilidad, cuyas iniciales P. D. en francés se pronuncian igual que *pédé*, que significa «maricón». Sea lo que sea, hay que imaginar la increíble distracción de los padres...

Uno piensa que las repeticiones de nombres son resultado del azar pero, de hecho, todo esto funciona como una trampa diabólica. Cualquiera puede darse cuenta al estudiar los nombres de su árbol genealógico; son como el inconsciente: en ellos encontramos los secretos.

Conozco el caso inaudito de un emigrante español que llegó a Francia con muy poco dinero. Logró comprar un asno, luego otro, más tarde toda una recua y, después, una flotilla de camiones. Hizo fortuna y ésta fue heredada por sus descendientes. Todas las mujeres de esta familia se llaman Vivianne, Lilianne, Marianne... (la terminación *-anne* en francés se pronuncia igual que *âne*, que significa «asno»). Los asnos están por todas partes. Es importante ver cómo funciona el nombre que hemos recibido. ¿Es nuestro nombre verdadero o un apelativo enfermizo dado por un árbol insano? ¿Vivimos nuestra vida o la de otro, a causa del nombre que nos han puesto? ¿Nos llamamos como un tío que se suicidó?, ¿como una abuela que murió en un parto?, ¿como un hermano que murió siendo bebé?

Lo que resulta atemorizante es que nos enamoramos de nombres y de profesiones, independientemente de la posición económica. Observemos muy bien los nombres de personas con quienes hayamos tenido relación; busquemos conocer los nombres de sus parientes y veremos cómo esto se repite. Y sobre todo, cuidado si nos llamamos Renato. Generalmente, este nombre viene después de la muerte de un miembro de la familia: un Renato nace para tomar el sitio y llenar el hueco dejado por el desaparecido.

En realidad portamos nuestro nombre en las células. Tenemos un nombre que no es personal. Queda a nuestra responsabilidad bautizarnos a nosotros mismos un día. Es nuestro Dios interior quien debe hacerlo. Hay que relajarse y bautizarse diciendo: «Mi nombre es...».

Puede ser que, debido al azar, el nombre sea recibido por los padres antes del nacimiento del niño, como sucede a Zacarías y a Elisabet. Esto no es imposible.

Cuando esperábamos a mi hijo Adán, Valerie, mi ex esposa, y yo, buscamos cómo llamarlo. Un día Valerie me dijo «Ya encontré su nombre». Le respondí «Yo también». Ella me preguntó «¿Cuál es?». Y le dije «Ada». Valerie exclamó «¡Pero es increíble! ¡Es el nombre que escogí! Pensé en Ada porque lo oí pronunciar a una mujer argelina y me gustó».

Ya habíamos decidido llamarla Ada, pues entonces aún creíamos que se trataba de una hija. Presencié el parto. Cuando salió y vi sus testículos, grité «¡Ah, es un hombre! ¡Es Adán!».

El destino lo había preparado para llamarse Adán: él mismo se nombró. Pienso que, en este caso, mi hijo lleva su nombre verdadero.

El nombre verdadero del niño debe ser percibido telepáticamente por el padre y la madre al mismo tiempo. Si son lo suficientemente perceptivos, los padres reciben el nombre antes de que el niño sea concebido y éste poseerá su nombre verdadero.

O bien él mismo se nombrará más tarde. Es necesario comprender que, de preferencia, el niño no debe recibir el nombre de una persona conocida

Cuando hacemos una meditación para encontrar nuestro guía interior, éste jamás debe parecerse a alguien del exterior, sea el Cristo, nuestro gurú o cualquier otro. Al comienzo, nuestro guía interior se presenta sin rostro. Llega en forma nebulosa, como algo no formado. Así, en la medida de nuestros encuentros, ese guía se forma y se precisa, y cobra entonces un rostro. Porque el mejor modo de saber si se trata verdaderamente de nuestro guía interior es comprobar si tiene semejanza con alguien conocido en nuestro entorno. Si se parece a nuestro padre, a alguien a quien amamos o a cualquier persona conocida, no es nuestro guía interior sino algo que ha entrado en nosotros. En este caso es mejor abandonar ese personaje y buscar nuestro verdadero guía interior, que nos será mucho más útil.

En el Antiguo Testamento, cuando Moisés pregunta a Dios cuál es su nombre Dios no le responde con precisión, sino que le dice «Soy el que soy» (o «Soy lo que soy», o «Seré lo que seré»). Luego, cuando Jacob le pregunta, Dios ríe y no contesta. Jamás dice su nombre porque Él es el único que puede conocerlo.

De la misma manera, nosotros somos los únicos capaces de conocer nuestro nombre interior. Si lo confiamos a alguien, lo deformamos. No dar nuestro nombre es una actitud divina: seguir este ejemplo es un homenaje a la parte divina de nosotros mismos.

Es justamente la Virgen quien dice «santo es Su Nombre», pero no lo precisa. En la oración se afirma «Santificado sea Tu Nombre», ¿qué nombre? «Que tu Nombre, desconocido para mí, sea bendito.» Precisamente porque no podemos conocerlo, lo bendecimos y afirmamos que es santo.

Es hermoso darlo todo, pero hay que aprender a hacerlo. En cierto modo, hace falta aprender a guardar algo con amor. Si no sabemos poseer alguna cosa con amor, no sabemos dar.

En tanto que no demos nuestro nombre, lo llevaremos con un amor increíble. Una vez que lo hayamos dado, no lo podremos llevar con el mismo amor porque lo hemos compartido.

Es evidente que hace falta compartirlo todo, pero debe existir un *punto inmóvil* en el centro de cada uno de nosotros. En el centro de todo lo que damos hay algo que no damos. Únicamente lo daremos a Dios.

Es un secreto total entre nosotros y Dios. No podemos amar algo más alto que Él. En seguida nuestros hijos, nuestras parejas y todo el género humano vendrán en la escala del amor, pero hay una cosa que nosotros sólo reservaremos a Dios. Hay que morir con nuestro secreto. De esta forma, habremos portado algo que sólo Dios conoció.

Le dijeron [a Elisabet]: «¿Por qué? No hay nadie en tu parentela que se llame con ese nombre».

Juan corresponde a la aparición de lo nuevo. La persona que va a anunciar cualquier cosa nueva en nuestra vida, es el Juan que hay en nosotros. Algo en nosotros comienza a anunciar nuestro cambio de nivel espiritual. Es el nivel de Juan. No hemos llegado todavía a este nivel, pero lo anunciamos. Nos hallamos en lo más alto de nosotros mismos. Vibramos. Es nuevo: jamás conocimos algo parecido.

Entonces preguntaron por señas a su padre cómo lo quería llamar. Y pidiendo una tablilla, [Zacarías] escribió: «Juan es su nombre». Y todos se maravillaron.

El hecho de que hicieran señas a Zacarías, en lugar de hablarle normalmente, indica con claridad que él estaba tanto sordo como mudo.

Zacarías escribe «Juan». Al fin una luz se ha presentado y de lo más profundo del silencio de Zacarías –un silencio abandonado por las palabras– la voz del ángel Gabriel murmura «Juan».

En el instante en que Zacarías escribe, *todos se maravillaron*. Este asombro es natural porque, sin haber escuchado a Elisabet, Zacarías escribe el mismo nombre que ella había pronunciado. Los dos encuentran el nombre al mismo tiempo.

Al momento fue abierta su boca y suelta su lengua...

Ha sido liberado porque, por fin, cree sin dudar. ¡Al fin! Su liberación tiene lugar ocho días después del alumbramiento de su mujer, precisamente en el momento de la circuncisión. En el transcurso de esta ceremonia, cuando se corta un fragmento con forma de anillo alrededor del sexo del bautizado, se simboliza el anillo de boda. Por este acto, se introduce a Dios en el sexo del circuncidado. La alianza de Dios con el hombre se hace por el sexo. También se circuncida a Cristo. En él, pues, se ha realizado en el sexo la alianza con el Padre.

¿Qué es la circuncisión? Con una cuchilla, el rabino corta el prepucio del niño para que éste piense en Dios cada vez que haga el amor. Ello significa que Dios está profundamente en nuestro templo sexual. El sexo es sagrado. Es por éste que la alianza con Dios tiene lugar.

No se dice que la alianza consista en castrar. Muy por el contrario, o el bautismo consistiría en cortar los testículos, lo que en ningún modo es el caso. En esta ceremonia se habla de cortar el prepucio, lo que significa abrir el sexo. Vemos, pues, que el bautismo tiene por objetivo abrir el sexo y no cerrarlo. Está dicho muy claramente «Yo te bautizo. Te uno con Dios. Abro tu sexo al octavo día. No lo cierro».

Se abre el sexo de Cristo, así como el de Juan. No hay interpretación alguna: está escrito en el Evangelio.

Asistí a una circuncisión. Según las tradiciones, se da al

niño una gota de vino para embriagarlo. Es el mismo vino que encontramos en la Cena. Se da la sangre de Cristo al niño. En seguida, se le abren las piernas como a una rana. Todos oran. Diez hombres están ahí; representada por ellos, toda la comunidad asiste a esta ceremonia. Es un asunto de hombres. Las mujeres se hallan detrás.

Se corta el prepucio el octavo día, cuando un nuevo ciclo comienza. No sé qué sucede en el nivel de la circulación de la sangre, pero ese día se sangra muy poco. El niño prácticamente no pierde nada de sangre. Está embriagado, en estado de embotamiento.

En seguida se le cubre y todo el mundo se pone a cantar de alegría porque el niño se ha unido con Dios y la cabeza de su sexo ha aparecido. Antes no se veía. Es, pues, por excelencia, la unión del ser con Dios. En lenguaje simbólico, el prepucio oculta la cabeza del ser, es decir oculta la conciencia. La operación hace surgir a la luz lo que estaba oculto en la sombra, en la animalidad.

¿Qué hace Zacarías tras recuperar la palabra?

Al momento fue abierta su boca y suelta su lengua, y habló bendiciendo a Dios.

Zacarías estaba iluminado y lo primero que hizo fue bendecir a Dios.

Y se llenaron de temor todos sus vecinos; y en todas las montañas de Judea se divulgaron estas cosas.

Todas las personas se atemorizan porque han asistido a un milagro. Y al asistir al milagro se aterran porque se dan cuenta del inmenso poder de Dios.

Y todos los que las oían las guardaban en su corazón, diciendo: «¿Quién, pues, será este niño?».

Este niño ha llegado en medio de una conspiración contra la toma de conciencia. Y, evidentemente, esta última ha comenzado a actuar. La gente se dice «¿Quién, pues, será este niño? Si ya en su nacimiento ha obtenido este milagro, ¿en qué se convertirá en el futuro? Nos hará salir de nuestra mediocridad». Y también por ello todos tienen miedo.

Juventud de Juan el Bautista
(Lucas 1:80)

Y el niño crecía, y se fortalecía en espíritu; y estuvo en los desiertos hasta el día de su manifestación a Israel.

Para mí, «ir al desierto» posee una cierta significación. Una vez seguí un entrenamiento en grupo; participamos en una enseñanza intensiva de meditación: nos «fuimos al desierto».

Nos encerramos siete días en nuestra casa. Estábamos sin libros, sin radio, sin televisión ni teléfono, sin ninguna actividad y también sin elementos que mirar, es decir sin un símbolo a la vista. Nada, comiendo lo mínimo, sin llamar a un amigo...

Esto provocó reacciones increíbles, incluso a veces cercanas a la locura. Estar siete días consigo mismo sin disponer de ningún elemento de distracción, sólo siete días, ¡es verdaderamente el desierto!

Partir al desierto significa separarse de la sociedad, de nuestros pensamientos, emociones y deseos, así como de todas las actividades que llenan la vida, con objeto de limpiar en nosotros las formas de reaccionar. En el curso de esta experiencia, detenemos todo lo que nos permite «decorar» nuestra vida.

¿Cuánto tiempo pasamos solos sin proponernos algo, sin decirnos que debemos triunfar, que debemos hacer el balance de nuestras acciones anteriores, que debemos estudiar tal cosa u obtener tal otra, etcétera? De pronto nos separamos del mundo y del divertimento; no hacemos ningún ejercicio o lo que sea.

Nos levantamos a las seis de la mañana, después nos tendemos en el suelo y descansamos, sin hacer nada, en esta posición, hasta la medianoche. No hacemos absolutamente nada, nos inmovilizamos y nos observamos. Eso es todo.

Una experiencia de este tipo puede cambiar nuestra vida porque es un excelente medio para conocerse.

Juan pasa por el desierto. Pero ¿qué significa esto para él? Cuando Juan se aísla en el desierto, está completamente acompañado. ¿Por quién? Por su Dios interior, su *punto inmóvil*. Así, su desierto está habitado por completo. A partir del momento en que, en el desierto, no cuenta más que con un sol interior y con la divinidad que él viene a anunciar, Juan comprende. ¿Y qué va a anunciar? A su Maestro. Su Maestro es el desierto que nos enseña a estar con nosotros mismos.

Juan va, pues, a anunciar lo que ha aprendido después de haber pasado por el secreto.

Nosotros también, antes de enseñar o tratar de sanar a los otros debemos pasar por el secreto. Debemos atravesar el desierto. Debemos tener bien vivida la soledad y estar perfectamente con nosotros mismos.

Es maravilloso ver que Juan pasa por esta escuela. El propio Cristo pasa cuarenta días en el desierto. No necesita más; en cambio, Juan pasa ahí toda su juventud. Aprende a sobrevivir. Ha fortalecido su espíritu. Se ha hecho sabio. A partir de entonces, puede ya anunciar.

Nosotros, para ser Juan, debemos aprender a fortalecernos y a conocernos en la soledad, porque sólo entonces seremos capaces de dar.

4

El censo

El título que Lucas da al segundo capítulo de su Evangelio, «Nacimiento y circuncisión de Jesús», puede chocarnos por dos razones. La primera es la utilización del término «nacimiento»: ¿cómo puede Dios *nacer* si no comienza ni termina? Sin embargo, esto no es verdaderamente paradójico porque está escrito «Nacimiento y circuncisión de Jesús» y no «Nacimiento y circuncisión de Cristo». Jesús puede nacer, mientras que no el Cristo, en tanto que Él ya *está*.

La segunda razón: ¿por qué Cristo va a hacer una alianza con Dios Padre, si ya están unidos?

Y [María] dio a luz a su hijo primogénito, y lo envolvió en una faja de pañales, y lo acostó en un pesebre, porque no había lugar para ellos en el mesón.

Además, el hecho de que un poco más adelante, en el capítulo 2, la Virgen envuelva al Cristo en una faja de pañales, es un punto muy delicado al cual resulta indispensable encontrar una explicación. En principio uno podría preguntarse: ¿cómo es posible que la Virgen haya podido actuar así con el Cristo si sabemos cuán nefasto resulta para un bebé estar envuelto en una faja?

Hace menos de un siglo que esta práctica se abandonó y los niños fueron dejados en libertad. Antes se les envolvía por completo con una faja de tela a fin de impedirles el movimiento. A veces, los más afortunados tenían los brazos fuera del vendaje y disfrutaban la posibilidad de moverlos, pero era todo lo que podían hacer. Generalmente se les colocaba en una cesta de pan y ahí se quedaban casi de pie, sin libertad para moverse.

Se aplicaba este tratamiento a los bebés para que su movilidad no molestara a los adultos. Ver un recién nacido es ver un océano. Ahora bien, esos océanos eran inmovilizados: pasaban todos sus días prisioneros en sus pañales, con el cuerpo petrificado en medio de sus excrementos. No podían más que llorar o quedarse embotados. Su cerebro no se desarrollaba por completo porque todos los movimientos del bebé son una preparación muscular para el espíritu, para el amor, para la caricia, etcétera.

Sabiendo esto, ¿cómo justificar el hecho de que Jesús haya sido fajado? Debe existir una explicación.

Parto de la base de que el mito transmite un mensaje en todo instante. Es como un arcano del Tarot. Ante cualquier arcano se nos ofrecen dos posibilidades: la primera es interpretarlo negativamente –porque la dimensión de lo negativo es infinita– y llegar de este modo a los abismos de sufrimiento a partir de cualquier detalle; la segunda opción es interpretar ese arcano positivamente y alcanzar el éxtasis. Todo depende de lo que otorgamos de nosotros mismos para obtener una versión del arcano. Cada capítulo del Evangelio es un arcano al cual debemos conferir lo que tenemos de más bello.

Si está escrito «lo envolvió en una faja de pañales», debemos encontrar la belleza que radica en el hecho de fajar a alguien y no quedarnos con la impresión de que ese alguien es transformado en una momia. No es posible aprisionar corporalmente al ser que viene a salvar el mundo. Debe haber una razón válida, o de otro modo esto querría decir que María ignoraba cómo cuidar a un niño, o que no sabía cómo ser una madre.

Hace falta hallar una explicación. Una de las tareas de tal búsqueda será, pues, comprender por qué Jesús fue circuncidado y fajado. Vayamos al principio:

Aconteció en aquellos días que se promulgó un edicto de parte de Augusto César...

Aparece un decreto del emperador romano, esto es, de aquel que podía hacer su voluntad y no la de Dios. Existe una gran diferencia entre hacer lo que uno quiere y hacer lo que Dios quiere.

...para que todo el mundo fuese empadronado.

Hay que darse cuenta de la vanidad de este César Augusto cuando exige empadronar al mundo entero.

Desde un punto de vista místico, un empadronamiento no tiene ninguna razón de ser porque la divinidad sabe cuántas personas ha creado: ella es todopoderosa y omnisciente, y conoce a cada uno de nosotros. En la medida en que la divinidad sabe cuántas personas hay en el mundo, un censo no se efectúa con el propósito de servir a Dios sino al poder.

Para los empadronados es una atroz sumisión: se les censa para arrebatarles la libertad de comunicación con lo divino.

Durante esta época lamentable en la que vive el pueblo elegido (es decir nosotros, porque *somos todos el pueblo elegido*), César Augusto (o cualquier otro gobernante) detenta el derecho de empadronarnos. Para ello se llena un cuestionario suministrando un cierto número de datos sobre nosotros. Así perdemos nuestra libertad. Censo igual a pérdida de libertad.

José, la Virgen y el Cristo se prestan a este censo y lo hacen porque no debía conocerse la verdad. El hecho de que la Virgen esté encinta de Cristo es completamente secreto y debe permanecer así o el niño correría un peligro mortal. Obedecieron, pues, la orden del empadronamiento, que no tenía otro fin que servir al poder y consistía en reducir a cada ser humano a un simple número, a una cabeza de ganado entre otras.

Este primer censo se hizo siendo Cirenio gobernador de Siria. E iban todos para ser empadronados, cada uno a su ciudad.

Se produjo un éxodo. Hacerse empadronar no correspondía ciertamente al deseo y a la voluntad del pueblo. Debía haber amenazas considerables para que la gente obedeciera.

No es por gusto que la gente cambia de ciudad sólo para hacerse contar y fichar, sobre todo tratándose de un pueblo místico que comprende de inmediato la monstruosidad del hecho, así como la pérdida de libertad física que esto implica.

Es de muy mal humor, pues, que todos acceden al requerimiento de los soldados sobre volver a sus ciudades. Se les hace salir de sus casas, son espiados, etcétera. En esta época, para la población tales desplazamientos fueron sin duda muy desagradables e inquietantes. Además no fue ni simple ni cómodo porque no existían hoteles, sino apenas unos cuantos mesones. Cuando había una afluencia considerable en una ciudad, ¿dónde dormían las personas? Todas masculaban de descontento. Más que otro, el pueblo elegido sentía que ese empadronamiento era el triunfo del poder sobre el espíritu místico; ese pueblo sabía que estaba siendo aplastado. En tal momento agonizaban los últimos reductos de la vida espiritual.

> Y José subió de Galilea, de la ciudad de Nazaret, a Judea, a la ciudad de David que se llama Belén, por cuanto era de la casa y familia de David...

Sabemos que el árbol genealógico de José se remonta a Adán y Eva y que tiene setenta y siete ancestros, incluido José. (Setenta y siete más la divinidad igual a setenta y ocho, como el Tarot, que tiene setenta y siete cartas numeradas, más El Loco.)

José es obligado a dirigirse a la ciudad de David y se lleva a su esposa embarazada. Con este acto, José va a realizar la conexión entre el niño y su íntegro árbol genealógico. Resulta en efecto un acto esplendoroso, porque es mágico en secreto: llevar a esta mujer encinta para que asegure el contacto con David e incluso con Adán y Eva. Así, se otorga al niño su lugar en el árbol.

Este censo, que es verdaderamente repugnante, no resulta un contratiempo para José y María, y menos aún para el Cristo, que ya en el vientre de María es supraconsciente (antes hemos visto cómo se ha comunicado con Juan cuando éste se hallaba en el vientre de Elisabet). Ellos quieren aprovechar esta ocasión para hacer contacto con el linaje a través de José. De nuevo este personaje se revela gigante, porque sin José no hay Jesús ni Cristo ni Mesías.

Este viaje que es eminentemente material se convierte, pues, en algo por completo espiritual y, por tanto, se vuelve objeto de alegría. Hacerse censar se transfigura en gozo, puesto que permite internarse en este árbol.

El sacrificio de José

...para ser empadronado con María su mujer, desposada con él, la cual estaba encinta.

Para José, María es desde luego su esposa. Como hemos visto, la ama perdidamente y acepta que haya sido fecundada por la divinidad; como un monje, se sacrifica y espera que ella dé a luz. Por el hecho de no repudiarla, protege tanto a María como al niño, que es su hijo espiritual.

Cuando José observa el vientre de María abultándose, tiembla de placer porque asiste a la gestación de su Dios: tiene el infinito honor de salvar a su Dios. Aparte de José, ningún ser humano en el mundo ha tenido esta distinción.

Cuando podemos salvar a nuestro Dios, salvamos la vida de la galaxia y la de toda la raza humana. Salvamos la vida del destino humano porque somos el destino, somos la humanidad. Estando solos nuestro pequeño ego morirá. Formamos parte de la raza humana y nuestra finalidad no es individual sino universal: crear la conciencia cósmica.

José es el arquetipo del don, es el espíritu que se da en sacrificio.

Esto me recuerda un episodio de la epopeya de Gilgamesh, el cuento más viejo de la humanidad: el héroe se rehúsa desesperadamente a morir. Su deseo de perdurar se vuelve una obsesión. Un día, averigua que un inmortal vive en una isla. Se precipita, lo encuentra y le informa de su tortura:

–¡Necesito conocer el secreto de la inmortalidad!
–¡Pero es muy simple! –le responde el inmortal–. No hay ningún secreto. A mí, Dios me ha creado inmortal y a ti te creó mortal.

No hay ningún secreto. He aquí la paradoja del ego que habla a la esencia:
–Quiero ser inmortal –dice el ego.
–Puedes serlo –responde la esencia.
–¿De verdad? ¿Puedo no morir?
–Sí.
–¿Cómo? ¡Pronto, dímelo! –inquiere el ego.
–Es muy fácil –le dice la esencia–. Te bastará con disolverte y desaparecer: transformarte en mí.

En nosotros poseemos una vieja parte que se nos adhiere. Necesitamos de José para sacrificarla. Hay que aprender a morir consigo para poder renacer sin el «sí mismo».

Si queremos despertar en nosotros el nivel de María y de Cristo (puesto que son dos niveles que podemos encontrar en nuestro interior), hay que aprender a morir. Para esto debemos vigilar el nacimiento y el desarrollo del niño (divino) que vive en nosotros. Hace falta que nos impongamos desaparecer, que detengamos ese diálogo interior que siempre sostenemos con nosotros mismos. Sobre todo, hace falta que cesemos de *observarnos actuar*. Observarse actuar es una verdadera calamidad.

Pondré un ejemplo: estoy en escena dando una conferencia y al mismo tiempo me digo «¡Qué bien! ¡Funciona! ¡Me escuchan!». Me veo actuar. ¿Cuándo se detendrá esto? ¿Cuándo terminará mi exigencia de ser amado? Constantemente estoy actuando y mi permanente diálogo interno exclama «¡Quiero que me amen! ¡No quiero sufrir la menor falta de amor para conmigo!». Ésa es la petición del diálogo interior que mantengo con el «testigo» de mis actos. ¿Cuándo va a acabar este diálogo?

Lo terminaré cuando medite y llegue a un nivel en que simplemente esté ahí, en postura de meditación, sin diálogo mental y sin un testigo interior. Entonces me diré «Estoy harto de mi testigo, de mi dualidad». Haré una profunda inspiración y me diré «Cuando respire, voy a respirar el cosmos. Quiero que mi oxígeno llegue a lo más profundo de mi niño. Quiero proyectar el perfume de mi ser hasta el término del universo. Quiero *ser* y no desempeñarme como testigo de mí mismo».

Si José es tan bello, lo es precisamente porque su desaparición permite el amor total entre Jesús y María, su unión completa. Sin el sacrificio de José, no hay María, no hay nada.

Lucas escribe «Y José subió [...] con María su mujer, desposada con él». No dice «María y el Cristo subieron con José». Esto indica que es José quien dirigía.

La concepción y el alumbramiento perfecto

Y aconteció que, estando ellos ahí, se cumplieron los días de su alumbramiento. Y dio a luz a su hijo primogénito...

¿Por qué precisar que se trata del primogénito si está muy claro que la Virgen no tenía un hijo anterior? Es el primogénito, mas ¿de quién? *Es el primer nacido de entre nosotros.*

Mientras el Cristo mítico no nazca, nadie nacerá. Mientras la eternidad no sea realizada, viviremos en la angustia y la muerte.

Mientras no se alcance la conciencia colectiva, el primogénito no vendrá. Mientras se haga degollar a nuestro vecino, estaremos todos muertos. Dostoievski dijo «Si hay un crimen sobre la Tierra, tú formas parte de los culpables». En efecto: si sobre la Tierra una persona tiene hambre, todos somos responsables.

Si una persona no alcanza su más alto grado de conciencia, eso significa que no trabajamos para los demás sino para nosotros mismos: pedimos y pedimos, nos cultivamos, nos alimentamos, nos desarrollamos, nos hacemos proteger... ¿y los otros? ¿Cómo es que siempre queremos más para nosotros sin pensar nunca que los demás deben tener al menos lo mismo que nosotros? ¿Nos preocupamos por dar a la persona a quien le pedimos?

Y dio a luz a su hijo primogénito, y lo envolvió en una faja de pañales, y lo acostó en un pesebre, porque no había lugar para ellos en el mesón.

Llegamos aquí al momento fundamental.

A partir del momento en que la sombra de Dios envolvió a la Virgen y la fecundó, la luz completa estuvo en su vientre. Desde ese instante y por primera vez, la humanidad entera (pasada, presente y futura) tuvo a Dios en su vientre. Era la encarnación.

En el preciso momento en que la primera célula nace, el vientre de María se convierte en el centro de la humanidad. Y se trata de un centro poderoso porque Dios entero estaba ahí. Este vientre irradiaba hacia el pasado hasta el comienzo mismo del universo; irradiaba también hacia el futuro y hacia todos los universos posibles. Irradiaba al centro de la conciencia colectiva de todos los seres pensantes, comprendidos los humanos. En el cosmos, el ser humano no será el único ente de conciencia: habrá las entidades transparentes, etcétera. Millares de conciencias se unirán para crear la conciencia colectiva universal. Y en el centro de esta conciencia, ese vientre irradiaba.

Cuando la Virgen fue fecundada, se dijo «Comienzo a dar mi carne. ¿Qué clase de células voy a ofrecer a este ser que se halla en mi vientre? No puedo utilizar mis hormonas, mis ácidos y toda mi materia para fabricar células impuras. Por ello ningún sentimiento negativo deberá atravesar mi espíritu. Toda fealdad, todo pensamiento decadente y toda carencia de fe que entraran en mi espíritu, ensuciarían las células que voy a formar».

El cerebro de esta mujer no tenía ningún rencor hacia nadie: estaba en pleno regocijo. Carecía de problemas metafísicos porque no consideraba el problema de concebir a un niño mortal. Ella se sabía portadora del Espíritu inmortal: llevaba el centro del universo y la inmortalidad.

Es lo mismo para cada mujer que espera a un niño. Al describir la formación y el alumbramiento de Cristo, describo el parto normal y lo retiro de la anormalidad en la cual la patología lo ha colocado. Cada niño es el Cristo encarnado.

María portaba la divinidad encarnada. ¿Qué tenía que ver la psicología de la Virgen con el nacimiento de Cristo? ¿Qué podía hacer ella de sus problemas psicológicos? No los tenía. Era la extinción total de su espíritu. Éste no era más que luz, paz absoluta y perdón absoluto hacia quien la había hecho sufrir.

Si no perdonamos, no podemos procrear a un hijo sano. El perdón absoluto es necesario o de otro modo este rencor se volcará en la carne y en los huesos del niño.

Tan evidente resulta que no hay que cultivar rencor alguno, como lo es que debemos hacer una limpieza perdonando completamente a cada persona que nos ha herido y a cada enfermedad que hayamos tenido. Un perdón a toda la civilización humana. Un perdón completo a toda la creación. Un perdón sin límites a toda la caída.

Hace falta decir «te perdono» a cualquier imagen negativa que emerge de nuestro interior. «Perdono a la máquina que me cortó la pierna. Perdono al padre que no me colmó. Perdono a la madre ausente. Perdono todo lo que no he tenido.»

Perdono todo porque sin perdón no puedo procrear a un hijo sano. Sin perdón, yo deslizaría todas las enfermedades del mundo en su formación. Puedo afectar sus ojos, sus orejas, su médula, sus huesos, sus órganos, sus pies... Puedo afectarlo todo porque la formación de un niño se realiza a partir del ser humano entero.

Después de haber limpiado su espíritu, como la Virgen María, la mujer encinta debe limpiar sus sentimientos. Imaginemos el estado emocional en el que se hallaba esta madre: era un océano cósmico de total placer. Navegaba en mitad de un cosmos de total placer. Lo había perdonado todo, tenía una confianza absoluta, una fe completa y una calma soberana. Estaba en la escucha integral porque no era ella quien debía hablar, sino su feto.

El hijo de María no era para ella una muleta ni una prótesis ni una misión. Él era él mismo y *en* sí mismo. Ella hacía el don completo de su ser a esta nueva criatura.

María estaba a la escucha de su feto porque éste disponía de una conciencia cabal. Era él quien dirigía, quien sabía. La Virgen era ignorancia, ausencia de angustia y confianza plena.

Y sobre todo no estaba preguntándose «¿Cómo sucederá mi parto? ¿Moriré? ¿Me drogarán con calmantes o anestesia? ¿Tirarán del niño con fórceps? ¿Nacerá de nalgas? ¿Lo ahorcaré con el cordón umbilical? ¿Lo retendré diez meses? ¿Irá a deshidratarse? Bajo el pretexto de que saldrá más confortablemente, ¿me cortarán la pared abdominal con un bisturí y de ese modo impedirán a los labios de mi vagina abrazar la cabeza de mi hijo? ¿Tendrá José un par de tijeras para cortar el cordón umbilical?».

¿En qué estado se hallaban los órganos sexuales de la Virgen, su vagina, su útero, sus trompas, sus ovarios? Estaban llenos de Dios, porque si había algo que estuviera en máxima proximidad al niño divino era ese sexo.

La puerta del sexo se aprestaba a abrirse. Los huesos de la pelvis estaban moviéndose. A cada movimiento de sus huesos, la madre tomaba una larga inspiración controlada y se decía «Amén. Que sea tu voluntad». Agradecía el movimiento de su esqueleto porque éste obedecía. La vagina irradiaba luz y poder porque se preparaba para dejar salir a la divinidad, al salvador del mundo.

Ese túnel no podía en forma alguna estar impuro. Resulta aberrante concebir otra salida que la vagina para el nacimiento de un niño. Y más aberrante aún es pensar en la vagina como la parte más sucia del cuerpo femenino. Igualmente absurdo es pensar que la diosa no ha parido por su sexo. Hay quienes afirman que Jesús nació por una oreja. ¿Cómo es posible que nos hayan hecho creer eso?

Esta vagina era formidable. Era un túnel de amor que se entregaba a la obra: se preparaba a estar lo más dispuesta posible, a la abertura, al amor, al masaje, a la caricia, al deslizamiento perfecto.

La Virgen se preparaba igual que se hace antes de una procesión en las plazas con templo en España, donde quienes portan la imagen usan cogullas o capirotes porque así, durante el transcurso del acto, pierden su personalidad, su Yo. Es con su esencial con lo que llevan a la diosa.

Resulta imposible postular que durante la gestación del niño, María se pregunte «Este niño, ¿soy yo?». Al contrario, piensa «Qué maravilla que él no sea yo». Es así como su hijo crece.

A medida que el vientre se dilata, la madre siente los movimientos del niño: éste se comunica cada vez más con ella. Entre ambos, cada día la amistad germina. Y ella se hace más y más Virgen porque se purifica sin cesar. El gozo total invade su cuerpo: no cultiva ninguna duda. Permanece en éxtasis, alistándose al nacimiento, sabedora de que representa los ovarios de la conciencia humana. Otorga a su niño, pues, al océano de la humanidad. Cada vez más anhela desaparecer y pide que Jesús sea él mismo, que sea el Cristo.

En el fondo, María no desea nada. Se entrega a esta maravillosa sinfonía de sensaciones que le sube desde los pies y circula en su seno. Se da a este oxígeno que se purifica a su contacto. En tal momento se halla purificando al mundo, porque a medida que Dios se encarna, el mundo se limpia. El corazón del mundo está en formación. La unión se realiza.

Al octavo mes, José le dice «Escucha. Nos vamos a Belén». ¿Por qué se lleva a una mujer encinta en un viaje tan largo? ¿Por qué obedece a esta orden de empadronamiento si María se encuentra tan cercana al parto? Porque José *conduce*. María está en embarazo avanzado y sin embargo ambos obedecen. Imaginemos la situación.

Estos dos jóvenes emprenden este duro y prolongado viaje porque poseen una fe completa en la realidad. Saben que el milagro se realizará sin importar dónde y con quién. Saben que el lugar donde Él llegue será *el* lugar. Saben que las cosas llegan en el momento debido y que hace falta vivir constantemente el instante y estar lleno de valentía. Con tal estado del espíritu, cuando el momento arriba se tiene una fe completa de que todo sucederá con ventura.

No hay palabras para describir el éxtasis que Jesús experimentaba en el vientre de esa madre portentosa.

¿Qué habría sentido de encontrarse en el vientre de una mujer que quisiera tomar posesión de él? ¿O en el vientre de una mujer llena de rencor? ¿O en el de una mujer que pensara que su hijo era su falo y por tanto su poder? ¿O en el de una mujer que creyera estar pariendo a una muleta y no a un niño? ¿Qué hubiera sentido en el vientre de una mujer que, sin asumir su maternidad, estuviera todo el tiempo enrollándole el cordón umbilical alrededor del cuello para impedirle nacer? ¿O en el de una mujer que, detestando a su propia madre, hiciera todo por no ser madre ella misma y lo retuviera más de lo necesario o lo arrojara a los siete meses? Ese niño estaría inquieto durante toda su concepción porque el inconsciente del feto habría sabido que a los siete meses le darían «una patada en el trasero» y lo lanzarían al mundo sin haberle concedido todo lo que requería. Es muy doloroso nacer en condiciones similares.

¿Qué habría sentido el Cristo de haber sabido que su madre estaba envenenando su leche o que se preparaba a no dársela? La boca del niño de pecho está completamente formada y adaptada a los pezones de su madre; el único sitio donde debe mamar es el pecho de la madre. Es al mamar cuando un bebé desarrolla el órgano de la palabra. En efecto: si la madre nos priva de su leche y nos da otra, hay algo que no se desarrolla en nuestro espíritu. Por otra parte, todos o casi todos somos despojados (mutilados) de la leche materna. Hace falta saberlo.

También hace falta saber que jamás nacemos demasiado obesos. Si lo somos, esto indica que nuestra madre nos ha hecho engordar más de lo necesario. Somos inocentes: es ella la que nos ha vuelto demasiado anchos para crearse problemas. Hay que saber que nunca nacemos de modo anticipado: ¡se nos arroja con anticipación! Jamás nacemos muy tarde: ¡se nos retiene! Nunca hacemos sufrir a nuestra madre: ¡es ella quien nos tortura!

¿Por qué? Porque el padre está ausente. Cuando los padres son José y la Virgen o cuando el niño es el fruto de dos seres que están completamente presentes, la maternidad y el parto suceden maravillosamente. Cuando estos dos individuos han hecho su trabajo de limpieza espiritual, todo acontece con ventura.

Por el contrario, cuando el padre no está ahí y ambos progenitores no han hecho su trabajo, la maternidad y el parto se convierten en una tortura para el niño.

¿María estaba sola para asumir esta maternidad? En absoluto: José estaba con ella, completamente listo a recibir a la divinidad.

En el vientre de María, Dios está contento porque la belleza de María es inmensa. El deseo que Él tenía de ella, cuando Él fue el Padre, era muy grande, y la mujer fue muy bien elegida; Dios eligió a la mujer más bella que la humanidad haya podido producir: se halla, pues, realmente feliz en ese vientre, contento del amor materno que recibe.

Ha sido bien tratado y espléndidamente formado: le han dado la mejor materia. Sus huesos están bien constituidos, su cuerpo es perfecto: todo ha sido fabricado con amor, sin angustia, sin apremio y sin meta. Todo se ha realizado en el placer. Con felicidad, Él nada en las aguas de María.

Tratemos durante un segundo de imaginar el agua del vientre de María, imaginar este alimento perfecto. ¿Quién no desearía beber de este líquido bendito, y también mamar de su pecho? Me imagino en la agonía bebiendo la leche de María: si esto fuera posible, estaría en el cielo. El Cristo provoca en nosotros un sentimiento de celos. Estamos celosos de él, celosos de no haber tenido como madre a la Virgen María. Imagino el pecho perfecto que fabrica una leche semejante.

Imagino también a este niño que está consciente por entero: porta la divinidad. Está en el vientre y sabe lo que le sucede, es decir, por qué el agua se vacía: se coloca entonces ante la vagina, perfectamente consciente de que ha llegado el momento de nacer.

El cuerpo de María sabe también que el momento ha llegado y que Dios va a salir de ella para abordar el mundo. Ella vive, pues, los últimos instantes en que posee la divinidad en su vientre. Dicen que uno comprende una cosa por primera vez cuando la ve por última vez. Para María ha llegado ese momento. El parto va a tener lugar. Ella no evitará empujar para impulsarlo; sin embargo, durante un segundo que parece eterno, María se dice «He aquí el último segundo en que estás en mí. Ha llegado el momento de despedirnos. Mas nunca nos separaremos porque la unión está hecha y porque ningún ser se aparta jamás de otro. ¡Dame tu bendición!».

María pide a su niño que la bendiga. Ella no puede bendecirlo, puesto que Él es infinitamente superior. El bebé se coloca entonces en la postura más apta para iniciar su salida. Entre los dos la armonía es perfecta. Se dicen «A partir de ahora, tú no eres tú y yo no soy yo. Colaboramos, trabajamos juntos. Entre los dos realizaremos un alumbramiento perfecto». Entonces José interviene diciendo «¡Cuidado! No digáis "nosotros dos"; decid "nosotros tres", porque estoy aquí. Si todo sucede tan bien es porque estoy presente. Sin mí, esto no podría realizarse sin problemas».

María se coloca entonces en postura de parto.

Está dicho que no había lugar para ellos en el mesón y que acostó al recién nacido en un pesebre. Están, pues, en un establo o una caballeriza. Si el lugar está lleno de paja y suciedad, María no se va a tender ahí, menos aún cuando no hay un lecho.

Entonces, ayudada por José, se sostiene de un trozo de madera y se pone en cuclillas separando las piernas; José está de rodillas a sus pies y extiende las manos para recibir al niño y evitar que éste caiga al suelo. Es necesario comprender la postura de María. Si ella empuja estando acuclillada, el niño podría caer en la tierra, y éste no es el caso porque José está ahí para recibirlo.

El niño, pues, pasa directamente de la vagina de la Virgen a las manos de José. Él es el primero en tocar al Cristo. ¡Qué honor! Es por esta razón que, en la Biblia, en el Salmo 22 se afirma «Tú, cierto, me sacaste del seno maternal, me sostuviste a los pechos de mi madre…», lo que claramente podría también decirse como «He pasado directamente de la vagina a tus rodillas». En la visión mítica, el niño sale de la vagina de la madre para llegar a las rodillas o a las manos del padre.

El niño se adapta de inmediato a la postura y comienza a efectuar un lento movimiento de rotación. Dios lo ha dotado con el impulso que Él da a los planetas. Es la nueva galaxia que viene. Es decir que con una lentitud increíble, el niño comienza a girar en espiral. Debía llegar al mundo para colocar su crisma, el séptimo chakra, en la «puerta» de la Virgen y así formar «el ojo del mundo». (La noción utilizada en el tantrismo hindú y budista. El séptimo chakra está situado en lo alto de la cabeza.)

Quien ha presenciado un parto, puede suscribir que es de esta manera como sucede: la vagina forma un óvalo, exactamente igual al contorno de un ojo humano, y la cabeza del niño, al salir, toma el sitio del globo ocular. Si entonces vemos de frente el sexo de la parturienta, contemplamos el séptimo chakra del niño comunicándose con todo el cosmos. El niño y su madre forman el ojo cósmico.

Es evidente que, milímetro a milímetro, la vagina de la Virgen María acaricia la piel del niño con un amor increíble. De piel a piel se forma una corriente de adiós, de fe, de ayuda, de masaje y de conciencia, en el transcurso de la cual la madre dice «A partir de ahora tomaré en consideración cada milímetro de tu cuerpo porque, desde mi vagina que lo sacraliza, cada milímetro es sagrado. Si yo no reconozco cada parcela de tu cuerpo con mi vagina, si no te froto, si en el pasaje no te doy tu primer masaje, nunca en tu vida serás acariciado, nunca pedirás ni exigirás una caricia completa, ni tampoco te ofrecerás a ti mismo al acariciar y, por tanto, nunca sacralizarás el cuerpo humano».

La vagina de la Virgen acaricia, pues, cada parte con un amor infinito.

¿Qué hace ella de su dolor? ¿Podemos imaginarla gritando y gimiendo? En absoluto: el dolor va y viene. Cada vez que se presenta, María no desencadena ninguna angustia porque el dolor no le hace mal.

Cuando no hay más que dolor, es aceptado: lo recibimos como a un amigo. Sin embargo, cuando ese dolor se sustenta en la angustia, deviene algo terrible. Una parturienta que se halla en este caso, cada vez que experimenta dolor, se dice en el fondo «¿Por qué? ¡Ay! ¿De qué se trata? ¡Ay! ¿Por qué debo sufrir?». La angustia se desencadena a cada espasmo de dolor y esta mujer se hunde más y más en ella.

Pero no en aquel caso: José está presente, María alumbra al niño. José y María realizan juntos este acto.

Es evidente que en el momento en que el ojo aparece en el templo de María, José llora de regocijo.

El primer ser a quien el séptimo chakra del niño ve es a su padre, porque sin éste no habría cosmos ni conciencia colectiva. Lo primero que todo niño debe ver cuando nace es a su padre. Éste debe recibirlo con sus manos, con su corazón, con todo su ser.

En seguida José hace el movimiento de echarse hacia atrás y colocarse sobre un costado. Esta actitud dice: «Te recibo sesgado porque eres para el mundo, no para mí».

No recibo a mi hijo estando en el centro, sino a la derecha de la Virgen, porque ella equivale a la izquierda. María es todo corazón y yo toda protección. Para que mi niño llegue a ser él mismo y se realice, jamás me interpondría en su pasaje. No ahogaría su nacimiento simbólico.

Exactamente como la vagina permite el paso, yo, en cuanto padre, permanezco de lado para también permitirle el paso, es decir para que mi niño me deje atrás y vaya exactamente a donde debe sin sufrir mi interferencia. Mis manos son la segunda vagina.

El niño hace, pues, un giro completo. Saca el brazo izquierdo y luego el derecho y al terminar su rotación tiene el rostro enfrentado a su madre. José lo toma por la nuca y tira de él dulcemente: el niño lo mira. Los ojos de José son contemplados por los ojos de Cristo. Instantáneamente el cambio de José se opera por completo, porque la mirada de Cristo ha transformado su alma. Contemplar la mirada del iluminado nos coloca en un nivel que nunca antes conocimos. En el momento en que José es visto por este Dios al que tanto ha protegido, recibe su recompensa. La mirada de Jesús lo ha desarrollado por entero: ha hecho de él un hombre santo y lo ha convertido en padre. La mirada de Cristo le dice «Yo soy tu Padre pero, por esta misma mirada, hago la primera alianza contigo. Te adopto y, con este acto, te doy la calidad de padre. Desde ahora te obedeceré porque eres tú quien va a enseñarme los primeros pasos. A ti te corresponde educar a Jesús. Yo, Cristo, te doy todos los derechos para educar al niño que soy porque tengo confianza en ti y necesito a un padre tanto como a una madre. Tengo confianza en ti porque soy Yo quien ha creado el Principio del Padre, y tú debes ser el padre de este niño en el cual Yo soy».

En tal momento, José *es* el padre de Jesús. Por ello el Evangelio afirma, más adelante, que Jesús era obediente. ¿Por qué un Dios iba a obedecer a José? Y sin embargo es lo que Él hace. Esto resulta extremadamente hermoso.

En seguida, José levanta al niño hacia la Virgen. El corazón de María y el del niño laten al mismo ritmo y José no se apresura ni rompe esta unidad cardiaca. Tranquilamente, presenta el cordón umbilical a la Virgen y ella comienza a roerlo con sus dientes. María lo hace porque José nunca osaría cortar el cordón divino con un cuchillo. Mientras ella lo roe, el niño tiene el tiempo de tomar su propio oxígeno y asumir su propio ritmo cardiaco.

Así, no ha nacido en la angustia o la agresión. No se le da una palmada en las nalgas. No se le hace inspirar un aire que le queme los pulmones. Su primera bocanada de oxígeno no es una agresión.

Tiene un padre. Tiene una madre. Tiene oxígeno. Ha nacido en un ambiente reposado y calmo. Todos los animales del pesebre están silenciosos: observan maravillados. La paz reina.

Cuando la Virgen termina de roer el cordón umbilical, el fenómeno se realiza: Cristo ha nacido.

¿Cómo nace? ¿Creeremos que se suelta a llorar desde que sale? Esto es lo que hacemos cuando en el vientre de nuestra madre hemos sufrido toda clase de violencias. La agresión de la madre no es la única de ellas: sufrimos también la agresión de la ciudad, el estrés de la sociedad, la agresión de todas las guerras, etcétera. Todas estas rapiñas van a afectar a un feto. Podemos estar seguros de que si se asesina a personas en Palestina, nuestro feto será afectado por ello; si hay una guerra en China, aunque estemos en el Polo Sur nuestro feto será afectado, porque la humanidad está ligada por un espíritu colectivo y todo lo que pasa *allá* tiene repercusiones *aquí*.

Cristo no nace en la angustia sino en la alegría. Es la luz. En ese momento, José y María ven el misterio. En secreto escuchan las primeras palabras de Cristo porque de inmediato se ha puesto a hablar. Y también ha caminado, desde luego. Es evidente: si en las leyendas budistas se afirma que Buda habló desde su nacimiento y si sabemos que cuando una vaca pare, el ternero cae y luego se levanta y camina en seguida, ¿en qué modo es extraordinario afirmar que este niño estaba consciente desde su nacimiento?

Aquí regresamos a ese pasaje que es necesario esclarecer: aquel en que la Virgen envuelve al niño en una faja de pañales. De hecho, ella actúa de esta forma para disimularlo. No hay otra razón. Como resulta imposible esconder la luz que él es, con su consentimiento María debe fajarlo y envolverlo. Es primordial guardar el secreto y disimular al niño, o de otra forma podrían matarlo.

Dado que Cristo viene a entregar un mensaje de amor, no puede aplicarse a matar a todos aquellos que a su vez desean asesinarlo. Esta solución había sido puesta en práctica en tiempos de Moisés, pero ya no eran esos tiempos sino los de Cristo. Él no podía vengarse. Necesitaba, pues, defenderse.

Viene a hacerse matar en un momento preciso y, como veremos más tarde, morirá como Maestro y no como víctima.

Sin embargo ahí, aunque aún no sea su hora, el peligro es considerable. Herodes quiere su muerte. Todo el mundo está en su contra. José y su familia deben empadronarse, y esto significa que han de pasar ante los romanos, ante los sacerdotes judíos y ante todos los fanáticos. ¿Cómo atravesar la ciudad sin tropiezo con un niño que es la luz misma? La única solución consiste, pues, en esconder y envolver al bebé.

Para nosotros es lo mismo. ¿Cómo mostrar una verdad que hemos obtenido sin que nos la aplasten de inmediato? Hace falta esconder y envolver el cambio que se produjo en nosotros, y no contar el nacimiento de nuestra nueva verdad hasta que ésta haya alcanzado la suficiente madurez como para que podamos dar parte al mundo y que ella produzca su efecto. Hace falta que seamos muy fuertes para mostrarnos tal como somos a fin de que nadie venga a aplastarnos o asesinarnos.

Mostrar a Jesús tal como era habría sido de una increíble vanidad por parte de José y María. He aquí por qué es de tal hermosura que esté escrito «lo envolvió en una faja de pañales».

¿Y con qué lo envolvió? Arrancó un pedazo de su túnica. Al desgarrarse, la túnica emitió un sonido muy dulce porque *sabía*. En ese lugar todo había adquirido una conciencia. Este desgarramiento no equivalía a una herida sino a un don.

María era la sierva de su hijo. Con una extrema delicadeza y un amor infinito, envolvió sus pies, luego sus tobillos, luego sus piernas... José sostenía la tira de tela para que ésta no tocara el piso y se ensuciara. Cuando María hubo terminado de fajar al niño, los tres prorrumpieron en risa porque eso no era necesario, pero sí un buen medio para disimularse. Estaban contentos por esconder luz y no por apagarla.

En seguida, alguien llamó a la puerta. Era un Mago. Como era corto de vista, se quedó perplejo ante el niño envuelto y se dijo «¿Fajado? ¿Nos engañarían?».

Después, a medida que el Mago se aproximaba, su corazón comenzó a latir más y más fuerte y terminó por reconocer a su Maestro en ese pequeño trocito de carne. Por primera vez en su vida, vio a quien tanto había esperado durante toda su existencia: su Maestro.

Porque el bebé es nuestro Maestro. No es nuestro trocito de carne, ni es nuestra prolongación: es el pez que viene a dar un sentido a nuestro océano vacío. Debemos entonces estar completamente atentos a él: es el futuro. Es quien irá más alto y más lejos, e infinitamente mejor que nosotros. Somos el pedestal: él es la estatua. Y desde luego que es superior a nosotros: no estamos aquí para aplastar a nuestros niños y defender nuestra corona, sino para admitir que el niño es superior a nosotros en millares de dominios y que es nuestro Maestro. No viene a tomar nuestro sitio sino a hacernos avanzar un grado suplementario hacia la conciencia cósmica.

Cuando el primer Mago reconoce a su Maestro, entran los demás. El grupo completo está ahí.

Les basta contemplar al niño para entenderlo todo. Nada más es necesario, ninguna lección...: han visto y ello es suficiente.

Y el niño mira a cada Mago. La pólvora que es cada uno de estos Magos se inflama de inmediato. Esa mirada es como una chispa entre barriles de pólvora. Para cada uno de los recién llegados la explosión tiene lugar y luego se extiende.

¿Quién llega después de los Magos? ¿Los sacerdotes? ¿Los gobernantes? ¿Los comerciantes? No: los pastores, la gente más humilde. Llega la base de la humanidad, la mayoría.

Y aconteció que estando ellos ahí, se cumplieron los días de su alumbramiento. Y dio a luz a su hijo primogénito, y lo envolvió en una faja de pañales, y lo acostó en un pesebre...

¿Por qué dejó de sostenerlo en sus brazos y lo acostó en un pesebre? Porque el niño santo no tenía necesidad de ser sostenido, Él sostenía el mundo, era su salvador.

...porque no había lugar para ellos en el mesón.

No había lugar en casa de los ricos. Esto significa que la verdad no tiene lugar en el hombre que es rico en conocimientos. Mientras no nos hagamos «pobres de espíritu» (y esta expresión no alude a una bestia sino a un hombre listo para absorber nuevos conocimientos), no llegamos a conocer el nacimiento de Cristo. Ser pobre no implica carecer de dinero, sino tener un espíritu vacío. Ser pobre significa «Yo no soy. Tú eres. Escucho y obedezco».

Esos individuos que están confortablemente instalados y bien asistidos en el mesón, no ven el fenómeno. Se gozan en sus Egos. Están demasiado llenos. No tienen la suficiente humildad como para aceptar al nuevo ser. Les resulta imposible ver a un niño y aceptarlo como Maestro: buscan la complejidad.

La psicoanalista Melanie Klein habla en un libro del nacimiento empleando toda una terminología que no me parece adaptada a la realidad del bebé.

La autora afirma que «El nacimiento del sujeto se efectúa al precio de una pérdida».

¿Nacer tiene ese «precio»? Según esta opinión, al perder al niño, le doy nacimiento.

¿Por qué hablar de pérdida cuando se pasa de una situación a otra? ¿Por qué no hablar de ganancia? ¿Por qué fragmentar un fenómeno como el nacimiento en vez de describirlo como un proceso íntegro y natural? ¿Por qué hablar en términos enfermos? ¿Por qué el nacimiento sería una frustración y por qué pensar que el vientre es un paraíso que debe durar eternamente? Y, en fin, ¿por qué exclama esta psicoanalista que nacemos demasiado temprano?

Escribe: «Todo ser humano nace demasiado temprano y requiere tiempo para asimilar un nuevo modo de ser».

¡Qué cantidad de términos enfermos! ¡No se nace demasiado temprano! Se nace justamente en el momento en que se debe nacer. No somos separados de la madre. Somos concebidos precisamente para nacer. La madre no nos «expulsa», como dice el libro de Melanie Klein. El nacimiento es un proceso en el cual la idea de expulsión no existe en absoluto.

Es conveniente, pues, describir una vez más cómo se desarrolla un parto natural.

Cuando llega el momento, la madre y el niño se ponen a trabajar juntos. No es la madre quien trabaja para alumbrar: no es ella la única que debe impulsar. Se trata de una acción realizada conjuntamente entre la madre y el niño: es una unión.

El niño se coloca en la puerta y dirige su séptimo chakra hacia la salida. Es ese chakra el que aparece en primer lugar. Es como un ojo: en medio del sexo de la madre, este ojo se va a conectar con el cosmos, con las estrellas, con el centro del universo y con todo lo que viene. Es por ahí que se tira del cuerpo del niño.

A medida que él sale, comienza a girar en espiral. Este movimiento no está dirigido por el niño o por la vagina de la madre: se realiza por sí solo. Lo provocan la madre y el niño juntos. Una verdadera unidad se produce entre los dos. No hay lucha, hay una creación común.

¡Y los labios vaginales que a veces son cortados como por carniceros! Esos labios están perfectamente adaptados para formar una primera corona alrededor de la cabeza del niño: la cabeza es coronada por los labios amorosos, calientes, húmedos y dulces de la madre. Sobre todo, éstos van a frotar, a masajear al niño, y ese masaje no sólo se aplicará a su cuerpo sino a su espíritu. Al mismo tiempo, el niño gira en el interior de los labios vaginales y comienza a emerger. Es abrazado por completo.

Todo el cuerpo gira y se alarga como una planta, como la órbita ascendente de un astro. Los brazos se extienden hacia la luz. El rostro aparece enfrentado a la tierra; la cabeza recibe entonces todo el ideal cósmico por la nuca y luego gira y se coloca de frente al cielo.

Es un proceso de un equilibrio perfecto el que se lleva al unísono entre la madre y el niño. No hay ninguna separación. Este concepto no existe en absoluto durante el parto.

El ser humano está concebido para que la madre corte el cordón umbilical con sus dientes. Resulta monstruoso seccionarlo con tijeras. El cordón umbilical no está diseñado para entrar en contacto con el acero, sino para que la madre lo corte con sus dientes, cosa que toma cierto tiempo. Durante los minutos necesarios para roer el cordón, el niño, que aún permanece unido al corazón de la madre, tiene tiempo suficiente para encontrar su propio ritmo cardiaco.

Seccionarlo con un par de tijeras es la primera agresión que resiente el niño. Al querer ser «modernos», somos en realidad agresivos. Diseñamos los partos más y más evolucionados en la búsqueda del bienestar de la madre y del niño, y sin embargo cortamos brutalmente el cordón umbilical. Aún no hemos comprendido.

Citaré un texto que explica bien cómo nuestro primer contacto con el mundo se produce a través del espanto. El doctor Leboyer escribe que «Durante cuatro o cinco minutos, el niño se encuentra, pues, a caballo entre dos mundos. El partero escucha con impaciencia y ansiedad los gritos del bebé indicándole que está bien vivo. Esto generalmente lleva al recién nacido a realizar su entrada en el mundo bajo el modo del terror. La brusca sección del cordón priva de oxígeno a su cerebro. Es en respuesta a esta violencia que la respiración se instala en un contexto de pánico para el recién nacido. Respirar a pleno pulmón equivale en el inicio a ser invadido por una sensación de quemadura. Así, es la precipitación del adulto la que, en el comienzo de la vida, creará en el recién nacido la asociación entre respiración y angustia».

Comenzamos, pues, a respirar reaccionando a la agresión. Y respiramos mal porque tenemos el «pánico de la respiración». Para suprimir este pánico no basta, como sugiere Leboyer, esperar un poco antes de seccionar el cordón, porque aún queda la agresión terrible del golpe de tijeras. No estamos hechos para nacer en esas condiciones. Este acto debe ser realizado naturalmente.

Desde el nacimiento, es el ser humano quien crea la angustia en el ser humano.

Debemos imaginar el alumbramiento de Cristo, puesto que es un modelo de nacimiento perfecto, a fin de rebelarnos contra esa terminología introducida por el psicoanálisis y a la que acostumbramos considerar como básico modelo. Si no tenemos otro modelo que el psicoanalítico, será imposible cambiar.

Comencemos por imaginar a la Virgen alumbrando en el pesebre y visualicemos cómo se desarrolla el acto. Hay que aceptar que el entorno más sagrado para el nacimiento de Cristo es la vagina, y admitir que todo su cuerpo es abrazado por el sexo de María. Si no, el Evangelio no vale nada.

El sexo no es el sitio de la impureza. Si la mujer quiere liberarse, hace falta que comience con una rebeldía contra la idea de que el sexo es pecado y que la diosa no tiene labios ni vagina. ¡Tal creencia es inconcebible! ¡María no pare por una oreja! Se nos dice tal versión y se pretende justificarla aduciendo que fue por una oreja como María escuchó al Espíritu Santo. ¡No podemos transmitir un mito como ése! Nos hace falta llevar una verdadera religión que sea sólida. Nos la merecemos. Nos merecemos deificar a una mujer que ha tenido un niño como todas las demás mujeres. De otro modo, esto implicaría que deificamos lo contrario de lo que es la raza humana, y esto no es posible. He ahí por qué hace falta imaginar el parto de la Virgen con toda devoción.

Vimos que María no detentaba angustia porque había formado al niño maravillosamente. Sin espíritu de posesión, María lo había engendrado para él mismo, para el mundo.

Hemos visto también que el niño colabora con total sabiduría. Se pone fácilmente en el lugar más propicio para el nacimiento porque no tiene ningún problema. No es el caso de los fetos neuróticos. Existen fetos que luchan contra el parto. Un nacimiento se realiza sin problema si el niño colabora, y resulta evidente que no colaborará si está espiritualmente mal formado por la madre. Conozco niños que no querían nacer porque fueron formados en la neurosis y por ello se aferraron a la matriz. Melanie Klein afirma que nuestra primera reacción consiste en aferrarnos a nuestra madre como simios. Aferrarse es un término impropio. Uno no se aferra: uno está *con* la madre. De la misma forma en que el niño se prende, la madre atrae al bebé. Es una relación magnética, una colaboración entre dos. En el acto de apretarse a la madre no hay ninguna angustia: es un acto de amor.

Tenemos absoluta necesidad de una imagen del bebé que sea perfecta. A partir del momento en que dispongamos de este modelo, sabremos qué dar, qué pedir y qué curar en nosotros, porque la verdadera enfermedad espiritual comienza desde el vientre de la madre en la formación y en el parto.

He aquí una frase de nuestra psicoanalista: «El nacimiento es el trabajo de expulsión...».

¿Cómo osa decir «expulsar a un niño»? Uno no lo «expulsa» como si fuera un vómito. Madre e hijo hacen algo juntos y se trata de un don a la humanidad.

Todo lo que hacemos por los demás, lo hacemos por nosotros mismos. Así, cuando damos un niño al mundo, lo tenemos, y cuando no lo damos, lo perdemos. Es la verdad, puesto que cuando no lo damos, lo enfermamos.

El árbol da su fruto. ¿Podemos imaginar un árbol que retuviera sus frutos?

Leamos la siguiente frase de nuestra psicoanalista y pensemos a la vez en la Virgen María: «La mujer aborda la maternidad con su carga emotiva hecha de agresividad, de culpabilidad y de dependencia».

Es lo que vivimos actualmente, pero esta carga no es más que mentira e ilusión. No es verdadera. Nacemos todos en la ilusión social.

«En el nacimiento», dice esta autora, «la madre se siente despojada de su niño». ¿Cuando la madre lo tenía en el vientre, lo poseía, y a partir del momento en que lo «expulsa», se siente despojada?

Leamos esta otra monstruosidad: «Sabemos ahora que el estimulante...». ¡El estimulante! ¿Necesitamos de estimulantes para parir? ¿Requerimos drogarnos? Yo pregunto: ¿tiene una flor necesidad de estimulantes para nacer?

«Sabemos ahora que el estimulante que desencadenará

el trabajo...» Para esta «especialista» el parto deviene un trabajo.

G. I. Gurdjieff dijo muy bien que hace falta que el trabajo se convierta en placer. Cuando es un gozo, ya no es más un trabajo. Y cuando se encuentra placer, ¿de qué estimulante se tiene necesidad?

«Sabemos ahora que el estimulante que desencadenará el trabajo, viene del bebé.» «Es él quien lucha a muerte por su vida al abandonar la matriz.» Al leer esta frase –y resulta increíble que sea una mujer quien la escriba– no podemos más que imaginar a este pobre bebé armado hasta los dientes y listo para luchar a muerte... ¡Qué imagen enferma!

«La madre, profundamente sacudida en su narcisismo, ya no se reconoce más en el niño.» Todo esto indica que el parto es, por un lado, una cuestión de vanidades (donde el reconocimiento de la madre sólo surge de supremacías y autogratificaciones) y, por el otro, una lucha feroz por la vida. ¿Cómo quiere esta autora que un niño luche por la vida si es la vida misma? El nacimiento es un fenómeno vital por excelencia. La muerte no juega absolutamente ningún papel. No hay más que vida.

¿Cómo comprender que los niños no «vienen» al mundo, sino que es el mundo el que los crea? ¿Cómo comprender que nuestros padres son, sí, nuestros padres, pero que sobre todo son un canal? Tras ellos se encuentran el Padre Eterno y la Madre Cósmica. ¿Cómo comprender que tenemos una finalidad incluso si no la conocemos? ¿Cómo comprender que si nacemos es porque el universo tiene necesidad de nosotros? Un fruto surge porque es necesario y eso es todo: no sabe qué pájaro se lo va a comer.

«Cuando un parto ha sido particularmente difícil, puede suceder que la madre, agotada y abrumada de angustia, resienta una pulsión agresiva con respecto a su bebé.» ¡Pero es lo inverso lo que se produce! Un parto es particularmente difícil por la simple razón de que la madre ya tenía una pulsión agresiva con respecto a su bebé desde que él estaba en el vientre. En este caso, no hace falta hablar de «pulsión agresiva»: ya se le ha agredido. En efecto: el parto difícil no existe por azar.

Decir que porque el alumbramiento resulta difícil la madre va a detestar a su niño, es pura y simplemente erróneo. De hecho, la madre detesta al niño, y no por otro motivo el parto es difícil.

La razón por la cual una madre maltrata a sus niños se sitúa en su árbol genealógico. Al estudiar los árboles de numerosas personas, he comprobado que en general no vivimos nuestra propia vida debido a que nuestra madre no ama sino a su padre o a su madre. Resultados: para ser amados y reconocidos por ella, debemos vivir la vida de la abuela o del abuelo. Además, en el árbol existen ideales prefijados a los cuales hay que plegarse. En la mayoría de los casos, nadie nos ha visto, nadie nos ha acariciado y nadie se ha preocupado verdaderamente de nosotros. No se nos ha tomado en consideración. Hemos tenido que convertirnos en lo que nuestros padres querían, con sus ideales y fijaciones amorosas.

Como cierta mujer que estaba enamorada de su padre, cuyo nombre era Jacinto. Ella se casó con un individuo inconsistente y con él procreó un hijo al que de inmediato llamó Jacinto para que fuera como aquel otro Jacinto. Resultado: ¡este pobre muchacho estaba en competencia con el abuelo ideal!

¿Qué necesidad tenemos de plantar en nuestro hijo nuestras historias del pasado? ¡Pongamos a nuestros padres y abuelos en su lugar! El niño es más importante que ellos. Hay un antiguo proverbio que dice «Antes que mis parientes están mis dientes».

Cuando procreo a un niño, debo automáticamente poner a mis padres en su lugar, o de otro modo el niño no podrá vivir, puesto que voy a regalarlo a mi madre o a mi padre. ¿Por qué razones? Con objeto de convertirme en el hermano o la hermana de mi propio niño y esto para permanecer, toda mi vida, como el hijo o la hija de mis padres. Para mí, únicamente papá y mamá existen. Así, niego mi maternidad o mi paternidad.

Para poner a nuestros padres en su lugar hace falta perdonarlos. Y para perdonarlos hay que comprender por qué actuaron de esa manera con nosotros. Nadie es culpable. Cuando se remonta la cadena de la culpabilidad, se llega muy lejos en el pretérito. Tras centurias, cada generación enferma a la otra. Somos el fruto de un árbol genealógico enfermo y no vivimos nuestra propia vida.

Marx nos dice que nuestros problemas emocionales provienen de nuestra situación económica. Freud nos demuestra que no somos los amos de nuestros pensamientos, que el inconsciente provoca crisis y que, como afirma Lacan, «primero hablamos, luego pensamos».

En seguida nos damos cuenta de que somos producto de proyecciones, que nadie nos ve porque todos proyectan imágenes sobre nosotros como en una pantalla de cine. Asimismo, no vemos a nadie porque también proyectamos sobre los otros. Estamos eternamente enamorados de fantasmas que no corresponden a la realidad del ser que vive con nosotros. Nunca hemos visto a nuestros niños, a nuestros hermanos, a nuestros padres... Nunca alcanzamos nuestra esencia verdadera. Somos pantallas en las que uno se proyecta sobre el otro. Más tarde, no nos enamoramos de alguien por lo que es verdaderamente, puesto que no lo conocemos. Nos enamoramos de una forma física, o de una profesión, o de un apellido, o de un nombre de pila, o de una situación económica... Y en todo eso, el ser humano no está en ninguna parte. Cualquiera de nosotros puede comprobarlo: observemos lo que ha sucedido en nuestras familias, la repetición de nombres de pila a lo largo de las generaciones. Observémoslo todo y *veremos*.

No somos. Somos pobres. Ser pobre es una maravilla. Cuando no *somos*, podemos entrar en el pesebre y ser un Mago que dice a Cristo «Tú eres. Yo no soy. ¡Créame! Soy en Ti. ¡Ten piedad de mí! ¡Dame mi ser! Y mi ser, eres Tú».

Cuando somos pobres, tenemos la capacidad de amar al otro por lo que es y no por lo que proyectamos sobre él. Además, somos capaces de perdonar.

Lo reitero: en lugar de ver a los seres con quienes nos codeamos, vemos pantallas sobre las cuales hacemos proyecciones. Encontramos un ser con el cual nuestra proyección interior se asimila perfectamente, y estamos encantados: hemos hallado al hombre o a la mujer de nuestra vida. Más tarde, nos damos cuenta de que ciertas cosas no corresponden a nuestra proyección y las cortamos. El otro nos dice «¡Oye! ¡Deja de cortarme! ¡Sí, acepto ser tu pantalla, pero necesito los pedazos que cortas!». Viene entonces el combate feroz en el curso del cual luchamos por que el otro se perfeccione y «cambie».

En un amor verdadero *nada se critica*. Si tú me amas, ¡ámame con joroba! ¡Ámame con lo que soy! No me pidas nada, no me juzgues. No tengo nada que darte: vamos a hacer algo juntos. Yo te amo tal como eres, no te pido nada, no quiero que cambies, no ejerzo ninguna presión en este sentido. Si tú quieres cambiar, ¡hosanna! Es tu asunto. Qué placer de ver la luz que te habita.

Evidentemente yo puedo alegrarme cuando las nubes despejan el horizonte y el sol aparece, pero no debo tratar de cambiar lo que esto es. Mejor que combatir para transformar una ciudad, es construir una casa perfecta en medio de la ciudad. De aquí a veinte, cincuenta o mil años esa ciudad caerá y nuestra casa permanecerá.

Ahora veamos cómo la citada psicoanalista considera el nacimiento: «La prematuridad fisiológica del humano recién nacido» (porque él es *fisiológicamente prematuro*) «hace de él un ser fisiológicamente fragmentado, sumido en una tensión interior en la que el efecto se traduce en una rigidez muscular».

Esta autora no piensa que el niño se vuelve muscularmente rígido para fabricar sus músculos. El niño se mueve porque se está constituyendo. Grita porque está haciendo su voz.

«¡Cállate! ¡Shhh! ¡No molestes a los adultos! ¡No existas! ¡Quédate en tu rincón, porque tu presencia me perturba y yo debo entretenerme, divertirme y hacer mi obra! ¡No importunes a los adultos, porque el mundo es para ellos y no para los niños! ¡Así que no nos vengas a fastidiar!»

Si ofrezco una cena a varios amigos y mi niño entra en la habitación en que estamos reunidos, por supuesto que lo recibiría diciéndole «¡Sal!, ¿no ves que estamos ocupados? ¡Déjanos un rato tranquilos!».

Sin embargo, él es el propietario de la casa. Cuando entra en la habitación, es el rey quien ha entrado. Todos los adultos deberían inclinarse ante él y transformarse en magos y ofrecerle incienso, oro y mirra. Cuando el niño entra, llega un verdadero ser, un ser en un estado increíble. Es un portador de conciencia el que entra en la sala. Los adultos podemos herirlo, mientras que él no puede herirnos.

Entonces vamos a emplear un cierto tiempo jugando todos con el niño. Nos transformaremos en niños durante media hora. Lo aceptaremos entre nosotros. No es un extranjero: es parte de nosotros, humanidad. ¿Vamos a *expulsarlo*?

Si no quiero que mis niños hablen en la mesa porque me parece que sus palabras son estúpidas, esto indica que yo mismo, en verdad, no hablo jamás. Si comer es un acto sagrado, haría falta estar a la altura de este suceso y aprender a hablar, a tocarse, a hacer entreactos. En vez de ser la ocasión de engullir, zampar y tragar, cada cena familiar debería ser una fiesta, una ceremonia. Cada vez que comemos con un niño, es la misa, un momento sagrado. Sobre todo, el niño no quiere sufrir presiones cuando come sino disponer de todo su tiempo. No es un ganso al que uno ceba. Lo que cuenta es su ritmo, su propio tiempo, no el nuestro, y debemos seguirlo. Debemos tomar su ritmo y entrar en su juego.

Con un niño hay que proceder de la misma forma que cuando queremos acariciar a un animal salvaje. Lentamente, entramos en su mundo. Con toda delicadeza presentamos una de nuestras manos y la acercamos poco a poco hacia el animal. Al fin tocamos a un lagarto, a un coyote, a un gato montés... Algunos de mis amigos saben hacerlo.

Cuando queremos tocar a alguien, solamente a través de un completo respeto por él podemos entrar en su atmósfera hasta que llegamos al contacto. Podemos tocar a quien queramos a partir del momento en que nuestra actitud sea por entero respetuosa. Es lo mismo cuando, en la calle, de noche, pedimos a alguien una información. No podemos caerle encima y preguntarle de golpe «¿Qué hora es?». No: de lejos, estando a dos o tres metros de él, lo miramos y le decimos «Disculpe, señor, ¿podría decirme qué hora es?». Y el otro responderá muy fácilmente.

«El sistema nervioso incompleto...»: según ella, un niño nace *incompleto*; «...y la regulación de las funciones vegetativas precarias...». ¡Pero es el momento en que somos más ricos! El bebé equivale al mismo tiempo al ser más frágil y al más fuerte del mundo porque es como una vela que todavía posee la totalidad de su cera. Tiene toda la energía del crecimiento. Es como una bomba atómica. Nosotros somos más débiles que nuestro bebé porque casi hemos gastado la mayor parte de nuestra energía, mientras que él llega con toda la fuerza. Sin embargo, lo vemos precario, inacabado, rígido.

Lacan exclama: «La cortadura se hace entre el que va a convertirse en el individuo arrojado al mundo exterior y las envolturas que forman parte de él mismo. La separación se efectúa en el interior de la unidad, del huevo». Esto significa que si somos separados caemos en la angustia porque ésta es el producto de la separación.

Si Lacan nos condena a estar separados desde el huevo, ¿qué género de psicoanálisis hará este autor? ¿Qué es el psicoanálisis? ¿Cuál es su base? ¿Se trata de esta base enferma que acabamos de ver? En ese caso, podemos decir que el psicoanálisis ha edificado sobre arena porque no ha comprendido al bebé. En efecto: si no comprendemos al bebé, ¿cómo comprenderemos al ser humano? Mientras que no nos identifiquemos con el nacimiento de Cristo, no diremos más que necedades. Es verdaderamente la lección que Cristo nos ha dado, y a partir de ella debemos rebelarnos. Porque se habla de una patología del hombre pero jamás de la santidad del ser humano.

Resulta más que evidente que en la actualidad estamos enfermos. Sin embargo, si lo estamos, esto indica que tenemos una gripe que ha durado diez mil años. A la vez, esto señala que podemos adquirir conciencia y curar esta gripe endémica porque somos capaces de crear una escuela en la cual las madres aprendan a hablar con sus fetos.

También esto implica que cada uno comete errores. ¿Qué significa cometer un error? ¿Hay que golpearse la cabeza contra las paredes durante toda una vida porque se ha errado? A partir del momento en que reconocemos haberlo hecho, eso debe procurarnos la alegría porque jamás volveremos a caer en ese error. Además, podremos hablar a los otros para hacerlos tan conscientes como nosotros, podremos aconsejarlos y sanarlos. Digamos que está permitido cometer un error. A la inversa, es criminal tomar conciencia de ello y cometerlo una segunda ocasión.

La culpabilidad es inútil. Pertenece a la vanidad. Cuando alguien comete un error y luego toma conciencia, se enriquece con ella. Jamás es demasiado tarde para reparar, porque lo que no hemos hecho por los nuestros, lo haremos por los otros. Y lo que hacemos por los otros lo hacemos por los nuestros, porque los otros son los *nuestros*. Cuando volcamos cualquier cosa positiva en la humanidad, beneficiamos a todos los que vendrán. No debemos trabajar únicamente para nuestra pareja o nuestra familia sino para la humanidad. Es tan evidente como simple.

Debemos trabajar para todos sin cargar una eterna culpabilidad. Incluso si hemos sido criminales, si hemos provocado abortos, si hemos conducido a nuestro niño al suicidio, etcétera, no somos culpables. Hemos sido perdonados. ¡Detengamos la culpabilidad! No sirve absolutamente para nada. Nuestro error pertenece al pasado, ha tenido como objetivo hacernos conscientes: es divino. En el momento de tomar conciencia, todos nuestros errores son divinizados porque se vuelven útiles a los otros. Tomemos conciencia y hagámonos responsables. Aferrarse a la culpabilidad es un acto de puro narcisismo.

En conclusión, hace falta imaginar mil y una veces el nacimiento de Cristo, y hacerlo pasar de la vagina de María a las manos de José el mismo número de veces, a fin de comprender lo que debemos exigir del nacimiento de los seres humanos.

5

La visita de los pastores

Y volvieron los pastores glorificando y alabando a Dios...

Esta frase es bella. Los pastores, que son analfabetos, llegan al pesebre, ven al recién nacido y retornan cantando la gloria de Dios. Han comprendido, pues, sin letra escrita. Han comprendido por la mirada, por el contacto directo. El bebé no habla todavía y sin embargo lo han visto y esto les basta para descubrir la verdad que portan en su interior. Esta verdad se les ha aparecido. Comprenden y parten.

La visita de los Magos, seguida de la de los pastores, nos da una lección. Podemos ser Magos, pero al mismo tiempo hace falta ser pastores. El conocimiento es respetable del más humilde al más alto nivel del espíritu humano porque tanto el nivel de mayor altura como el de mayor modestia llegan a inclinarse ante esta virginidad resplandeciente, este espíritu, este Dios interior.

Yo comparo a los pastores con los Oros del Tarot –es decir con el cuerpo–, a los Magos con las Espadas –el intelecto– y al lugar donde todo sucede con las Copas –lo emocional–. A partir de esta base, si el nacimiento tiene lugar en el corazón, el intelecto y el cuerpo se inclinarán.

Vivimos, bien lo sabemos, en una época analítica en la cual todos los estudios apuntan a formar hombres analíticos cortados de su corazón. El pensamiento analítico desarrolla ciertas glándulas y crea una actitud dura, fría, cruel y competitiva.

Antiguamente, el hombre estaba en el pensamiento analógico. Era la época de la magia. Sin embargo, era necesario salir de lo analógico. Es lo que hemos hecho al pasar a lo analítico.

En el presente, para volvernos seres completos, debemos reintroducir lo analógico en nuestra cultura a fin de utilizar lo analítico y lo analógico al mismo tiempo.

Es lo que vemos en el pesebre: ahí se encuentran dos sistemas, el analógico y el analítico. Dos extremos, los Magos y los pastores, se reúnen en el corazón.

Resulta interesante, porque mientras más avancemos en esta búsqueda de conocimiento del ser humano, más nos daremos cuenta de que el problema se sitúa en el corazón. Comprobaremos más y más que los problemas emocionales lo afectan todo. Y –como vimos en el capítulo anterior– el primer problema que hallamos desde nuestro nacimiento es ocasionado por el hecho de que se nos corta brutalmente el cordón umbilical y por tanto se nos separa del corazón de la madre mucho antes del momento necesario. Así, no llegamos a crear nuestro propio ritmo cardiaco sin sufrimiento.

Cada ser humano posee un ritmo que le es propio. Es una de sus características particulares. Cuando amamos a alguien, amamos su ritmo; éste se manifiesta esencialmente a través de un intermediario: el corazón. Amamos, pues, el corazón de esa persona, a través de su ritmo. Cuando amamos a todos, amamos también el ritmo de cada uno. Estamos conscientes del ritmo del otro y no interferimos en absoluto con él. Esto significa que vamos lentamente con una persona cuyo ritmo es lento, y rápidamente con una persona cuyo ritmo es acelerado. Percibimos el ritmo del otro y trabajamos con él.

Lo que María guarda en su corazón

Pero María guardaba todas estas cosas, meditándolas en su corazón.

Esto indica que ella no dice nada. María está obligada a guardar el secreto. La ciudad se halla tan agitada y el estado de crisis es tan grande, que el anuncio de la verdad no puede hacerse sin riesgo mortal.

Llegamos a lo verdadero cuando conseguimos tener pensamientos que nos ponen en peligro de muerte. Afirmar un pensamiento verdadero implica siempre un riesgo letal porque ese pensamiento viene a construir en un mundo completamente desviado. Si introducimos un pensamiento constructivo y positivo en un mundo oscuro, este último va a tratar de eliminarlo. Es por esta razón que el Cristo está constantemente en peligro de muerte. La Virgen debe callar a fin de no hacerlo correr ningún riesgo.

¿De dónde viene este peligro? Su origen es bastante increíble: del templo. La que debería ser la casa de Cristo se convierte en la boca del lobo porque el templo ha hecho una alianza con el enemigo: colabora con los poderosos reinantes, está a su servicio, es cobarde y está limitado. Posee una ley y es incapaz de cambiarla; la respeta aún cuando ha sido totalmente paralizada. Esa ley no corresponde a la realidad.

La llegada de Cristo anuncia la ruptura de la tradición tal como está en ese momento. Es por ello que el velo del templo se desgarra en dos en el momento de su muerte.

María, pues, guarda todo eso en su corazón. Debía de ser increíble su corazón. Pensemos en lo que ella ha conocido: la fecundación divina. Ha conocido a la divinidad y el parto de Dios. Era la mujer más perfecta de toda la Tierra.

Mientras los pastores cantaban las alabanzas de Dios, María no podía hacerlo. ¿Será posible imaginar las alabanzas que guardaba, la música incomparable, la sinfonía que anidaba en su corazón en el momento en que llegaron los pastores y los Magos? Era una melodía de una belleza sin igual, hecha de alabanzas, de alegría, de placer, de satisfacción y de paz, porque ella sabía que el mundo iba a realizarse: conocía el maravilloso destino de la humanidad y lo guardaba en su corazón. ¿Puede mantener en secreto algo tan grande? Este gozo que la inundaba ¿no iba a transparentarse? De hecho, María se hallaba en un estado extraordinario porque no expresaba nada y sin embargo todo emanaba de ella.

Además, si aceptamos la leyenda de la Asunción, este sagrado corazón ha ido a situarse en medio del universo. Late al unísono con el de Cristo. Son el Yin y el Yang. La Virgen conocía aquel destino: sabía que portaba en su pecho el corazón del universo para la eternidad. ¿Nos damos cuenta del sentimiento que esto debía procurarle?

Ella había tenido el inmenso placer de revestir a la divinidad de su propia carne. ¿Qué mejor acto se puede realizar? ¿Qué puede hacer de mejor la raza humana sino producir la conciencia cósmica y poner toda su carne al servicio de esa conciencia?

La circuncisión

La última frase del capítulo «Nacimiento y circuncisión de Jesús» es capital:

Ocho días más tarde...

Sabemos que el número 8 es el de la perfección. Es también el número del bautismo. Por esta razón las fuentes bautismales tienen ocho lados. También es la razón por la que los judíos circuncidan al niño al octavo día. Se dice que en esa fecha la sangre circula menos y que el infante pierde menor cantidad de ella. Un ciclo se cierra. Es el comienzo del nuevo ciclo. El 8 es la perfección en la materia.

Ocho días más tarde, cuando se cumplió el momento de circuncidar al niño...

Preguntémonos de nuevo qué es la circuncisión y, en este caso, consultemos en la Biblia a qué corresponde esta ceremonia. Hace falta comprender sus orígenes porque numerosos son los hombres que han perdido el prepucio sin saber demasiado por qué. Y la mujer también debe conocer el significado de esta ceremonia.

Cuando el diluvio sumerge a la Tierra, Dios castiga a su creación. Todos los hombres, salvo Noé y los suyos, perecen ahogados. En seguida, Dios hace un pacto con Noé: se compromete a jamás destruir de nuevo a los seres humanos. Este pacto se concreta con la aparición de un arco iris. Éste, pues, es el símbolo de la alianza.

Un arco iris es un semicírculo. René Guénon, en su libro *Símbolos fundamentales de la ciencia sagrada*, habla de esto muy bien. Para él, el semicírculo del arco iris correspondería a la parte celeste, mientras que la otra mitad, un semicírculo inferior, correspondería al Arca de Noé o a la Tierra; en el centro del círculo tendría lugar la unión con la divinidad. Simbólicamente, está bien intuido: existe en el cielo un semicírculo que es completado por la Tierra, y en tanto que Dios se halle presente, estaremos colmados.

Más tarde viene la historia de Abram, muy parecida a la de Zacarías y Elisabet. Abram es un anciano de noventa y nueve años mientras que Sarah, su mujer, llega a los noventa. Dios le dice «Ha llegado el tiempo. Tendrás un hijo». Y ¿cuál es la reacción de Sarah cuando Abram le comunica esta noticia? Ríe a carcajadas. Es por esta razón que el hijo que ambos procrean se llama Isaac, que significa «aquel que hace reír». Cada uno en su turno, sus dos padres han reído al oír la nueva de su nacimiento.

Justamente antes de anunciarle el nacimiento de Isaac, Dios afirma que hará una alianza con Abram. Este pasaje es bastante fuerte:

> Era Abram de edad de noventa y nueve años, cuando le apareció el Señor y le dijo: «Yo soy el Dios Todopoderoso; anda delante de Mí y sé perfecto. Y pondré mi pacto entre tú y Yo, y te multiplicaré al infinito». Entonces Abram se postró sobre su rostro...

Debe de haberse preguntado «¿Cómo me voy a multiplicar a mi edad?».

...y Dios habló con él, diciendo: «He aquí mi pacto es contigo»...

Es decir, «He aquí lo que haré por ti».

«Tú serás el padre de una multitud de naciones. Y no se llamará más tu nombre Abram, sino que será tu nombre Abraham, porque te he puesto por padre de una multitud de naciones. Y te multiplicaré en gran manera, y haré naciones de ti, y reyes saldrán de ti.»

Es el anuncio del Cristo, puesto que su linaje viene de Abraham. Es, también, el anuncio de la circuncisión de Cristo.

«Y estableceré mi pacto entre Yo y tú, y tu descendencia después de ti en sus generaciones, por pacto perpetuo, para ser tu Dios, y el de tu descendencia después de ti. Y te daré a ti, y a tu descendencia después de ti, la tierra en que moras, toda la tierra de Canaán en heredad perpetua; y seré el Dios de ellos.»

Dijo de nuevo Dios a Abraham: «En cuanto a ti, guardarás mi pacto, tú y tu descendencia después de ti por sus generaciones. Éste es mi pacto, que guardaréis entre Yo y vosotros y tu descendencia después de ti: será circuncidado todo varón de entre vosotros. Circuncidaréis, pues, la carne de vuestra excrecencia»...

Esto es, «vuestro prepucio».

«...y será por señal del pacto entre Yo y vosotros. Y de edad de ocho días será circuncidado todo varón entre vosotros por vuestras generaciones; el nacido en casa, y el comprado por dinero a cualquier extranjero, que no fuere de tu linaje. Y estará mi pacto en vuestra carne por pacto perpetuo. Y el varón incircunciso, el que no hubiere circuncidado la carne de su excrecencia, su alma será cortada de la de su pueblo; ha violado mi pacto.»

En este pacto o alianza, estar incircunciso entrañaba la exclusión del pueblo. Circuncidar a Cristo tiene por objetivo, pues, el no excluirlo del pueblo.

Entonces tomó Abraham a todos los siervos nacidos en su casa, y a todos los comprados por su dinero, a todo varón entre los domésticos de la casa de Abraham, y circuncidó la carne de su excrecencia en aquel mismo día, como Dios le había dicho.

Extraña escena: mientras Abraham afila los cuchillos, todos los hombres esperan el momento fatídico temblando de miedo. Es presumible que temblaban. Actualmente, cuando se circuncida a un adulto o a un niño, se les aplica anestesia general porque no es posible aplicarla localmente y resulta extremadamente doloroso. Además, es un acto sangriento que genera miedo. ¿Nos damos cuenta de lo que representa para un hombre adulto hacerse cortar un pedazo de su sexo?

Aunque esto sea impresionante y muy sangriento, Abraham corta el prepucio de todos los varones de su casa. Sólo resta el propio Abraham. ¿Lo habrá ayudado alguien? A mi parecer, él mismo tira de su prepucio y luego hace una incisión a lo largo; después corta alrededor de su sexo para desprender la carne. De cualquier modo, lo haya hecho solo o con auxilio de alguien, sangra en abundancia. Los riesgos de infección eran importantes pero él tenía fe.

La circuncisión del sexo

Esta alianza entre Dios y el hombre se concreta por un círculo. Se hace una sangría, un anillo de sangre alrededor del sexo y se retira la parte que oculta al glande y lo mantiene en la oscuridad y la humedad. A partir de este instante, el glande queda a la luz y Dios está inscrito ahí para siempre. Sin la circuncisión, se le mantiene constantemente en la oscuridad y está lubricado y húmedo. El hecho de inscribir a Dios en el sexo implica que el ser humano jamás hará el amor en plena animalidad.

Para comenzar, la alianza con Dios se realiza a través del sexo. Todas las personas que metafóricamente están «cortadas» al nivel de la cintura y que rechazan su sexo, se hallan enfermas: deben reconocer a Dios en su sexo. La Biblia lo dice muy claramente. Este acto de reconocimiento se llama la circuncisión.

Es a partir de su sexo que el Cristo hace un pacto con Dios. Por lo demás es un pacto inútil, porque él es Dios. Es también por este acto que Cristo comienza a ser introducido en la cultura de su raza. No podemos negarlo.

La primera alianza, pues, tiene lugar en el nivel animal. Tiene por finalidad que el sexo del hombre se convierta en un templo.

La circuncisión del corazón

San Pablo dijo «Sin duda la circuncisión es útil si tú practicas la Ley. Pero si la transgredes, aun con tu circuncisión no eres más que un incircunciso. Si un varón incircunciso observa las prescripciones de la Ley, ¿su incircuncisión no será como tu circuncisión?».

En seguida, Pablo exclama «La circuncisión del sexo no cuenta. La que cuenta es la circuncisión del corazón, ésa que eleva el espíritu y no la letra».

Pablo habla de la circuncisión del corazón: la que «eleva el espíritu y no la letra». En seguida nos cita otra parte del Antiguo Testamento (Deuteronomio 30:6):

«Y circuncidará el Señor tu Dios tu corazón, y el corazón de tu descendencia, para que ames al Señor tu Dios con todo tu corazón y con toda tu alma, a fin de que vivas».

Pasamos muy claramente, pues, de la circuncisión del sexo a la del corazón. ¿No resulta extraño tener el corazón circunciso? ¿Tiene el corazón un prepucio que se pueda quitar con un cuchillo?

Por un lado, se niega la ley y se habla de corazón (la Virgen María guarda todo en su corazón) y, por otro, nos dicen que uno comienza por circuncidar el sexo, lo que equivale a inscribir a Dios ahí: a inscribirlo verdaderamente a cada momento.

En mi opinión, no hay ahí ninguna negación del sexo. Esto corresponde, al contrario, a una alianza entre Dios y el sexo, lo que implica la aceptación de la sexualidad como algo divino y bello, como un honor y un agradecimiento a la divinidad. Eso también implica la aceptación del placer, no desde un punto de vista puramente animal sino sobre todo como un suceso divino.

Una vez que hemos practicado la circuncisión del sexo y que así éste ha elevado su nivel, falta acceder al nivel del corazón. Para ello, más importante que recitar la ley es inscribir la divinidad en nuestro corazón.

Cuando hayamos practicado la circuncisión del corazón por medio de inscribir en él a la divinidad, cada latido nos recordará que nuestro corazón se ha desposado con lo divino. No habrá un solo instante de nuestra vida en que nuestro corazón no se halle en estado de plegaria, porque hemos grabado la imagen de la divinidad en su interior

Esto no nos impedirá amar. Podremos amar a un hombre o una mujer, a nuestros niños, a nuestros padres, a nuestros amigos... ¿Y cómo los amaremos? Jamás como antes lo hacíamos: los amaremos siempre en alianza con la divinidad. Podremos hacer el amor tantas veces como queramos, mas ¿cómo?, en alianza con la divinidad, porque jamás olvidaremos a esta divinidad que nos posee y que, en cierta manera, *es nosotros*.

No somos la divinidad: la divinidad es nosotros. No somos el mundo: el mundo es nosotros. No somos el Cristo: él es nosotros. No somos: él es.

La circuncisión del intelecto

En seguida realizaremos la circuncisión del intelecto. Ahí, el círculo se convierte en corona. Circuncidamos nuestra cabeza por la corona. Esto quiere decir que le delimitamos un círculo de luz pura en el cual borramos completamente toda palabra voluntaria. Ningún discurso, ninguna verdad escrita entrarán al interior de la corona. Este círculo puede ser infinito, porque el círculo es infinito.

Cuando tenemos este círculo mental en el que ninguna palabra perteneciente a nosotros puede entrar; cuando tenemos este círculo espiritual que nos proporciona palabras y nos hace hablar en cuanto el Espíritu insufla; cuando tenemos este círculo en el corazón y en el sexo, nuestros deseos provienen de la divinidad: son divinos y gracias a ellos estamos al servicio de la divinidad. En este momento, estamos circuncisos.

La mujer y la circuncisión

La mujer no tiene necesidad de ser circuncidada puesto que es un elemento de elección divina. Ella es divina en tanto que todo comienza con Eva y la caída cesa en María. La Virgen introduce la ascensión, y toda la carne, que es femenina, producirá la conciencia colectiva. La mujer, pues, no requiere hacer un pacto, ya que éste se producirá a través de ella.

Son dos mujeres las que han salvado a la humanidad.

Por una parte, la raza humana sería totalmente animal, idiota e incircuncisa: los seres comerían frutas y permanecerían en una inocencia animalesca si Eva, con su extrema inteligencia, no se hubiera propuesto aprender y conocer. Es ella la que posee la inteligencia en tanto que impulsa a Adán, quien la sigue ingenuamente. Eva dice «¡Come de este fruto!», y sin dar pruebas del menor espíritu crítico, él obedece. Es ella el motor de la acción, es decir la que posee las palabras adecuadas para hablar con la serpiente. Por lo demás, ¿a quién se dirige esta última? Si quiero seducir a las personas, ¿a cuál de ellas me voy a dirigir? ¿A quién convenceré de tomar el fruto del conocimiento? A la más inteligente, desde luego. Es esto lo que hace la serpiente y resulta formidable, porque ello ha permitido todo el resto: el nacimiento de Cristo y lo demás que se produce. Es gracias a Eva; hay que agradecérselo porque sin ella no hubiera existido María: ha hecho, pues, un bien enorme. Es la Maga. ¡Qué revolución provocó!

Gracias a Eva existe una María capaz de desear a la divinidad. La Virgen dice «¡Ningún hombre para mí! ¡No quiero sino la perfección: Dios!». María es capaz de desear a Dios completo, puesto que todo lo que le sucede no es sino producto de lo que Eva deseó. María es una figura colosal.

Eva no tiene miedo. Se vuelve contra Dios. Es capaz de desafiarlo y desobedecerlo. Es un espíritu fuerte, mientras que Adán tiembla de pavor. Desde que Dios aparece y le pide cuentas, se apresura a acusar: «¡No fui yo, ella me obligó a hacerlo!». Adán acusa, es débil; Eva acepta. ¿Y a quién se castiga prediciéndole el dolor?

«Multiplicaré en gran manera los dolores en tus preñeces en razón de tu desobediencia; con dolor darás a luz los hijos.»

A Eva. Es ella a quien se maldice. Sin embargo, inmediatamente antes se le anuncia que tendrá que aplastar a la serpiente.

«[La serpiente] te morderá en el talón y tú la aplastarás.»

Esto quiere decir que ella va a aplastar el pecado. ¿Cómo? Al convertirse en María. Es decir, al hacer lo que debe.

En primer lugar, Eva hará frente al Padre; lo desobedecerá y desafiará. Comerá del fruto del conocimiento. Después será expulsada del Edén. Sin embargo, Eva continuará: procreará, vivirá, se reproducirá incluso con sus propios hijos, puesto que ella es la única mujer. Toda la humanidad nacerá del incesto. Y Eva continuará. En seguida, de caída en caída, comenzará a elevarse, a hacerse más y más consciente hasta el momento en que vuelva, transformada en María. Esta última es la Verdad. Eva se transforma en María, y al hacerlo así, la humanidad conoce la verdad. Si poseemos una conciencia es gracias a Eva.

En el momento en que María llega, nadie es puro salvo ella. María aparece en la cumbre. Nos encontrarnos de nuevo con una mujer que posee un corazón y que está completamente circuncisa. Su sexo, su corazón y su cabeza lo están porque ella ha grabado a Dios en cada célula de su cuerpo: no hay una sola célula que no está grabada de tal forma.

La divinidad está inscrita en sus óvulos, en su clítoris, en su vagina, en su útero, en sus ovarios, en su pubis, en su ano, en el líquido que lubrica su sexo. Cuando ella piensa en la divinidad, ésta se halla ahí, en el interior de María. En efecto: la divinidad está completamente presente en el placer que María experimenta cuando es envuelta en el huevo de sombra. Recibe el «bang» energético completo en el curso del cual, con un placer increíble, Dios la ha fecundado, atraído por esta carne tan pura y tan bella. María tiene el poder de absorber completamente a lo divino: mientras más le otorga la divinidad, más absorbe la Virgen. Abre su vientre: recibe sin resentir miedo.

Del mismo modo en que Eva no tiene miedo de desafiar a Dios, María no lo tiene de aceptar a la divinidad. Son dos situaciones paroxísticas de cuya fuerza debemos estar conscientes.

He ahí por qué, de entrada, la mujer está circuncisa. Y como lo está, sólo se puede hablar de alianza a través de ella. Obedece sin descanso, porque espera su hora. Es tan anónima como la divinidad.

El Cristo y la circuncisión

¿Qué podemos decir de la circuncisión de Cristo? ¿Qué necesidad tiene de pasar por un acto semejante? Según el mito, este acto es perfectamente inútil porque Él es la divinidad. ¿Por qué debe hacer una alianza si Él mismo es la alianza? Imaginemos cuán salvaje es este acto en lo que a Cristo concierne. Imaginemos la circuncisión de este bebé que está completamente consciente. ¿Qué quiere decir esta historia? Se le retira un pedazo de su carne, una porción divina.

Así como quisiera beber un vaso de la sangre que se ha vertido del costado de Cristo, también me gustaría tener en casa su prepucio, esta carne tan perfecta que, de súbito, ha sido separada de su cuerpo. Ese pequeño fragmento de piel es invaluable: vale más que todos los tesoros de las iglesias, todas las esculturas, todas las obras de arte, todos los diamantes y todo el oro del mundo. Es una reliquia de un valor inigualable.

Para comenzar, esta circuncisión indica que el Cristo tenía un sexo. No podemos negarlo. Hay quien lo pone en duda; sin embargo, lo tenía. Se borra de su historia lo que hizo entre los doce y los treinta años. Quedan así eliminadas su pubertad y su vida sexual. Debemos plantearnos esta cuestión: ¿tuvo o no tuvo una vida sexual? Paso a paso, abordaremos este tema. Vamos a proponérnoslo porque lo que suele borrarse es precisamente la época en que su pubertad apareció y el momento en que debió o no realizarse sexualmente.

Sea como fuere, María, José y Jesús se prestan a la circuncisión. ¿Por qué? Porque toda esta historia debía tener lugar entre el pueblo elegido. Según la tradición de éste, era necesario hacer sacrificios. El primero consistió en fajar al niño. El segundo sacrificio fue prestarse a la circuncisión. Puesto que ésta es una alianza con Dios, Cristo no tenía necesidad de hacer una alianza consigo mismo.

Plena de humildad, esta Santa Familia aceptó plegarse a las convenciones que se habían vuelto inútiles, ya que la nueva alianza estaba ahí. Él era la nueva alianza.

6

La ley de Moisés

El capítulo «Presentación de Jesús en el templo» comienza con estos versículos:

Cuando se cumplieron los días de la purificación de ellos, conforme a la ley de Moisés, lo trajeron a Jerusalén para presentarlo al Señor (como está escrito en la ley del Señor: todo varón que abriere la matriz [primogénito] será consagrado al Señor), y para ofrecer en sacrificio, conforme a lo que se dice en la ley del Señor, un par de tórtolas o dos palominos.

Juan dice «Si la ley fue dada por Moisés, la gracia y la verdad son venidas por Jesús Cristo». Esto quiere decir que la gracia y la verdad no están en la ley y que Moisés no tiene ni la una ni la otra. Esta ley fue ciertamente útil y necesaria en el momento en que se promulgó. Ese momento ha pasado porque tal ley no revela ni gracia ni verdad.

Esta situación es lógica, porque ¿qué gracia puede tener Moisés en la medida en que fue abandonado por su madre? Más tarde ella lo reencuentra, pero no es sino mucho después de haberlo depositado y dejado en el río en una canasta.

Moisés es un hombre sin mujer. Es el patriarca cortado de lo femenino. En él no se distingue ni un milímetro de feminidad. Moisés tartamudea; está constantemente con su hermano Aarón, quien cumple la función de su portavoz, de su vocero. Siempre en compañía de un hombre, nunca es capaz de compartir los mandamientos con una mujer.

Moisés no llega a conocer verdaderamente a la mujer. Esto proviene de su árbol genealógico, puesto que es un hombre abandonado en la primera infancia. Habría podido ahogarse: su madre, evidentemente, tenía confianza en Dios, pero basta imaginar el espíritu de una madre que confía su hijo al río. La hija del faraón encuentra al niño y lo salva; esto resulta afortunado pero se trata del azar. La madre de Moisés no conocía el resultado de su acto al abandonar al niño. Este hombre, pues, está separado de la mujer. No tiene peor angustia que la del abandono.

Moisés se transforma entonces en ese coloso espléndido, elegido por Dios. Es el coloso de la ley, mas ¿a dónde nos conduce una ley sin gracia ni verdad?

En el episodio de la mujer adúltera, la gente dice «Según la ley de Moisés, hay que lapidarla», y Cristo, mientras escribe con un dedo en la tierra, responde «Quien esté libre de pecado que lance la primera piedra». ¿Qué quiere decir escribir en el suelo y qué escribía Cristo? Lo que fuera, lo grababa en la tierra. Él venía a cambiar la ley escrita y su cambio debía ser dinámico y vital, puesto que a esta ley le faltaban la gracia y la verdad...

¿A qué gracia y a qué verdad se hace referencia al afirmar que ellas no estaban en la ley? De hecho, la verdad intelectual se halla en la ley. Sin embargo, a ella le falta la verdad del amor, la verdad del corazón, la verdad emocional. La gracia se realiza en el corazón, jamás en el intelecto. Es, pues, la verdad del amor la que no se halla en la ley escrita y, en nuestro mito, el Cristo es quien ha venido para aportarla.

Es muy importante que las mujeres conozcan la ley de Moisés, porque ella ha causado estragos y los produce todavía. De ella provienen todos esos árboles genealógicos donde las personas sufren, donde todas las mujeres se llaman María, paren diez o más niños, jamás experimentan un solo orgasmo y viven en la completa insatisfacción sexual. Tal ley produce esos árboles donde todo el mundo está «cortado» al nivel de la cintura y las personas no viven sino en las mitades superiores de sus cuerpos. Tal ley genera a esas mujeres que se lamentan de no ser hombres, de no ser el mayor de los hermanos, y que tratan de seducir al padre convirtiéndose en «muchachos fallidos». Esta ley de Moisés es el origen de una devastación que ha causado millones de muertes. Las familias y las mujeres están todavía sufriendo porque esta ley es la enemiga de las mujeres. Resulta imperativo, pues, saber de qué se trata a fin de comenzar a introducir un poco de santidad en esta historia.

La Virgen María y José se prestan a la comedia. Esto es más que evidente.

Cuando se cumplieron los días de la purificación de ellos, conforme a ley de Moisés...

¿Cómo pretender que María se haga purificar? ¿Ya no es, entonces, la Virgen? ¿Cómo pretender que José se purifique? ¿Ya no es justo?
Purificar a estos dos seres es un acto inútil por completo, tanto como circuncidar a Cristo.

Cuando se cumplieron los días de la purificación de ellos, conforme a la ley de Moisés, lo trajeron a Jerusalén para presentarlo al Señor...

¿Cómo presentar a Dios ante Dios?

...como está escrito en la ley del Señor: todo varón que abriere la matriz será consagrado al Señor...

¿Cómo queremos consagrar a Cristo al Señor si Él es el Señor? ¿Lo consagraremos a Sí mismo? ¡Es insensato!

...y para ofrecer en sacrificio, conforme a lo que se dice en la ley del Señor, un par de tórtolas o dos palominos.

¿Por qué hacer un sacrificio? ¿Por qué asesinar tórtolas o pequeñas palomas? ¿Qué relación existe entre la consagración de Cristo y una matanza de animales? ¿Qué significa todo esto? Veamos la ley de Moisés para responder a estas cuestiones.

Esa ley se encuentra en el Levítico, y el pasaje que nos interesa es el capítulo 12, versículos 1-8. Tal capítulo se llama «Purificación de la mujer después del parto».

Habló el Señor a Moisés, diciendo: «Habla a los hijos de Israel y diles: La mujer cuando conciba y dé a luz varón, será impura siete días; conforme a los días de su indisposición menstrual será impura».

Para comenzar, la menstruación no es una «indisposición», como se dice.

Las niñas repiten los modelos de conducta mostrados por sus madres, crecen con esta idea de «enfermedad» y ven sus reglas como una exclusión de la sociedad. Además, a partir del momento en que comienzan a menstruar, se les dice «¡Ya eres mujer!» y «¡No te sientes en las rodillas de tu padre!».

Es, sin embargo, el momento más hermoso porque el cuerpo comienza a cambiar y purificarse.

«Y al octavo día se circuncidará la excrecencia del niño. Mas ella [la madre] permanecerá treinta y tres días...»

Notemos que Cristo vivirá treinta y tres años.

«...purificándose de su sangre; ninguna cosa santa tocará, ni vendrá al santuario, hasta cuando sean cumplidos los días de su purificación.»

Según este texto, la mujer queda impura durante cuarenta días. Es el desierto, la cuarentena... Ella queda aislada como sufriendo una enfermedad y esperando no ser contagiosa.

Estas líneas nos enseñan, pues, que procrear un niño consiste para la madre en quedar impura. Si nuestros árboles genealógicos están enfermos, se debe a que nuestra mitología lo está.

«Y si diere a luz hija, será impura dos semanas, como en el caso de su indisposición; así, durante sesenta y seis días estará purificándose de su sangre.»

Sesenta y seis más catorce igual a ochenta. El doble de días de cuarentena. Entonces, alumbrar a un varón es impuro, pero alumbrar a una mujer lo es por partida doble. Esto en verdad resulta imposible de creer.

«Cuando los días de su purificación fueren cumplidos, por hijo o por hija, traerá al sacerdote, a la puerta del tabernáculo de reunión, un cordero de un año para holocausto...»

Esto quiere decir que una vez que se ha dado la vida, hay que quitarla degollando precisamente a un cordero.

«...un palomino o una tórtola en sacrificio para expiación del pecado.»

¿De qué pecado se habla? ¿El pecado de tener un hijo como resultado de un coito?

«El sacerdote los ofrecerá delante del Señor, y cuando haya hecho sobre ella el rito de la absolución...»

Es decir, se le absuelve de haber tenido un hijo, se le perdona por parir.

«...ella será limpia de su pérdida de sangre. Ésta es la ley para la que diere a luz hijo o hija. Y si no tiene lo suficiente para un cordero, tomará entonces dos tórtolas o dos palominos, uno para holocausto y otro para expiación; y el sacerdote hará expiación por ella, y será limpia.»

Éste es el punto más terrible del presente estudio, mas resulta imprescindible abordarlo porque todos estamos impregnados por ese sentido negativo de la concepción.

Leamos, entonces, el Éxodo, capítulo 13, versículos 1-2:

El Señor habló a Moisés, diciendo: «Conságrame todo primogénito. Cualquiera que abre matriz entre los hijos de Israel, así de los hombres como de los animales, mío es».

O el versículo 12 del mismo capítulo:

«Dedicarás al Señor todo aquel que abriere matriz, y asimismo todo primer nacido de tus animales; los machos serán del Señor».

Según este texto, el primogénito varón pertenece a Dios. Más tarde se nos explica cómo practicar el sacrificio. Se corta el cuello de un cordero y se rocía el altar con su sangre. Es un acto muy cruel.

Cumplido el plazo de cuarenta u ochenta días, se llevan al templo dos palomas o dos tórtolas. En el Cantar de los Cantares, tanto el personaje femenino como el masculino, al describirse uno al otro, comparan los ojos con palomas. Buscando la significación oculta de las dos tórtolas, podemos pensar en varios elementos: el par de aves degolladas pueden compararse con dos senos que se cortan o dos ovarios que se castran, de modo simbólico. Esta última hipótesis se justifica en la medida en que los ojos son comparados con palomas. Ahora bien, en las anatomías de la antigua tradición hindú se dice que los ojos están relacionados con los ovarios, y que unos y otros se hallan directamente conectados por canales nerviosos.

Palomas = ojos = ovarios. Degollar palomas, enceguecer, castrar. Castrar los ovarios y los senos, castigar simbólicamente a la mujer por el «pecado sexual» de engendrar y parir. La relación entre «enceguecer» y «castrar» resulta muy clara en el mito de Edipo, que se arranca los ojos al saber que ha procreado con su madre. Aquí los ojos y los testículos se unen en forma simbólica.

Matar dos palomas luego del nacimiento de un niño es, pues, un acto muy cargado de sentido. Matar un cordero es matar al hijo. Eso quiere decir que al mismo tiempo que lo procreamos, lo asesinamos por el «pecado» que ese hijo significa y por la impureza que su concepción produce.

En un nivel o en el otro, vivimos en esta noción de pecado e impureza ligada a la concepción y al parto. Esto nos viene de la ley de Moisés.

Presentación de Jesús
en el templo

Ahora, sabiendo a qué hace referencia el Evangelio, es necesario ver la «Presentación de Jesús en el templo» de otra manera.

Cuando se cumplieron los días de la purificación de ellos, conforme a la ley de Moisés...

En la versión ecuménica, una nota precisa: «Ciertos antiguos testimonios leían: "la purificación de él" o "de ella". De hecho, la ley del Levítico 12:1-8 no concierne sino a la madre».
Es entonces María quien acude al templo para ser purificada. Esta pobre Virgen, que ya ha debido fajar a su bebé y hacerlo circuncidar, ahora ante la ley está obligada a pasar esta nueva prueba. La mujer más pura en la historia de la humanidad debe hacerse purificar por los sacerdotes que, sin duda alguna, son mucho menos puros que ella –porque no existe ninguna persona que sea tan pura como María, José y el niño.
Estos dos jóvenes avanzan humildemente hacia el templo. No están tristes, simplemente porque no pueden estarlo: son seres plenos. Portan dos pequeños pájaros: la ofrenda de los pobres. Se han dicho «En lugar de un cordero, llevaremos pájaros». Hacen el don mínimo exigido por el templo para el sacrificio, porque estaba escrito «Y si no tiene lo suficiente para un cordero, tomará entonces dos tórtolas o dos palominos». Hemos visto que José y María eran ricos, puesto que los Magos les habían ofrecido oro. Aceptan entonces el sacrificio reservado a los pobres con el fin de dar el mínimo posible en esta ceremonia.
Avanzan hacia el templo con el bebé envuelto en fajas de pañales. Él se presta al rito porque necesita ingresar al pueblo elegido: le hace falta ser como los otros, pasar por todo aquello para dar, más tarde, gracia y verdad a esta ley.
Sin embargo, los árboles genealógicos que examino me demuestran que esto no se ha realizado. Aún hoy continuamos pensando, según la ley de Moisés, que el acto sexual es

sucio, que la mujer no es pura, que le hace falta purificarse después de un parto y que el niño es el fruto del pecado.

Al venir a aportar la gracia y la verdad, Cristo viene a cambiar la ley de Moisés: otorga una revolución total, puesto que Moisés no tuvo mujer mientras que Cristo tiene una.

El Cristo es nacido de una mujer. Tiene a una madre que se ocupa de él desde su concepción y durante toda su infancia. (María no experimenta más que una distracción: el día que Jesús permanece en el templo sin que ella se dé cuenta.) En tanto recibe el amor de la mujer, Jesús sabe amar a lo femenino. No puede, entonces, estar de acuerdo con la ley de Moisés, y menos aún cuando ha conocido el nacimiento. Desde el interior del vientre de María, ha visto cuán maravilloso y perfecto fue el parto. Con tal conocimiento de causa, no puede decir que una mujer queda impura cuando da a luz. Resulta imposible que sostenga esta peregrina concepción patriarcal.

Sin embargo, sí hay una tristeza, una sola, en María, José y Jesús cuando avanzan hacia el templo: pensar en las tórtolas que van a asesinar. El Cristo las bendice y las calma diciéndoles: «No tengáis miedo. Cuando seais sacrificadas os encontraréis en el reino de mi Padre, donde tendréis un sitio de elección». Las tórtolas le responden: «No te preocupes, mi Dios. Damos nuestra vida con placer porque sabemos que hemos de reencontrarte. Cerraremos los ojos pero los abriremos de inmediato.., y Tú estarás a nuestro lado».

Los dos primeros animales que entran en el Reino de los Cielos son estas dos tórtolas. Al momento del sacrificio, se ofrecen como ningún animal lo ha hecho jamás. Están llenas de fe y colmadas por el Espíritu divino.

Estas aves son las primeras sacrificadas y anuncian a los niños masacrados por Herodes (Mateo 2:16-18). Degollar a los niños o a las tórtolas se vuelve lo mismo.

Hay que tener un momento de piedad por todas esas madres y todos esos niños que fueron masacrados porque Cristo había nacido. Hace falta comprender el sufrimiento que ha tocado a todos esos inocentes cuando Cristo llega.

Es necesario comprender que cuando el ser nuevo llega del interior de nosotros, cuando arriban nuestro José y nuestra Virgen María, hay numerosos inocentes y muchas cosas que son sacrificados. Cuando nuestra vida se transforma por completo, el dolor es la primera cosa que producimos a nuestro alrededor.

Puesto que vivíamos en un mundo que tenía un cierto bajo nivel, y puesto que este nivel nos correspondía, cuando nos transformamos, las personas que aún permanecen en el antiguo nivel no pueden comprendernos y nosotros no podemos ya vibrar con ellas. Esas personas comienzan, pues, a sufrir. Buscando un culpable, tratan de demoler la causa que nos ha hecho cambiar, y este ataque se apoya en opiniones como «¿Qué te ha dicho éste? ¿Qué te ha hecho aquélla? ¿Quién es el (o la) criminal que te ha cambiado? ¿Por qué?», o bien «¿Qué te sucedió? ¿Por qué te has vuelto tan malvado? ¿Por qué pareces indiferente a mis agresiones?».

Pasamos entonces por un momento de matanza de los inocentes. Es la ley del avance. Esto quiere decir que el dolor es la primera manifestación del cambio.

Habrá numerosos dolores en nosotros y a nuestro alrededor en el momento de la toma de conciencia, porque es triste abandonar lo que nos definía. ¡Qué triste no poder ya identificarnos con nuestro ego! ¡Qué triste detener el rencor con respecto a nuestros padres! Todo esto es difícil, ya que nos hemos edificado toda una vida y la hemos vivido vociferando contra montones de cosas.

El día en que el dictador Francisco Franco murió, no vi a un hombre más triste que a cierto escritor antifranquista a quien yo frecuentaba. Él había vivido toda su vida escribiendo obras de teatro contra Franco. Desamparado, me dijo «¿Qué voy a hacer ahora?». Más tarde, lo encontró: se hizo anticomunista y pudo otra vez vociferar.

El día en que nos perdonamos a nosotros mismos, la tristeza nos oprime porque el rencor, una de las bases de nuestra existencia, desaparece.

...lo trajeron a Jerusalén para presentarlo al Señor (como está escrito en ley del Señor: «Todo varón que abriere la matriz será consagrado al Señor»).

Ahí queda muy claro que la ley de Moisés es la del Señor. A partir del portentoso momento en que Dios se encarna y conoce a una madre, comienza a ver una base nueva: ya conoce al hombre, ya conoce el alumbramiento, ya conoce la carne y el corazón humanos.

Antes, cuando Dios otorgó la ley a Moisés, era una ley proveniente del cielo. Ahora es la divinidad encarnada la que aparece y la que viene a cuestionarse a sí misma. Y es hermoso ver cómo Dios discute su propia ley y la cambia. Si Él es capaz de cambiar sus leyes, ¿por qué no cambiamos las nuestras?

Es muy difícil para los seres humanos cambiar su ley. Mentalmente, cada uno de nosotros posee una «ley de Moisés» que yo llamo *trampa*. Podemos aplicarla en nuestra cotidianidad y decir a alguien «Estás en tal trampa».

Por ejemplo «Si eres hijo o hija de un alcohólico, incluso si detestas la bebida, la vas a amar. Incluso si odias su vicio, tendrás relación con él». O «Si eres hijo o hija de un médico o si en tu familia se está en relación con la enfermedad, tendrás una relación emocional con ella: tu manera de obtener amor será enfermarte».

Hay personas que acuden durante veinte años a terapia psicoanalítica y no cambian en absoluto su «ley de Moisés»: la mantienen.

Nos hace falta despertar y revolucionarnos. Nos hace falta absorber y transformar las energías de la trampa y decidirnos a cambiar. Si no, vamos a avanzar y decir «Estoy harto de la ley de Moisés», pero algún tiempo después la reintegraremos. Nos rebelaremos contra ella muchas veces sin jamás verdaderamente abolirla, porque salir de la «ley de Moisés» significa entrar en una nueva forma de vida en la cual todo cambiará y ya jamás seremos los mismos. Como decía Breton, «Dejar lo seguro por lo incierto. Abandonar la presa por la sombra». Esto significa vivir en el riesgo, y eso es lo que en absoluto queremos. La «ley de Moisés» garantiza el fin del riesgo porque en ella todo ha sido grabado y previsto.

Para no ser masacrado por la ley de Moisés, hacía falta ir al templo y seguir el ritual. Es lo que hizo la Santa Familia.

«Todo varón que abriere la matriz será consagrado al Señor.»

Incluso hoy, casi todas las familias se atienen a esta «ley» que exige que el primogénito sea un varón. Es de una injusticia total: ¿dónde se arrincona a la mujer? ¿A qué rincón se lanza a los demás hermanos? En aquella época estaba bien: hacían falta sacerdotes; pero en el presente es inconcebible.

Si nace una hija, es una gran decepción: ella está ya casi perdida por adelantado, porque se le va a exigir que sea un hombre. Se le llamará Antonia, Daniela o Micaela. Tendrá un nombre de resonancia masculina.

Si la mayor es una hija y el segundo un varón, aquélla pasará todo el tiempo peleándose con éste: tratará constantemente de castrar a su hermano a fin de ser aceptada y entrar en relación con sus padres.

Si la mayor es una hija y la sigue otra mujer..., los padres procrearán a un tercer hijo. Si éste es de nuevo mujer, ¡catástrofe!: engendrarán un cuarto hijo. Si por fin éste es varón, ¡hosanna!: se convertirá en el centro, será el atendido y todas sus hermanas pasarán a un rincón mientras se pelean y desgarran para obtener el amor de sus padres.

Si la mayor de una familia de seis niños es mujer, ella se ocupará de todos sus hermanos y hermanas, luego se casará y continuará ocupándose de niños.

Cuando se es el segundo varón, ¡cuánto no se deberá sufrir por el hecho de que el primer hijo tiene todos los derechos legales y es el más importante!

Todo esto no es válido sino en una familia que quiere un varón. Hay padres que no lo desean en absoluto.

En el curso de la terapia psicogenealógica he tratado un caso muy preciso: un padre y una madre tenían cada uno un hermano al que detestaban porque sostenían una competencia con él. Estos dos hermanos mueren al mismo tiempo y a la misma edad, en la guerra. Tanto este padre como esta madre, pues, sienten haberse «deshecho» de sus respectivos hermanos molestos. Tras reencontrarme con ellos, me di cuenta de que uno de sus hijos, un adolescente en el cual sus padres veían al hermano rival desaparecido, estaba al borde de la muerte porque había perdido el deseo de vivir.

A veces, cuando estamos en competencia, como el inconsciente carece de moral hace desaparecer al adversario. La competencia entre hermanos surge del hecho de que cada uno de nosotros quiere ser centro del mundo frente a sus padres.

Y hay todavía algo peor, y para entenderlo planteemos un esquema: Óscar odia a Javier, su hermano mayor, porque le quitó el amor de madre; Óscar se casa, tiene un primogénito varón y lo llama Javier. Óscar entra en competencia con este Javier porque le proyecta a su hermano rival; al mismo tiempo, Óscar proyecta a su propia madre sobre su mujer, digamos Elisa. Ésta se vuelve, pues, la madre de Óscar. Como Óscar entra en competencia con su hijo Javier ante Elisa, madre-esposa, Óscar lo odia como si fuera su hermano. Etcétera. Este fenómeno es mucho más frecuente de lo que parece y puede no terminar jamás.

Todo esto porque el primer hijo varón es el elegido del Señor y no los otros. Tal «ley» provoca insuficiencias emocionales profundas, e incluso guerras y devastaciones. Hay que erradicar de inmediato la terrible «ley de Moisés» de las leyes humanas. En mi opinión, es la responsable de millones de muertes, ya sea en el alcohol, la depresión, los manicomios...

Todos los niños deberían ser iguales. Es por esta razón que en la parábola de la viña (Mateo 20:1-16), el propietario paga a todos los obreros la misma cantidad al final del día, sin importar que hayan llegado a trabajar en la mañana, la tarde o la noche. En una familia, todos tienen los mismos derechos. El varón no puede ser el elegido del Señor. ¿Por qué no iba a serlo la mujer? ¿Hasta cuándo aceptará que el hombre sea el «elegido del Señor»? En verdad: ¿por qué no ella? ¿Hasta cuándo, en los árboles genealógicos, la mujer estará confinada en el rol de Eva?

Veamos en qué consiste este rol:

A la mujer [Dios] dijo: «Multiplicaré en gran manera los dolores en tus preñeces en razón de tu desobediencia; con dolor darás a luz los hijos; y tu deseo te atraerá a tu marido, y él se enseñoreará de ti».

¡En qué imagen de la mujer vivimos!

Es la Virgen María quien llega a cambiar esta imagen: ella es la mujer plena de poder, de belleza, de pureza. Así, en cuanto viene a cambiarlo todo, ¿qué hacemos de ella? La transformamos en mujer frígida, metafóricamente la cortamos al nivel de la cintura para que la parte inferior de su cuerpo, incluido por supuesto su sexo, ya no funcione. La convertimos ni más ni menos que en el modelo de la mujer sin sexo.

Resultados: seguimos en la ley dada por Moisés. Las mujeres se complacen en castrar a sus hijos. La que es frígida es respetada. La que ha tenido diez hijos por deber y no por placer, despierta la aprobación general. La que detesta a su marido porque éste es demasiado proclive a la sensualidad –un «mujeriego»–, corresponde a la ley de Moisés. La mujer inhibida o la que no es ella misma, corresponden también a la ley de Moisés.

Esta ley no termina de hacer estragos: es una devastación que se hace sentir hasta en los hospitales o maternidades en donde las mujeres son sometidas a toda clase de agresiones durante su alumbramiento porque «parir es un pecado, un acto impuro». Y las comadronas que trabajan en esos sitios, por el hecho de que fueron reprimidas sexualmente por un mito mal comprendido, tendrán la obscenidad de meter sus dedos en la vagina de las parturientas, para romper la membrana y apresurar el nacimiento, los médicos de perpetrar cesáreas y de maltratar a la mujer en mil y una formas. La ley de Moisés se vuelve una comedia trágica.

¿Hasta cuándo una mujer en menstruación aceptará no entrar en el templo? ¿Hasta cuándo tolerará vivir el periodo menstrual como una vergüenza? Dado que el Señor ha creado el ciclo de la reproducción, es imposible que Él rechace su creación por encontrarla «impura».

Debemos cambiar todo eso. Como lo indica muy bien el Tarot, tiene que haber un estado de igualdad entre el hombre y la mujer. Deberíamos tener presidentes y presidentas, Papas y Papisas; en todos los puestos importantes debería haber una pareja. Pero a pesar de esto tan evidente, no pensamos en ello y aceptamos como natural la absurda situación en que vivimos.

Profecía de Simeón
(Lucas 2:25-35)

Y he aquí que había en Jerusalén un hombre llamado Simeón, y este hombre, justo y piadoso, esperaba la consolación de Israel...

¿Qué es la consolación de Israel? Es la salvación de Israel. Si él la esperaba, es que se daba cuenta de que Israel no había aún recibido la salvación. Por tanto, Simeón esperaba al Mesías, porque ¿qué es él sino la salvación de Israel? Es la gracia y la verdad. Simeón esperaba la gracia y la verdad: esperaba la verdad del amor.

...y el Espíritu Santo estaba sobre él.

Era, pues, un profeta.

Y le había sido revelado por el Espíritu Santo, que no vería la muerte antes que viese al Ungido del Señor. Y movido por el Espíritu, vino al templo.

No se puede precisar dónde se encontraba Simeón, pero no era en el templo.

Esto me recuerda un *koan* zen (un *koan* es una adivinanza sagrada que no apunta a una «solución racional» sino a una realización espiritual en cuyo clímax se halla la iluminación): «Cuando el monje sale del templo, los sapos entran en él. ¿Cuándo entran los sapos en el templo?». La respuesta es «Jamás, porque un verdadero monje nunca deja el templo. Un verdadero monje es una unidad con el templo».

El templo es la casa del Señor. Si este Simeón esperaba al Mesías, habría debido estar ahí. Ahora bien, no se hallaba en el templo porque estaba harto de la ley de Moisés.

De súbito, el Espíritu le indica ir y lo transporta al templo; Simeón llega y se dice «Habrá algo de nuevo en la ley de Moisés». ¿Qué ve entonces? A una mujer con su bebé.

Y cuando los padres del niño Jesús lo trajeron al templo, para hacer por él conforme al rito de la ley, él lo tomó en sus brazos, y bendijo a Dios diciendo...

Imaginemos a Dios envuelto en una faja de pañales, disfrazado, completamente mezclado en la muchedumbre, aportando palomas para el sacrificio, y a este hombre justo que llega impulsado por el Espíritu Santo, consciente de lo que pasa y diciéndose «¡Al fin podré morir!» (porque Simeón esperaba la muerte). Ve a un bebé: cruza miradas con él y no sé qué le comunica este bebé, que Simeón se pone de inmediato a cantar. Cae en éxtasis porque este niño lo mira. Imaginemos el poderío de esa mirada a la que nada podía ocultarse: ¡la mirada de un bebé divino!

Cuando un Maestro llega a un estado de éxtasis, no hay diferencia entre su rostro y el de un bebé. Son verdaderamente similares porque ese Maestro descubre en él la pureza de la infancia. Simeón canta:

«Ahora, Señor, despides a tu siervo en paz...»

La paz es un estado al cual es necesario llegar. La paz con nosotros mismos es la primera a realizar. Mientras no conozcamos este estado, no podemos conocer la paz y mucho menos darla a otros. No podemos dejar a nadie tranquilo porque la guerra sucede en nuestro interior.

Por lo general, no estamos en paz. Sin embargo, tal estado de paz mental es en verdad sublime.

Alguien me pregunta «¿Qué podría hacer para defenderme, si se me exige hacer lo que no quiero?». Respondo: «¡Recházalo en tu interior! Si en tu interior tomas la firme decisión de no hacer lo que no quieres, y si logras no pelearte más contigo mismo al tomar esta decisión, llegarás a la paz. Puedes estar seguro de que, en ese caso, no harás lo que se te exige. Habrás ganado la batalla, porque la habrás ganado interiormente».

Si estoy en paz conmigo mismo y de pronto me meten en prisión, pueden fastidiarme en el exterior pero, de hecho, no me fastidiarán en absoluto porque yo no haría más que pasar por esa prueba. Interiormente, estaría en paz porque me hallaría contento de mí mismo. Estar contento al tener la paz espiritual es la defensa más grande. La batalla que hemos ganado de antemano es la más grande de todas.

Cuando alguien me dice «Tengo problemas en mi familia», contesto «Tienes problemas porque no estás en paz con tus sentimientos. Esto que sufres, tú mismo lo provocas. Has elegido exactamente la situación que te conviene para regocijarte con tu dolor. Tú creas esta situación porque la batalla suscita furia en ti y no estás en paz contigo mismo. Haz la paz en tu corazón, en tu vida emocional. No te propongo estados emocionales negativos o destructivos. Nadie te ha hecho nada. Repito: *nadie te ha hecho nada*. Tú te lo haces por intermedio de los otros. No puedes más que acusarte a ti mismo: eres tú quien se aprovecha del otro para hacerte mal, porque nadie puede hacerte nada si estás en paz contigo mismo».

Con respecto a los seres amados, estamos divididos entre el odio y el amor. Si por azar uno de ellos tiene un accidente nos sentimos culpables, porque en todo accidente proyectamos culpabilidad. Resultado: nos creamos un gran problema a partir de ese percance y podemos vivir durante veinte años atascados a causa de esto.

«Ahora, Señor, despides a tu siervo en paz,
conforme a tu palabra;
porque han visto mis ojos tu salvación,
la cual has preparado en presencia de todos los pueblos;
luz para revelación a los gentiles,
y gloria de tu pueblo Israel.»

Simeón habla ya del hecho de que la ley de Moisés no está reservada al pueblo elegido, sino que es para el mundo de los gentiles –de los paganos–; afirma que no existe una sola verdad reservada únicamente al pueblo elegido, que esta verdad es para todos y que hay que amar a todo el mundo. Es por ello que un sacerdote católico no debe detestar cualquier otra doctrina. Si éste fuera el caso, será en favor del odio, lo que iría en contra de sus votos.

La ley de Moisés se subleva contra los dioses extranjeros,

mientras que en la Ley de la Verdad se dice que Cristo dará la salvación a los paganos, que no ha llegado para entablar guerras santas sino para revelar a los gentiles la gracia y la verdad, y que este mito se dirige a todos; un mito que, hasta ese momento, había sido conservado por un pequeño núcleo.

Y el padre y la madre del niño estaban asombrados de todo lo que se decía de él.

¿Asombrados? Yo me pregunto ¿cómo la Virgen podría asombrarse de esto? En la traducción ecuménica, una nota sugiere: «Asombrados o maravillados». Asombrarse y maravillarse son dos tonos muy distintos entre sí.

Si me asombro, esto significa preguntarme «¿Cómo puede decirse una cosa parecida a propósito de mi niño?». Pese a todo lo que he vivido, esto me sorprende. Soy, pues, un ignorante.

Al contrario, si estoy maravillado, esto quiere decir que tengo sentimiento exultante y que me digo «¡Se reconoce a mi niño! ¡Qué alegría, qué placer! Se le reconoce aunque lo hayamos fajado, circuncidado y traído con nosotros para matar a las tórtolas. ¡Aunque estamos disfrazados, lo reconocen!».

En efecto: qué maravilla ser reconocidos, que se reconozca nuestra bondad pese a todos los disfraces que portamos. Cuando llega ese momento formidable, desde luego nos maravillamos.

Hay un momento en que, pese a todos los disfraces que portamos, alguien debe decirnos nuestros valores. Es por ello que en Chile, cuando las curanderas mapuches reciben a un enfermo, lo primero que hacen es describir a éste todas las cualidades que él posee.

Reconocer todas las cualidades que uno percibe en el otro es el primer paso para curarlo.

Y el padre y la madre del niño estaban asombrados de todo lo que se decía de él. Y los bendijo Simeón...

¿Qué significa bendecir? ¿Cuántas veces hemos pedido la bendición y cuántas la hemos dado? Podemos perdonar a los otros y bendecirlos. Sólo hace falta proponérnoslo.

En cierta ocasión, una mujer me contó un problema que yo no podía solucionar, una historia de procesos y venta de una casa. Ella lloraba y le dije «¿Cómo quieres que te arregle este problema? No puedo hacer nada por ti, pero tú, yo y todas las personas que están aquí vamos a orar por que tu Dios interior, y el mío, y el de cada uno de nosotros, te bendiga». Así lo hicimos.

En esto consiste la bendición: orar por el otro.

A continuación esta mujer lloró en abundancia, pero luego se sintió muy bien. En el fondo deseaba un contacto humano, tenía necesidad de alguien que le dijera «Te voy a ayudar». Eso es todo.

Para mí, la bendición es reconocer lo que no somos capaces de hacer, y es también orar por el otro *ante el otro*.

Una vez que estamos en paz con nosotros mismos, que dejamos de criticarnos, que tomamos conciencia de todos nuestros errores y que decidimos jamás repetirlos, y una vez que hemos resuelto que cada vez que tengamos un problema lo solucionaremos en plena conciencia, somos perdonados.

No podemos vivir toda nuestra vida en la culpabilidad, incluso si hemos hecho la peor de las cosas. Debemos absolvernos. Esto implica que tomamos conciencia porque si nos sentimos culpables de un acto, es que hemos adquirido conciencia. Una persona que no lo ha hecho, jamás tendrá ganas de absolverse.

Una vez que nos hemos dado la absolución, podemos absolver al otro y decirle francamente «Te perdono». De hecho, no somos nosotros quienes perdonamos. Al darnos a nosotros mismos una absolución personal, nuestro Dios interior nos otorga la alegría de tomar conciencia. Es con ésta que recibimos la culpabilidad del otro y que lo perdonamos, porque si hemos sido capaces de perdonarnos, podemos perdonar al otro. Eso es todo. No resulta necesario ser más que esto para absolver al otro.

Es muy bueno que una persona nos diga «Te perdono».

Una vez estaba con un amigo llamado Pierre y con un pobre hombre que portaba una enorme culpabilidad después de no sé cuantos años. Le dije «¿Sufres mucho? Te culpas. Yo te voy a perdonar». Afirmé que lo perdonaba y pregunté a Pierre si él también podía perdonarlo. Y Pierre lo hizo. El hombre se puso a balbucir y a darnos las gracias mientras lloraba largamente.

Y lloraba de alivio, porque lo habíamos perdonado. ¡El acto tan simple de perdonar!

Cuando somos capaces de absolver, de perdonar y de bendecir, llegamos a la paz interior. Para esto no es necesario ser cura o brujo, ni tener grandes poderes ni nada por el estilo. Y puede hacer mucho bien a las personas el perdonarlas y bendecirlas, simplemente como ser humano perdonando y bendiciendo a otro ser humano. Esas personas saben entonces que las escuchamos y las recibimos.

Sin embargo, no podemos perdonar en el aire. Es necesario pedir el máximo de detalles sobre la falta antes de perdonarla. Resulta indispensable que la persona la confiese completamente. En seguida, le hacemos comprender que no cometió la falta ella sola sino con alguien, es decir que lo hizo en medio de una familia y en medio de la humanidad. Llegamos, pues, al hecho de que somos tan culpables como la persona que nos cuenta su falta.

> Y los bendijo Simeón, y dijo a María su madre: «He aquí, éste está puesto para caída o para levantamiento de muchos en Israel...».

En la Biblia de Jerusalén, está escrito «está puesto para caída y para levantamiento». Es mucho más bello decir «para caída y para levantamiento» que «para caída o para levantamiento». Resulta claro el porqué.

Si es «la caída y el levantamiento», esto quiere decir que toda ascensión está precedida por una caída. Siempre digo que todo ángel es un diablo transformado y que hace falta realmente llegar al fondo de nuestro pozo, al fondo de nuestro diablo, para que pueda convertirse en ángel. Hay que reconocer a nuestro diablo antes de convertirlo en ángel. Mientras no lo hayamos reconocido, ¿cómo queremos transmutarlo?

Cuando la luz inunda un cuarto, la suciedad que lo habita es visible. Antes no la veíamos. Después, la limpiamos. Por tanto, desde que la luz llega, es la caída. Al comienzo, toda toma de conciencia se acompaña con un enorme sufrimiento.

Cierta vez, un maestro sufí me dijo «El día que llegué a la iluminación, me puse a vomitar de asco. Después, fue la alegría».

No es sino por el error y por la caída que uno aprende, porque si no hay caída no podemos levantarnos, y si no hay error, no podemos tener la perfección. Alcanzamos la perfección después de haber atravesado una sucesión de errores. El Maestro de la perfección es el error.

El Maestro de la salud es la enfermedad. Es evidente, porque si jamás hemos estado enfermos no sabríamos cuidarnos. Es con la enfermedad que uno aprende lo que es la salud. El Maestro de una alimentación sana es una buena indigestión.

Hace falta entrar profundamente en nuestras fuerzas instintivas para realizar una ascensión hacia las fuerzas espirituales.

«He aquí, éste está puesto para caída o para levantamiento de muchos en Israel y para ser una señal que será contradicha.»

Así pues, el Cristo será una señal o un signo contradicho, o contestado... ¡y contestatario! Uno es puesto en duda, impugnado, cuando es contestatario. Si no somos esto último, no proporcionamos ningún motivo para ser contradichos.

Cristo se convertirá, entonces, en un singular contestatario. ¿Contra qué principalmente? Contra la ley de Moisés. Verdaderamente ha venido para contradecir la ley que Él mismo dictara antes.

Él, que había grabado su primer mensaje en las piedras –las Tablas de la Ley–, escribe el segundo únicamente con un dedo en la tierra. Es muy bello: este creador cuyo primer mensaje está inscrito en piedra, este creador que da los diez mandamientos, escribe en seguida sobre la tierra algo que nadie leerá y que el viento borrará. Ahí ha llegado a su perfección. ¡Qué lección artística!

Todas esas personas que quieren grabar su obra por los siglos de los siglos, que quieren inmortalizar sus acciones, poner su nombre en las bancas que ofrecen a los hospitales, poner su retrato por todas partes, grabarse, inscribirse..., ¿qué relación tienen con la persona que hace, poco a poco, su obra de arte, en la tierra, con un dedo?

Cristo llega ante el templo y, en la tierra, realiza la más bella obra de arte de la historia de la humanidad.

Este signo que dibuja, y que el viento se lleva, es superior a diez mil templos porque fue *el* gran artista quien lo realizó.

Y mientras Cristo componía esta maravillosa obra de arte, salvaba la vida de una mujer: impedía que la lapidaran. Jamás olvida ni por un segundo salvar la vida de los otros mientras crea con un dedo. Resulta indescriptiblemente bello: la obra es efímera.

Esta mujer que lapidamos es también nuestra mujer interior.

Y por lo demás, ¿dónde está el hombre en esta historia? ¿Por qué se lapida a la mujer adúltera y no al hombre con quien ella cometió adulterio? Caemos de nuevo en la ley de Moisés. Una mujer se acuesta con un hombre; se lapida a la mujer... ¿y al hombre qué?

Entre esta asamblea de hombres que reclaman justicia, nadie reconoce al Mesías. Sin embargo, la mujer le dice «Gracias, Señor». Ella lo reconoce. El reconocimiento divino se realiza a través de la mujer. Es ella quien, antes que cualquier otro, comenzará a reconocerlo. Para los hombres, es su mujer interior.

Digo que es a través de la *mujer* que el Cristo cósmico se realizará. Mientras todos los hombres y las mujeres no hayan despertado a su mujer interior, no podrán alumbrar al Cristo cósmico. En tanto no seamos todos andróginos, no podremos realizarlo. Y la mujer interior es la *receptividad*.

En seguida, Simeón dice a la Virgen:

> «Y una espada te traspasará tu misma alma para que sean revelados los debates de muchos corazones.»

En la versión ecuménica de este pasaje, una nota a pie de página propone una interpretación a esa frase: «Esta oscura amenaza debe comprenderse según su contexto: Israel va a dividirse ante Jesús, y María será desgarrada por este drama. Otros ven aquí un anuncio de la Pasión».

¿Podremos creer que el anuncio de una espada que le traspasará el alma es una «oscura amenaza»? ¿Cómo una espada, que es material, va a traspasar a un alma, si ésta es inmaterial?

Si la espada es material y el alma inmaterial, debemos reconocer que se habla en términos simbólicos.

No se dice que la espada vaya a traspasarle el corazón. No es asunto de dolor. Si Simeón hubiera dicho «una espada te traspasará corazón», habría sido correcto traducir «Se anuncia un sufrimiento; es una amenaza oscura». A la inversa, cuando se dice «una espada traspasará tu misma alma», ello indica que esta alma será traspasada por una palabra, un vocablo, un conocimiento, un espíritu.

A veces en los iconos se dibuja una espada, símbolo del intelecto en la boca de Dios. Es el Verbo. Si la espada es masculina, activa, y el alma es femenina, receptiva, esto quiere decir, desde luego, que creará al andrógino en su alma. Ella será una mujer completa, para que cuando lo sea,

«...sean revelados los debates de muchos corazones.»

¿Qué son los debates de los corazones? Pienso que deben ser los ritmos cardiacos. Son éstos los que serán revelados. Cuando, en el interior de cada uno de nosotros, realicemos a María, cuando creamos a la Virgen universal, la Virgen cósmica, todos los corazones se pondrán a latir al unísono con este Dios cósmico. Y nosotros estaremos en el centro... ¿de qué? En el centro del Cristo cósmico. Pariremos la conciencia cósmica de toda la humanidad y crearemos la tercera venida. Seremos la Virgen de esta tercera venida, y este ser colectivo que crearemos será el Mesías, la iluminación colectiva.

No existe otro Mesías, ni otra iluminación deseables. Si la iluminación no es colectiva, no es deseable. Uno no se encierra en un cuarto para iluminarse. La historia es muy clara. Los monjes se reúnen en monasterios para encontrar la iluminación. ¿Y qué hacen a partir del momento en que la encuentran? Se les envía a fundar otros monasterios.

Esto quiere decir que la iluminación significa *gracia para el otro*. Para el otro, ¡jamás sólo para uno mismo! Todo lo que es exclusivamente para uno solo, está enfermo. Desde que tenemos la iluminación, ésta es también para el otro: es poesía para el otro, conocimiento para el otro, salvación para el otro, cortesía para el otro.

Profecía de Ana
(Lucas 2:36-39)

Estaba también ahí una profetisa, Ana, hija de Fanuel, de la tribu de Aser. Era de edad muy avanzada: después de haber vivido siete años con su marido desde su virginidad, había quedado viuda y había alcanzado la edad de ochenta y cuatro años; y no se apartaba del templo, sirviendo al culto de noche y de día con ayunos y oraciones.

Ana vivió «siete años con su marido desde su virginidad»; subrayemos, pues, que no era virgen. Además, se comportaba en el seno del templo como un hombre. La presencia de mujeres no estaba permitida y sin embargo, Ana podía estar ahí.

Una nota precisa: «No apartarse del templo es el ideal israelita de perfección. De todas maneras, las mujeres no eran admitidas por la noche en el recinto del templo». No obstante Ana estaba ahí, puesto que participaba en el culto «de noche y de día». ¡Qué personalidad! ¿Quién osaría echar del templo a esta anciana de ochenta y cuatro años? Al intentarlo podrían haberla quebrado como a una frágil vasija.

Respetuosamente, todos los hombres admitían a esta octogenaria entre ellos. Ana era en verdad el corazón del templo, la alegría del templo. En este círculo de hombres barbados, al menos una mujer logró introducirse. Oraba noche y día y ayunaba como los varones. Ana había realizado su revolución.

Ésta, presentándose a la misma hora, daba gracias a Dios, y hablaba del niño a todos los que esperaban la liberación de Jerusalén.

En el interior del templo, ningún hombre conversa: todos se hallan sumidos en sus oraciones. Cuando el Cristo entra, la anciana se endereza, grita y salta porque *ha visto* al Señor; exclama «La salvación ha llegado». Ana es la única en ver a Cristo.

El hecho de que ahora solamente una mujer vea al Mesías, representa un nuevo golpe a la ley de Moisés. Esto corrobora a la perfección la teoría según la cual la mujer interior (que tanto el hombre como la mujer llevan en sí), es esencial para reconocer al nuevo Cristo. Si no la despertamos y si nos dejamos llevar por la ley de Moisés, jamás se realizará el nuevo Cristo.

Resulta fundamental limpiar el mito, y no menos básico es hacer el amor con alegría sin manchar este acto con una noción de pecado. Esencial es también reconocer que los errores que hayamos cometido son perdonados por nuestra toma de conciencia, y que debemos ayudar a los otros a devenir conscientes, a limpiar el mito y a no quedarse ahí.

La maternidad no es un acto de impureza. Procrear a un Cristo es inmensamente bello y cada recién nacido es un Cristo.

Después de haber cumplido con todo lo prescrito en la ley del Señor, volvieron a Galilea, a su ciudad de Nazaret.

Nazaret es la ciudad de la Virgen. El Cristo vivirá toda su infancia en la ciudad de la Virgen: en su casa y no en la de José, que estaba en Jerusalén. Se insiste de nuevo en la importancia de la mujer en la creación de Cristo.

7

Infancia de Cristo
(Lucas 2:40)

Los padres de Jesús, tras haber conjurado todas las amenazas que se cernían contra su hijo, y tras haberse prestado a todas las ceremonias necesarias para que Jesús pudiera entrar en la comunidad judía, retornan a Nazaret con el niño.

Y el niño crecía y se fortalecía, todo lleno de sabiduría...

Está «todo lleno de sabiduría», lo que quiere decir que *es todo sabiduría* y, por tanto, que ya no es un niño. No puede serlo porque un niño evoluciona hacia la sapiencia: es ingenuo, se desarrolla, crece. El Cristo es todo sabiduría: se observa, pues, crecer.

...y la gracia de Dios era sobre él.

Tratemos de representarnos lo que debió de ser la infancia de Cristo. A los dos, a los tres o a los cinco años, imaginémoslo jugando con otros niños. Si uno de éstos le da un golpe, de inmediato Cristo puede, por medio de una sabia «llave», romper un brazo a su agresor. Pero él es todo sabiduría y, así, comprende y observa cómo el ser humano se desarrolla.

Cuando crece, Cristo continúa jugando con los otros muchachos. Obviamente, debe enseñarles pequeños juegos. Con una inmensa discreción, es muy posible que haga pequeños milagros por aquí y por allá. Sin que nadie se dé cuenta, hace que un muchacho cuya familia no tiene qué comer logre pescar un pez o encuentre una moneda de oro en el suelo.

E imaginemos la vida de María y José, que esconden este gran secreto. Pongámonos en su lugar: deben esperar, puesto que Jesús ya ha dicho que comenzará su obra a los treinta años. ¿Por qué a los treinta?

Espera tener la edad de Adán, porque éste es su modelo y porque Adán fue creado en edad adulta. Jesús no comenzará antes a predicar.

Adán es un hombre sin infancia, que vive la madurez y la ancianidad, mientras que Cristo es un hombre con infancia y madurez, que no vive la ancianidad. Ambos conforman un todo. En la creación divina, todas las etapas están representadas. A Jesús le hace falta, pues, esperar a tener la misma edad que Adán para comenzar.

¿Qué hacen María y José? Viven con Dios y deben guardar el secreto en su corazón. Es sin duda una infinita humildad.

Primeras palabras de Jesús en el templo
(Lucas 2:41-52)

Iban sus padres todos los años a Jerusalén por la fiesta de la Pascua; y cuando tuvo doce años...

Este episodio se desarrolla cuando Cristo tiene doce años: justamente antes de los trece, que es la edad de la pubertad. Es la primera vez que hablará.

...y cuando tuvo doce años, subieron a Jerusalén conforme a la costumbre de la fiesta. Al regresar ellos, acabada la fiesta...

Hay, pues, una festividad anual en Jerusalén y cuando ésta llega a su fin, la Santa Familia retorna a casa.

...se quedó el niño Jesús en Jerusalén, sin que lo notasen José y su madre.

¿No es esto extraño? Este pasaje es verdaderamente asombroso. Pensemos en la Virgen María y en José, que tanto han luchado por proteger al niño y que incluso lo llevaron a Egipto para salvarlo de la amenaza que representaba Herodes. Un día van a una fiesta y, cuando ésta termina, regresan a casa. De pronto, en una parte ya avanzada del trayecto, José y María se dan cuenta de que el niño no está con ellos. Lo han criado, lo han ocultado, lo han defendido... ¿Es posible que en ese contexto María y José tengan una *distracción*?

No lo creo. Ahí sucede algo muy especial; tratemos de ver qué es.

Y pensando que estaba entre sus compañeros de ruta, anduvieron camino de un día; y lo buscaban entre los parientes y los conocidos...

Esto implica que lo habían olvidado y que no se percataron de su ausencia durante toda una jornada.

...pero como no lo hallaron, volvieron a Jerusalén buscándolo. Y aconteció que tres días después...

Así pues, está ausente cuatro días: el primero en el camino de regreso y luego los tres días durante los cuales sus padres lo buscan.

Y aconteció que tres días después lo hallaron en el templo, sentado en medio de los doctores de la ley, oyéndolos y preguntándoles. Y todos los que lo oían se extasiaban con la inteligencia de sus respuestas.

Como el Cristo está pleno de sabiduría, no es necesario ocuparse de él. Sus padres van, pues, a la fiesta y lo dejan obrar a su modo. En cuanto que es más sabio que sus padres, no se trata de un niño a quien se le dice «¡Ven por aquí! ¡Ve para allá! ¡Sígueme!». Él podría dar lecciones a José y María: sabe más que ellos.

Es hermoso un niño que sabe más que sus padres. Cuando niños, soñamos que un día nuestros padres aceptarán recibir una sola pequeña verdad proveniente de nosotros.

No es infrecuente que un niño de diez o doce años demuestre algo justo a sus padres; lo que resulta muy raro es que éstos acepten darle la razón reconociendo que el niño sabe más que ellos sobre el tema.

Esto último es lo infrecuente, porque los padres no quieren en absoluto soltar la corona del poder. Reconocer que el niño sabe más que ellos los pone en peligro. Tienen miedo de que su hijo se convierta en el Maestro de la casa, puesto que los padres consideran que están en su casa y no en la del niño.

En general, se piensa que nuestra casa nos pertenece y que otorgamos un cuarto al niño. Durante toda su infancia y juventud, éste no vive en su propia casa: vive en la de sus padres.

Si se poseen los medios económicos, es necesario que el niño tenga su cuarto y que haga ahí lo que desee: que invite a los amigos que quiera, incluso a dormir si así lo determina; que tenga la oportunidad de hacer las fiestas que le venga en gana; que pegue en los muros las imágenes que le gusten y pinte su cuarto como le plazca; que pueda comprar lo que necesite... ¡que la casa sea suya!

No regalamos la casa al niño. Desde el instante de su nacimiento, todo lo que tenemos le pertenece. No poseemos nada en lo personal: todo está compartido. Sin embargo, los niños son tratados de otra manera.

¿Por qué, en el curso de la comida, el padre ocupa siempre la cabecera de la mesa y el niño un lado? De tanto en tanto, un padre debería dar su lugar a los hijos. Se debería circular alrededor de la mesa. ¿Por qué tener un sitio fijo? ¿Por qué es siempre el mismo el que está a la izquierda del padre o de la madre, el mismo a la derecha y el mismo el que se sienta en el sitio más lejano? ¿Por qué siempre uno solo ocupa el sitio preferente? O ¿por qué un niño no puede quedar frente a su padre, quedando siempre reservado ese asiento a la madre? ¿Por qué no puede esto cambiar?

¿Por qué no hay un padre que lleve a su hijo pequeño a su lugar de trabajo y lo instale en su oficina mientras recibe a una persona, ya sea que esté especializado en arquitectura, en finanzas, en psicoanálisis o en cualquiera otra profesión? ¿Por qué no invita a su hijo a asistir? ¿Por qué el padre no le permite tocar los instrumentos con los que trabaja? ¿Por qué no compartimos nuestro oficio o profesión con nuestros hijos para que aprendan? ¿Por qué no les proporcionamos una cámara para que expresen su visión del mundo?

Estos actos son muy importantes. Hace falta compartirlo todo con el niño: libros, objetos, experiencias... Y es necesario que pueda ver todo lo que nosotros vemos. No resulta sano ocultarle lo que vemos o lo que hacemos.

Cuando tenemos una conversación entre adultos, el niño puede asistir. Si se aburre, o si así lo desea por equis razones que le son propias, se va. Es él quien se va: no somos nosotros quienes lo despiden, y tampoco dejamos de conversar bajo el pretexto de que él está presente.

Hay que dar su lugar al niño, porque él tiene un lugar.

Sin embargo, ¿qué necesidades tiene Cristo? La casa es suya. Dispone de su lugar completamente y, a pesar de esto, desaparece de golpe.

¿Por qué José y María se espantan hasta tal punto? Por una sola razón: Jesús está en peligro de muerte. Si en la comunidad se averigua que él es el Mesías, será asesinado de inmediato. José y María lo buscan en la ciudad porque tienen miedo de que los soldados lo hayan aprehendido. Acudir al templo no es sino un último recurso, y justamente ahí es donde lo encuentran.

Cuando lo vieron, se afligieron de asombro; y le dijo su madre: «Hijo, ¿por qué nos has hecho esto? He aquí que tu padre y yo te hemos buscado con angustia».

Es decir, «estábamos espantados».

Entonces él les dijo: «¿Por qué me buscabais? ¿No sabíais que me es necesario estar en la casa de mi Padre?». Mas ellos no entendieron las palabras que les habló.

Jesús les pregunta «¿Por qué me buscáis, si estoy en el templo?». Además, ¿por qué no fueron a buscarlo ahí en primer lugar? Porque el templo era la boca del lobo. Cristo se ha ido a meter directamente ahí, y está en peligro de muerte.

Jamás María y José se hubieran imaginado que este niño, sabedor de que lo buscaban para asesinarlo, advertido del gran peligro representado por los sacerdotes –quienes bien podían lapidarlo–, actuaría de esa forma. Lo primero que hace es ir a hablar con los sacerdotes: se presenta exactamente en el lugar donde corre el mayor riesgo.

Jesús se pone a discutir la ley y a decir cosas muy inteligentes a las personas que ahí se encuentran, pero no dice que es el Mesías. De hecho, va a aprender a defenderse. En plena conciencia de sus actos, va a dar lecciones, medirse y observar a los Maestros del templo. Acude al templo para estudiar las leyes convertidas en tradiciones y supersticiones, las que más tarde condenará. Para él, el sacrificio en la cruz resulta necesario. Es lo que ni José ni María comprenden.

Y descendió con ellos, y volvió a Nazaret, y estaba sumiso a ellos.

¡Sumiso! ¿Nos damos cuenta de lo que representa el hecho de que este Dios sea sumiso a estas dos personas, mientras que son ellas las que debían serle sumisas? Es un acto de una extrema cortesía.

Y su madre guardaba todas estas cosas en su corazón. Y Jesús crecía en sabiduría y en estatura, y en gracia para con Dios y los hombres.

Llegamos por fin a la juventud de Cristo. En seguida, desaparece durante algunos años.

Así pues, va al templo: da su lección. Todo el mundo está asombrado pero nadie se disgusta. Esto quiere decir que se mide con los Maestros: les dice ciertas pequeñas cosas y todos los asistentes se maravillan. A continuación se retira y dice a sus padres «No hace falta buscarme. No hay que angustiarse. Estoy donde debo estar. Sé muy bien lo que debo hacer. No hay que temer por mí». Después, no oímos hablar de él hasta que tiene treinta años.

Los Maestros de Cristo

Hay quien afirma que en esta época Jesús se dedicó a viajar. ¡Seamos lúcidos! No fue a la India para aprender. No fue a Egipto ni visitó a los mayas. Nadie podía enseñarle la mínima cosa: Dios lo sabe todo. Este capítulo lo dice: Él podía hablar con sus enemigos. Todavía niño, es admirado y puede muy bien defenderse. Ya está listo para enseñar. Puesto que sabe más que todas las civilizaciones, no aprende nada de nadie. No viajó, pues, a ninguna parte.

Si hubiera estado en la India, habría sido escuchado. Lo mismo en Japón o en el imperio maya: todos lo habrían seguido. Para la leyenda, si todos lo hubieran escuchado, no habría tenido necesidad de la crucifixión. Habría creado un movimiento mundial con los magos que, en cada país, conocían su existencia. Habría hecho, pues, la revolución en todos los países. Habría visitado a los supremos sacerdotes de cada religión y a los sabios de toda la Tierra. Habría dado lecciones y el mundo entero habría cambiado.

Tenemos, así, dos posibles soluciones. La primera: no viajó a parte alguna. Y la segunda: viajó a través del mundo pero no fue oído; todo estaba anquilosado, cerrado y podrido.

En el mito, un personaje semejante que hubiera aprendido y se hubiera iniciado aquí y allá no es concebible, porque este personaje es un Dios encarnado. Es el Dios-hombre que viene precisamente a aportar lo que falta al mundo. ¿Cómo Dios va a aprender de un sacerdote? Está en comunicación con el Padre que es todopoderoso y omnisciente. ¿Para qué iniciarse con humanos? No es lógico en absoluto.

O bien viajó por todas partes y no fue escuchado, o bien no viajó porque sabía que la hora de la revelación no había llegado. Y lo sabía. Permaneció, pues, en Nazaret, en la modesta casa de María. Se quedó ahí tranquilamente para prepararse, para crecer y para atravesar las pruebas necesarias. He aquí la historia. Ha venido para enseñar y no para aprender.

Supongamos a un Cristo de veinte años hablando con el más grande sacerdote. Éste le dice «Voy a iniciarte en el Tarot. Te mostraré la carta conocida como El Juicio». Cristo se aproxima a la carta, ¿y qué ve? Al ángel en lo alto y todo el resto. Se ve nacer y ve a José y María en la pareja que rodea al personaje central. El sacerdote le ha presentado la carta del nacimiento del propio Jesús. ¿Qué aprenderá ahí?

El sacerdote le presenta entonces otro arcano: El Loco. Cristo ve su retrato, desde luego. El Loco es el Cristo que se pasea: la libertad total.

Se le enseña El Mago. Cristo contempla la carta y se reconoce: El Mago es el Cristo, el iniciado, el que lo sabe todo y lo tiene todo para darlo.

El sacerdote le muestra La Sacerdotisa. Es, desde luego, la madre de Jesús y la Iglesia que él va a fundar.

Ve ahora La Emperatriz: de nuevo, sabe que la carta habla de su historia. Él es el águila y María es el personaje femenino, su madre encinta.

¿Y qué verá en El Emperador? ¿Qué aprenderá de un emperador si él es el rey de la Tierra, el verdadero rey, el rey espiritual, aquel que reinará en el centro del universo?

El arcano V: El Sumo Sacerdote o El Papa. Cristo es la inspiración divina de todos los Papas. ¿Qué puede aprender de esta carta? Todos los Papas, habidos y por haber, serían siempre sus servidores.

Sigue entonces El Enamorado, con su sol blanco y el pequeño ángel que simboliza al amor; se enseña esta carta a Cristo, que está completamente pleno del más puro amor: que *es* el Amor.

En seguida el sacerdote le presenta El Carro, carta en la cual se halla un vehículo que conduce en triunfo a un príncipe por el mundo. Cristo no necesita viajar. Él conduce al mundo. El universo entero vendrá hacia él, todas las naciones, todos los seres conscientes.

Luego se le muestra La Justicia. ¡El Cristo es superior a cualquier justicia! ¡Es la misericordia total!

Ante El Ermitaño, Cristo se dice «Este personaje está llamándome. Se me está mostrando a un hombre que me llama. ¿Qué aprenderé de él si yo soy su respuesta?».

El sacerdote le enseña ahora La Rueda de la Fortuna, que es toda la encarnación, todos los movimientos cíclicos, y la pone precisamente ante los ojos de Cristo, que ha venido a revolucionar el mundo. ¿Qué enigma puede para él representar La Rueda de la Fortuna, ese nuevo ciclo, si Cristo es el nuevo ciclo? ¿Qué aprenderá en este arcano si para él no existe ningún enigma en el mundo? Cristo viene a solucionar todos los enigmas, a devolver todos los ciclos a su marcha y a girar la manivela de La Rueda de la Fortuna.

¿Qué puede aprender Cristo en La Fuerza si es precisamente por pura fortaleza que se deja crucificar, que se abandona a la humillación y la muerte? Él conoce su naturaleza, se conoce por completo.

Cuando se le muestra El Colgado, el arcano XII, Cristo sabe de inmediato que es él. De nuevo encuentra su retrato. Es el don de sí y es también su profunda, muy profunda concentración.

Ante el arcano XIII, Cristo ríe porque ama a este personaje. Es la revolución, el cambio. Sabe que la muerte no existe porque él es la eternidad. Cristo atravesará voluntariamente la muerte porque viene a otorgar la eternidad. ¿Qué le puede revelar esta carta?

El sacerdote quiere entonces que vea La Templanza: el ángel. Cristo conoce a todos los ángeles; es el Maestro del ángel Gabriel: desde luego, éste es su siervo. Cristo lo envía a donde quiere, cuando lo quiere. El ángel Gabriel es su fiel siervo. Cristo conoce todos los fluidos interiores: es la comunicación misma, la equidad y la paz. ¿Qué aprenderá de La Templanza?

En seguida se le presenta El Diablo. Cristo conoce a su diablo a la perfección. Como veremos en un capítulo posterior, si hay alguien que conoce bien al diablo, es Cristo. Veremos cómo se le proponen las tentaciones y cómo las vence.

Con La Torre se le presenta su propia casa. Los personajes danzan y le hacen una ofrenda. Es la alegría en torno a Cristo.

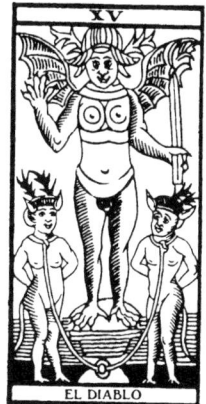 

Y La Estrella, que es el don infinito, el que purifica las aguas, que hace fructificar los ríos, que está conectada con las galaxias, con los astros, con la divinidad, con el ciclo eterno, es Cristo. ¿Podrá aprender algo de La Estrella?

Después se le muestra La Luna. Ahí Cristo cae en éxtasis porque sabe que La Luna es María. Y sabe que ha podido entrar en María porque ella se ha convertido por completo en La Luna. Esto quiere decir que María se ha vuelto totalmente negra, mínima, a fin de poder reflejarlo. Y en La Luna del Tarot, Cristo sabe que ese rostro que aparece en el astro es él en el primer instante de su encarnación. Adora a La Luna porque María ha sido capaz de convertirse en ella de modo integral. Ella ha borrado todos los destellos de su ser para que sólo el resplandor de la divinidad entre en ella. Así pues, esta carta nada puede enseñar a Cristo.

Cuando contempla El Sol, se reconoce en este arcano. Él es el sol, la alegría de la vida, el centro del mundo. El sol es la misma divinidad. ¿Qué puede aprender si Cristo lo es, si la lleva en sí, y si, además, Él es el corazón de lo divino?

Cuando Cristo contempla El Juicio, ve cómo las oraciones y la fe de María y José le han dado la oportunidad de nacer y crecer para entonces despertar la conciencia de la Humanidad y crear su tercera venida: el ángel-Mesías colectivo, parido por todos los seres vivientes, los que, todos sin excepción, han llegado a iluminarse, convirtiéndose en *justos*.

Sigue El Mundo, el arcano XXI, el ánima del mundo. Tampoco en esta carta tendrá Cristo nada que aprender. Entrará en ella y exclamará «¡Oh madre mía, oh mujer mía, oh hija mía! Voy de nuevo a entrar en ti, por puro placer, para que me encarnes una vez más, porque amé tanto ser tu hijo, fue una experiencia tan grande que la voy a recomenzar; pero, esta vez, no empezaré desde una pequeña chispa, sino que entraré en la carne de toda la humanidad a fin de hacerme engendrar por ella. Así, un día todo el mundo se convertirá en ti porque todo el mundo es mi madre. Toda la raza humana es mi madre y yo, con placer, me disolveré en ella. Con un placer inconmensurable, me haré parir por la raza humana».

He aquí por qué, cuando me dicen que Cristo viajó a Egipto para iniciarse en el Tarot, eso me parece realmente estúpido. Nadie podía enseñarle nada.

Todos tenemos un Cristo, una María y un José en nuestro interior. Nuestro Cristo interior nada tiene que aprender de quien sea. Conoce la verdad. Se nos puede enseñar a aprender de nosotros mismos, esto es muy posible. Sin embargo, nuestro Cristo interior, es decir nuestra divinidad interior (podemos llamarla como queramos), lo sabe todo. Cuando nos comunicamos con esta divinidad, nos conectamos con su extrema sabiduría. Con toda simplicidad ella enfrentará los misterios y los solucionará. Esto se llama fe, fe en nuestro Dios interior. Para lograrla hace falta ser humilde y saber que este Dios interior, que no es nosotros, habla a través de nosotros.

Entonces, ¿qué hace Cristo durante este periodo de silencio?

Tranquilamente, presta ayuda a su madre en la cocina. Trabaja con su padre. Limpia la casa. Habla con los vecinos. Ayuda a hacer el vino y el pan. Come frutas. Cada mañana, sale y toma el sol. No lee porque ya lo sabe todo. No estudia. Simplemente vive en paz con su padre, su madre y sus amigos. No tiene necesidad de hacer más. En la medida de lo posible, vive una simple vida humana. Pensar otra cosa es insano.

Y José y María no hacen nada inusual. Comen cada día y asean su casa. Cumplen con lo que la sociedad les pide. Una vez por año asisten a la fiesta de Pascua. Acuden al nacimiento de los niños, etcétera. Aguardando el momento, se comportan como hace todo el mundo.

Aún no es la hora. Existen, pues, con toda tranquilidad y en la alegría esperando esa hora, puesto que ya conocen lo que va a pasar. La Virgen María lo sabe. No está triste al pensar que su hijo va a morir porque, gracias a su fe, sabe ya que él asimismo revivirá y que todo eso es necesario. Se trata, por tanto, de la paz total.

Si trabajamos en nosotros mismos y realizamos a nuestro Cristo interior, si purificamos nuestro cuerpo y seguimos a nuestro guía que es José, lo único que nos resta por hacer es vivir serenamente y en paz. Vivimos con serenidad cada día de nuestra existencia porque nuestra hora no ha llegado aún, y sabemos que cuando llegue estaremos a la altura, en tanto lo conocemos todo y nos hallamos bien preparados. Sólo dos elementos pueden alistarnos para la acción: la paz y la fe interiores.

De modo paralelo, los pastores han continuado la leyenda. Juan ha abandonado a sus padres, que lo aman tanto, para partir al desierto. Vive ahí sin nada. Ha cortado con la sociedad y se prepara para su labor. Se prepara solo. Los pastores y los magos, que están diseminados por todas partes, también se alistan.

Simplemente ha habido un nacimiento, y a partir de eso el mundo ha entrado en convulsión. Todo se prepara porque, en treinta años, la humanidad va a cambiar. Pero antes hay que disfrutar el placer de la vida.

José, María y Jesús viven una cotidianidad serena y gozosa. Imaginemos la comida de esta familia, la incomparable hermosura de estar a la mesa con José y María:

Nos reciben sin exigirnos la etiqueta de rigor. Vemos resplandecer la paz en esta casa. No hay una sola pelea, ninguna discusión ni palabras inútiles. ¿Qué podrían contarse? Lo saben todo: no se comunican nada, no hablan. Dicen dos o tres palabras. Consumen alimentos simples, cocinados con amor. ¿Quién no desearía comer un arroz preparado por la Virgen?

¿Podemos pensar que Cristo no ha sido acariciado? Desde luego que lo ha sido: los integrantes de esta familia se abrazan y se acarician. Se aman.

No oran. ¿Por qué? Porque el Cristo está en la casa. A partir del momento en que ha nacido, ni José ni María rezan una sola vez: Dios está con ellos.

En esta casa no hay libros: el Verbo está ahí. Cuando el legítimo Verbo está presente, sobran los libros.

Todo lo que Cristo dice es bello. Canta poemas. Los realiza a escondidas porque no puede mostrarlos a los otros.

¿Nos damos cuenta de la luz que fulgura en esta casa? ¿Oímos los cantos que ellos entonan? ¿Concebimos lo que María sabe, en tanto su hijo le ha revelado todos los secretos de la creación? ¿Creemos que Cristo no ha contado a su madre cómo creó el mundo? ¿Podremos sostener que María vive treinta años con Dios sin que Él le revele algún secreto? María conoce lo que hay más allá del átomo. Sabe todo, puesto que su hijo le ha hablado. Percatémonos de la capacidad que tiene María, de la paz, el corazón y el poder que posee, y los secretos que conoce: las ciencias, las matemáticas, la música, el arte... Y ha visto también todo el pretérito y el porvenir, no únicamente los de la raza humana sino los del universo, no únicamente los del universo sino los de todos los universos. María conoce cada uno de los misterios: su hijo la ha iniciado. Ella es la primera persona a quien Cristo ha iniciado.

La Familia Sagrada es un núcleo poderoso preparándose para darse al mundo.

Si el Cristo tiene algo que aprender no es ni en Egipto ni

en el Tíbet ni en la India ni en ninguna parte que pudiera encontrar. La única persona que puede enseñarle algo es la propia María: puede enseñarle a la mujer. María es tan perfecta que Jesús ha encontrado en ella a la interlocutora más avanzada para poderse comunicar.

Si en mi casa en Nazaret tengo a María, la mujer más increíble de la historia de la humanidad, el monumento que vale más que todas las catedrales, que todos los gurús, que todos los Papas, que todos los héroes, que todas las enciclopedias, que todos los libros sagrados, ¿qué iría a hacer en la India? Me quedaría muy tranquilo en mi casa y viviría el mayor placer de mi vida. Lo viviría con mayor razón sabiendo que más tarde los años serán muy duros y que deberé cambiar a la humanidad. Mientras espero, pues, debo vivir en paz y tener el gozo de comprobar que se trata de una vida humana equilibrada.

La vida sexual de Cristo

Ante la cuestión de la vida sexual de Cristo, no me corresponde a mí sino a cada uno imaginarla. No me prohíbo hacerlo, pero no me corresponde narrar lo que he imaginado. Ya presenté todas las bases: que el lector la imagine por sí mismo. Es evidente que Cristo tuvo hormonas y que debió de conocer los deseos. ¿Qué hizo con ellos? Propongo al lector que en su corazón se concentre en Cristo, y se diga «Esta noche, yo soy el Avatar. Mi sexo es bello porque me encuentro en santidad». El Cristo no puede tener un sexo feo. El lector debe preguntarse qué es un sexo bello. No lo es uno que esté castrado, uno impotente, uno estéril, uno que padece eyaculación precoz... El Cristo no puede sino tener un sexo completamente normal; de otra manera no es el Cristo. Sugiero a quien me lee que imagine esto en primera instancia: «Mi cuerpo se parece exactamente al de Adán, puesto que soy un prototipo. María es la mujer más hermosa y yo soy el hombre más bello. ¿Qué hago de mi sexualidad? Porque dispongo de una. ¿Me la oculto? ¿Jamás conoceré el orgasmo? ¿Nunca experimentaré la emisión de esperma? ¿Viviré ignorante de lo que es hacer el amor? Si desconozco esto último, no conozco al ser humano».

Plantéese el lector la cuestión. Póngase en el lugar del Cristo. Corresponde a cada uno de nosotros responder con su alma.

Si tomamos a los Evangelios como un mito, es evidente que el Cristo actúa como un espejo donde el inconsciente del creyente se refleja. Nadie debe asombrarse de que gran número de homosexuales, colmados de fervor religioso, necesite imaginar un dios homosexual. Basándose en un par de versículos de Marcos (14: 51-52), sostienen que Jesús al ser arrestado fue sorprendido durmiendo con un joven:

> Pero cierto joven le seguía, cubierto el cuerpo con una sábana; y le prendieron; mas él, dejando la sábana, huyó desnudo.

Y agregando a esto el comienzo del versículo 20 del capítulo 21 de Juan:

> Volviéndose Pedro, vio que les seguía el discípulo a quien amaba Jesús, el mismo que en la cena se había recostado al lado de él...

construyen una versión que les permite abordar su religión no sintiéndose juzgados por la divinidad. Algunas lesbianas sostienen que el Cristo fue una diosa barbuda. El cineasta Pier Paolo Pasolini, en su película *Teorema*, nos muestra un ser angélico polisexual (de toda evidencia un Cristo) que seduce a toda una familia (padre, madre, hijo, hija y también a la criada). No me habría sorprendido si el poeta hubiera extendido la seducción también a los animales domésticos. Por esto, repito, la vida sexual de Cristo corresponde a cada uno imaginarla. Claro está que lo que uno imagina no debe querer imponerlo a la totalidad de los creyentes. En este aspecto tan íntimo es necesaria una sana tolerancia.

Por ejemplo, a través de los siglos se ha deslizado una interpretación inconfesable porque desobedece al tabú principal: la prohibición del incesto... Freud se encargó de demostrar que el inconsciente humano reposa sobre una base edípica. En la tragedia griega, Edipo, sin saberlo, mata a su padre, se casa con su madre y procrea varios hijos con ella.

Cuando esto le es revelado, se arranca los ojos. Ya no quiere ver... Las pulsiones incestuosas de este tipo bucean bajo la conciencia de la colectividad e imponen escabrosas interpretaciones al mito. Mas como son implacablemente culpabilizadoras, la humanidad las transforma, haciéndolas emerger disfrazadas. Como para el Inconsciente un nombre es una definición –todas las Marías son una sola y misma María–, para poder expresar el nudo edípico transforma a la Virgen María en María Magdalena. Si unimos el *Ma* de María y el *Ma* de Magdalena obtemos «Mamá».

La incontrolable imaginación humana tienta al creyente para que imagine a Dios Padre inseminando a María simplemente como un padre realizando el incesto con su hija. Por los mecanismos del mito que son los del sueño, el padre entra completamente en el vientre de su amada y se convierte en su hijo. Ahora María es madre de su padre. Da a luz al dios encarnado. Lo cría hasta que se hace púber. Entonces el padre adoptivo, José, desaparece (como el progenitor de Edipo) y Jesucristo toma su sitio: se convierte en el marido de su madre (disfrazada de María Magdalena) y procrea hijos con ella. Este deslizamiento del incesto hacia la prostituta, a la que se la convierte en una Sabia, invade hoy en día las librerías con incontables volúmenes. Pero el deslizamiento edípico no es sólo de este siglo, ya en el mito Gnóstico de Sofía (otro disfraz de la Virgen María) Jesús eleva a Sofía desde el «mundo del terror», se convierte en su «esposo sagrado» y la lleva al cielo. Leyenda en todo semejante a la asunción de la Virgen María, rescatada de nuestro pecador mundo y llevada al cielo, donde reina junto a Cristo... Ciertas monjas llevan en el anular una argolla de casamiento, su esposo es Jesús...

En verdad, los Evangelios eluden sabiamente toda definición sexual del Mesías. El error estriba en que un tema como éste sea tabú. No obstante debe plantearse. Nuestra vida sexual corresponderá a la respuesta que nos demos: si respondemos con autenticidad, estaremos de inmediato equilibrados; pero si rehusamos pensar en este tema, inhibiremos nuestra energía creativa. Hace dos mil años que la Iglesia se ha desequilibrado al negar esta cuestión. Si la resolvemos, dándonos la solución en nuestro interior, lograremos el equilibrio personal. Evidentemente, no tenemos necesidad de confiar nuestra respuesta a nadie: guardémosla en el secreto de nuestro corazón del mismo modo en que la Virgen guardaba todas las emociones en su corazón. Esta respuesta no corresponde sino a cada uno de nosotros y, si es sincera, es de una belleza sublime.

Prefiguración de Cristo en el Antiguo Testamento

Hasta ahora hemos trabajado verdaderamente sobre la Virgen María y José, y hemos visto cuán formidables eran ambos. Lo que ahora emprenderemos es muy importante porque, por vez primera, veremos la aparición del Cristo adulto. Es un momento muy emocionante.

Sin embargo, antes debemos ver de nuevo a Juan. Ya sabemos qué importante es: viene a anunciar al Cristo. Existe en nosotros una parte que se llama Juan, una parte que debe trabajar y preparar el camino para que pueda aparecer nuestro Cristo interior.

Antes de entrar en el Evangelio, comencemos por la lectura del Salmo número 2, puesto que éste es evocado en los capítulos correspondientes del Evangelio cuando se habla de Cristo. Los Salmos son las llaves: lo veremos abundantemente al revisar el episodio de la tentación de Cristo. Y es cierto que uno se pone a temblar en la lectura de las líneas de este salmo:

> ¿Por qué esta agitación de pueblos,
> Estos inútiles rugidos de las naciones?

¿No es verdad que todavía hoy se habla de la agitación de los pueblos y de los inútiles rugidos de las naciones?

> Se levantarán los reyes de la tierra,
> Y príncipes conspirando entre ellos,
> Contra el Señor y contra su Mesías, diciendo...

Ya se habla, pues, del Mesías y del hecho de que todo el mundo ruge contra él.

> «Rompamos sus ligaduras,
> Y echemos de nosotros sus trabas.»

> El que mora en los cielos se reirá;
> El Señor se burlará de ellos.
> Luego hablará a ellos en su cólera,
> Y los espantará con su ira.

> «Pero yo he coronado mi rey...»

Es decir, el Cristo.

> «...sobre Sión, mi santo monte.»

> Yo publicaré el decreto;
> El Señor me ha dicho:
> «Mi hijo eres tú;
> Yo te engendré hoy».

Se habla claramente, pues, del hijo de Dios.

> «Pídeme
> Y te daré por herencia las naciones...»

Subrayemos que aquí se anuncia que él tendrá las naciones en herencia.

> «...Y como posesión tuya los confines de la tierra.
> Los quebrantarás con vara de hierro;
> Como vasija de alfarero los desmenuzarás.»

> Ahora, pues, oh reyes, sed inteligentes;
> ¡Admitid amonestación, jueces de la tierra!
> Servid al Señor con temor,
> Y alegraos con temblor.
> Honrad al Hijo

Para que no se enoje, y perezcáis en el camino;
¡Pues se inflama de pronto su ira!

Bienaventurados todos los que en Él hallan refugio.

Este Salmo 2 presenta una visión terrorífica: se afirma que el Hijo aporta el fuego y el terror.

Ahora, conociendo ya la imagen que se da al Hijo del Señor en el Antiguo Testamento, veamos en qué se convierte en el Evangelio.

Vocación profética de Juan el Bautista
(Mateo 3:1-16; Lucas 3:1-6)

En Mateo 3:1 se lee:

En aquellos días apareció Juan el Bautista predicando en el desierto de Judea...

Juan aparece en el desierto. Sabemos que había abandonado la vida en sociedad. A la manera del Salmo 2, en nuestro espíritu todos tememos la destrucción. Los reyes y las reinas que gobiernan en nuestro interior se pelean: nuestro intelecto dice una cosa, nuestro corazón quiere otra, mientras que nuestro sexo desea una tercera y nuestro cuerpo exige una cuarta. Carecemos de una finalidad definida. Somos presas de los rugidos. Estamos desgarrados. No disponemos de plenitud: sufrimos.

De golpe, Juan aparece en nuestra conciencia porque es el intelecto iluminado; sin embargo, no es el corazón.

Aparece, pues, y dice «Cuidado, porque tu Dios interior se va a manifestar en ti. Si has hecho el bien, te formarás y serás en paz. Si no, si por azar haces cosas malvadas, serás aplastado y destruido. Esta destrucción se llevará a cabo sea por enfermedad, por accidente o por asesinato». Habla de un juicio interior.

Así pues, el Antiguo Testamento anuncia la aparición de este Hijo terrible. ¿Por qué comienza presentándolo de esta forma?

Como hemos visto, además del Cristo, la Virgen y José, Juan es uno de los seres más sagrados del Evangelio. Cuando era un feto de seis meses en el seno de Elisabet, percibe el espíritu de Cristo que, en el Vientre de María, está absolutamente consciente.

Esto quiere decir que yo, ser humano, soy un feto; sin embargo, desde que me siento en vida como el ser nuevo, desde que me estoy formando, en mi interior percibo la nueva luz. Percibo el verdadero centro de mi vida.

Todos somos una pura luz, un corazón puro. Lo sentimos. No lo vemos todavía pero ya lo sentimos.

Juan está en el desierto. Ha huido. No vivirá en una ciudad porque la ley de Moisés gobierna ahí. Esta ley ha declarado impuras a la mujer y a la reproducción, y castiga la relación sexual a causa del placer que ésta proporciona. En el Antiguo Testamento el placer está, pues, prohibido.

Además, este libro produjo escribas que han fijado la lengua al dibujar las vocales sobre el texto de consonantes. Recordemos que antiguamente sólo las consonantes estaban escritas y que las vocales se transmitían por vías orales. Fijar la lengua fue matar la letra. En la época de Juan el problema era considerable porque la letra, ya muerta, no correspondía más a su tiempo.

De hecho, la verdadera historia radica en que a partir de Eva –la inteligente Eva–, el ser humano abandona el paraíso y la humanidad pierde su centro. Más tarde avanza en un laberinto y se aferra a dioses que no corresponden verdaderamente a su centro.

Hoy, todo el llamamiento de Juan consiste en retornar al centro. La humanidad avanza extraviada y tiene miedo de regresar al centro. Se ha perdido buscando a la divinidad en el exterior, cuando debe buscarla en el interior de cada uno de los seres humanos. He ahí en lo que consistirá la obra de Juan, el anunciador. ¿Cómo comenzará esa obra?

Juan sabe que existe esta luz interior. Parte entonces al desierto.

Para él, vivir en el desierto no es un fastidio desagradable. Come muy bien: se alimenta de saltamontes y de miel silvestre (Mateo 3:4). La miel es excelente y los saltamontes están llenos de proteínas. Juan sabe alimentarse y vivir casi sin nada.

No estudia el Libro. Ha eliminado todo deseo de fortuna: carece de posesiones. Ha eliminado todo pensamiento inútil, toda ley inútil, toda emoción inútil y todo deseo inútil. En el desierto ha fortalecido su cuerpo. Vestido con una piel de camello y un cinturón de cuero, está en plena santidad. Es fuerte. Nadie lo puede sobornar ni tentar. Se ríe del dinero. Para él, el poder no es nada.

Excepción hecha de María y José, que viven con el Cristo, Juan es el ser más evolucionado de su época. Gozando de una libertad total, ¿qué viene a anunciar?

Juan se presenta en nosotros en el momento en que hemos roto con todo compromiso.

Esto quiere decir que nuestra creación intelectual es libre: no estamos dominados por los pensamientos, sino que los dominamos y, cuando queremos detenerlos, los detenemos.

Tampoco estamos controlados por nuestras emociones: las dominamos. Cuando queremos purificar nuestro corazón, lo hacemos. No «purificar» en un sentido que parezca aceptar que el corazón es sucio, sino en el sentido de apaciguarlo, de consagrarlo al centro.

Juan llega en un momento en que debemos desalojar de nuestro corazón a todos los seres amados, padre, madre, incluso si se trata de nuestros hijos, nuestro hombre o nuestra mujer: todos los seres que nos son queridos y todas nuestras posesiones. Debemos erradicar a todo el mundo a fin de reunirnos con nuestro centro. Este instante existe y no es egoísta: es más bien comparable al momento en que un automóvil deja de funcionar para llenarse de esencia. Consiste en retornar al centro: cada ser humano lo tiene.

Cuando despedimos a los seres amados de nuestro centro, ¿a dónde van? Van a sus centros respectivos. Y el centro de cada uno de ellos es el nuestro. Es, pues, en la divinidad que nos uniremos con el ser amado. No es a través de nosotros mismos, de nosotros al otro. Es de nosotros más nuestro centro, al otro más su centro.

Juan realiza esto. Como no hay nada en su corazón, lo tiene lleno.

No se ve aquejado por el deseo, no lo necesita porque los deseos que hay en él están centrados y no son malvados. ¿Quién podrá saber la vida que Juan tuvo en el desierto? Sin embargo, a partir del momento en que Juan se lanza a predicar, todos sus deseos están enfocados hacia otro deseo que es el de la aparición del centro. Así, ha transformado su energía y se consagra a la obra.

He aquí lo que era Juan. Hago el paralelo con nosotros: Juan es esa parte nuestra que se consagra a la obra de crearnos a nosotros mismos.

Juan predica de este modo en el desierto de Judea:

«Convertíos, porque el Reino de los Cielos se ha acercado.»

¿De qué habla? ¿Cuál es ese Reino de los Cielos? Es el propio Cristo quien se ha aproximado, quien está sobre la tierra: se ha encarnado.

«Pues éste es aquel de quien habló el profeta Isaías, cuando dijo: "Una voz que clama en el desierto...".»

¿La voz de *quién*? ¿Hemos llegado a oír una voz que clama en nuestro desierto? Estoy convencido de que los poetas conocen esta voz. Si uno de ellos piensa que es el autor de sus escritos, no creo que sea un verdadero poeta. El poeta es Juan. Se halla en el desierto total... y de pronto, una voz se pone a clamar y la mano de Juan a escribir. Juan sabe que no es el autor de sus creaciones: éstas se realizan *a través de él*. Son voces que han clamado en su desierto y que lo conducen a crear.

«Una voz que clama en el desierto» significa que en el interior de mí, un sonido esencial se produce. Es por medio de una voz que surge el mundo: el sonido de Dios, de la divinidad, el sonido esencial que ha comenzado la creación del universo.

Estoy tan vacío que soy el desierto. No estoy habitado. Mi lengua está libre de deseo, de placer, de todo. La he limpiado. Mis ojos carecen de deseo: no ven sino el desierto y sus dunas.

Años atrás recorrí en jeep el desierto del Sahara a lo largo de dos mil kilómetros. En un transcurso como ése no se ve nada y verdaderamente se comienza a perder la orientación: no hay ningún límite ante nosotros. Perdemos, pues, nuestros propios límites: nuestro cerebro los pierde. Todos poseemos límites porque nos los han impuesto, pero en realidad nuestro cerebro es infinito. No tiene nada a que aferrarse. En nuestro Sahara, las ideas son comparables a pequeños bichos. Una idea o una palabra llegan como un lagarto o un cangrejo, tienen esa proporción.

¡Y el silencio! Uno puede escucharlo con la totalidad de su sentido del oído. Es tan desmesurado que cuando uno piensa algo, hace ruido en el desierto. Hace falta haber vivido esa experiencia: pensar causa ruido en el silencio.

Estamos constantemente atravesados por numerosos movimientos mentales porque muchos ruidos nos rodean. El ruido no cesa jamás. Por añadidura, lo generamos cada vez que tenemos un pensamiento. En sí, el cerebro es silencioso.

En el desierto, los sentimientos son por completo comparables a la arena. Si en una duna metemos una mano y la cerramos, retenemos un puñado de arena. A la inversa, si abrimos esa mano, toda la arena del desierto puede pasar por ella. Nuestro corazón puede ser una mano abierta en la cual todos los sentimientos podrán circular: resbalan y no se adhieren. En nuestro corazón no hay nada.

¿Y cómo tener un deseo en el desierto, si en éste no hay nada? Es la extensión total.

Hay que comprender que Juan viene de un mundo de silencio. El silencio ahí es tal que, para cazar saltamontes, los escucha. En ese mundo uno puede oír los pasos de un perro a kilómetros de distancia. El sonido de las abejas se vuelve una música cósmica.

De súbito, cuando Juan está en la soledad completa, *una voz clama en el desierto*. Resulta formidable imaginar esa voz atravesando kilómetros y kilómetros de silencio.

Juan cita el poema de Isaías:

«Una voz que clama en el desierto:
preparad el camino del Señor, enderezad sus sendas».

Ya hemos visto lo que era la voz en el desierto, pero ¿cuál es el camino del Señor?

¿Esto significa que el Señor pasará por el camino? En este caso, es muy necesario limpiar ese camino. Porque si queda una sola mota de polvo sobre el camino del Señor, tal senda estará sucia. Si en diez mil kilómetros queda un mínimo guijarro sucio, todo el camino está sucio: no hemos puesto el suficiente cuidado.

¿Qué es el camino del Señor? O más bien: ¿*quién* es el camino del Señor? Cada uno de nosotros. Somos el camino del Señor porque este Señor debe pasar a través de nosotros.

Para que Él lo haga, nada en nosotros debe estorbar. Debemos, pues, eliminar nuestro ego.

Para ello hace falta que desaparezcamos. El camino del Señor es un ser que se ha disuelto en el camino: se ha convertido en el camino.

Si no nos convertimos en el camino, ¿cómo queremos ser *del* Señor? Hay que darse por entero. Si permanece en nosotros el mínimo fragmento (un sentimiento, un deseo, una idea), el Señor no pasa por nuestro camino.

El desafío, lo que está en juego, es enorme. Solemos jugar con la idea de la eternidad y con la de traspasar la muerte. Jugamos con la idea de tener una agonía dichosa. Jugamos con tantas cosas..., por ejemplo con la salud de nuestros niños y con la de tres o cuatro generaciones que vendrán después.

Realizar el camino del Señor no es hacer cualquier cosa. Desde el momento en que tenemos el menor deseo de éxito, en que no nos damos completamente a la obra, en que nos queda un fragmento de ego, en que pensamos en el fruto de nuestra acción, no somos el camino del Señor y Él no pasa por ahí. La obra no se *hace*: si somos artistas lo entendemos. Si no estamos por completo al servicio de la obra, esta última no se realizará. Ella no está a nuestro servicio. Incluso nuestro cuerpo no está a nuestro servicio. Nada lo está. Nosotros somos el siervo. Nosotros somos el camino del Señor.

¿Y quién es el Señor? Es nuestro ser esencial, que a través de nosotros debe pasar hacia el otro. De sí mismo, a través de sí y hacia sí: el retorno al centro.

En la versión de Lucas (3:4-5), la cita de Isaías es más completa:

> «Voz que clama en el desierto:
> preparad el camino del Señor,
> enderezad sus sendas.
> Todo barranco se rellenará,
> y se bajará toda montaña y toda colina».

Nuestro barranco será colmado cuando hayamos hecho el vacío en nosotros, cuando detengamos nuestro pensamiento. En la meditación, cuando ya no pensemos, nos convertiremos en un abismo.

Al nivel del corazón, dejamos de desear «románticamente». Abandonamos nuestros sueños de grandeza, de triunfo y de amor. Detenemos la petición. Nos decimos «Incluso si nadie me ama, esto no me afecta. Yo amo. Soy una colina rebajada». Ya no buscamos la satisfacción y la gratificación.

Toda montaña, toda autoridad, toda colina, todo ego, serán rebajados, cortados. No podemos oponernos a la luz. Cuando lo hacemos, nos causamos una enfermedad, un accidente, la ruina, un suicidio.

Continúa Lucas citando a Isaías:

«Los caminos tortuosos serán enderezados»...

Si soy un pasaje tortuoso, es decir, si tengo un alma difícil y complicada, el Señor me quebrará cuando pase por mi camino. Hay que ser flexible para dejarlo pasar, no oponerse.

Si soy un camino que, cuando el Señor pasa, le hace una zancadilla, sería como el que tiene una bella imagen en su interior y la retiene. Es esto lo que llega cuando comenzamos a meditar y a suspender el pensamiento. A veces perdemos la meditación porque comenzamos a mirarla, a tratar de apropiárnosla y recordarnos. Intentamos ser testigos y ver lo que hacemos. Tomamos notas. Cuando hacemos el bien a cualquiera, estamos encantados y nos aplaudimos. Sostenemos un diálogo interno. Nos observamos sin cesar. Es el camino del Señor que captura al Señor y no lo deja avanzar. Y hay que dejarlo avanzar; ser un camino que, como tal, nada retiene: permite ir y venir.

«Los caminos tortuosos serán enderezados,
y los caminos rocosos aplanados,
y verá toda carne la salvación de Dios.» [Lucas 3:5-6]

La voz que clama en el desierto resulta profética. No es Juan quien habla. Él «es hablado», es decir que es el canal de una voz que él no domina personalmente.

Llamado de Juan a la conversión
(Mateo 3:7-10)
Amenaza de Juicio
(Lucas 3:7-9)

Juan bautiza a la muchedumbre que llega de toda Judea y de toda la región del Jordán. En estos dos capítulos del Evangelio, comienza a insultar al gentío que acude a verlo. Principalmente, se dirige a los escribas y a los religiosos, y les pregunta qué van a hacer ahí:

«¡Raza de víboras! ¿Quién os enseñó a huir de la ira venidera?».

Es la amenaza del fin del mundo.

«Haced, pues, frutos dignos de atestiguar vuestra conversión, y no penséis decir dentro de vosotros mismos: "A Abraham tenemos por padre". Porque yo os digo que Dios puede levantar hijos a Abraham aun de estas piedras. Y ya el hacha está presta a atacar la raíz de los árboles; por tanto, todo árbol que no da buen fruto será cortado y echado en el fuego.»

Ahí comprendemos la imagen que Juan se hace del Mesías: anuncia un castigo espantoso y prefigura a un terrible Mesías de fuego que todo lo incendiará en su camino.
De hecho, cuando el Cristo llega, es lo contrario a lo que se

anuncia. Qué sorpresa representará esto para Juan, quien promete la llegada del hombre más fuerte del mundo, de un hombre que inflamará la tierra entera. «¡Haceos bautizar, pronto!», dice Juan a las personas; las introduce en el agua y ellas lo ven y tiemblan de pavor: forman una fila para confesar sus pecados.

¿Nos damos cuenta de lo que Juan oye en estas confesiones? Él, que antes se hallaba en el desierto y no escuchaba un solo ruido. Y, de súbito, comienza a oír un torrente de locuras e insanias. Todo el mundo llega a derramar sus pecados en las orejas de Juan. Se convierte en el felpudo, en el «limpiador». Limpia a todas las personas a fin de que éstas no sean arrojadas al fuego. Siente, pues, que debe trabajar a toda prisa.

Bautismo de agua y bautismo de fuego
(Mateo 3:11-12)

«Yo a la verdad os bautizo en agua para la conversión; pero el que viene detrás de mí es más poderoso que yo.»

Pero no «es más terrible que yo»: es *infinitamente más dulce que yo.*

«Y yo no soy digno de retirarle sus sandalias.»

Mas aquí la dignidad no se plantea porque Él es la obra y Juan el siervo de la obra.

«Él os bautizará en el Espíritu Santo y el fuego.»

En la versión ecuménica, una nota indica que en este pasaje no se trata de un fuego espiritual sino de un fuego que incendia y castiga.

«Su pala de cribar el grano está en su mano, y limpiará su era; y recogerá su trigo en el granero, y quemará la paja en fuego que nunca se apagará.»

El fuego que no se apaga es el infierno eterno.

Bautismo de Jesús
(Mateo 3:13-17; Lucas 3:21-22)

Entonces apareció Jesús venido de Galilea hasta el Jordán a ver a Juan, para ser bautizado por él. Mas Juan se le oponía...

De súbito llega este ser. Qué emoción de ver la diferencia entre el Mesías terrible que había sido anunciado y el ser que se presenta. Qué emoción de ver llegar a nuestra alma tal como la hemos deseado, nuestro Dios interior pleno de dulzura.

Desde que Juan lo ve, vuelve a sentir lo que experimentara cuando era un feto. Al recordar este suceso lo atraviesa un temblor del Espíritu Santo. Se vuelve eléctrico: por todos los poros de su piel capta la luz de ese ser increíble.

Juan le dice de inmediato «Dios mío», porque lo percibe en el nivel de su corazón. Si tuviéramos la oportunidad de ver ante nosotros a nuestro Dios, ¿a qué estado accedería nuestro corazón? Se pondría a latir como un tambor y sería posible escucharlo desde muy lejos. ¿Por qué? Porque si Dios apareciera ante nosotros, esto implicaría que somos eternos, que la muerte no existe y que nuestros dolores han terminado. También implicaría que la verdad existe y que la humanidad está salvada porque Él viene a salvarla. Puesto que podemos ver a Dios, la Eternidad nos ha elegido. ¡Qué honor el verlo, y qué emoción! Juan llora, emocionado: se halla incapaz de movimiento.

Cristo le dice «¡Bautízame! ¡Límpiame!». Juan no puede evitar un movimiento de retroceso: «¿Quién soy yo para bautizar?». Antes lo hacía: limpiaba a todo el mundo. Pero a partir del momento en que ve al Cristo, Juan se da cuenta del estado en que él mismo se encuentra. Toma entonces la decisión de ya jamás bautizar. Pero Cristo le da la orden de continuar: «¡Límpiame!».

Imaginemos la situación: ¡limpiar a Dios! Él es la pureza total. Estamos limpiando los excrementos de todo el mundo. El agua está sucia. Al fluir, se lleva los pecados pero no queda menos contaminada. De golpe, por el hecho de tocar el agua, este ser la purifica. Por el hecho de mirarnos, nos purifica; y nos pide hacerle el honor de limpiarlo. Juan se dice «No puedo hacer una cosa parecida. Verdaderamente, no puedo». Tiene vergüenza: siente una injusticia infinita. Al mismo tiempo, comprende la lección; Juan anunciaba a un ser destructor que iba a propagar el fuego a su paso y a destruir las montañas, y se presenta un hombre que se arrodilla ante Juan: un Maestro que se inclina ante los pies del discípulo. ¡Qué belleza indescriptible!

Juan ve a Dios arrodillarse ante él. ¿Qué sentiría cualquiera de nosotros si encontráramos al ser que durante toda la vida hemos querido ver? Llega ante nosotros: Krishna, Shiva, Buda... Mientras avanza, todos los ángeles y todas las voces de la tierra cantan. Se aproxima a nosotros, se arrodilla a nuestros pies y nos dice «¡Límpiame! ¡Hazme entrar en la comunidad humana! ¡Dame el bautismo!». ¿Qué haríamos? Como Juan, con una emoción infinita, tomaríamos un poco de agua. Después, con un amor infinito, con devoción y un don total, vertimos el agua sobre la cabeza de este ser y nos convertimos en el agua. Verdaderamente en este momento Juan se convierte en el agua. Fluye y corre en Cristo y se da completamente en el bautismo. El bautismo de Cristo se convierte en el de Juan: éste obtiene el perdón absoluto.

Entonces el Cristo da una lección de humildad porque dice «He venido a la tierra para servir a quien sufre y no para hacer sufrir. No vine a destruir: vine a construir. No soy el hierro que sojuzgará a las naciones. No soy un rey ni un gurú ni un supremo sacerdote. No busco a las multitudes: busco a algunas personas verdaderas. Yo no soy nada. Mejor que todo es el ser humano».

Comprendemos pues, que la lección consiste en estar a los pies del discípulo. El Maestro debe ser el siervo de la obra, o de otro modo no se trata de un verdadero Maestro.

Mas Juan se le oponía, diciendo: «Soy yo quien necesita ser bautizado por Ti, ¿y Tú vienes a mí?».

Lo que está diciendo es «¡Te he buscado y eres Tú quien viene a mí!». Juan no ha ido a buscar al Cristo: es el Cristo quien llega a ver a Juan y éste se halla listo para reconocerlo. Esto quiere decir que es nuestra divinidad interior la que viene a nosotros. Es el Cristo interior el que nos encuentra y no nosotros quienes lo buscamos.

En tanto que somos ego, no aceptamos esta idea; sin embargo, es nuestra esencia la que nos busca. Hay que comprender que somos solicitados por la plenitud, la perfección, la grandeza y la madurez. Es nuestra esencia la que viene y se arrodilla ante nosotros a fin de que la empleemos y nos disolvamos en ella.

En nosotros existe un universo completo que desea realizarse, y todo sufrimiento tiene por finalidad impedirnos esa realización. La verdad es que no queremos ser buscados. Si somos egoístas, nos busca la generosidad. Si somos coléricos, nos persigue la calma. Si somos avaros, va tras nosotros la creatividad. Además, si no tenemos una actividad artística, vivimos angustiados porque la creatividad nos rastrea durante toda nuestra vida.

La humanidad es buscada por la conciencia superior para poderse realizar. Y si ella no se realiza, esto causa guerras, sufrimientos, destrucción y angustia.

La mayor alegría concebible es la de ser buscado y elegido.

Pero Jesús le respondió: «Deja ahora...».

¿Comprendemos con qué dulzura dice esto? ¿Qué significa «deja ahora, déjate hacer»?

«Deja ahora, porque así conviene que cumplamos toda justicia.»

«¡Déjate hacer! ¡Detén tu voluntad! ¡Acepta!
¡Déjate hacer! ¡Sé capaz de captar la alegría!
¡Déjate hacer! ¡Deja entrar la luz en tu espíritu!
¡Déjate hacer! ¡Deja entrar el amor en tu corazón!
¡Déjate hacer! ¡Deja entrar la vida en tu sexo!
¡Déjate hacer! ¡Permite el bienestar en tu cuerpo!»

¡Déjate hacer! El corazón es como una flor: se abre desde el interior y nadie puede abrirla desde el exterior.

¡Déjate hacer! Toda virginidad se pierde desde el interior. Es la lección que nos ofrece el mito con el nacimiento de Cristo. Para Cristo, no existe mejor entorno para nacer que aquel por el cual todos los seres humanos nacen. No ha venido para de-

cir que el ser humano está mal hecho y que la mujer es impura. Muy por el contrario. Cuando nace, *atraviesa el himen desde el interior.*

Nuestro corazón es la Virgen. Cuando nuestro Cristo interior nace, nos abre el corazón desde el interior.

¡No cierres tu corazón! ¡Déjate hacer! Deja que el corazón se abra. No resistas. ¡Abre! *¡Ábrete Sésamo!* Esta fórmula mágica no se pronuncia en el exterior de la gruta, sino en su interior. Es el tesoro el que nos dice «¡Ábrete Sésamo!». Es el tesoro el que nos abre.

Tu corazón se abre y el ser se manifiesta. ¡Déjate hacer!

No hay ninguna justicia para lo que está cerrado.

Entonces, lo dejó.

¿Es posible comprender todo lo que expresa esta pequeña frase? El templo de Juan es limpio y puro. El Cristo le dice «¡Déjate hacer!», y de pronto el cuerpo de Juan comienza a absorber la presencia del ser que está ante él.

«¡Déjate hacer! ¡Date! ¡No te resistas!» La luz de Cristo comienza a caer sobre Juan. Cristo mira el ojo izquierdo de Juan y Juan mira el ojo izquierdo de Cristo. El contacto se realiza de ojo izquierdo a ojo izquierdo. Un rayo de luz los une y, de improviso, el rostro de Cristo se abre y Juan se ve absorbido por un abismo. Cae en él. Da todo su ser y el rostro lo recibe. Cuando Juan se ha dado por completo, cuando todo su ser esencial se deja llevar a este abismo, ve su propio rostro en el de Cristo. Éste se ha vuelto su espejo. Juan se ve en el Cristo y se pone a llorar porque se *reconoce.*

He aquí lo que significa «¡déjate hacer!». Juan ha «vasocomunicado» su ser con el otro, y el otro le devuelve su perfección.

¿Cuál es el rostro de Cristo? Nuestro rostro. Cristo es un ser que tiene un espejo en lugar de rostro y en este espejo nuestro rostro se refleja, porque ¿qué percibimos de la divinidad? Percibimos exactamente lo que somos. Mientras más somos, más percibimos. Mientras menos somos, menos percibimos.

Y Jesús, después que fue bautizado, salió del agua; y he aquí que los cielos se abrieron...

¿Cómo puede abrirse el cielo? ¿No está ya abierto? ¿Fueron las nubes las que se abrieron? No, puesto que se dice «los cielos se abrieron» y no «las nubes se abrieron». ¡Imaginemos, pues, esta belleza!

...y he aquí que los cielos se abrieron, y vio al Espíritu de Dios que descendía como paloma, y venía sobre él.

¡Veamos lo que pasa! Es pleno día. Encima de ellos se encuentra el cielo, ese espacio infinito. De pronto se oye un ruido y el cielo comienza a abrirse como dos párpados que se separan. ¿Qué se ve entonces por ahí? Otro universo hecho de todas las posibles energías celestes.

Este otro universo también está en nosotros. Cuando el espíritu se abre, entramos de lleno en nuestro inconsciente. Una abertura hacia el inconsciente se crea en la conciencia. Al principio, cuando esto sucede, es angustiante porque no sabemos qué es. ¿Nos percatamos de la emoción que se puede experimentar al ver lo que existe detrás de la realidad, en otra dimensión?

De hecho, aparece una paloma: ¡un animal real! Es difícilmente concebible. Es como un cuadro de Magritte. La realidad se abre, la irrealidad aparece y, de súbito, en mitad de la irrealidad, surge el ser concreto del mundo.

Veamos lo que los dignatarios de todas las religiones (porque se trata de la versión ecuménica) han escrito a propósito de la paloma. Sus comentarios resultan interesantes: «Ninguna interpretación certera puede darse de este símbolo. Probablemente se trata de una alusión a la paloma que retorna al Arca de Noé. Algunos, apoyándose en las tradiciones judías, identifican a la paloma con Israel. Para otros, ella sugiere el amor de Dios que desciende sobre la Tierra. En fin, de acuerdo con otras tradiciones judías que veían una paloma en el Espíritu de Dios revoloteando sobre las aguas, algunos estiman que ella evoca la nueva creación que tiene lugar en el bautismo de Jesús».

Todo esto está bien, pero ¿recordamos que el día en que Jesús se presenta en el templo, se mata a dos palomas sobre el altar? Durante milenios, los sacerdotes han sacrificado palomas, ya fueran tórtolas, pichones o palominos. En la antigua religión, la paloma es, pues, un animal sacrificado.

Esta paloma simboliza al propio Cristo, quien más tarde se sacrificará en otro templo: el templo de la humanidad.

Es crucificado en un entorno que se llama el Gólgota, es decir, «la montaña del cráneo», un símbolo humano. La cruz se planta en la cabeza del ser humano a fin de que entre hasta lo más profundo de nuestro cerebro.

¿Qué se sacrifica en el altar? Desde luego, es el sacrificio del ego. No esperemos la inmortalidad sin sacrificar el ego: este bello ego, esta paloma que se llama nuestro «Yo», nuestro «Mí Mismo», este pequeño monstruo, esta caricatura que ha sido marcada por toda nuestra historia.

Esta paloma es bella. Nuestro ser es bello: al sacrificar la caricatura que somos, llegamos al ser esencial. Esto implica que hace falta estar decidido a sacrificar nuestro psiquismo y nuestros hábitos espirituales. No es fácil de realizar, porque estamos acostumbrados a ser siempre los mismos.

Una toma de conciencia no sirve de nada, si no se actúa de inmediato. En la toma de conciencia, el «actuar» es lo más importante. A cada toma de conciencia debe seguir de inmediato una acción, o de otro modo constantemente volvemos a ser las mismas caricaturas anteriores. Durante veinte, cuarenta o sesenta años, somos la caricatura de nosotros mismos y jamás la abandonamos. El sacrificio consiste en convertirse en un ser nuevo. Es muy difícil sacrificar la paloma: sacrificar la concepción que tenemos de nosotros mismos, nuestros puntos de vista, nuestras costumbres...

El ser que no es más que una caricatura piensa que el mundo circundante tiene su forma y sus ideas; proyecta esta forma y estas ideas en los otros y los ve de acuerdo con lo que es él mismo. El ego es un *punto de vista*. Sacrificar a la paloma es sacrificar el punto de vista que portamos sobre nosotros mismos y sobre los otros.

Poseemos un punto de vista sobre nosotros y éste dirige y transforma nuestra vida. Nos decimos «No haré esto. No haré aquello. Soy como esto. Soy como aquello». Después, cuando llega el momento de confirmar todas estas concepciones mentales, el Yo no actúa como se esperaba. Entonces descubrimos que no somos lo que siempre pensamos: no éramos héroes sino cobardes; no hombres fuertes sino débiles; no teníamos dignidad: la perdimos por completo. Basta recibir una bofetada de cualquiera más fuerte que nosotros para perder toda la dignidad. O al contrario: en una situación espantosa nos damos cuenta de que podemos sacrificarnos y dar nuestra otra mejilla. Nos hacemos golpear defendiendo una verdad, y tenemos la sorpresa de ver que no éramos tan lamentables ni tan pequeños como imaginábamos. De pronto nos ponemos a crear un poema y nos damos cuenta de que no teníamos tan poco talento como suponíamos. No éramos tan mediocres como nos gustaba creer. Nos percatamos de que poseemos recursos desconocidos. Basta ver a una madre cuando alguien intenta torturar a su hijo: si lo ama, se vuelve una leona..., y ella no sabía que lo era.

...y vio al Espíritu de Dios que descendía como paloma, y venía sobre él. Y hubo una voz de los cielos, que decía: «Éste es mi hijo amado, en quien tengo complacencia».

Ésta es la versión de Mateo. En la de Lucas (3:21-22), la voz proveniente de los cielos afirma:

«Mi hijo eres tú; Yo te engendré hoy».

Lucas cita, pues, el Salmo número 2 en este pasaje (7-9):

> Yo publicaré el decreto;
> El Señor me ha dicho:
> «Mi hijo eres tú;
> Yo te engendré hoy.
> Pídeme
> Y te daré por herencia las naciones,
> Y como posesión tuya los confines de la tierra.
> Los quebrantarás con vara de hierro;
> Como vasija de alfarero los desmenuzarás».

El Salmo 2 es recitado en el cielo e inmediatamente después vienen las tentaciones del diablo. Lo que resulta increíble es que aparece un paralelo entre Dios y el diablo, en la medida en que ambos ofrecen al Mesías «por herencia las naciones».

La tentación de Jesús
(Mateo 4:1-11)

Entonces Jesús fue conducido por el Espíritu al desierto, para ser tentado por el diablo.

¿Cuál es este Espíritu? Mateo dice «Jesús fue conducido por el Espíritu»; ahora bien, justamente antes había dicho «...y he aquí que los cielos se abrieron, y vio al Espíritu de Dios que descendía como paloma...». Por tanto, la paloma está ahí. De súbito, ella se aleja volando y Cristo la sigue. Es comparable al Loco del Tarot, que avanza cargando su costal y mira hacia el cielo.

Cristo no decide por sí mismo ir al desierto. Se deja guiar por el Espíritu. Una parte suya ordena y él la sigue, la obedece. Este ser extraordinario obedece a una paloma, pero en realidad la paloma es una parte de sí mismo.

Jesús permanece cuarenta días sin comer ni beber. El sol le quema la piel. Enflaquece. Es entonces que el diablo se presenta. Me gustaría conocer la naturaleza de este personaje. ¿Cómo puede ser descrito el diablo interior de Cristo?

Y después de haber ayunado cuarenta días y cuarenta noches, terminó por tener hambre.

Al cumplirse ese plazo, su cuerpo debía estar muy débil. En el desierto, durante la noche reinan el silencio y el frío. Cristo espera. No tiene ningún problema mental. Sabe que será tentado, pero ¿por quién? ¿De dónde surgirá el diablo?

Y se aproximó a él el tentador, diciéndole: «Si eres Hijo de Dios, ordena que estas piedras se conviertan en pan».

Lo primero con lo cual el diablo lo tienta es el hambre. Imaginémoslo: Cristo está sentado; el diablo llega y comienza a provocarlo jugando con su debilidad del momento. Se relame, se chupa los dedos, le muestra un vientre bien lleno, come delante de él, etcétera.

¿Creemos que la tentación del diablo se haya manifestado de esta forma? ¿De dónde proviene este diablo? ¿Llega de lejos, puesto que está dicho que se aproxima al Cristo? ¿Porta un tridente y una larga cola? Es imposible. En lo personal, si yo fuera el Cristo, un diablo de este tipo no me causaría miedo. Tal representación forma parte de una imaginería pueril.

Entonces, ¿cómo es este diablo? ¿Aparece bajo la forma de un bello adolescente o de un niño pequeño? Tampoco esto es posible.

Para comenzar, el Cristo no puede hallarse más que sentado en postura de meditación. Se encuentra en el desierto y medita. No persigue a los saltamontes. No come. Puede controlar su espíritu. Su columna vertebral está derecha. Nada lo afecta. Es fuerte. Sabiendo que el diablo vendrá, lo espera con firmeza. Es, pues, un guerrero, un cazador, un centinela. No lo aqueja la debilidad. La fuerza de un samurai no es nada al lado de la de Cristo después de cuarenta días de ayuno. Se halla alegre, puesto que espera este combate y sabe que triunfará.

De pronto, ¿qué ve venir? Está sentado y un ser idéntico a él sale de su interior. Resulta evidente que el diablo le es similar en todos los puntos. Es su doble, o de otra manera nada se puede hacer. Cristo sólo podría tener miedo de sí mismo, y de ninguna otra entidad. Sólo su doble puede tentarlo.

Veamos lo que dice su doble; no le habla con esa voz estereotipada que podríamos suponer. Se expresa con la voz más bella y más dulce del mundo. No habla de otro modo que como el propio Cristo. Para éste la tentación es efectiva, porque se ve a sí mismo y se habla a sí mismo. Cristo se dice «Tienes hambre». Lo sabe a la perfección porque es lo que está sintiendo.

«Si eres Hijo de Dios [Él sabe que *es* el hijo de Dios] ordena que estas piedras se conviertan en pan.»

Su doble se dirige a él tranquilamente. Cristo no le responde de manera personal, sino que hace una cita de la Biblia:

Él respondió y dijo: «Escrito está: No sólo de pan vivirá el hombre, sino de toda palabra que sale de la boca de Dios».

Se refiere a un pasaje del Deuteronomio (8:1-5), «La educación de Israel en el desierto», parte de la ley de Moisés. He aquí el pasaje completo:

«Todo mandamiento que Yo te doy hoy, cuidarás de poner por obra para que vivas, y seas multiplicado, y entres y poseas la tierra que el Señor prometió con juramento a tus padres. Y te acordarás de todo el camino por donde te ha traído el Señor tu Dios estos cuarenta años en el desierto»...

En cuarenta días, Cristo ha atravesado la ruta que todo el pueblo había recorrido durante cuarenta años. He ahí por qué permanece ese número de días en el desierto.

«...para imponerte la pobreza...»

Hemos visto la pobreza de Juan y lo que este término implica.

«...para probarte, para saber lo que había en tu corazón...»

No «en tu cabeza» ni «en tu sexo»: en tu corazón. El núcleo del problema es emocional. Si el corazón va mal, la cabeza y el sexo marchan de igual modo. Por el contrario, a un corazón contento corresponden una cabeza y un sexo dichosos.

«...para probarte, para conocer lo que había en tu corazón y saber si habías de guardar o no sus mandamientos. Y te impuso la pobreza, y te hizo tener hambre, y te sustentó con maná, comida que no conocías tú, ni tus padres la habían conocido, para hacerte reconocer que no sólo de pan vivirá el hombre, mas de todo lo que sale de la boca del Señor.»

Cuando el Cristo replica «No sólo de pan vivirá el hombre», prueba cuán seguro está de su fe. No siente la menor duda. Está centrado. Su diablo viene a decirle «Tienes hambre» y, en su fuero interno, Cristo sabe que no la tiene porque está nutrido por el Espíritu. Se nutre de sí: está completo, presente. No duda ni un segundo de sí mismo. Resulta extremadamente bello no dudar de sí, ser un guerrero, atravesar nuestro desierto y saber que somos nuestros más grandes tentadores y que podemos resistirnos.

Entonces el diablo lo llevó a la Ciudad Santa, y lo puso sobre el pináculo del templo, y le dijo: «Si eres Hijo de Dios, échate abajo; porque escrito está...».

Ahora el diablo cita el Libro. Es un combate de Libros. Cristo y el diablo muestran aquí que según la manera en que se emplee la Biblia, se puede encontrar al diablo o a Dios. En efecto: dependiendo de la interpretación que uno hace de los textos, se obedece a Dios o bien al diablo. Todo está ahí. Es como el Tarot: puede ser positivo o negativo, de acuerdo con la interpretación que se haga. Asistimos, pues, a un combate entre una interpretación doctoral de la ley al pie de la letra y una nueva interpretación surgida del corazón, es decir una lectura viva que se libera de la ley porque sabe que la verdad está en el corazón y no en la ley. Es una batalla libresca entre dos bibliotecas. O más aún, un enfrentamiento entre la biblioteca y el escritor.

Cristo conoce la Biblia de memoria porque es Él quien la ha escrito. Cuando era el Padre, la ha dictado. La conoce, pues, punto por punto. Y el diablo la conoce también punto por punto, puesto que es el propio Cristo.

«Si eres Hijo de Dios, échate abajo; porque escrito está: "Él dará para ti órdenes a sus ángeles, y ellos te sostendrán en sus manos para que tu pie no tropiece en piedra".»

Ahí el diablo cita el Salmo 91 (9-14):

«Sí, Señor, eres Tú mi refugio.
Tú has hecho del Altísimo tu morada,

No te sobrevendrá mal...»

»...Ni golpe amenazará tu tienda,
Pues Él encargará a sus ángeles
Que te guarden en todos los caminos.
En sus brazos te llevarán
Para que tu pie no tropiece en piedra.
Pisarás sobre el león y la víbora;
Hollarás al tigre y al dragón.
Por cuanto se une a mí, lo libero.
Lo protegeré porque conoce mi Nombre».

«Conoce mi Nombre.» Cristo es el único en conocer el Nombre del Padre y es el único en poderlo conocer porque Dios es el Nombre. No hay diferencia entre su Nombre y Él. Conocer su Nombre es conocerlo también. Ahora bien, ninguno de nosotros puede conocerlo. Si lo conociéramos, de inmediato desapareceríamos, disueltos en la potencia del Verbo.

El Nombre de Dios es lo innominable. Es por esta razón que cada vez que un humano le pregunta su Nombre, Dios elude la respuesta. Lo hace por amor. No tiene Nombre. Es el Nombre. Es el Verbo.

Solamente Cristo puede conocerlo porque él mismo es el Nombre. Por ello el diablo le hace esta tentación... pero conoce el Nombre.

Cristo se encuentra sobre el tejado del templo. ¿Cómo? El diablo, es decir el propio Cristo, lo hace volar en los aires hasta que aparece sobre el tejado. ¿Cuál es ahora la tentación?

La tentación es la muchedumbre que se halla ante él. Si se lanza desde el tejado, volará. Y si vuela, se convertirá en gurú o en papa. Este milagro le hará ganar miles y miles de discípulos. Será aplaudido. Será, pues, el diablo, porque incorporará a éste en su vida.

Al rechazar esta tentación, Cristo rechaza evidentemente la vida del Poder. No quiere a esa multitud a la que bastan pequeños milagros para seducirla. Rehúsa convertirse en el líder de una multitud viéndose forzado a hacer miles de cosas que no le interesan.

Cristo no se disfraza con vestimentas extravagantes. No trabaja su aspecto exterior. No se rasura la cabeza, no se deja crecer los cabellos o la barba, no crea iglesias, sociedades o sectas. No pide que le quememos incienso en ofrenda, ni que le abracemos los pies... Desde luego, no se impone a nadie. Rechaza todo aquello y sin embargo podría haberlo tenido fácilmente si quisiera. Rechaza a su diablo, esa parte de sí mismo.

No compra propiedades. Es libre. Ha vivido siempre en la casa de María en Nazaret. Jamás ha poseído una casa, un lugar. Camina con los pies desnudos. Sus vestimentas son de lo más sobrio. No alborota a multitudes. No hace discursos. Escribe simplemente en el suelo con uno de sus dedos y lo que traza es borrado por el viento. Compadece, por inútiles, a los escribas.

He ahí en qué consiste esta tentación. Si él es el Cristo, si es verdaderamente el Hijo de Dios, no puede seguir ese camino. Se libera.

Jesús le dijo: «Escrito está también: "No pondrás a prueba al Señor Dios"». [Mateo 4:7]

Se acude de nuevo a Moisés. Este pasaje hace referencia al Éxodo (17:1-7). En esta época el pueblo comienza a poner a Dios a prueba. Es decir que constantemente se rebela. Encontramos un buen ejemplo en este capítulo del Éxodo llamado «El agua de Masah y Meriba»:

Toda la comunidad de hijos de Israel partió del desierto de Sin, prosiguiendo por etapas conforme a la orden del Señor. Acamparon en Refidim, pero no había agua para que el pueblo bebiese. Y altercó el pueblo a Moisés, diciendo: «Danos agua para que bebamos».

Y Moisés les dijo: «¿Por qué altercáis conmigo? ¿Por qué ponéis a prueba al Señor?».

Hay que tener fe, confianza.

Cuando queremos saber si un ser nos ama, basta notar su grado de confianza. Si no nos la tiene, no nos ama. Si somos adultos, pidamos al ser amado que nos firme un papel en blanco. En su respuesta veremos si nos tiene confianza o no.

En el Medievo, en Japón, cuando alguien entraba en un monasterio zen firmaba un papel otorgando al Maestro el permiso de matarlo. Era la condición sine qua non para ser admitido.

Si no tenemos confianza, si carecemos de fe, no amamos. En general, decimos «Para que te ame, hace falta que tú me ames. Antes de darte, yo quiero estar seguro de que tú me das». Somos, pues, comerciantes, y no sentimos un amor verdadero por el otro.

Cuando amamos, tenemos confianza en el otro y no le pedimos ninguna prueba. Un gato que nos ame nos tiene confianza. Podemos rascarle la tripa: se deja hacer. ¡Pero intentemos rascársela al gato del vecino!

Continúa el Éxodo:

Así que el pueblo tuvo ahí sed, y murmuró contra Moisés: «¿Por qué pues, me hiciste subir de Egipto?, ¿para dejarnos morir de sed a mí, a mis hijos y a mis ganados?». Entonces clamó Moisés al Señor: «¿Qué debo hacer con este pueblo? De aquí a poco, me lapidarán».

Moisés era el único en creer. ¿Nos damos cuenta de que entre millares y millares de personas, no había sino una que creía? Casi siempre ha sido así.

El Señor dijo a Moisés: «Pasa delante del pueblo, y toma contigo a algunos de los ancianos de Israel; y toma también en tu mano la vara con que golpeaste el río, y ve. He aquí que Yo estaré delante de ti, allí sobre la peña en Horeb; y golpearás la peña, y saldrá de ella agua, y el pueblo beberá». Y Moisés lo hizo así en presencia de los ancianos de Israel.

Moisés golpea la piedra; él cree y, así, la piedra da agua. El elemento de la naturaleza que por excelencia jamás da agua, la otorga. Esto quiere decir que la fe y la confianza pueden realizar lo imposible.

Si tenemos fe y golpeamos el corazón de piedra del otro con nuestro bastón (nuestra fe), su corazón se abrirá. Ni un solo corazón se resistirá. Si sembramos amor y confianza, obtendremos amor.

¿Creeremos que Moisés se reservó las primeras gotas de esta agua? En absoluto: golpea la piedra con el fin de apagar la sed de todos. Estoy seguro de que fue el último en beber. Desde que el agua aparece, los ancianos de Israel, que eran testigos, se precipitan a la fuente y beben hasta saciarse; luego llaman a los demás. Los hombres, las mujeres y los niños se apresuran, llevando a su ganado. Cuando todos han bebido, parten satisfechos. Entonces Moisés se aproxima a la fuente y apaga su sed.

Y [Moisés] llamó a aquel lugar con el nombre de Masah y Meriba, Prueba y Rencilla, por la querella de los hijos de Israel, y porque pusieron al Señor a prueba, diciendo: «¿Está, pues, el Señor entre nosotros, sí o no?».

Como el pueblo pone al Señor a prueba, el diablo dice a Cristo «¡Prueba a Dios!». El Cristo le responde «Él no está en entredicho».

Si tal fe podía Moisés tener, la fe de Cristo, que conoce el Nombre, no puede sino ser millones de veces mayor. Cristo sabe perfectamente que puede precipitarse al vacío. Mas también sabe que si lo hace, será convertido en gurú. El que hace milagros es «purificado», y serlo es verdaderamente duro porque quien lo acepta, incorpora a su diablo. De golpe, no se realiza de verdad en el fondo de su ser esencial.

He aquí la última tentación (Mateo 4:8-11):

Otra vez lo llevó el diablo a una muy alta montaña, y le mostró todos los reinos del mundo y la gloria de ellos...

El Cristo negativo lleva al Cristo positivo a una montaña. Ve desfilar los pueblos de la humanidad: Estados Unidos, Rusia, China, India, Japón, Tíbet, Egipto, etcétera. Ve más lejos todavía: los años 2000, 4000, 5000, 10000, 20000... Todos los siglos, todos los reinos de la humanidad, absolutamente todo.

Después de haberle mostrado los pueblos de la tierra y los millones y millones de riquezas y de reinos, el diablo le dice:

«Todo esto te daré, si te inclinas y me adoras».

Esto quiere decir «Yo puedo darte todo eso. ¡Es evidente que poseo este poder porque soy el Dios encarnado! Si yo lo quisiera, podría permanecer indefinidamente en la Tierra sin hacerme crucificar. Sería eterno a lo largo de los siglos. No conocería la muerte. Sería el rey de todas las naciones. Podría tener todo lo que deseara y comandar a todo el mundo. Dado que soy quien soy, un proyecto así está fácilmente a mi alcance».

Cristo ve este enorme espejismo. Ve la multitud de hombres y mujeres, las montañas de riquezas, de vehículos, de diversiones, de danzas, de adornos, de oro, de piedras. Ve los innumerables templos, los parques, los jardines, los paisajes... y las esculturas hechas a su efigie. Ve su fotografía por doquier, sus vídeos, sus películas, la televisión, toda la prensa, toda la propaganda, todos los medios de comunicación... Ve los hologramas con su figura distribuidos por todos lados: en nuestros bolsillos, en nuestros relojes... Es la tentación de impregnar el mundo con su imagen.

Entonces Jesús le dijo: «¡Vete, Satanás! Porque escrito está: "Al Señor tu Dios adorarás, y a Él solo rendirás un culto"».

No podemos rendir un culto a nosotros mismos y no debemos permitir a nadie que nos adore. ¿Cómo hacerlo si el propio Cristo no lo permitió?

El diablo entonces lo dejó...

El diablo lo deja porque Cristo no acepta ningún culto de sí mismo.

A través de Cristo, tendremos que crear el culto de la divinidad. Cuando despertamos a nuestro Cristo interior, despertamos el culto de la divinidad interior. Esta forma humana que tenemos, oculta lo inhumano, lo innombrable, lo indecible.

Somos el Nombre. Todo es el Nombre. Entonces, ¿cómo vamos a nombrarnos si somos el Nombre? ¿Cómo un nombre va a nombrarse?

No existe palabra para definir lo que no comienza ni termina. Desde que se define el Nombre, ya no está. Desde que conocemos el Nombre de Dios, lo definimos y, al hacerlo, lo matamos. Se convierte en una simple definición. Hay que comprender bien esto. Desde que nos nombramos somos una caricatura porque, en el fondo, no tenemos nombre.

Cuando se nos da un nombre, se nos da un vehículo. Es todo. No se nos da un ser esencial porque corresponde a cada uno realizarlo.

Cuando lo realicemos, seremos nuestro Nombre pero no lo conoceremos. Los otros van a escucharlo y a sufrir sus efectos sin que nosotros lo conozcamos.

No sabemos cuál es, pero nuestro Nombre actúa en nosotros.

El diablo entonces lo dejó; y he aquí que los ángeles vinieron y lo sirvieron.

Tenía, pues, razón. Ha ayunado durante cuarenta días. Ha vencido al diablo y las entidades vienen a servirlo. Tiene sed: los ángeles le ofrecen un néctar. Tiene hambre: es saciado de frutas. Abre la boca y hermosos saltamontes dorados saltan en ella a fin de hacerse devorar por Dios. Todo llega. Como ha vencido al diablo, el buen y bello alimento se presenta.

Es la recepción sin ego. Se ha vencido a sí mismo. Ha descubierto su riqueza interior.

DIOS INTERIOR

Introducción

Si en la infancia sufrí aquello con amargura, hoy en día lo considero una suerte: me educó un padre comunista estalinista, furiosamente ateo. Desde que tuve cuatro años me repitió incontables veces «Dios no existe. Un día morirás, te pudrirás y eso será todo». Crecí sin fe, lo que me hizo buscar una aspirina metafísica gran parte de mi vida pero, providencial ventaja, también sin el engaño de una religión embutida a la fuerza en mi cerebro infantil. Cuando con el Tarot di mis primeros pasos en la terapia creí que el sufrimiento del individuo provenía, como lo pensaba mi padre, exclusivamente de problemas materiales, a saber: miseria, enfermedades, pérdidas de territorio, humillaciones sociales. Cambié de opinión cuando a la Tarología agregué la Psicogenealogía. Encontrando en cada familia secretos, nudos incestuosos, homosexuales, narcisistas, sadomasoquistas, al pensamiento marxista le agregué el freudiano, creyendo que la raíz de todos los males era la inhibición sexual. Sin embargo, avanzando en el estudio del árbol genealógico, ese tesoro-trampa donde los nombres, los tumores, los suicidios, los divorcios, los abusos, los abandonos, los vicios, tienden a repetirse a través de cuatro, cinco o más generaciones, constaté que las tensiones emocionales podían conducir a la depresión, a la frigidez, a la esterilidad, a la eyaculación precoz. Un corazón desolado transformaba el deseo, provocaba conflictos mentales y desastres económicos. Buscando la causa de esta catástrofe emocional llegué a la conclusión de que provenía del centro intelectual, invadido por ideas locas legadas de generación en generación. El pensamiento erróneo deforma los sentimientos, los deseos, las necesidades, los adultera, siembra delirios de posesión, crea prejuicios destructores, impone leyes absurdas, defiende morales rancias, encierra la compleja realidad en una cárcel racional... Inspirado por el símbolo del gusano que se transforma en mariposa, se me hizo evidente que el concepto de revolución, cambiar una cosa por otra, estaba caduco y que era necesario trabajar por una mutación mental. Siguiendo el rastro de esas ideas locas pude darme cuenta de que la mayor parte de ellas provenían de la interpretación negativa de un libro sagrado. En nuestra cultura judeocristiana, eran la Torah (Antiguo Testamento), los Evangelios y el Corán. Vi que, aún hoy, en todos los juicios legales se juraba sobre la Biblia, que los soldados antes de una batalla recitaban salmos, partes de un evangelio o una sura del Corán, que los actos religiosos eran sólo oficiados por monjes que durante siglos habían negado el placer sexual elevando a santo el antinatural celibato. Estudiando centenares de árboles genealógicos comprobé los estragos que estos textos, mal comprendidos, causaban en las familias, inoculándolas con prejuicios, odios raciales, exaltación del primogénito, desvalorización de la mujer, culpabilizaciones, elogios de la pobreza, desprecio del placer sensual, repudio a la vida, a la ciencia y a la imaginación.

Claro que, pensar esto, causa conflictos en el espíritu del consultante porque la cultura, de una manera u otra, impone estas creencias como tabús. Atacarlas, lo hemos visto en el caso de un conocido escritor, puede significar una condena a muerte o cuando menos una excomunión. En lo más profundo del inconsciente, el espíritu infantil se dice: «Si critico el credo de mis padres dejarán de amarme y entonces moriré abandonado». La raíz del trabajo psicogenealógico consiste en comprender el nivel de Conciencia de nuestros familiares.

Como el Tarot, los textos sagrados son ambiguos. Pueden interpretarse de muy diversas maneras. Esto puede comprobarse presentando por ejemplo el arcano VI (El Enamorado) del Tarot a varios consultantes. Cada uno verá en las tres figuras una actitud diferente. ¿Un hombre debe elegir entre una amante vieja y una joven? ¿Una alcahueta ofrece una prostituta a un cliente? ¿Una esposa entra en conflicto con la madre de su marido? ¿Un santo elige entre el vicio y la virtud? ¿Un joven miente a dos amantes? ¿Un grupo social se une? Etcétera. Las interpretaciones corresponden generalmente a los problemas psicológicos del lector. Donde hay mujeres puede ver hombres, donde hay adultos puede ver niños, donde hay paz puede ver agresión. Los delirios interpretativos no tienen fin. El terapeuta debe ayudar al consultante a descubrir significados útiles, dejando poco a poco la negatividad de lado. Si el consultante está convencido de que el mundo es agresivo, se le hace ver que su generalización es subjetiva, que el mundo no es violento sino que hay violencia en él. Entre «el mundo es» y «hay en él» existe un abismo. Como ya señalé en un capítulo de mi libro *Cabaret místico* (Siruela, 2006), los que transforman la realidad en una jungla agresiva son humanos con un nivel de *conciencia animal*. Sus centros intelectuales y emocionales están al servicio de la vida material y del sexo. Satisfacción instintiva, envidia de lo ajeno, nula responsabilidad, endiosamiento del dinero. Estas personas son las que roban, especulan, violan, destruyen el medio ambiente, carecen de caridad, transforman el idioma en jerga vulgar. Un poco más evolucionados son los que alcanzan un nivel de *conciencia infantil*. Consumidores compulsivos, coleccionadores de objetos inútiles, madres invasoras en competencia con sus hijas, padres ausentes, sumidos en la apariencia y el juego continuo, voluntariamente superficiales, irresponsables, siempre pidiendo sin preocuparse de dar, orgullosos de su cinismo y al mismo tiempo débiles, incapaces de vencer un obstáculo o un vicio, pero capaces de traicionar durante las pruebas difíciles... También puede llegarse al nivel de *conciencia romántica*. Ahí la persona cree que la solución de la vida es encontrar una pareja, con la cual, poseídos ambos por un mítico amor, vivir para siempre en una fusión. Esta visión rosa del mundo, exacerbada por el cine, las telenovelas, las canciones, las revistas de modas, los anuncios publicitarios, conduce al perfeccionismo, a la creación de matrimonios que terminan en divorcios violentos, a la idealización de la realidad hasta crearse fracasos, a aniquilar la sinceridad para utilizar mentiras seductoras, a confiar en rufianes disfrazados de príncipes azules, en prostitutas que se hacen pasar por hadas o en amantes «gentiles» que se convierten en asesinos... Cuando llega a la *conciencia adulta* el individuo aprende a invertir, a hacerse responsable, a crear empresas prósperas, a no dejarse embaucar por falsas promesas. Sin embargo, en esa intensa lucha, obsesionado por el poder económico, emocional, sexual o intelectual, puede hacerse egoísta, explotador, abusador de los niveles inferiores; vivirá en un aislamiento mental, sin considerar el sufrimiento ajeno... Se comienza a ser un humano digno cuando se llega al nivel de *conciencia social-planetaria*... El yo se une al nosotros y establece amorosas relaciones con el reino vegetal, mineral, animal y humano. No deseando nada para él que no sea para los otros, se hace dueño del planeta y de todos los seres vivientes. Lo que sucede en el otro extremo de la Tierra le concierne, el hambre mundial le afecta el estómago, la polución del aire la siente en sus pulmones, la enfermedad social lo convierte en terapeuta. Comprende que ser un humano sea ser la humanidad... El peligro de este nivel es quedarse anclado en la noción de un aquí y ahora paradisíaco, olvidando el destino universal de todo ser. La *conciencia cósmica* comprende lo efímero de la materia que la alberga, comparada con el tiempo eterno y con el espacio infinito. Sabe que es un mínimo fragmento en la grandiosa creación divina. Reconoce que, si la muerte es sólo individual, la raza humana tiene la oportunidad de alcanzar a vivir tanto como vive el universo. Ante su comprensión de la totalidad, los problemas cotidianos pierden importancia, con sincera humildad se inclina ante las leyes universales, acepta que la desintegración del cuerpo y de la mente individual es una necesidad sagrada y, desprendiéndose de toda posesión, se entrega a la vacuidad con la misma paz con que el Cristo se entrega a la crucifixión, sabiendo que la Conciencia, bajo una forma u otra, es imperecedera. Por fin se alcanza la *conciencia divina*...

El mismo misterio que sustenta al universo se encuentra en el centro de nuestra oscura psique. Esa todopoderosa energía, simbolizada por la antorcha que enarbola el andrógino del arcano XV (El Diablo), es la que llamamos Dios interior, manifestación del Arquitecto Universal en nuestra encarnación. No se le puede conocer pero sí sentir. Es nosotros, pero nosotros no somos él. Para que actúe como aliado hay que cederle nuestra voluntad, atrevernos en un estado de trance a sacrificar la insistente percepción de nosotros mismos, toda idea, sentimiento o deseo y, de negación en negación, acercarnos a su definitiva afirmación. Aceptar que es el astro luminoso del cual sólo somos la sombra.

Esta presencia de un Dios interior convierte de inmediato nuestra Conciencia en sacerdote y nuestro Cuerpo en templo. En el nivel de conciencia divina se obedece continuamente. A este desarrollo llegan pocos, por ejemplo un Jesucristo, un Buda, un Mahoma, un san Juan de la Cruz. El ego individual (Jesús) se pliega reverente ante la Esencia (Cristo). Aunque la tarea parezca imposible, el iluminado trabaja sin descanso para lograr que todos los seres vivientes alcancen este nivel de Conciencia...

A partir de la conciencia social-planetaria, pasando por la conciencia cósmica, hasta llegar a la conciencia divina, el individuo comienza a desarrollar sus sentidos, su mente y la percepción de sí mismo de otra forma. Se le revela el milagro cotidiano de la vida, comprende que los acontecimientos dependen de lo que se piensa que ellos son, que la realidad exterior se entreteje con su alma, que el espíritu racional navega en un océano mágico donde actúan azares movidos por un incomprensible Creador, que somos nuestro propio curandero, que aparte del cerebro estamos rodeados por un aura sensible que puede extenderse hasta increíbles distancias, que el universo nos ha ofrecido un precioso rol: ser creadores de Conciencia.

Podemos entonces comprender que la realidad, según su nivel de Conciencia, para algunos es una batalla cruel y para otros una danza feliz. Los libros sagrados sin nadie que los lea son cenizas de una remota hoguera: sin el soplo vital de un lector, las llamas no se vuelven a elevar. Pero según el nivel de Conciencia del lector, la interpretación variará... Los niveles bajos crearán morales represoras, celebrarán ceremonias supersticiosas, adorarán a un Dios exterior con nombre y figura humana, de preferencia hombre, asesino de todo no creyente. Los infantiles imaginarán ángeles castrados, con alas de pájaro y melenas de cortesana rubia... Los románticos harán que sus hijos veneren a santos o santas que niegan el orgasmo y la reproducción... Los adultos egoístas crearán sectas de enorme poder aspirando al control político-económico del mundo; cómplices de banqueros e industrias nocivas, edificarán fastuosos templos que serán nido de guerreros fanáticos.

Ahora más que nunca es necesaria una mutación de los niveles inferiores de Conciencia, pertenecientes a otras épocas de la historia. Este libro segundo es un intento de relectura de los Santos Evangelios desde un punto de vista artístico que corresponda a nuestro siglo.

8

Jesús se retira a Galilea
(Mateo 4:12-17)

Después de que «los ángeles vinieron y lo sirvieron», Cristo sale del desierto y es en Galilea donde lo reencontramos.

Cuando oyó que Juan estaba preso...

Juan, el precursor, es acusado. Su misión se detiene ahí.

Jesús volvió a Galilea; y dejando Nazaret, vino y habitó en Capernaum, al borde del mar, en los territorios de Zabulón y de Neftalí, para que se cumpliese lo dicho por el profeta Isaías:
«Tierra de Zabulón, tierra de Neftalí,
camino del mar, país al otro lado del Jordán,
¡Galilea de las naciones!».

He aquí a un ser que se ha formado en la soledad de su familia y en la soledad del desierto. En lugar de ir al templo, que reunía a una colectividad cerrada, sus primeros pasos lo dirigen precisamente a un sitio abierto que está en relación con todas las naciones, porque en ese punto los navíos hacen escala. Jesús se coloca ahí en un sitio internacional: en medio de la humanidad, donde puede influir en todas las naciones. No se retira a una esquina.

En cuanto hombre, esta actitud es ya revolucionaria: rompe los límites del grupo. Transgredir todos los límites de nacionalidad y de cultura es el primer acto revolucionario.

Digamos que Cristo es hebreo y que comienza la revolución en su país. Su primera acción consiste en convertirse, de súbito, en ciudadano del mundo.

Para él, ser ciudadano del mundo es ser ciudadano de la Galaxia. Decir que Jesús es terrestre y que pertenece al mundo es una cuestión de patrioterismo. Nosotros no pertenecemos al mundo: no somos de una galaxia. Pertenecemos a todas las galaxias. Si destruimos nuestro pasaporte, aún nos falta destruir el pasaporte del planeta, el de la galaxia e incluso el del universo, porque no pertenecemos a un universo sino a todos los universos.

No sólo somos ciudadanos del mundo: somos ciudadanos universales. El único pasaporte que debemos poseer es uno cósmico. Un ciudadano del cosmos es un rey de sí mismo.

Imaginemos lo que sucede en la cabeza de Jesús, en su humilde cerebro humano. Imaginemos todo lo que ve y lo que sabe: es la divinidad misma.

Cuando la divinidad se encuentra en Galilea y asiste al tráfico marítimo, escucha ya el ruido de las máquinas futuras: presiente los submarinos y las embarcaciones atómicas. También presiente los navíos que serán conducidos por la energía solar e incluso por el pensamiento. Ve el pretérito y el porvenir. Ve los viajes espaciales. Lo ve absolutamente todo.

El Cristo no se sitúa simplemente al borde del mar de Galilea: se coloca simultáneamente en todas las dimensiones del tiempo. Donde se halla, ve zarpar naves de todas magnitudes. Ve ciudades completas que, en el futuro, abandonarán la Tierra para ir a habitar en el espacio. Según el mito, es evidente que Cristo viene precisamente a colocarse en medio de las naciones: aquellas que han sido y aquellas que vendrán.

El pueblo que se encontraba en las tinieblas vio una gran luz...

Hay un poema zen que dice «Cuando una lámpara se enciende en una esquina, la luz brilla en el mundo entero». Esta gran luz de la que habla Isaías ilumina aquí, ahora, ayer, mañana, en todo el espacio y el tiempo. Es una luz inmensa, más potente que la de todos los soles reunidos. Si se acepta el mito, el sol es como una luciérnaga al lado de este ser inconcebible que está ahí, poseedor de todo el poder del universo. Sabemos que ha rechazado la oferta de su diablo, quien le ofrece convertirlo en el dirigente de los países pasados, presentes y futuros. Cristo podría conquistar la Tierra y poseer todo el oro del mundo. El poder absoluto está a su disposición. Es capaz de levitar, de volar, de realizar milagros, de establecer contacto con el diablo y dominarlo. Puede resucitar a los muertos.

Imaginémoslo: está en Capernaum y lo tiene todo. ¿Nos damos cuenta de su primera mirada? Viene del desierto. Su existencia es un rotundo secreto. Sólo Juan ha visto lo que Cristo es: al bautizarlo, experimentado una viva emoción. Sin embargo, según san Mateo, en ese momento junto al mar de Galilea nadie sabe quién es Cristo y lo que hace ahí.

Al mismo tiempo que ve a los navíos ir y venir, está viendo su muerte. Ve su crucifixión. Ve la Iglesia y todos los países que vendrán, todas las persecuciones y todas las muertes que él causará. Ve los millones y millones de víctimas, y las guerras cuyo origen es él. Ve las torturas, las ejecuciones, ve a las personas quemadas en hogueras, ve a aquellas que comprenderán mal su mensaje y provocarán una miseria sexual a escala planetaria. Ve a los niños que sufrirán, a la sociedad de consumo que él producirá. Ve cómo se va a mercantilizar su imagen y a ponerla en estandartes para hacer guerras y destruir el mundo. Ve la bomba atómica. Lo ve todo.

Sabe que provocará todo eso. Lo sabe, o de otro modo no sería Dios. Sabe también que estas caídas son periodos que atravesar para poder en seguida levantarse. Sabe que es necesario que la humanidad pase por ahí para poder llegar a la toma de conciencia.

La profecía de Isaías termina de este modo:

...Y para aquellos que se encontraban en el sombrío país de la muerte, una luz se encendió y les resplandeció.

Frente al mar de Galilea, Cristo veía el mundo entero en tinieblas. En ese instante, «una luz se encendió». Es decir, sintió que debía mostrar la luz al mundo. Entonces la obra dio comienzo.

A partir de ese momento, comenzó Jesús a predicar, y a decir: «Convertíos, porque el Reino de los Cielos se ha acercado».

¿Qué quiere decir «convertíos»? ¿Convertirse a qué? ¿De qué Reino habla? Podría haber dicho «¡Abandonad vuestras líneas escritas! ¡Dejad de leer el Libro! Todo eso es superstición. Vosotros declináis vuestra responsabilidad y la delegáis en un Libro, un texto, una ley. Vosotros no vivís: estáis encontrando justificaciones. ¿Creéis que os habéis salvado porque repetís lo que está escrito? ¡Convertíos!».

Podría también haber dicho «¡Basta! ¡Salid de esos entornos cerrados! ¡No leáis más! ¡Vivid vuestra belleza! ¡Respirad! ¡Sed activos en el camino! ¡Abandonad vuestras sandalias! ¡Avanzad!». He aquí lo que dijo. Convertirse es abandonar el delirio intelectual que no tiene raíces en la realidad.

«...el Reino de los Cielos se ha acercado.»

¿De dónde se acerca si el Cristo no tiene límites? ¿Por qué «se ha acercado»? Porque todas esas personas que están pegadas a su libro lo recitan sin cesar, intentan hacerse entender por un «cielo» exterior a ellas. Me pregunto en verdad dónde puede encontrarse ese cielo.

A la inversa, cuando el Reino de los Cielos se acerca, comenzamos a hablar más y más dulcemente porque el Reino de los Cielos está en nosotros. Cuando se aproxima, si verdaderamente lo hace, está en nosotros por completo. Nos colma tanto que ya no somos: no queda sino él.

«¡Convertíos!» quiere decir «¡Sed el paraíso!». Ésta es la conversión. Ahí donde está Dios, no puede haber oscuridad. Ahí donde está la divinidad y por tanto el Reino de los Cielos, no puede haber sufrimiento. Convertirse es perder el dolor y la oscuridad interior.

Si el Reino de los Cielos *se acerca*, está en nosotros. No somos más que luz, plenitud y alegría. Todo lo que dijo Cristo es «¡Alegraos! ¡Sed plenos y felices! ¡Creed!».

Los primeros discípulos
(Mateo 4:18-22)

El capítulo del Evangelio de Mateo conocido como «Llamada a los primeros discípulos» da una clave para comprender las bienaventurazas.

Cuando Jesús marchaba a lo largo del mar de Galilea...

Costea el mar. Las olas acuden a lamerle los pies. Cuando éstos tocan el agua, todo el océano se regocija. De mar en mar, los pasos de Cristo se propagan en todas las aguas del planeta. Todos los océanos y los seres marinos exultan de alegría al contacto con esos pies divinos que los bendicen.

Si la divinidad introduce los pies en un poco de agua, todo el océano queda bendito.

...vio a dos hermanos, Simón, llamado Pedro, y Andrés su hermano, que echaban la red en el mar, porque eran pescadores. Y les dijo: «Venid en pos de mí, y os haré pescadores de hombres». Ellos entonces, dejando al instante las redes, lo siguieron. Pasando de allí, vio a otros dos hermanos, Santiago hijo de Zebedeo, y Juan su hermano, en la barca con Zebedeo su padre, que remendaban sus redes; y los llamó. Y ellos, dejando al instante la barca y a su padre, lo siguieron.

Jesús llama a cuatro personas. No se sabe si los dos primeros hermanos eran jóvenes, pero lo son los dos siguientes puesto que Zebedeo, su padre, todavía trabaja. El Cristo convoca, pues, a dos hermanos y a dos hijos: dos más dos.

Cuando se conoce bien el Tarot, sabemos que en él hay cuatro ases y que éstos forman dos grupos de dos. La Espada y el Basto forman una unidad, y la Copa y el Oro forman una segunda unidad.

Sabemos también que estamos constituidos por cuatro centros: el intelectual, el emocional, el sexual y el corporal. Tenemos cuatro centros y una quinta esencia.

El número 4 puede también hacernos pensar en cuatro puntos cardinales y la quinta esencia en el centro del mundo.

Retomemos estas líneas y veamos qué nos sugieren:

Cuando Jesús marchaba a lo largo del mar de Galilea, vio a dos hermanos, Simón, llamado Pedro, y Andrés su hermano, que echaban la red en el mar, porque eran pescadores.

Cristo camina a lo largo de la costa. ¿Por qué costea? ¿Para mirar los barcos y dejar volar sus ideas al filo del agua? No: busca a cuatro hombres. Sabe. *Ve.* Por el momento, tiene necesidad de cuatro.

¿No hay más que cuatro pescadores en esta costa? No, son numerosos, pero Cristo no quiere más que cuatro. Observa entre ellos: busca a sus discípulos.

Se dice que no es el discípulo el que busca al Maestro sino este último quien busca al discípulo.

Asimismo, en el interior de nuestra alma, cuando estamos listos, nuestro Dios interior nos busca y nos habla. Si no estamos listos, nunca nos hablará.

Cristo avanza y ve a dos hombres de una gran pureza. En primer lugar, los ve porque reconoce esa pureza, y en segundo, porque estos dos seres brillan. En seguida, entre todos los pescadores presentes, señala a otros dos. Ve su alma. En el gesto que hacen para lanzar las redes, Cristo percibe una enorme humildad, una técnica perfecta y un incontestable don de sí.

El maestro Philippe de Lyon decía que la caza estaba prohibida y la pesca permitida. Esto quiere decir que si buscamos con nuestro intelecto no encontraremos nada. Por el contrario, si aprendemos a recibir, vendrán muchas cosas a nuestra red. Elegiremos entonces los pescados más grandes y rechazaremos los que nos son inútiles.

¿Qué hacer para tirar bien las redes? Antes hay que prepararlas concienzudamente. Un pescador es alguien que prepara su material con cuidado y amor. Él mismo teje la red y la dota con flotadores. Sabe que si el conjunto no es perfecto, no comerá.

Cristo advirtió con qué perfección esos hombres preparaban su material.

Ser perfecto en los actos pequeños significa también la posibilidad de serlo en los grandes. Es por ello que una persona que al caminar tropieza constantemente, o que no está consciente del cuaderno en que escribe y arruga el papel, o que simplemente desprecia los actos pequeños, no puede llegar a los grandes actos. Dijo Tchouang Tse: «Un funcionario que ordena bien su mesa tiene tanto mérito como un emperador que ordena bien su imperio». Esto significa que cuando un buen artista trabaja en su obra, todos sus útiles son bellos y están bien ordenados. Los conoce al detalle y, por tanto, trabaja espléndidamente en su creación. A la inversa, si su material está en desorden, su obra y su propia vida estarán desordenadas.

Cristo ve a esos dos hermanos lanzar sus redes y los *capta*. Sabe que son capaces de comprenderlo. Además, estos hermanos pescan juntos. Colaboran. No están, pues, en competencia, como tantos otros hermanos.

Y les dijo: «Venid en pos de mí, y os haré pescadores de hombres».

Dicho de otra manera: «Vosotros pescáis tan bien a los peces que podríais pescar a los seres humanos, es decir convertirlos».

Ellos entonces, dejando al instante las redes, lo siguieron.

¡Se dice pronto! Vayamos a pedir a cualquiera «Tú preparas unas crepas maravillosas. ¡Sígueme! Vamos a crear un nuevo partido político». ¿Nos tomará en serio?

Esos hombres son pescadores, no escribas, religiosos o místicos. Van a orar al templo porque tienen una religión y la practican, nada más. Entonces, ¿cómo es que dejan inmediatamente sus redes y siguen a Cristo? ¿Qué quiere decir esto? Ahí ha sucedido algo muy extraño que nos hace falta comprender.

Cristo llega. Los dos pescadores lo miran. Sus ojos entran en comunicación y ante los hombres Cristo aparece tal cual es.

Este capítulo del Evangelio está diciendo que los vocablos y las palabras no son necesarios para transmitir la verdad, que nadie se convencerá con discursos y que éstos no son la meta. Convenceremos a alguien con lo que somos y no con lo que decimos. Una persona de un cierto nivel actuará con otra persona según el propio nivel de ésta, quien entonces comprenderá y realizará.

Sin embargo, ciertas personas no son capaces de ver el nivel de aquellos con quienes se codean.

Esto quiere decir que el Maestro busca a quien es capaz de verlo y reconocerlo. Cristo mira la playa y se dice: «¿Quién por el momento puede reconocerme? No quiero hablar. Comenzaré con las personas que me perciban. Hablaré en seguida a quienes no me reconocen de entrada y que necesitan de palabras».

Pasando de allí, vio a otros dos hermanos, Santiago hijo de Zebedeo, y Juan su hermano, en la barca con Zebedeo su padre, que remendaban sus redes; y los llamó. Y ellos, dejando al instante la barca y a su padre, lo siguieron.

¿Percibimos la fuerza de este ser? Llama a Santiago y a Juan y, acto seguido, estos dos hermanos abandonan a su padre y siguen a Cristo. ¡Qué llamada indescriptible!

El ser humano no puede ser un Cristo. Puede, a lo sumo, ser un José o un Juan. Jamás un Cristo. Podemos llegar a ser un Buda o un profeta, un Mahoma, pero no podemos llegar a ser un Cristo. Hombre o mujer, pueden llegar a ser una Virgen María, pero no un Cristo, no la misma divinidad.

Podemos tenerlo en nosotros; podemos disolvernos en esa divinidad e imitarla. Sin embargo, ser Cristo es otra cosa.

Resulta muy hermoso saber que siempre existe algo superior a nosotros. No es un azar si decimos «Padre nuestro». Esto implica que siempre somos niños. Reconocer a un Padre y a una Madre cósmicos y disolverse en ellos.

Es muy curioso porque el Padre y la Madre cósmicos simbolizan el nacimiento y al mismo tiempo el lugar a donde entramos de nuevo. Es decir que ellos nos crean y luego nos absorben. Retornamos, pues, al lugar de donde salimos. Es por ello que si queremos saber a dónde vamos, ¡busquemos nuestro origen! El origen está al final de todos los caminos.

Jesús y las multitudes
(Mateo 4:23-25)

Y recorrió Jesús toda Galilea, enseñando en las sinagogas de ellos, y predicando la Buena Nueva del Reino, y sanando toda enfermedad y toda dolencia en el pueblo.

Entra en las sinagogas ¿y qué dice?: «¡Salid de aquí! ¡Poneos en acción! ¿Qué hacéis en las sinagogas? Debéis curar toda enfermedad y toda dolencia en el pueblo. ¡Salid y comenzad a hacerlo! Hasta que todo el mundo no esté curado, no se podrá realizar la conciencia colectiva».
La Buena Nueva que Cristo predica es la curación general. Es por esta misma razón que Buda llamó «Hospital» al monasterio que creó de inmediato tras haberse iluminado.
Estas líneas nos piden emprender toda curación ahí donde podemos hacerlo. Es la primera acción que debemos realizar. No miremos dónde ni a quién curar: ¡hagamos todo lo posible para sanar al otro!

La primera acción de Cristo fue la de elegir a cuatro discípulos y después dedicarse a curar. Era un médico. ¿Qué curaba?

Y se difundió su fama por toda Siria; y le trajeron a todos los que tenían todas suertes de enfermedades y tormentos: los endemoniados, lunáticos y paralíticos; y los sanó.

Cuando se menciona a los endemoniados y a los lunáticos, se habla de enfermedades mentales. De entrada, el Evangelio describe a Cristo como un médico que lo mismo curaba el cuerpo que las enfermedades del espíritu. Trataba al ser en su conjunto, considerando al cuerpo y al espíritu como un todo.
Regresando a los cuatro hermanos, hace falta darse cuenta de que ellos simbolizan los cuatro primeros motores de la acción en el ser humano: las necesidades materiales, los deseos sexuales, las emociones y las ideas. Para curar, es necesario que estos cuatro aspectos del humano tengan por objetivo común el convertirse en receptáculos de la Voluntad de la Con-

ciencia superior, eliminando todo lo que los aleja del amor de Sí y del Otro. Esto significa eliminar las necesidades inútiles, las emociones inútiles, los deseos inútiles y los pensamientos inútiles. Todo lo que nos aproxima a la totalidad es útil. Todo lo que nos separa de ella, inútil. Unirse es vivir de más en más. Separarse es morir de más en más.

Y grandes multitudes lo siguieron, venidas de Galilea, de Decápolis, de Jerusalén, de Judea y del otro lado del Jordán.

El Sermón de la Montaña
(Mateo 5:1-2)

Viendo a la multitud, Jesús subió a la montaña; y sentándose, vinieron a Él sus discípulos. Y tomando la palabra, les enseñaba...

Sube a una montaña, coloca a sus cuatro discípulos a su alrededor y comienza a enseñar. La multitud los rodea. Al disponerse así, Cristo dibuja un esquema muy particular constituido por el punto que él ocupa en la cúspide de la montaña en que se sitúa, después por un cuadrado que forman los cuatro discípulos, y en seguida por un círculo dibujado por la multitud. Un punto, un cuadrado y un círculo: es un mandala. Si tomamos el punto central como el eje del mundo, el cuadrado y el círculo giran alrededor de ese centro.

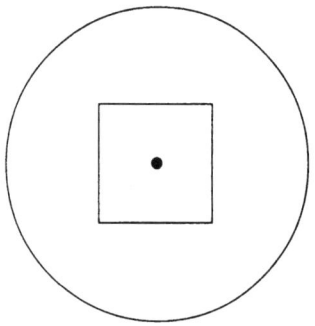

El círculo simboliza el movimiento eterno. Está justamente constituido por la multitud que escucha a Cristo, es decir, por la vida. El cuadrado significa la inmovilidad de lo eterno y está encarnado por los cuatro discípulos y por Cristo en el centro.

Este sermón tiene otra particularidad. Cristo lo construye repitiendo la palabra *bienaventurados* antes de cada frase. Nueve veces se reitera esta palabra.

Quienes estudian el Tarot se sorprenderán si recuerdan que hay nueve pequeñas rayas en la espalda del personaje que nace en el arcano llamado El Juicio, y que un círculo del As de Copas contiene nueve puntos.

En la puerta central de la catedral de Notre Dame en París, una mujer se encuentra a los pies de Cristo, inscrita en un círculo; una escalera de nueve escalones se encuentra apoyada contra su pecho y el noveno barrote coincide con el nivel de su corazón. Esto quiere decir que es necesario subir los nueve escalones y alcanzar el corazón para llegar al Cristo.

Por una parte, sabemos bien que en numerología el nueve constituye la terminación de un ciclo perfecto, mientras que el diez corresponde al primer escalón del nuevo ciclo. En este sermón, Cristo nos transmite un ciclo que va de uno a nueve y que es una escalera de progresión.

Debemos sanear esta escalera (el Sermón de la Montaña), porque frecuentemente ha sido objeto de confusiones. Por lo común se la interpreta de la manera siguiente:

«Bienaventurados los pobres de corazón, porque de ellos es el Reino de los Cielos».

Esta frase se ha leído como «Cristo no ama sino a los pobres, a los que no tienen dinero. Así pues, mis amigos, ¡sed pobres! ¡Vivid en la miseria! ¡No luchéis y dejad a los "pecadores" tener riquezas insensatas! ¡Dejaos explotar!».

«Bienaventurados los mansos, porque ellos recibirán la tierra por heredad.»

Esto se convierte en «¡Jamás discutáis una orden! ¡Obedeced a los dictadores!».

«Bienaventurados los que lloran, porque ellos recibirán consolación.»

La lectura común es «¡Dejaos aplastar! ¡Sed masoquistas! ¡Jamás os permitáis el placer!».

«Bienaventurados los que tienen hambre y sed de justicia, porque ellos serán saciados.»

Argumento transformado en «¡Vivid en la injusticia! ¡Aceptadla y tendréis el paraíso!».

«Bienaventurados los misericordiosos, porque ellos alcanzarán misericordia.»

Según muchos, esto significa «¡No pidáis jamás que se os tenga misericordia! ¡Vivid entre los crueles! ¡Aceptad la crueldad de los poderosos! ¡No os rebeléis y os ganaréis el cielo!».

«Bienaventurados los de limpio corazón, porque ellos verán a Dios.»

O sea «¡Sed idiotas! ¡Dejaos estafar!».

«Bienaventurados los que hacen obra de paz, porque ellos serán llamados hijos de Dios.»

Lectura usual: «¡Dejad a los otros hacer la guerra, destruid a vuestras familias y quemadlo todo! ¡Dejaos bombardear!».

«Bienaventurados los que padecen persecución por causa de la justicia, porque de ellos es el Reino de los Cielos.»

Aquí suele leerse «¡Soportad la injusticia de los poderosos, de los jueces corruptos y de los policías venales! ¡Aguantad todo esto porque es obra del Estado!».

«Bienaventurados sois cuando os insulten y os persigan, y digan falsamente contra vosotros toda clase de mal por mi causa.»

Es decir «¡Dejaos ultrajar sin reaccionar! ¡Sois basura! ¡Es normal que los poderosos tengan todo el poder para aplastaros!».

«Sed en el gozo y la alegría, porque vuestra recompensa es grande en los cielos; porque es así en efecto que persiguieron a los profetas que fueron antes de vosotros.»

Frase que viene a convertirse en «¡Vivid en la podredumbre con alegría y gozo! ¡Vivid en una miserable vecindad! ¡No tengáis espacio! ¡No tengáis lugar! ¡No os realicéis y sed estúpidamente mansos!».

Y, en conjunto, esta serie de «confusiones» puede enunciarse así: «¡Haced el amor pero no tengáis placer! ¡Cuanto más sufráis, más os ganaréis el cielo! ¡Cuanto más masoquistas, más benditos seréis! ¡Cuanto más abandonéis vuestros derechos de vivir, más iréis al paraíso! ¡Dejaos explotar! ¡Dejaos robar el alimento! ¡Las personas que por millones están muriendo de hambre, son bienaventuradas porque tienen hambre y sed: van, pues, a ganarse el cielo! ¡Esta vida no sirve para nada! ¡Cuanto más sufráis aquí abajo, cuanto más viváis en la miseria, más ganaréis el paraíso!». Etcétera.

Cristo sabía que sus palabras iban a interpretarse de esta manera. Se dijo: «De cualquier forma debo transmitir este sermón a fin de que un día alguien entienda esta escalera de nueve grados que va de lo más simple a lo más perfeccionado. Son los nueve grados de la evolución del espíritu humano».

Las bienaventuranzas y el Tarot

Existe una estricta correspondencia entre el Tarot y el Evangelio.

En la cima de la montaña, acompañado por sus cuatro discípulos, el Cristo está en una postura que corresponde exactamente al arcano llamado El Mundo. En esta carta, en lo alto a

la izquierda se encuentra un ángel que corresponde a la Copa (lo emocional). Abajo a la izquierda está un buey, caballo, toro o unicornio que equivale al Oro (lo corporal). En lo alto a la derecha, un águila corresponde a la Espada (el intelecto). Abajo a la derecha, el león equivale al Basto (la sexualidad). El personaje central simboliza la quinta esencia. Para comprender cuál es la actitud de Cristo en el Sermón de la Montaña, hace falta entender lo que es la quinta esencia.

Antes contemplemos otra carta: el Siete de Oros.

Está constituido por tres Oros o Denarios centrales (muy bien delimitados por las hojas), encuadrados por otros cuatro Oros. Resulta importante ver que el 3 está dentro del 4: esto simboliza el espíritu en la materia.

La quinta esencia

Tenemos, pues, cuatro centros: el intelectual, el emocional, el corporal y el sexual. Hay que comprender que cada uno de ellos posee un lenguaje diferente.

En los primeros años de su enseñanza, Gurdjieff habló de tres centros: el intelectual, el emocional y el corporal. Más tarde añadió un cuarto: el sexual.

En el sufismo, aunque es una filosofía islámica muy evolucionada, sólo se habla de tres centros, omitiendo el sexo.

Por lo general ninguna doctrina, salvo el tantrismo, habla del sexo. Hemos tenido que esperar a que el tantrismo llegara a Occidente, en los años sesenta del siglo pasado, para que el sexo comenzara a ser mencionado. Utilizar la energía sexual en el misticismo es uno de los principios de base en el tantrismo. En nuestra cultura este principio es relativamente nuevo y en general poco aceptado, ya que antes el sexo en la religión era un tabú.

De cualquier modo, cada centro posee un lenguaje y una velocidad diferentes.

Cuando aprendemos a conducir un automóvil, comenzamos a integrar los movimientos con el intelecto y conducimos muy lentamente porque el intelecto es lento. Por otra parte, es peligroso conducir con el intelecto, porque en ese caso el pensamiento precede a toda acción. Es decir que antes de accionar la palanca de velocidades o de hacer cualquier cosa ante el volante, primero hay que pensar. En seguida, cuando adquirimos un poco más de práctica, pasamos al centro emocional y nos hacemos un tanto más rápidos. Después pasamos por el centro sexual y al fin por el corporal. Nuestros movimientos se vuelven entonces muy rápidos y eficaces. El acto de conducir se realiza prácticamente solo.

De la misma manera podemos conducir nuestra vida con los diferentes lenguajes y velocidades.

Para hacer que dos centros se comuniquen, digamos el lenguaje articulado del intelecto con el lenguaje gestual del cuerpo, se necesita a un traductor: la quinta esencia. Si ese traductor falta, un individuo que sólo se halla en su intelecto se golpea por todas partes al moverse.

Los samuráis están por entero en sus cuerpos. Dominan a la perfección el lenguaje corporal; afirman que si hay un instante del espesor de un cabello entre dos movimientos de espada, se pierde la vida. Si alguien se detiene entre el ser y el no ser, muere. Basta un solo pensamiento para perder la vida. Un golpe de espada debe ser de una rapidez asombrosa.

El centro sexual no tiene el mismo lenguaje ni la misma velocidad que el intelecto. El lenguaje del deseo no se expresa con palabras. Es por esta razón que el poeta que expresa su amor en largos poemas es generalmente impotente cuando llega la hora de la verdad. Si el deseo pasa por el intelecto, es decir por un universo de palabras, atraviesa un centro que no le corresponde y, por consecuencia, el sexo no puede funcionar como lo merece. Ser un gran amante intelectual no significa, pues, ser un gran amante sexual o emocional.

Para que nuestra vida funcione y todos nuestros centros sean eficaces, hace falta que ellos no vayan en direcciones opuestas. Si éste es el caso, somos como aquellos condenados medievales a quienes se descuartizaba atando cada una de sus cuatro extremidades a un caballo, echándolos a galopar hacia los puntos cardinales. Somos descuartizados y no sabemos qué hacer porque nuestro *mental* nos dice una cosa, mientras que nuestro *sexual* dice otra, nuestro *emocional* una tercera y nuestro *corporal* una cuarta.

Hace falta una integración en nuestra finalidad para que podamos actuar en la vida sin que nuestro emocional nos impida pensar, sin que nuestro sexo se oponga a nuestras realizaciones intelectuales, emocionales o corporales, y sin que nuestro cuerpo luche contra la realización de nuestros ideales y nos arrastre a la enfermedad o a cualquier otra cosa. Para ello hay que despertar una quinta esencia.

Toda esta teoría nos viene directamente del comienzo de la humanidad. No la hay más simple. La quinta esencia es un centro espiritual que despierta, una conciencia de estos cuatro principios que poseemos y que traduce el lenguaje de cada uno. Es un centro traductor.

Si no hemos despertado a la quinta esencia, nuestro ser se encuentra fragmentado. Un día estamos en el fragmento del intelecto; otro en el de lo emocional... O podemos vivir toda nuestra vida en un solo fragmento, es decir en un solo centro.

No podemos alcanzar nuestra realización si estamos fragmentados. ¿Cómo hacer entonces para despertar a la quinta esencia?

¡Comencemos por el intelecto! El trabajo a realizar sobre éste es muy fácil y, al mismo tiempo, es el trabajo de toda una vida. No hay que hacer sino una cosa: dejar de identificarnos con nuestras palabras, dejar de creer que somos lo que pensamos o que somos las palabras que decimos.

Cuando dejo de identificarme con el pensamiento, ya no soy italiano, español, francés o mexicano.

Pierdo el concepto de nacionalidad porque éste se somete a la lengua. Dejo el diálogo interior conmigo mismo. Generalmente, mientras actúo, me veo actuar.

Resulta extremadamente difícil actuar sin verse actuar, y asimismo es arduo no definirse. Sólo un hombre como Bodhidharma pudo lograrlo.

Cuando el emperador de China le preguntó «¿Quién eres?», Bodhidharma respondió «No lo sé».

Nos vemos actuar y, además, sentimos que llevamos una máscara. Cada vez que tratamos de encontrarnos, no llegamos a hacerlo. Y lo peor es que debajo de la primera máscara hay muchas otras.

¿Cuál es la solución a este problema?

Si retomamos la primera terminología de Gurdjieff, tenemos el intelecto, lo emocional y el centro corporal. Cuando queremos ver quiénes somos, nos colocamos en lo emocional y, desde ahí, vemos el intelecto y el corporal. Cuando nos situamos en el centro corporal, vemos el intelecto y lo emocional. Y cuando nos colocamos en el intelecto vemos los otros dos centros.

Esto quiere decir que para podernos sentir en nuestro nivel, hay que cambiar de nivel. Así, no hay máscaras.

Tratar de definirse es un problema que sólo pertenece al intelecto. Los otros centros no tienen ningún interés en definir cosa alguna.

El trabajo sobre el intelecto consiste, pues, en detener los pensamientos inútiles, la definición de uno mismo y el diálogo interior.

Sobre el corazón el trabajo es el mismo, pero el resultado es muy distinto. Para aprender el lenguaje del corazón hace falta purificar y aceptar las emociones.

En el intelecto, cuando dejamos de pensar, la cabeza se vacía. Cuando el intelecto piensa, quiere ser, y cuando se detiene, aprende a no ser.

En cuanto a lo emocional, es al contrario. Cuando el corazón se llena, es el placer total. Nos liberamos del enorme peso del vacío de no amar. La mente debe vaciarse y el centro emocional llenarse. El intelecto es cuando se vacía (de pensamientos). El corazón es cuando se llena (de amor). Entonces nos sentimos plenos de una Paz Universal. Entramos francamente en un universo de luz diáfana. Todo es límpido y se vuelve puro. Una sola cosa hay de importancia: Dios, el Todo pleno de amor.

En seguida, en el sexo domamos el deseo.

Cuando un hombre ama a las mujeres, toda mujer que le gusta implica una angustia: no puede tenerla. Asimismo, cuando una mujer ama a los hombres, todo hombre de su agrado representa una angustia. Jamás tendremos a todas las personas hacia las que nos sentimos atraídos. Cuando el deseo no está satisfecho, se transforma en angustia porque no tenemos la capacidad ni la oportunidad de satisfacerlo. Cuando calmamos este centro, la energía sexual se vuelve energía creativa.

Al nivel del cuerpo, el trabajo consiste en disciplinar la acción corporal.

El cuerpo siempre quiere estar presente. Se mueve todo el tiempo. Hay pocas personas que sepan inmovilizarse. Por lo general, estamos llenos de tics gestuales. Hace falta aprender a inmovilizarse por medio de la meditación.

Cuando purificamos estas cuatro partes, la quinta esencia aparece. Una cosa es pura cuando es ella misma. Los centros purificados se vuelven canales receptivos de la divinidad. Podemos entonces hablar porque, cuando el momento llega, *somos hablados*. Podemos tener una emoción porque, cuando el momento llega, transmitimos el amor y éste es Dios. Nuestros deseos ya no son nuestros: son los deseos de Dios. Los deseos de Dios, los pensamientos de Dios, el amor de Dios y la acción de Dios. La acción de Dios es muy distinta de la acción del ego.

Deseo de Dios, pensamiento de Dios, amor de Dios y acción de Dios. Ahí, la quinta esencia puede hablar. Cuando ella se expresa, entra en comunicación con el inconcebible mundo del inconsciente, ese océano infinito. En ese momento, encontramos nuestro cosmos. Nos damos cuenta de que somos un universo cuyo centro es la quinta esencia. Somos mini-universos completos, con los ángeles, los diablos y toda una inmensa extensión de galaxias. En esta inmensidad nos encontramos con nosotros mismos, es decir con nuestro diamante, nuestra innominable perfección.

En medio de nuestra perfección se halla lo que en este estudio hemos llamado el Cristo interior. Podemos llamarlo Brahma o de cualquier otra forma. Esta perfección es evidentemente el Reino, el cielo en el cual se halla el Cristo que no es nosotros y que sin embargo es el motor de nuestra vida.

Cuando hablamos de este Cristo, obviamente hablamos también de la Virgen María. Ambos están en nuestro interior: forman nuestro andrógino perfecto.

He aquí lo que portamos y he aquí a lo que debemos llegar.

Este Cristo que nos recibe es nuestro misterio. No hay otro misterio. Nuestra única finalidad es la de despertar a este Dios interior que poseemos para que se manifieste a través de nosotros.

¿Por qué es interesante que se manifieste? Para que pueda comunicarse con el Dios interior del otro, de los otros. Cuando nos dejamos poseer por Él, entonces no existimos y el otro no existe más. Es Él quien habla con Él de Él mismo. De este modo vivimos nuestra realidad que, desde un punto de vista racional, es la total irrealidad.

Numerología del Tarot

Si contemplamos la ilustración con la serie de las Espadas del Tarot que hay a continuación (tenemos que utilizar esta serie para hablar de todos los arcanos menores), vemos diez cartas.

La primera es el As. El 1 corresponde evidentemente a la totalidad. Es el macho y la hembra, el andrógino. Todo está en él pero en potencia.

En seguida, tenemos una primera pareja, formada por el 2 y el 3. Después hay otra pareja (que coloco encima de la primera, según el esquema aquí representado), formada por el 4 y el 5.

Al estudiar la numerología del Tarot, vimos que estas cuatro cartas formaban el Cuadrado de la Tierra, con su lado hembra a la izquierda (el 2 y el 4) y su lado macho a la derecha (el 3 y el 5). Estos lados hembra y macho son evidentes en la serie de las Espadas porque todas las cartas de la derecha portan espadas y las de la izquierda flores.

El número 2 es la inercia y la recepción. Todo está dispuesto pero nada se hace. Acumulación.

VIII
LA JUSTICIA
VIIII
EL ERMITAÑO
VI
LOS ENAMORADOS
VII
EL CARRO
IIII
EL EMPERADOR
V
EL SUMO SACERDOTE
II
LA SACERDOTISA
III
LA EMPERATRIZ
I
EL MAGO
Cuadrado del cielo
Cuadrado de la tierra
Cuadrado humano

El 3 equivale a la acción violenta. ¿Por qué violenta? Para sacar al 2 de su inercia. Explosión.

Es el primer amor, la primera idea fanática, el primer placer, el primer descubrimiento... Subrayemos que jamás lo que sentimos la primera vez será idéntico a lo que sentimos la segunda vez, porque en el transcurso de la primera ocasión todo parece muy fuerte. En el 3 todo resulta, pues, muy intenso. Sin embargo, esto no dura. Es necesario equilibrar a esta primera experiencia en el 4.

El número 4 es verdaderamente el número de la estabilización de una cosa. Es el número de la materia: las cuatro patas de una mesa. Seguridad.

En el Cuadrado de la Tierra, el 4 es el número más perfecto. Es El Emperador establecido.

Cuando pasamos al 5, no podemos permanecer en el Cuadrado de la Tierra. La acción resulta de nuevo necesaria. Es, además, un número impar, y los números impares son de acción.

El 5 es El Sumo Sacerdote (también llamado El Papa), el puente. ¿Puente con qué? Con otro cuadrado que llamaremos el Cuadrado del Cielo. El 5 es un puente con la vida espiritual. Ideal.

El 5 toca al 6, que es el placer. Por vez primera, se abandona la vida material y se conoce la vida espiritual. Unión.

Es verdad que experimentamos tal placer, que corremos el riesgo de quedarnos atascados en este número. El 6 en el Cuadrado del Cielo corresponde al número 2 en el Cuadrado de la Tierra porque, una vez que comenzamos a realizarnos, permanecemos en nuestra realización sin pensar más que en la realización individual. Estamos en el narcisismo.

De ahí pasamos al 7, que es siempre el número de la acción hacia la humanidad

En el 7, decimos «¡Ya me harté de estar conmigo mismo, de guardar todo este placer únicamente para mí! Mi descubrimiento fue interesante pero si no lo doy al otro, ¿de qué me servirá mi realización en la vida espiritual?».

Cuando nos damos al mundo, en el 7, podemos alcanzar el 8, que es la perfección, la carta de La Justicia.

En el 8 hemos realizado nuestra obra: no podemos ir más lejos. ¿Qué llega cuando no podemos avanzar más? Nos encerramos en un círculo. La perfección se hace un círculo vicioso. No queda, pues, sino morir o cambiar.

El 9 es una crisis entre la vida y la muerte: una nueva información que viene a romper la perfección para pasar a un nuevo ciclo que comienza con el 10. Crisis.

Diez: fin de un ciclo y comienzo de otro, pero en un plano diferente. Evolución.

Las bienaventuranzas
(Mateo 5:3-12)

A través de las bienaventuranzas el Cristo va a darnos una escalera de progresión. Esto implica que no son independientes las unas de las otras. Estas nueve bienaventuranzas indican un camino de perfeccionamiento que va de lo más pequeño, es decir de lo más ingenuo y limitado, hasta el estallido y la realización total pasando de lo material a lo espiritual.

Hemos dicho que el número uno es el de la totalidad. ¿A qué corresponde en el Sermón de la Montaña?

«Bienaventurados los pobres de corazón, porque de ellos es el Reino de los Cielos.»

Hemos visto que ser pobre de corazón no significa serlo financieramente. Los poderosos se han aprovechado bastante de esta bienaventuranza para procurar que la mayoría soporte la miseria. Sin embargo, está escrito «Bienaventurados los pobres de corazón» y no «Bienaventurados los pobres».

Es la primera frase e indica que el trabajo comienza por el corazón porque éste tiene un enorme requerimiento.

Los problemas fundamentales de la humanidad son los emocionales. Un problema emocional solucionado genera un sexo y un intelecto resueltos. Las personas que no han desarrollado su intelecto y su sexo están emocionalmente atascadas.

El corazón es, entonces, lo primero a liberar, y para esto hay que solucionar el problema de la petición emocional.

El corazón está poblado por numerosos deseos: de poder, de triunfo, de ser el centro del mundo. Está colmado de angustias, de celos, de peticiones de rencores, de orgullo...

Queremos poseer por orgullo; no queremos cambiar por orgullo. Queremos ser aceptados con todo lo que portamos y que no es nosotros.

Tener un corazón enfermo consiste en estar lleno de cosas que no son nosotros, y nuestro gran dolor proviene justamente del hecho de que no somos nosotros mismos. Desde pequeños se nos impide serlo: la familia nos da un destino que no nos corresponde.

«Bienaventurados los pobres de corazón...»

Ser pobre de corazón quiere decir no tener el corazón poblado por todos estos deseos. Somos pobres y nos aceptamos tal como somos. Aceptamos nuestro corazón y no el de los otros. Aceptamos pura y simplemente lo que él porta. El corazón carece de deber: late. Ama cuando ama. Cuando no ama, no ama. No podemos obligarlo a latir más rápido ni más lento que su propio ritmo. Es un canal en el que nada hace obstrucción. Todo pasa. Recibimos el amor de Dios.

«...porque de ellos es el Reino de los Cielos.»

Cuando el corazón es pobre, cuando *es lo que es*, la dicha está ahí. De hecho, Cristo ha descrito un corazón pleno de gozo. El ser humano realizado no anhela ser más que lo que es, y ya resulta una enormidad el ser uno mismo.

En el número 2, que es el de la juventud y la acumulación, encontramos la frase siguiente:

«Bienaventurados los mansos, porque ellos recibirán la tierra por heredad».

En el número 1, que es el todo, Cristo dice «de ellos es el Reino de los Cielos». Sin embargo, la serie comienza por el 2, y ahí Cristo dice «ellos recibirán la tierra por heredad». Es muy claro: al principio del Cuadrado de la Tierra, no habla del cielo sino de la Tierra.

¿Qué significa «ser 2»? Somos 2 cuando nos damos cuenta de la inmensidad de la obra divina.

«Ser como el agua, que toma la forma del recipiente que la contiene», dijo Lao Tse. El agua es mansa, suave, flexible: se adapta. Es por esta razón que, contrariamente a los que son turbulentos, duros, inamovibles, los «2» tendrán la Tierra en heredad: la aceptarán tal como es y se adaptarán a sus necesidades. Impulsarán el planeta y lo harán vivir. Harán vivir la conciencia humana: comprenderán lo que es el misterio de la creación y, así, tendrán la tierra por heredad.

Los duros no la tendrán sino momentáneamente, y la Tierra que heredarán no será la Tierra sino una prisión, porque el carcelero carece de libertad tanto como el prisionero.

Ser «2» significa no estar fragmentado, no tener un lenguaje terminante y detenido. Es ser flexible interiormente, poseer un material interior que ha sido trabajado y que entra en comunicación consigo mismo. Una persona mansa lo es intelectual, emocional, sexual y corporalmente: no se opone y no quiere a toda costa imponer su sello en el mundo. Tiene un cuerpo infinito: la Tierra en herencia con la cual forma una unidad.

Una persona mansa es alguien que escucha al otro. Observemos las voces de nuestros interlocutores: veremos que una persona mansa nos escucha y se adapta a nuestra voz. Al contrario, con una persona dura nos rompemos la cabeza de desesperación porque nos vemos obligados a hablar a su ritmo. Esa persona afecta nuestro sistema nervioso porque no hace ninguna conexión con nuestra voz. No nos escucha: se escucha a sí misma. Con ella no hay diálogo. Sólo puede haberlo con un «2».

El que habla sin cesar tiene miedo de que el otro intervenga: se halla en un discurso narcisista en el cual se escucha. No tiene ninguna necesidad de hacer silencios o pausas para que el otro responda. Cuando habla debemos girar a su alrededor. Es un egoísta sin consideración alguna para el otro.

Tener la tierra por heredad es tener lo real por herencia. Cuando somos duros, transformamos la realidad y, así, no la poseemos. No poseemos la Tierra: hacemos una proyección sobre ella y la reducimos a lo que creemos ser. Esto significa que si concebimos una imagen muy precisa y fija del mundo, eliminamos todo lo que no corresponde a nuestra imagen. Una persona de este tipo no puede recibir la Tierra en heredad: carece por completo de adaptación.

En el 3, que es el número de la acción, Cristo dice:

«Bienaventurados los que lloran, porque ellos recibirán consolación».

En esta frase de las bienaventuranzas no se trata de llorar por sufrimiento. Los llantos de los que habla Cristo son de otro orden: «Lloro porque no soporto no conocerme. Lloro porque no soporto este intelecto frío. Lloro porque no soporto los rencores que llevo en el corazón: ellos me vienen de mis padres, de mi familia y de la sociedad; me fueron implantados en la infancia. Lloro porque soy prisionero de mis deseos y porque no trabajo con mi cuerpo, este cuerpo atascado que no me deja vivir. Lloro por mi liberación. ¡Estoy harto!».

Tales llantos conducen a una toma de conciencia y quienes la encuentren serán consolados. Para avanzar hace falta una toma de conciencia, hace falta llorar.

En el 1 hay que comenzar a vaciar el corazón, prepararse para el trabajo y desnudarse. En el 2 hay que ser manso, adaptarse y prepararse para comprender. En el 3, hay que hacer la toma de conciencia.

Si vivimos en una casa desaseada y no tenemos conciencia, estamos encantados pero nos hemos impregnado del olor. Cuando encendemos la luz, descubrimos entonces la suciedad y podredumbre que puebla nuestra casa y vemos lo que hay que limpiar. Desde luego que hay que limpiarla, pero descubrirlo hace llorar.

En el momento en que tomamos conciencia, nos entran ganas de vomitar ante todos los errores que hemos cometido. Nos decimos «Soy el único responsable. Me he instalado en este sufrimiento porque desde el comienzo me es familiar. Cuando era niño, estaba abandonado. Hoy, adulto, con los seres que me aman, provoco situaciones en las cuales me hago abandonar».

En efecto, es así. Constantemente provocamos situaciones idénticas a las que corresponden a nuestro dolor infantil.

Mientras no realicemos esta toma de conciencia, no avanzaremos. Ahora bien, para tomar conciencia hay que ser capaz de llorar.

¡Llorar pero no lloriquear de piedad por nosotros mismos! No trata de esto último. El Cristo habla en nombre de la quinta esencia. En este nivel no es cuestión de concesiones. Se habla de cosas fuertes porque, si queremos llegar al Cristo, tendremos que escalar la montaña.

Cuando Cristo se coloca en la cima, no dice «Todos os quedaréis abajo» sino «Me he colocado en la cima para que con cada una de mis palabras avancéis hacia mí. Al realizar el sermón sobre la montaña, estáis escalándola. Llegaréis a ser los apóstoles y después arribaréis hasta mí y yo seré vuestro corazón. Para comprender bien este sermón, tendréis que subir por grados. Es una escalada que no se hace en un chasquido de dedos».

He narrado ya aquella historia de Farid Ud-Din Attar en la que un santo sufí llora; cuando sus compañeros le preguntan por qué, responde: «Porque tengo tanta necesidad de Dios..., ¡pero Dios no tiene ninguna necesidad de mí!».

Tenemos tanta necesidad de la conciencia suprema...

Tenemos tanta necesidad de una verdad, de un conocimiento, de una sabiduría, de un universo divino...

Tenemos tanta necesidad de que el Cristo sea como creemos que es...

Tenemos tanta necesidad de lo eterno, del infinito, de la realización del triunfo del individuo humano y de la humanidad...

Tenemos tanta necesidad de que los niños crezcan protegidos...

Tenemos tanta necesidad de todo eso, que lloramos.

Somos tan pequeños, tan mínimos, tan ínfimos, tan débiles, tan «nada de nada». Somos menos que una mota de polvo perdida en el universo.

Una minúscula rana que salta en un lago inmenso y milenario.

Nuestra mano no es más que una entre millares y millares

de manos. Nuestro sexo no es más que uno entre millares y millares de sexos. Mi niño, mi corazón y mi cabeza no son más que un niño, un corazón y una cabeza entre millares y millares de niños, corazones y cabezas.

Tenemos tanta necesidad de significar cualquier cosa, tanta necesidad de ser cualquier cosa.

¿Quiénes somos?

Respuesta: «¡Llora! Bienaventurados los que se dan cuenta. Bienaventurados los que lloran. Bienaventurados los que toman conciencia de su pequeñez: porque ellos recibirán consolación».

La persona que toma conciencia de que no tiene significado, descubre su significado. Se dice «Tengo tanta necesidad de Dios y Dios no tiene ninguna necesidad de mí... Pero ¿en verdad no tiene necesidad de mí? ¡Estoy aquí! Si me encuentro en este universo, ¡es que Él me necesita y que soy esencial! De otra forma no estaría aquí, el universo no me habría producido. A partir del momento en que dejo de ser esencial, se me borra, se me destruye. Soy, pues, una mota de polvo indispensable para el equilibrio universal. Por ello estoy aquí».

No conozco mi finalidad pero tengo una. No puedo concebir a la divinidad, y por tanto, Ella existe. Puedo utilizarla sin darle un nombre, pero la divinidad está en mi interior. No sé para qué sirvo, pero sirvo para algo. Yo era algo antes de nacer, y seré algo después de mi muerte.

Es, pues, pleno de buena voluntad y de fe que debo hacer lo que tengo que hacer sin preguntarme para qué sirvo.

Estamos consolados porque al llorar y al llegar al colmo de la insignificancia nos damos cuenta de que somos completa y absolutamente significantes.

Ahora llegamos al 4. Hemos dicho que este número corresponde al asiento en la materia. Cuando llegamos a él, estamos bien instalados en la realidad. La cuarta bienaventuranza dice:

«Bienaventurados los que tienen hambre y sed de justicia, porque ellos serán saciados».

Esto significa que para llegar al avance espiritual, hay que comprender las injusticias que el mundo sufre. No basta comprender las injusticias de las que nosotros somos objeto, sino también aquellas que los otros sufren.

Cuando somos testigos de un acto injusto, debemos gritarlo a plenos pulmones. Si no podemos gritarlo, debemos decirlo y escribirlo. Si no podemos escribirlo, debemos murmurarlo a los otros. Y cuando no podemos susurrarlo –cosa muy importante–, debemos decírnoslo a nosotros mismos.

Es importante despertar en nosotros el sentido de la justicia. Hay que tomar, interiormente, conciencia de la realidad. Si nos hacemos conscientes, seremos saciados.

«Tener hambre y sed de justicia» es estar bien situados en la realidad.

Con el número 5 abandonaremos la materialidad. Como dijimos, el 5 es un puente. Hasta ahí no hablábamos más que de nosotros: ser manso es una cualidad personal, llorar es una acción personal y tener hambre y sed de justicia es también una acción que no compromete sino a nosotros. En el 5 ya no podemos ser personales ni quedarnos en lo material: hay que pasar a un mundo espiritual. ¿Cúal es la bienaventuranza que corresponde a este número?

«Bienaventurados los misericordiosos, porque ellos alcanzarán misericordia.»

¿Qué es la misericordia?
Es el perdón del otro. Y resulta muy importante porque cuando perdonamos al otro, nos perdonamos a nosotros mismos. Mientras no perdonemos a nuestros padres, no nos perdonaremos. Mientras no perdonemos a nuestros enemigos ni a nuestro pasado, no nos perdonaremos. ¡Y qué duro es perdonarse! ¡Algo extremadamente difícil!

Para alcanzar la realización, hay que perdonar a todos los que nos han herido. ¿Qué es perdonar? Es comprender al otro, ponerse en su lugar.

No podemos tener misericordia si no hemos hecho este trabajo de varias etapas:

1) Tener el corazón tal cual es, es decir, vacío, limpio de desechos psíquicos;

2) Ser mansos: escuchar y adaptarse;

3) Darse cuenta de nuestra insignificancia y ser un canal. Si lloro, soy consolado. Si soy consolado, tengo fe. Y si tengo fe, puedo transmitirla. En este caso, anhelo que el otro encuentre su perla. La encontrará un día, pero no seré yo quien habrá de dársela;

4) Perdonar al otro y ponerse en su lugar.

Cuando queremos perdonar a alguien, debemos decirnos «Si me metiera en la piel de esta persona, ¿qué sentiría?». Si lo hacemos, veremos cuánto ha sufrido la persona que nos ha hecho sufrir. ¡Metámonos en la piel de nuestra madre, que tanto nos hizo sufrir! Si lo hizo es que no podía hacer otra cosa. Cuando hacemos sufrir a los otros, es porque traemos un inconmensurable dolor en nuestro interior.

Pongámonos en el lugar del otro y seamos misericordiosos. Seámoslo y se nos hará misericordia. Si no perdonamos al otro, no seremos perdonados. ¿Perdonados por quién? ¡Por nosotros mismos, ante todo! ¡Por nuestro inconsciente!

Tener misericordia por el otro es también volverse hacia el otro. Es dejar de juzgar, de criticar, de hablar mal del otro, de agredir.

Hay tantas personas que tienen lenguas comparables a navajas. Para todas estas personas –y son legión–, la crítica es reina. Sin ella no pueden valorarse. Resulta evidente que reconocer el valor del prójimo implica disminuirse. Ahora bien, la misericordia consiste justamente en aceptar el valor del otro.

No es cuestión de piedad. Tener piedad por alguien que está en un nivel más bajo que el propio no es misericordia: es un nuevo medio de valorarse y de sentirse superior.

Somos misericordiosos cuando no criticamos a quienes tienen algo que no tenemos. Perdonamos lo que son y que nosotros no somos.

Si tengo una pierna con minusvalía, debo ser misericordioso para no odiar a todas las personas capaces de bailar. Si me siento feo, tengo que ser misericordioso para amar la belleza del otro sin sufrir. Si soy artista, debo tener misericordia para aceptar que existen otros talentos, otros creadores. Si tengo cualquier profesión, medicina, psicoanálisis, abogacía, debo ser misericordioso para aceptar que hay otros médicos, psicoanalistas o abogados que saben más que yo en ciertas áreas de mi profesión.

Tener misericordia es también tenerla con uno mismo. Es dejar de agredirse y criticarse. ¿De qué me sirve ser misericordioso con los otros si no lo soy conmigo?

Los que son misericordiosos se aproximan ya al Cuadrado del Cielo, porque están aceptando a la sociedad. Sin misericordia y sin perdón al otro, no podemos aceptar a la humanidad y tampoco ver la perfección del prójimo.

Con el número 6 entramos en la vida espiritual, en el Cuadrado del Cielo. Antes estábamos en el Cuadrado de la Tierra, que termina con la misericordia absoluta. Perdonamos todo el mal que nos han hecho y nos ponemos en el lugar del otro. Perdonamos también a los que poseen cualidades de las que nosotros carecemos. Perdonamos a todo lo que existe. Tenemos misericordia. Comprendemos.

Sólo cuando hemos perdonado absolutamente todo el mal que nos han hecho, podemos perdonar a todos los seres humanos sin distinción alguna, incluidos los asesinos. Sólo entonces merecemos el perdón y la misericordia. No es sino hasta el momento en que comenzamos a reconocer el valor del prójimo, cuando nuestro valor es reconocido. La menor crítica que profiramos ensucia nuestra perfección. El menor acto no misericordioso principia por destruirnos.

Sin criticar al otro, sin juzgarlo, sin disminuirlo, sin herirlo... ¡qué liberación inmensa!

Cuando comenzamos a comprender a todos sin ocuparnos de que nos comprendan, comenzamos al fin a ser comprendidos. Es así como esto sucede, puesto que lo que hacemos al mundo, nos lo hacemos.

Cuando pasamos nuestros días agrediendo y criticando al otro, somos agredidos y criticados también. Una persona que viene a hablarnos mal del otro no es nuestra amiga porque ella también habla mal de nosotros, como lo hace de todo el mundo. Una persona que viene a contarnos lo que el otro ha dicho mal de nosotros, irá también a contar al otro lo que digamos de éste; tal persona tiene por objetivo el sonsacarnos palabras no misericordiosas: nos empuja a agredir al otro a fin de podérselo contar.

Existe también un buen número de personas que viven de la agresión: no han aprendido a ser alegres y dar placer. Resulta evidente que cuando no damos placer y no nos permitimos tenerlo, ejercemos la agresión porque no aceptamos el placer del otro: no somos misericordiosos.

Es justamente cuando entramos en el Cuadrado del Cielo, que está escrito:

«Bienaventurados los de limpio corazón, porque ellos verán a Dios».

Penetramos en otro ciclo y subimos de nivel. Ahí uno se hace profeta. Nos convertimos en uno de los cuatro discípulos. Somos uno de los cuatro puntos cardinales.
En esta nueva etapa, comenzamos a entrar en éxtasis.
El corazón es impuro. ¿De dónde proviene esta impureza? Obviamente del intelecto, el sexo y el cuerpo. Por ejemplo, en el nivel del cuerpo, «Soy mujer. De verdad que me hubiera gustado ser hombre». O bien «Soy hombre. Hubiera preferido ser mujer para ser amado por mi madre, que detesta a los hombres». O bien «¿Quién soy? No conocí a mis padres. No tengo lugar en el mundo». O bien «¿Por qué mis cabellos comienzan a encanecer? ¡Nadie me deseará!». Etcétera.
La impureza proviene de otros centros. El corazón no es en sí impuro. Es como un niño. Son todas las heridas que le hemos impuesto las que lo hacen impuro.
¿Cómo purificar el corazón? Utilizando la fuerza para controlar a nuestro dragón. No lo matamos ni lo rechazamos: usamos la fuerza de la persuasión. Es el intelecto el que acepta la fuerza y desciende a persuadir al animal acariciándolo. Acariciamos a nuestro ego, a nuestro animal. Entramos en contacto con él y danzamos con él.
«Hoy siento que mis deseos trastornan mis hormonas y éstas se me suben a los ojos, cambian los colores y los hacen más

fuertes.» En lugar de rechazar esta situación, me digo «¡Bien, las hormonas invaden mi vista! ¡Tengamos el placer de contemplar este cuadro, veamos la realidad un poco más coloreada que de costumbre! ¡Qué maravilloso! ¡Vivamos este instante! Esto no ensucia el corazón. No soy culpable. Sucede así. Hoy el mundo está lleno de colores y mañana será gris. Estarán las nubes, la lluvia y la tempestad. ¡Vivamos lo que se nos presenta, lo que sucede!».

Cuando comprendemos a nuestro animal, lo reconocemos y aceptamos lo que nos aporta de energía. El corazón comienza entonces a purificarse. ¡Dejémoslo latir!

Cuando el corazón está limpio, Dios aparece en el interior. Está ahí, en nuestro propio centro. Es la perla y nosotros somos el estuche. Claro está que no la vemos, pero a cada latido de nuestro corazón, la veremos.

Los corazones puros verán a Dios. Es decir que se darán cuenta de que todo es Dios. Éste es el proceso. Ver a Dios no consiste en ver un ser especial. Es imposible. ¡Todo es Dios!

Verlo en todo quiere decir que cuando hablamos, nuestra voz es Dios. Nuestros pensamientos son Dios. Nuestros sentimientos son Dios. Nuestros deseos son Dios. La persona a quien hablamos es Dios. La manzana que comemos es Dios. Tres metros de seda son Dios. El automóvil, el queso, el café con crema, el vino, los panes... Todo es Dios. Su firma está absolutamente por todas partes.

Con un corazón puro, vivimos en pleno paraíso. Lo cotidiano es placer constante.

Cuando se llega al número 7, hay que salir de ese estado que raya en el narcisismo. En efecto, si vemos a Dios en todas partes, accedemos a un estado de bienaventuranza al cual corremos el riesgo de aferrarnos. Como todo es Dios, no hacemos nada. Pasar por esta etapa representa un peligro porque nos realizamos, pero esta realización todavía es personal.

La séptima bienaventuranza habla de la acción en el mundo. No podemos quedarnos indefinidamente en el placer y la realización personales. ¿De qué nos servirá haber visto a Dios si no lo comunicamos? Si todo es Dios, si el otro y nosotros mismos somos Dios, necesitamos compartirlo. En este punto, el Cristo exclama:

«Bienaventurados los que hacen obra de paz, porque ellos serán llamados hijos de Dios».

A partir del instante en que vemos a Dios en todas partes, comenzamos a hacer obra de paz. Esto quiere decir que una vez que conocemos la verdad, es necesaria la acción, la *obra*. Hay que aplicarse a obrar. Sin acción, la verdad no sirve de nada.

En ese estado, el trabajo consiste en mostrar a los seres humanos la perfección que los habita. Hacemos que la vean a fin de que no olviden y se recuerden. Hay que ayudarlos a purificar su corazón, darles los medios y decirles «¡Escucha! Puedo ayudarte a descubrir la verdad. Puedo enseñarte a aprender de ti mismo».

Hacer obra de paz es mostrar al otro cómo encontrar su paz.

Cuando tenemos el corazón puro y vemos a Dios, sabemos que la muerte es Dios y entonces encontramos la paz.

Comprendiendo esto, mi problema está solucionado porque sé que, en el último instante, entraré en Dios. Él me recibirá. Estaré acompañado y seré recibido, reconocido, amado y escuchado.

Sé que estoy en el amor, la protección y la conciencia totales de Dios. Él me ayuda cada día, me sostiene. No me preocupo más de realizarme: Él me envía la realización. Si me ha creado es porque soy útil y Dios me utiliza porque estoy a su servicio. El día en que Él haya de eliminarme, no me eliminará: me llamará a Él porque Él es yo.

Conozco esta fuerza que habita en mi corazón. Ella me sostiene. Con ella tengo un amigo, un padre y una madre. Gozo de la compañía para siempre, por la eternidad de la eternidad. Disfruto de la comprensión, del amor, de la conciencia. No existe un solo milímetro de mí que no esté en la mano de Dios.

Sé que Dios me ve y, porque Él me ve, no puedo pensar cualquier cosa porque sí. Todos mis pensamientos son como ofrendas. Todas mis palabras lo son. Todos mis sentimientos y deseos son bellos y puros. No puedo vivir más que en la belleza. Si éste no es el caso, yo sería un templo sucio. Soy para Dios y si lo soy, todo en mí se da a Él.

Como he visto a Dios tengo la paz, y si la tengo, enseño al otro a alcanzarla también. Hago obra de paz al ayudarlo a hacer la paz consigo mismo, a encontrar su paz interior y no la mía.

En el número 8, el arcano del Tarot es La Justicia y la correspondiente bienaventuranza habla de justicia:

«Bienaventurados los que padecen persecución por causa de la justicia, porque de ellos es el Reino de los Cielos».

Hemos señalado que el 8 es la perfección. Justamente cuando tocamos esta perfección, llegamos a la promesa del número 1 (la totalidad), que dice «Bienaventurados los pobres de corazón, porque de ellos es el Reino de los Cielos».

Resulta claro que somos perseguidos por la justicia, porque desde que comenzamos a hacer obra de paz, padecemos persecución por aquellas personas que no tienen paz y no quieren que ella reine, puesto que no les conviene. Esas personas se aprovechan de la ausencia de paz en el otro y basan todo su comercio en esta ausencia. Tal comercio puede desarrollarse porque comemos lo que no tenemos, compramos lo que no poseemos, obedecemos porque nos imponen temor y porque no hallamos seguridad en nosotros mismos. Obedecemos a otro dios que Dios, a otro poder que el de nuestra divinidad. Esas personas que luchan contra la paz van a establecer su reinado, pues, por medio del terror, de la conjura contra la realización, de la injusticia, abusando de la falta de seguridad, de la suciedad interior del ciudadano.

He ahí por qué somos perseguidos *por causa de la justicia*. Sin embargo, estamos contentos porque somos conscientes de que hacemos el bien. En el momento en que llegamos a la cima de nuestro pensamiento, automáticamente sabemos que lo arriesgaremos todo. La sociedad tratará de eliminarnos.

Así pues, cuando hemos ascendido estos ocho escalones y hemos hecho obra de paz, nos hace falta arriesgarlo todo para imponer en el mundo la idea que nos habita. Alcanzamos nuestra perfección y somos perseguidos. Es el ladrón el que, tras robar al hombre honesto, lo acusa.

En esta bienaventuranza, el Cristo está decididamente diciéndonos «¡No os ocupéis de lo que digan de vosotros! ¡No toméis nota de las críticas que os hacen! ¡Avanzad! ¡No os dejéis demoler! ¡Sed impecables e implacables! ¡Continuad cueste lo que cueste! ¡No hay ningún compromiso! ¡No aceptéis aproximaciones! ¡Si queréis algo, rechazad los sustitutos, los derivados similares a esa cosa! ¡Que sea exactamente lo que deseáis! ¡No hagáis concesiones!».

Acaso repliquemos «Pero hay que hacer concesiones». ¡Es falso! No necesitamos hacerlas. ¡Observemos el juego y deslicémonos en él sin concesiones, siempre siendo «mansos», dulces, flexibles!

Resulta extraño ser manso sin hacer concesiones. Parece contradictorio, antinómico. Sin embargo, ello consiste en deslizar nuestro mensaje sin destruir las formas que nos aprisionan. Una semilla puede destruir un peñasco si se la deja caer en una pequeña cavidad. No podemos destruir un sistema. Hay que entrar al corazón de ese sistema y limpiarlo, colocar la nueva realidad en el interior del propio sistema.

De cualquier modo, cada vez que somos perseguidos y criticados cuando hemos hecho el bien, estamos felices. ¿Qué bien puede hacernos que nos den un premio o qué mal representa que no nos lo den?

¡El Cristo jamás pide ser reconocido por los otros, por la ley de Moisés! Continúa su camino hasta hacerse crucificar.

Con el 9 llegamos al fin del ciclo. Es un número doloroso porque implica un cambio total y absoluto. En el Tarot, es el arcano llamado El Ermitaño. El ermitaño ha hecho su trabajo y en el presente le falta romper su perfección para acceder a un nuevo estado. La novena bienaventuranza es:

«Bienaventurados sois cuando os insulten y os persigan, y digan falsamente contra vosotros toda clase de mal por mi causa».

«Por mi causa», es decir por la causa de la pureza, de nuestro Dios interior, por la causa de la vida que llevamos, concentrada, pura y sin suciedad interna.

Estamos dichosos cuando nos insultan porque el insulto no corresponde en absoluto a lo que somos: lo sabemos con toda pertinencia. Nos pueden tratar de camello: no por esto tendremos una joroba.

No es para nada cuestión de masoquismo. Tampoco lo es de provocar mil y una situaciones para hacerse insultar y perseguir, diciéndonos: «Es bueno ser perseguido».

Ser dichosos cuando nos insultan, significa que el insulto o la persecución no nos afectan. Sabemos defendernos psíquicamente. Podemos resistir y continuar nuestra obra. De una u otra manera nadie nos detiene. Además, cuando dicen mal de nosotros estamos felices y esto nos confirma en el hecho de que no debemos desviarnos ni un milímetro de nuestro trabajo espiritual. Conocemos ya nuestro Dios interior. Damos la paz a los otros y les enseñamos a encontrar la suya. Ya somos apóstoles.

«Sed en el gozo y la alegría, porque vuestra recompensa es grande en los cielos.»

Si hemos escalado la montaña y hemos llegado hasta ahí, nos falta ser en el gozo y la alegría porque nuestra recompensa es grande en los cielos.

La recompensa es el gozo y la alegría. Es la paz, la iluminación, la gracia, el trance y el éxtasis. Es la danza planetaria. Danzamos con todos los planetas. Vivimos en medio del universo. La galaxia está en nuestra cabeza y en nuestros pies. En el tiempo y el espacio estamos por completo conscientes del regalo que nos han hecho. Hemos recibido la más grande joya que puede existir: la conciencia cósmica. Poseemos este regalo inmenso. ¡Qué maravilla! El sol es para nosotros. Las estrellas y las galaxias son para nosotros. La vida es para nosotros y también la divinidad. Recibimos todos estos inconcebibles regalos en el gozo y la alegría.

«Sed en el gozo y la alegría, porque vuestra recompensa es grande en los cielos; porque es así en efecto que persiguieron a los profetas que fueron antes de vosotros.»

Cuando el Cristo termina su sermón, aquellos que lo escuchan y lo ponen en práctica son profetas porque de una frase a la otra, la divinidad los guía a escalar este camino de bienaventuranzas.

La sal y la luz
(Mateo 5:13-16)

Una vez que nos hemos vuelto profetas y que vivimos en el gozo y la alegría, Cristo, viendo el camino que hemos recorrido, nos describe así:

«Vosotros sois la sal de la tierra».

Dicho de otro modo: «Vosotros os habéis iluminado. La tierra que no está iluminada, que no ha hecho vivir a la divinidad en su corazón, es una tierra oscura. Ella se reseca».

La sal conserva y da sabor a los alimentos. Una tierra sin sal resulta, pues, corrupta. Es gracias a los iluminados, a quienes han seguido el camino de las bienaventuranzas, que la humanidad posee un sabor. La eternidad existe gracias a todos aquellos que lo han aceptado en su corazón. Al decirnos «Vosotros sois la sal de la tierra» nos está diciendo «¡Sed dichosos! Tenéis una significación en el mundo: le habéis dado su sabor. ¡No os sintáis separados del mundo! En él sois un producto puro».

Seamos lo que seamos, somos un producto de nuestra época. Somos la sal de la tierra. Todas las personas que sienten el mundo y sienten la necesidad de hablar del Evangelio y de la divinidad, son sal de la tierra. Son el elemento que la conserva. Si no hacemos esta obra, la tierra será demolida y ya no habrá sal. Tiene, pues, necesidad de nosotros. Y nosotros tenemos necesidad de este Dios interior, este Cristo interior.

«Si la sal pierde su sabor...»

Es decir, «si vosotros perdéis la fe».

«...¿cómo volverá a ser sal?»

A partir del momento en que hemos hecho esta toma de conciencia no podemos ya perderla. Es imposible. No hay camino de regreso. Si hemos accedido al nivel del 9, pasamos al 10 y somos la sal la tierra. No podemos perder el sabor, puesto que la sal no está constituida sino por un solo elemento: la propia sal. La tierra está compuesta por numerosos elementos, mientras que la sal no es sino sal. Si ella no es lo que es, ¿en qué se convierte? Por tanto, conservemos despierto a nuestro Dios interior.

«No vale más nada, sino para ser echada fuera y hollada por los hombres.»

Cuando no poseemos sabor y no somos los conservadores del valor humano, somos hollados, pisoteados. ¡Seamos la sal! Conservemos nuestro sabor porque un grano de sal da sabor a todo el océano.

«Vosotros sois la luz del mundo.»

Hemos hecho el trabajo: «Si una flor se abre, es primavera en todo el mundo».
Si encendemos una pequeña luz en nuestro corazón, la encendemos en medio del universo. Nuestra pequeña luz es la del mundo porque está en el mundo: él la produce.

«Vosotros sois la luz del mundo. Una ciudad asentada sobre una altura...»

El propio Cristo está en una altura: en la cima de la montaña.

«Una ciudad asentada sobre una altura no se puede esconder. Cuando se enciende una lámpara, no es para ponerla debajo de un almud, sino sobre el candelero, y alumbra a todos los que están en la casa.»

Cuando hemos encendido nuestra pequeña lámpara, no

debemos ocultarla. Refulge para todos los seres que, en la casa, están en la oscuridad. Esto quiere decir que cuando un ciudadano se ilumina, ilumina a toda la sociedad.

Mi luz es tuya. Tu luz es mía. La creamos juntos.

No pensemos que nuestra luz es pequeña, porque es universal. Un día será vista por los que son ciegos.

«Así alumbre vuestra luz a los ojos de los hombres...»

Esto es: «¡Haced refulgir vuestra luz! ¡Dad el ejemplo!».

«...para que al ver vuestras buenas acciones, glorifiquen a vuestro Padre que está en los cielos.»

Existe un Padre. Cara a cara con Dios, cara a cara con la humanidad, todos somos niños.

Cuando hacemos nuestra obra, no se nos agradecerá. Es al Padre (que para mí equivale al andrógino universal) a quien se agradecerá, puesto que es Él quien ha creado la obra. Es Él quien ha hecho la luz. Es Él quien ha hecho de nosotros la sal.

En la obra que realicemos, la fuerza que nos impulsa y de la cual no somos más que eslabones, es reconocida.

Cristo no dice «Por tus obras se me reconocerá». Qué fuerte resulta esa inconcebible sencillez a través de la cual se elimina simplemente y afirma «Por tus obras reconoceremos al Padre». No habla de sí mismo en cuanto ser humano. Habla de la enorme, descomunal fuerza que lo posee. Nosotros mismos, que somos la sal, somos poseídos por una fuerza tremenda, innominable, inconmensurable, poderosa, misteriosa e indefinible. Es nuestro Dios interior.

A través de nuestros actos y palabras se reconocerá a esta fuerza indecible que derramamos sobre el mundo.

9

Jesús y la ley
(Mateo 5:17-21)

«No creáis que he venido para abrogar la ley o a los profetas; no he venido para abrogar, sino para cumplir.»

Con esta frase, Jesús dice que «Hasta este día, las Escrituras eran palabras vacías de acciones. No he venido para cambiar nada: vine para realizar».

«De manera que cualquiera que quebrante uno de estos muy pequeños mandamientos, y así enseñe a los hombres, será llamado el más pequeño en el Reino de los Cielos. Porque yo os digo: si vuestra justicia no fuere mayor que la de los escribas...»

Es decir, la justicia que está en la Biblia.

«...y fariseos, no entraréis en el Reino de los Cielos.»

Un libro no contiene la verdad. La verdad reside en nuestro corazón.
Si no superamos a los escribas y fariseos, no entraremos en el Reino de los Cielos. Para entrar en él hay que ser mansos, haber llorado, tener hambre y sed de justicia, ser misericordiosos, poseer un corazón puro, hacer obra de paz y ser perseguidos por la justicia. Hace falta que aceptemos estar en la mira de toda la crítica del mundo porque, en este mundo que no está iluminado, la luz molesta y perturba.

Asesinato y reconciliación
(Mateo 5:21-26)

«Oísteis que fue dicho a los antiguos: "No matarás"...».

Cristo va a interpretar de otro modo las Tablas de la Ley y los diez mandamientos. Verdaderamente, no tiene miedo de nada: arriesga la vida hablando así. Dice:

«Oísteis que fue dicho a los antiguos: "No matarás; y aquel que matare responderá ante el tribunal"».

Es lo que dicen los escribas y fariseos. Se atienen a la letra. Cristo la sobrepasa al afirmar «Este mandamiento va más lejos que la letra».

«Y yo os digo que cualquiera que se enoje con su hermano, responderá ante el tribunal.»

A partir de ahí, Cristo comienza a decirnos «¡Haz la paz en tu interior! ¡Los problemas externos no son más importantes que los problemas interiores!».

«Cualquiera que diga a su hermano "imbécil", será culpable ante el Sanedrín; y cualquiera que le diga "loco", será merecedor de la gehena de fuego.»

Tratar al otro de «loco», de «imbécil», minimizarlo y criticarlo, son actos merecedores del infierno (en voz de la Biblia, la gehena es el infierno, el tormento de fuego).

«Por tanto, si tú vas a presentar tu ofrenda al altar, y allí te acuerdas de que tu hermano tiene algo contra ti, deja allí tu ofrenda delante del altar...»

«...y anda, reconcíliate primero con tu hermano, y entonces ven y presenta tu ofrenda.»

Solucionemos primero nuestros pequeños problemas antes de ir a presentar las ofrendas. Entramos en contacto con niveles superiores cuando hemos regularizado los niveles precedentes.

«Ponte de acuerdo con tu adversario...»

¿Cómo nos ponemos de acuerdo con nuestro adversario? Deteniendo el conflicto con él desde nosotros mismos. ¿Qué puede este individuo hacernos que nos agreda? ¿Qué nos preocupa? ¡Respondamos con la paz! Hagamos las paces con la imagen que hemos hecho de todos nuestros adversarios, las paces con todos los seres que nos habitan. ¡Perdonemos a todos los que nos han hecho mal! ¡No guardemos de ellos una imagen negativa que perdurará en nosotros! Recordemos que somos los creadores de toda la antipatía que creemos ver en el otro. El otro no es antipático: es un ser humano. Somos nosotros quienes creamos el sentimiento de antipatía. Nosotros mismos creamos al enemigo.

Pueden muy bien robarnos. No hay por qué hacer un problema. Es un hecho objetivo. Pueden darnos una bofetada. Es también un hecho objetivo. Si no nos sentimos personalmente agredidos, podemos perdonar a ese ser humano que no conoce nada de nosotros y actúa movido por su propia problemática, de la que no somos partícipes.

¡Conservemos puro nuestro corazón! ¡Pongámonos rápidamente de acuerdo con nuestro adversario! Nosotros somos nuestro peor enemigo. ¡Pongámonos de acuerdo con nosotros mismos! ¡No procuremos que nuestro inconsciente se haga nuestro adversario! Pacifiquémonos.

«Ponte pronto de acuerdo con tu adversario, en tanto que estás con él en el camino, no sea que este adversario te entregue al juez, y el juez al alguacil, y seas echado en prisión.»

Esto es, al juez interior y al alguacil interior. «Echado en prisión» significa confinado en sí hasta el fin de la vida. Si no solucionamos nuestro conflicto interno, pasamos ante nuestro juez interior: nosotros mismos nos castigamos y durante toda la vida quedamos confinados en nuestro interior.

«En verdad te digo que no saldrás de ahí, hasta que pagues el último céntimo.»

Quedaremos prisioneros de nosotros mismos mientras guardemos interiormente deudas con alguien y mientras no hayamos hecho la paz con todo lo que existe en nuestro interior.

Adulterio y escándalo
(Mateo 5:27-30)

«Oísteis que fue dicho: "No cometerás adulterio". Y yo os digo: cualquiera que mire a una mujer con codicia, ya en su corazón cometió el adulterio con ella.»

En este caso, ¡cometemos miles de adulterios por día! ¡Que aquel que esté totalmente libre de adulterio lance la primera piedra! Todos, pero absolutamente todos, nos hallamos en estado de adulterio.

Aquí el Cristo habla del trabajo interior. Nos incita a conocernos para alcanzar la realización. Nos aconseja conocer nuestras pulsiones, todos nuestros adulterios interiores, y no contarnos historias, no ser hipócritas con nosotros mismos. ¡Aceptemos el adulterio en nosotros para poder canalizarlo! ¡Aceptemos nuestras pulsiones! ¡Aceptemos nuestros deseos!

«Si tu ojo derecho...»

Subrayemos que señala el ojo derecho y no el izquierdo.

«Si tu ojo derecho te arrastra a la caída, sácatelo y échalo lejos de ti...»

Pienso que el ojo derecho es el intelectual, mientras que el izquierdo es el del corazón, el ojo profundo, el de la receptividad. El derecho es el ojo del lado paterno.

«Si tu ojo derecho te arrastra a la caída, sácatelo y échalo lejos de ti; pues preferible te es que se pierda uno solo de tus miembros, y no que todo tu cuerpo sea echado a la gehena.»

¿Cómo puede un ojo arrastrar a la caída? Se trata de un símbolo. Esto simboliza una parte de nosotros. ¿Cómo sacarnos una parte? Esta parte que nos arrastra debe ser una ilusión. No puede ser verdadera.

Si imaginamos que somos una canasta con manzanas que representan nuestras facetas, tenemos que expulsar la manzana podrida. Nuestra vida depende del punto de vista que se nos ha inculcado. De niños, aprendemos un punto de vista y vemos la vida en función de él. Es el punto de vista del niño. Resulta indispensable sacárnoslo porque nos impide vivir nuestra plenitud. Es decir, que si mi ojo derecho (mi punto de vista sobre la vida) me molesta (no me deja alcanzar la plenitud) debo arrancármelo. Debo cambiar de punto de vista.

¿Cuántos ojos derechos existen en cada uno de nosotros que hace falta arrancar?

Cuando, siendo varón, deseas a la mujer de otro, el problema no es que codicies a una mujer, sino que sea la mujer *de otro*: cometes el adulterio porque no deseas a *tu* mujer sino a otra. Si, siendo mujer, no codicias a *tu* hombre sino a otro que no te corresponde, te hallas en estado de adulterio.

De la misma manera sucede si, en nuestro ser, no deseamos a *nuestro lado femenino* (es por esta razón que hay que «cortarse» un miembro derecho o izquierdo). Si deseamos a otro ser femenino y no al que nos corresponde, cometemos adulterio con nosotros mismos, porque somos un andrógino y debemos vivir nuestra feminidad y nuestra masculinidad.

Cuando codiciamos a la mujer de otro, no deseamos a nuestra mujer. Psicológicamente, hacemos una relación con el marido de la mujer que codiciamos, una relación homosexual.

Deseamos a la mujer de otro, o deseamos a nuestra madre, o deseamos mil cosas y, en lo profundo, no queremos reconocer que tenemos una mujer interior. Queremos a la mujer del otro porque, en nuestro punto de vista, ese otro es mejor que nosotros mismos. El adulterio, tal como lo comprendo, consiste en no vivir nuestra mujer interior (cuando se es hombre) o nuestro hombre interior (cuando se es mujer).

«Si tu ojo derecho te arrastra a la caída...»

Caer es desplomarse hacia lo bajo, es dejarse atrapar por la infancia.

«...sácatelo y échalo lejos de ti...»

Si abandonamos el punto de vista infantil, nuestra vida cambiará. Podremos modificar nuestro pasado.

«...pues preferible te es que se pierda uno solo de tus miembros...»

Es decir, «tu punto de vista».

«...y no que todo tu cuerpo sea echado a la gehena.»

O sea «y no que el sufrimiento invada todo tu cuerpo». ¡Cambiemos de punto de vista!

«Y si tu mano derecha...»

Cristo habla siempre de la mano derecha. La mano es el símbolo de la elección. La mano derecha es la elección racional, sin fe.

«...te arrastra a la caída, córtala, y échala lejos de ti; pues preferible te es que se pierda uno solo de tus miembros, y no que todo tu cuerpo sea echado a la gehena.»

El repudio
(Mateo 5:31-32)

«También fue dicho: "Cualquiera que repudie a su mujer, dele carta de divorcio". Y yo os digo que el que repudia a su mujer, a no ser por causa de unión ilegal, hace que ella adultere; y el que se casa con la repudiada, comete adulterio.»

Si rechazo a mi mujer interior, la empujo al adulterio. Es decir, que la lanzo a desear otra cosa que no soy yo. Ahora bien, sin ella no puedo vivir en tanto que hombre. Esto quiere decir que en lugar de exaltarme a mí mismo, buscaré la realización en un gurú, diciéndome que su Yo es más importante que el mío.

Si en tanto que mujer repudio a mi hombre interior, no puedo vivir como mujer y lanzo a mi hombre interior al adulterio. Impulso a esas energías a la búsqueda de otra mujer, es decir, busco como modelo para mi vida una «madre divina», una Maestra a la que me entrego ciegamente.

Cuando soy mujer y no quiero en absoluto ser hombre, me vuelvo completamente femenina, hasta el punto de serlo falsamente. No vivo mi vida: hago un rol de mujer. Me cambio la forma de mi nariz, lo que significa que de mi nariz elimino el lado paterno. Hago por hacerme esencialmente femenina, pero lo masculino que rechazo en mí buscará a otra mujer. Jamás estaré satisfecha de la mujer en que me he convertido. Haré amistades con mujeres que viven su hombre interior y, si es posible, si son casadas, me acostaré con su marido. Seré adúltera.

También, por ejemplo, si yo, en tanto que mujer, comienzo a repudiar a mi mujer interior, buscaré en el hombre lo femenino que en mí repudio.

10

El texto dictado por la divinidad

Padre Nuestro que estás en los cielos,
santificado sea tu Nombre.
Venga a nos tu Reino.
Hágase tu voluntad,
así en la tierra como en el cielo.
El pan nuestro de cada día,
dánoslo hoy.
Y perdónanos nuestras ofensas,
como también nosotros perdonamos a quienes nos han ofendido.
Y no nos dejes caer en la tentación,
mas líbranos del mal.
Porque tuyo es el Reino, y el poder, y la gloria,
por los siglos de los siglos.

Contrariamente al «Ave María», una oración concebida por la Iglesia, el «Padre Nuestro», según el mito para los ateos y según el dogma para los creyentes, proviene directamente de la divinidad. Por el hecho de que esta plegaria es la única dictada por la divinidad misma, representa el texto más importante de la historia de la humanidad cristiana. Debemos aceptarlo en cuanto es *el* texto clave.

¿Quién puede jactarse de tener la capacidad de interpretar bien las palabras de Cristo? Puesto que Cristo es la cima, nadie es capaz de dominar esta plegaria. Podemos aproximarnos a lo que Cristo quiso decir, pero no más. Así pues, hace falta acercarse con plena humildad.

Sin embargo, esta oración es como un arcano del Tarot: podemos siempre decir cualquier cosa sobre ella y lo que decimos resulta invariablemente justo pero no definitivo.

La oración
(Mateo 6:5-9)

«Y cuando ores, no seas como los hipócritas; porque ellos aman el orar en pie en las sinagogas y en las esquinas de las calles, para ser vistos de los hombres.»

Cristo afirma que no hace falta orar en público. No haremos, pues, esta oración ni en el templo ni en las iglesias o catedrales. No se trata de una plegaria que decimos cuando somos vistos por los otros: no está destinada a los hipócritas que oran en público para ser notados.

«En verdad os digo que ya tienen su recompensa.»

Los hipócritas se hacen ver, se les aplaude: han mostrado que son hombres de calidad, han satisfecho su vanidad. Nada más.

«Mas tú, cuando quieras orar, entra en tu aposento más aislado...»

Esta oración ha sido creada para pronunciarse en la soledad: en nuestra casa, en el cuarto más retirado. Es la más íntima de todas las plegarias. No tenemos necesidad de sacerdotes, de compañeros ni de congregaciones. Hay que decirla estando solo.

La verdadera plegaria es, pues, algo que no concierne sino a cada quien.

«...echa el cerrojo a tu puerta...»

Cerrar tu puerta quiere decir separarte momentáneamente del mundo, olvidar tus necesidades, deseos, sentimientos, pensamientos. Vacía tu espíritu.

«Mas tú, cuando quieras orar, entra en tu aposento más aislado, echa el cerrojo a tu puerta y dirige tu plegaria a tu Padre que está ahí en secreto.»

¿Dónde está tu aposento más aislado? ¿Tu Padre se encuentra ahí cuando echas el cerrojo a tu puerta?
Tu cuarto más retirado está en tu interior. Así pues, búscalo en ti. Echa el cerrojo a tu puerta y dirige la oración a tu Padre que está ahí, dentro de ti, en el silencio de ti mismo.
Cuando decimos «Padre», ¿de qué hablamos?
Ya al pronunciar esa palabra hablamos de esperma. El Padre es el principio activo, el principio de vida, aquel que va a depositar la semilla. A continuación hace falta una Madre con objeto de engendrar esa vida.
En alguna parte tuya, eres la Madre. Y en alguna parte de ti, eres el Hijo.
En el mito no existe primero la Madre. Existe, sin embargo, la Hija. La Virgen María es, desde luego, la Madre, pero ella se convierte en tal habiendo sido antes Hija. María es la Hija del Padre. Luego, se convierte en Madre.
Es necesario no confundir: en alguna parte somos la Madre, pero no el Padre.

«Y tu Padre, que ve en lo secreto, te recompensará.»

Tu plegaria, entonces, te será recompensada porque tu Padre te ve. Es decir que dentro de ti tienes un Padre, tienes un principio divino.
Cada uno de nosotros posee en sí mismo a su Padre, que lo ve constantemente y no lo critica. No es el super-yo que reprende y derriba.
En alguna parte tuya te encontrarás con tu gran amigo, alguien que te ama, perdona y absuelve. En alguna parte llevas a alguien que en absoluto te considera culpable ni mínimo. Alguien que te respeta, que te perdona, que te ama, que te

ayuda si así lo quieres, que te comprende por completo. En alguna parte de ti tienes a tu testigo, que conoce exactamente tu inmenso valor.

Es a este ser a quien tú vas a darte.

En ti no hay un Padre terrible, un Padre que castiga, un enemigo, un censor, alguien que te veja y te castra, que te vigila y no te ama.

El Padre es todo amor. Es el amor completo, el impulso de vida. Es la vida misma la que este Padre te da. Él te sostiene, te mantiene en vida.

«Cuando ores, no uses vanas repeticiones, como los gentiles...»

No recites palabras, frases hechas. No desgranes fórmulas. No enuncies sin saber lo que dices.

«...que piensan que por su palabrería serán oídos.»

El Cristo niega por completo todos esos cantos, esas fórmulas, esas plegarias que no son sino palabras. Con estas últimas no obligaremos al Padre a escucharnos. Es por eso que Cristo dice:

«No te hagas, pues, semejante a ellos; porque tu Padre sabe de qué cosa tienes necesidad, antes que tú le pidas.»

Vas a pedirle algo que Él ya sabe que te hace falta. Conoce puntualmente de lo que tienes necesidad, y lo único que espera es que obres según su Voluntad.

La curación esencial consiste, así, en entrar en comunicación con tu Dios interior. La finalidad de tu vida se alcanza cuando estableces una relación con tu Dios interior, en tu cuarto cerrado, sin que nadie te vea, solo.

Hay en ti una parte que no es tú y que es lo mejor de ti. Debes entrar en conexión con ella. Si logras establecer esta comunicación, esa parte conoce con exactitud lo que te falta y te lo da porque quiere que te realices y alcances la plenitud. Ella te dará tu creatividad. Es la gran promesa del «Padre Nuestro».

Nosotros

Analicemos ahora por qué, si yo estoy totalmente solo en un cuarto cerrado, digo «Padre nuestro». ¿Por qué no digo «Padre mío», puesto que Él está en mi interior?

El concepto de Padre implica el reconocimiento de un creador. Cuando decimos «Padre», aceptamos ser criaturas *creadas*; aceptamos también que ninguna de nuestras acciones, nada de lo que hace nuestro yo, nuestro ego, proviene de nosotros. Así pues, decir «Padre» es decir «Soy humilde» o bien «No soy el creador sino el transformador». Es también decir «Hay una región en mí que no es yo. Yo soy creado». Es aceptar la posibilidad de engendrar en cuanto Madre. Aceptar la feminidad, la receptividad, el misterio inconmensurable. Es romper el orgullo. Aceptar al Padre.

¿Por qué no «Madre»? Porque la Madre tomará la energía del Padre, la energía masculina, para crear al Niño.

¿Y cuál es la energía del Padre? Es todo el presente.

Es por ello que la Virgen toma la energía del Padre, la toma completamente.

Podemos absorber en nosotros la energía del Padre. Esto quiere decir que el acto de la plegaria consiste en llegar a ser como una Virgen María, aceptar al Padre y abrirse por completo a Él.

¿Y por qué decir «nuestro»? Porque no soy uno, sino muchos.

Soy un intelecto: un águila. Pero también soy un ángel: un corazón. Soy un león: un sexo. Y soy un animal de sacrificio: un cuerpo. En mí soy al menos cuatro.

¡Y no solamente cuatro! Soy un feto y un niño de un año de edad. Soy un niño de siete años, al mismo tiempo que un adolescente y un adulto. Todas estas edades son capas, estratos que coexisten en mí.

Cuando te veo, no veo a una persona sino a muchas: una multitud. De entrada, eres al menos quince personas: tú, tu padre, tu madre, tus abuelos y tus bisabuelos. Eres todo eso, aquí y ahora. Eres tu país. Y más lejos, eres toda tu raza. Y más lejos todavía, eres todas las razas. Y aún más lejos, eres todos los seres que han muerto y todos los que nacerán. Y mucho más lejos todavía, eres todas las galaxias y todo el universo.

Entonces, cuando dices «nuestro», representas a los seres humanos. Representas a todas las personalidades que llevas en ti: tus enemigos, tus amigos, tus paisanos. Todo eso eres tú.

Eres el árbol y el oxígeno, la piedra, el animal, el sol, la luna.

«Nuestro» significa que no puedes hablar al Padre en soledad, porque jamás has estado solo. No eres uno. La única «persona» que es Uno, es el Padre. Él es el Uno y todo el resto es la multiplicidad.

No puedes, por tanto, rezar en cuanto tú, porque no posees un yo individual. Eres muchos. Cuando oramos verdaderamente, hablamos en nombre de todos los seres que nos habitan.

¡Haz orar a todos los seres que están en ti! ¡Haz orar a los enemigos que te han hecho mal! ¡Hazlos decir «nuestro» contigo!

¡Haz orar a todos los animales que has conocido, a todas las «estrellas» de cine o de televisión que has visto!

¡Haz orar a todos tus parientes! ¡A todos los niños! ¡A los seres que han hecho el amor contigo!

Haz orar a tu mano, a tu hígado, que tiene su vida propia, a tu corazón, que marcha solo: no eres tú quien lo hace latir, sino el Padre.

¡Haz orar a todos los muertos y a todos los seres que van a nacer! Todo debe orar. Todas las imágenes que están en ti y que pueblan tu memoria. Todas las personas, tan numerosas, que te han hecho bien, y también la gran cantidad de personas que te han hecho mal.

Cuando vas a sumergirte en el secreto de tu corazón, harás orar a todo el mundo en la unidad del Padre.

En el «Padre Nuestro», ese «nuestro» será gigantesco, universal.

Nuestro. Todo el universo dirá «nuestro» a través de tu voz.

Ésta es la oración. Si no eres el universo entero que dice «nuestro» no hay plegaria, porque ella consiste precisamente en un olvido completo de lo que crees que es tu individualidad.

Es la disolución absoluta en el mundo y por tanto en la paz, puesto que, en el «nuestro», todos tus miedos y angustias harán la paz al hablar con el Padre que te va a escuchar. Todas las agresiones harán la paz. Todos los seres que no te han amado o que no te aman, así como los que te aman, todo hará la paz porque encontrará una unidad en el Padre. Por consecuencia, orarás en paz.

Observa todo lo que pides. Compara, en el fondo de ti, la cantidad de tu requerimiento en relación con la de tu ofrenda. Verás que, entre las dos, tu petición es como una montaña y tu ofrenda como un grano de arena.

¡Y en verdad damos poco! Pedimos y pedimos. Pedimos al padre, a la madre, a los hermanos y hermanas, a la sociedad. Pedimos a todo el mundo. Pedimos a la vida, y damos muy poco.

Comienzas a dar cuando tu corazón se quiebra. Entonces te das cuenta de que te hallas en completa soledad y te dices «No es posible que esté solo. ¡Cuando menos, hay alguien que me ama! No es posible de otro modo. Sin amor, estaría muerto». Y en ese instante entras a lo más profundo de ti.

Una vez que te amas, comienzas a dar y detienes la petición.

Al decir «Padre Nuestro que estás en los cielos», cesamos de mendigar. Ya no pedimos nada: somos justos y estamos reconociendo lo mucho que tenemos.

Padre Nuestro que estás en los cielos...

¿Cómo es posible que el Padre no esté en el cielo? Donde Él está, es el cielo. Por tanto, hay que comprender que el Padre está siempre en el cielo; porque ahí donde Él llega, el cielo se hace.

Si el Padre va al infierno, tal sitio no es más el infierno, porque el Padre está ahí. Donde se encuentra el Padre, he ahí donde está el cielo. El Padre no puede sino estar en el cielo porque de súbito Él convierte en cielo el lugar donde está.

Si Él se halla en mí, ¿qué soy entonces? Soy el cielo. En el momento en que reconozco al Padre en mí, lo *pre-siento*: siento a este Dios interior. De pronto, caigo en bienaventuranza, en éxtasis, porque me vuelvo el cielo completo. Lo soy por cuanto el Padre no puede existir de otro modo que en el cielo. Comunicarse integral y totalmente con el Padre es, entonces, hallarse en el cielo con Él.

Esta plegaria es una progresión. El cielo, para nosotros, es nuestro espíritu. Para comenzar y ante todo, el Padre es nuestro espíritu.

Está en el cielo. Recordemos que hay cuatro reinos: el del Padre, el del Hijo, el del Espíritu Santo y el de la Virgen María. En el primero impera la ley de Moisés. En seguida viene el reino de Cristo, que es el cumplimiento de los Evangelios. Pero después del de Cristo viene el reino del Espíritu Santo: aquel en que se habrá alcanzado la conciencia colectiva.

Todos somos el Espíritu Santo. Cuando lo encontremos, nos convertiremos en Él. Nos encarnaremos entonces en el más bello, puro y virginal de los mundos, y crearemos el universo que merecemos. Será el reino de la Virgen María.

¿Y quién aprovechará este reino? Ahí estaremos todos al fin. Seremos todos José, puesto que, según el mito, él es el primero en aprovechar la encarnación de Dios en la humanidad: la ha aprovechado de inmediato porque es el padre espiritual del Cristo.

Padre Nuestro que estás en los cielos...

¡Pensar en ese cielo! ¡Pensar en esa vía espiritual! En qué forma se vuelve maravillosa con el reconocimiento de este principio vital, de este poder inconmensurable, de esta eternidad que cada uno de nosotros porta.

Ahí incluso ya no es necesario tener fe para reconocer que en alguna parte de nosotros están la eternidad y el infinito. Hoy, en nuestra civilización, cualquiera puede comprenderlo. Existe una parte nuestra, un mínimo punto que es eterno y al que llamamos el Padre en esta plegaria.

Ese punto tiene el poderío de la divinidad. Es un poder amoroso enorme, colosal. Lo portamos: en el momento de reconocer ese punto interior, seamos religiosos o no, místicos o no, en el momento en que lo vivimos y nos damos a él, desaparece el dolor. Toda persecución se esfuma. Todo se va y se disuelve porque este aspecto de la vida no es más que una ilusión. No queda más que el estado de éxtasis.

«Me abandono en tus manos. Si eres mi Padre, soy tu niño. Entonces, ¡por favor, trátame como a tal! ¡Aliméntame! ¡Dame lo que quiero! ¿Y qué quiero? Lo que Tú quieres. ¿Qué anhelo? Lo que Tú deseas. ¿Cuál es mi meta? La Tuya. ¿Cuál es mi alegría? Tu alegría. ¿Cuál es mi amor? Tu amor.»

...santificado sea tu Nombre.

¿Cuál es su Nombre? Conocemos el nombre del Hijo: Jesús, pero ¿cuál es el Nombre del Padre? ¿Qué santificaremos si no conocemos el Nombre? Y ¿quién lo conoce? «Padre» no es un nombre.

Aquí accedemos a la más bella frase del mundo, porque se nos pide santificar algo que no conocemos.

Tú sufres de amor porque conoces a la persona que amas. Sin embargo, si no la conocieras, ¿por qué sufrirías? Para amar hay que conocer. Si no conoces a una persona, ¿cómo vas a amarla? Por principio, no puedo amar lo que no conozco.

Sin embargo, ¿cómo amaré este Nombre si lo desconozco? Ahí se me pide lo más enorme: la ignorancia. Amar sin conocer. Se me pide la Fe. Se me dice «¡Santifica un Nombre que no conoces!».

Así pues, no conoces el nombre de tu Dios interior. ¿Y por qué ignoras este Nombre?

Entre el Nombre de la divinidad y la divinidad misma no hay diferencia, porque no hay dualidad. La divinidad *es* su Nombre. Si lo conociera mi cerebro estallaría, puesto que no podría contenerlo.

Recordemos que cada vez que se pregunta a Dios «¿Quién eres?», él siempre responde «Soy el que soy». Jamás enuncia su Nombre en consideración a su interlocutor.

Hay que santificar su Nombre sin conocerlo. Esto significa amar a Dios, al Padre, sabiendo que jamás lo percibiremos con la conciencia. A esta región que queremos alcanzar, no podemos llegar con la conciencia. Dios no existe. Él *es*.

Esta maravilla está en ti, pero no la puedes conocer.

Tendrás, pues, necesidad de una gran fe para aceptar al Padre sin jamás poder estar consciente de Él.
No lo ves. Él te ve. Resientes sus efectos pero no puedes conocerlo.
Yo santifico, entonces, tu Nombre, pero renuncio a conocerlo porque carezco de la capacidad necesaria.
La versión ecuménica dice:

«Nuestro Padre celeste, hazte reconocer como Dios».

Dios: te reconozco en tanto que tal. Es decir: acepto que poseas un Nombre pero también acepto no conocerlo.
Y sin embargo, el Zohar dice «Si no me conoces, ¿cómo me buscarás?». Esto implica que Él está en el fondo de nosotros pero que no podemos alcanzarlo con la conciencia. Hay que tener fe.
Entonces, cuando digo «santificado sea tu Nombre», el fenómeno se realiza: estoy en pleno éxtasis, y en pleno éxtasis te santifico sin verte, sin conocerte, sin percibirte, sin definirte. Sé que estás ahí por pura fe.

El único modo de sentir a la divinidad es la fe. No existe otra forma.
Cuando se dice «ver a la divinidad», es una mentira. No podemos verla porque no entra en nuestros ojos. Es infinita y nuestros ojos sólo ven cosas finitas. No podemos percibir su olor porque nos sobrepasa. No entra por nuestra nariz. No podemos pensarla. Nuestro intelecto es muy pequeño para contenerla. No podemos amarla. Hace falta que ella nos ame, ya que nuestro corazón es muy pequeño para amarla. No podemos vivirla: es muy grande para nosotros.
Así, la divinidad nos ve, nos conoce, nos ama, nos piensa. Y nosotros nos dejamos amar y nos transmitimos su amor. Nos dejamos poseer y nos transmitimos su energía sexual. Nos dejamos acariciar. Nos dejamos nombrar.

Venga a nos tu Reino.

Esto quiere decir que, por vez primera, el espíritu entra en tu cuerpo. Por la aceptación de la fe y por la aceptación del Dios interior, el Reino, el Padre te va a penetrar y atravesará toda tu vida.

Antes de aceptar a tu Dios interior, tu vida estaba en la oscuridad porque Él es la luz.

Todo el sufrimiento que has experimentado, lo has tenido sin Él. El Reino no estaba ahí.

Todo lo que has vivido antes de haberlo aceptado en tu plegaria, no formaba parte de su Reino. Era la oscuridad. Pero desde que tienes la fe y aceptas su Nombre y su principio creador, todo tu ser se colma de luz.

En tu vida todo se vuelve plenitud. Tu niñez se colma de súbito. El Padre estalla en tu infancia y sumerge tu pasado doloroso... Entra en tu madre y ella se vuelve una Virgen María. La luz entra en tu padre y él se convierte en un José maravilloso. Entra en tu feto y tú te haces Cristo. Atraviesa toda tu vida y tú te conviertes en un ángel de luz perfecta.

Cuando aceptas el Reino, eres un ser de luz. Entonces, la luz entra en tus enemigos. Entra en la naturaleza. Entra en nuestro momento histórico. Entra en el presente y el Reino está aquí, hoy, como una flama resplandeciente. Es su Reino.

Todo el universo arde y tú estás en la cima de la montaña. El universo eres tú. Flameas con él. El momento en que flameamos con las estrellas, con el universo, con todas las entidades cósmicas, con todas las entidades subterráneas, es un momento inconmensurable. Somos la flama universal, el presente completo.

Entonces te colocas en el centro del universo y sientes ese momento innominable que estás viviendo. En esos instantes portentosos está la creación, está el Padre... y está su Nombre. ¡Y nosotros somos su Nombre! ¡Y ese nombre es nosotros! Él nos nombra. Y estamos en medio del Reino porque lo hemos aceptado.

Es una alegría sin límite, una fiesta eterna.

Hágase tu voluntad...

Mi voluntad no es nada comparada con la del Padre. Todo se realiza si me entrego a su Voluntad.

Jamás en mi vida soy más fuerte que cuando me vuelvo débil. Y jamás en mi vida estoy más pleno que cuando me vacío. Y jamás doy más amor que cuando elimino de mi corazón todo mi amor personal.

Hágase tu voluntad...

«Me doy a tu voluntad.» Si lo hago, todo se realiza y todo es para bien.

Hágase tu voluntad, así en la tierra como en el cielo.

¿Qué significa esta frase? La tierra es mi cuerpo, es el planeta. Debo, pues, aceptar la voluntad del Padre en mi cuerpo.

El cuerpo no es el sitio de la angustia ni de la muerte. Para que tu voluntad se haga en mi cuerpo, acepto la muerte porque sé que ella no existe. La acepto en mi cuerpo. Acepto la vejez. Acepto el dolor. Acepto la enfermedad. Acepto el sexo. Acepto la belleza y la fealdad. Acepto mi cuerpo tal como es. Si Tú me has hecho así, acepto lo que soy. Soy lo que Tú quieres.

El pan nuestro de cada día, dánoslo hoy.

Esto quiere decir que, cada día, tenemos un pan a nuestra disposición.

Existe, pues, un alimento para mí en el universo. Si quiero amor, hay amor para mí. Si quiero creatividad, la hay para mí. Si quiero placer, hay uno para mí. Si quiero la conciencia, ella existe para mí. Hay todo lo que quiero. Si acepto al Padre interior, sé que cada día tendré lo que me falta.

¡Y no digas «Dame el pan de todo el año»! Esto querría decir que te minimizas y que tienes necesidad de tranquilizarte.

Imaginemos a un hijo que pide a su padre «¡Quiero que me ames siempre!». El padre le contestaría «Hijo mío, te amo *hoy*. Y no hay más que *hoy*». Y si el hijo exclama «Esta casa, quisiera tenerla siempre», el padre le dice «La tienes hoy y no hay más que hoy». Y si el hijo añade «Este cuerpo, lo quisiera siempre», el padre señala «Este cuerpo no lo tienes más que hoy. ¡Ten el placer, hoy, de tu cuerpo!».

¡Come tu pan hoy! Mañana, ya se verá. Cada día aporta su pan. Y cada vez el pan es distinto.

Cada día tendré la conciencia.

Cada día será la alegría, la calma, el amor, la creatividad. Tendré la más grande de las compañías: la de mí mismo. Aprenderé a estar conmigo y, así, jamás resentiré soledad. Y después, estaré con los otros. La soledad no existe.

Cuando amas a alguien, no le pidas más de lo que te da en el momento en que te lo da.

El camino se hace paso a paso. Si un paso es intenso y perfecto, el siguiente lo será también. Pensemos en dar perfectamente cada paso y no pensemos en el camino. No pidamos más que nuestro pan cotidiano. Es decir: aquí y ahora, nuestro presente. ¿Presentimos el éxtasis que esto representa? El pan cotidiano es todo el universo.

…y perdónanos nuestras ofensas,
como también nosotros perdonamos a quienes nos han ofendido.

Perdonar a quienes nos ofenden significa que tú te has vuelto sólido, adulto. Esto quiere decir que has comprendido al otro, porque para perdonar a alguien que te ha dado una bofetada hay que saber por qué te la dio. Hay que saber por qué te robaron, por qué te hicieron mal.

Las primeras personas que te han ofendido son las de tu árbol genealógico: las quince o treinta personas que están detrás de ti. Ellas son las primeras. ¡Busca comprenderlas!

¿Por qué tu madre tuvo necesidad de hacer tu parto difícil? ¿Por qué contrajo su vagina? ¿De dónde provino esto? Buscando, averiguarás de inmediato que surgió de problemas que ella tenía con el hombre que te engendró. ¿Por qué esos problemas? ¿De dónde provienen?

Nadie quiere conscientemente hacer mal a nadie. Somos siempre hijos de víctimas. ¿Qué provoca todos estos daños?

¿Por qué una persona me hiere?

En el mundo del cine, un hombre me robó de modo considerable. ¿Por qué me robó tanto? Porque al comienzo de su vida fue abandonado en la Asistencia Pública. Creyendo que nadie lo amaría nunca, tenía necesidad de dominar. Le perdono haberme robado, puesto que sé por qué lo hizo. Es el producto de un inmenso sufrimiento. El amor que según él nunca recibiría, lo robaba. Los dólares que acumulaba eran una metáfora de las caricias de que su madre lo privó.

Perdono a todas las personas que me han provocado enfermedades, a todas aquellas que me han hecho mal.

Si no lo hago, ellas habitarán en mí como arquetipos nocivos.

Ni una sola persona desagradable debe habitar en mi espíritu porque éste tiene que ser pura alegría.

Si dejo venir a mi cabeza a personas terribles, algo de terrible tengo en mí. Si llevo a muchas personas espantosas, soy espantoso porque las llevo.

¡Cambia a las personas que habitan en tu interior! ¡Recuerda que todo lo que hay en tu interior, eres tú!

Sea cual sea el juicio que hagas sobre una persona, ese juicio te define a ti mismo. Todo lo que dices habla de ti. Todo eres tú.

Para perdonar se requiere de una enorme paciencia. ¡No obligues al otro a ir más rápido de lo que puede! Perdona a las personas su falta de comprensión. Repite una y mil veces lo que se te pide. Ve lentamente.

Cuando hayas perdonado a todo el mundo, tu Dios interior te perdonará. A la inversa, si tú, que eres un ser simple, un ego, no eres capaz de perdonar una ofensa, ¿cómo quieres que la divinidad te perdone?

La divinidad es tu perfección interior que te observa y te dice «No, en tu interior no eres perfecto. La agresión que ves fuera de ti es la que te habita».

Más profundamente todavía, hay que perdonar a partir del nacimiento e incluso antes de éste. Hay que perdonar a la civilización y a la historia. Mientras no lo hagamos, no nos liberaremos.

Si no hemos perdonado a aquellos que nos han dañado, somos sus prisioneros y no podemos volar al cielo, hacia la paz interior.

El sufrimiento no lleva a nada. Es como un abrigo del que hay que deshacerse.

Sufrir porque un niño pequeño tiene hambre no sirve al

niño. Por el contrario, si de inmediato me lanzo a alimentarlo, en pleno éxtasis, entonces lo ayudo.

Y no nos dejes caer en la tentación,
mas líbranos del mal.

Si debes escoger una parte de tu cuerpo para erigir un templo a la divinidad, ¿en qué parte lo colocarías? ¿Sentirías que Dios puede habitar en tu sexo? Sería normal, puesto que el sexo es el sitio donde se tiene la más grande potencia de eternidad.

De hecho, cuando se dice «Padre nuestro», se apela a las fuerzas del sexo. No se convoca a las potencias del cerebro porque éste, el intelecto, es el ambiente donde Dios menos podría habitar. El lugar en donde más podría ubicarse es el sexo.

Y en el sexo, ¿quién lo llama? La llamada proviene del corazón. Se convoca a la energía sexual para aportarla al intelecto. El corazón es el Cristo, pero el Padre es el sexo. El Reino está en el sexo, el Poder en el corazón y la Gloria en el intelecto.

Solemos dejar el sexo fuera de la Iglesia como si fuera la suciedad encarnada. En alguna parte hay un error.

Y lo hay porque no es posible que el ser humano porte algo sucio. No es posible que, si el orgasmo y el placer existen, sean la creación del diablo. Esto sería aceptar que el diablo es el colaborador de Dios en la creación del hombre.

Entonces, cuando Cristo dice «no nos dejes caer en la tentación», no se trata de la tentación sexual. La tentación es una cosa muy distinta. La tentación es el deseo personal: el ego.

«No nos dejes caer en la tentación.» Sabemos que el diablo está identificado con el deseo de beneficio personal, con el deseo del fruto. La *Bhagavad-gîta* dice «Piensa en la obra, no en el fruto».

La tentación es pensar en el fruto y no en la obra. Es ésa la gran tentación, la tentación del ego.

La mayor tentación consiste en querer existir en el lugar del Padre, en no aceptar al Padre y en querer ser nosotros mismos la divinidad.

«¡No me dejes convertirme en el diablo, es decir en el ego!

¡No me dejes pensar que soy el mundo! ¡No me dejes desear ser el universo! ¡No me dejes pensar que Tú no existes y que yo existo!» He ahí la tentación.

...mas líbranos del mal.

El mal es el olvido de Dios.

No hay mal más grande que olvidar al Padre. Si nuestra vida nos conduce a la locura, a la neurosis, a la psicosis, a la impotencia, al caos, es porque olvidamos que nuestro centro es el Padre. Es esta divinidad inconmensurable, esta divinidad interior.

Mientras no hayamos reconocido nuestra divinidad interior, no tenemos objetivo en la vida y no sabemos qué hacer. No sabemos construir un templo. No sabemos amar. No sabemos dar. No sabemos crear. No sabemos hacer nada. Somos como un niño inválido y loco. Sabemos odiar, detestar, asesinar: vivimos en el caos.

Porque tuyo es el Reino,
y el poder, y la gloria...

A veces se piensa que el sexo es el poder, pero no hay poder mayor que el corazón. El Reino corresponde al sexo porque es ahí donde Él habita: es ahí donde se crea. Luego vienen el poder del amor en el corazón, y en seguida la gloria, o sea la luz, en el intelecto.

...por los siglos de los siglos.

Es decir, *hoy*. Aquí y ahora porque aquí y ahora es por los siglos de los siglos. El presente total.

11

Testimonio de Juan
(Juan 1:19-28)

Estudiemos ahora el Evangelio de Juan. Veremos que se abre, como el Génesis, con una semana que aquí acaba, el séptimo día, en la primera manifestación de la gloria de Jesús en las bodas de Caná. La creación del universo se repite, pues, en este prólogo de Juan.

La aparición de Cristo en el universo comienza por «El testimonio de Juan». Es el primer día.

Ciertos sacerdotes van a preguntar a Juan el Bautista «¿Eres tú el Cristo? ¿Eres el Mesías? ¿Eres Elías? ¿Eres el profeta?». De hecho, quieren matarlo porque Juan bautiza. Y él les responde «No, no... no soy el Mesías. No soy el profeta. Soy *la voz que clama en el desierto: "Enderezad el camino del Señor", como dijo el profeta Isaías*».

El Cordero de Dios
(Juan 1:29-34)

Es el segundo día. En este capítulo, Cristo se aparece a Juan y le pide que lo bautice.

Es Cristo quien le dice «Bautízame». Es él quien se hace bautizar. Al hacerlo, le otorga el inmenso honor de reconocer que las personas que lo han anunciado le dieron la vida. Así pues, Cristo reconoce a su Padre y a su Madre en Juan.

Seremos el padre y la madre de la conciencia colectiva. Seremos reconocidos. Es el segundo día.

Los primeros discípulos
(Juan 1:35-51)

El siguiente día otra vez estaba Juan en el mismo lugar con dos de sus discípulos.

El tercer día, dos discípulos acompañan a Juan. ¿Y qué hace este último?

Y mirando a Jesús que caminaba por allí, dijo: «He ahí al Cordero de Dios». Los dos discípulos lo oyeron hablar así, y siguieron a Jesús.

Resulta particularmente hermoso que un instructor mire a otro hombre caminar y diga a los dos discípulos que tiene, y a quienes ha bautizado, «¡Seguidlo!». Se deshace de ellos. Así pues, reconoce el valor del prójimo.

Es hermoso porque la gran tentación de Juan habría podido ser el crear una secta y conservar a sus discípulos.

¿Cuántas personas conocemos que dejen ir a sus discípulos, que reconozcan que otro es mejor que ellos? ¿Cuántos padres y madres dejan ir a sus niños? ¿Cuántos maridos dejan ir a sus esposas y cuántas mujeres dejan ir a sus maridos? Si sabemos que alguien hará bien a una persona en mayor grado que nosotros, ¿dejamos ir a esta persona?

Juan lo hace. Es la primera lección y resulta muy bella. Deja ir a sus discípulos ante un Maestro más grande.

Es él, pues, quien ofrece a Cristo sus primeros discípulos. Imaginemos con qué amor los ha preparado para que en el momento en que les pide seguir a Cristo, ellos lo hagan de inmediato.

Y volviéndose Jesús, y viendo que lo seguían, les dijo: «¿Qué buscáis?». Ellos le respondieron: «Rabí» (que significa Maestro), «¿dónde moráis?».

¿Dónde está el Maestro? ¿Dónde habita en ti?

Cuando te preguntas «¿Qué soy?», debes precisar tu pregunta y cuestionarte «¿Dónde estoy?».

Hay un Dios interior en ti. ¿Dónde está? ¿En el cerebro? ¿En el sexo? ¿En el corazón? ¿Dónde está situado tu Dios interior, esa conexión con el infinito y la eternidad?

Intentemos responder.

«¿Dónde moras?», es la primera pregunta que los discípulos de Juan hacen a Cristo. Es también la primera cuestión que debemos plantearnos: ¿dónde mora mi Dios interior? ¿En lo más profundo de mí? Mas ¿dónde está lo más profundo de mí? ¿Dónde?

Les dijo: «Venid y ved». Fueron, y vieron dónde moraba, y se quedaron cerca de él aquel día.

¡Cerca de Él! ¡Cerca del Dios interior! No puedes sino habitar cerca de Él. No puedes ser Él.

¿Nos damos cuenta de que si estamos habitados por un Dios interior, Él posee tal poderío que no puede elegir cualquier sitio para residir? Debe habitar en un sitio de nuestro interior extremadamente precioso, un lugar que le corresponde. Las células que lo contienen (porque las células también lo contendrán) son células elegidas.

En nosotros hay una Virgen María que contiene a Dios porque sólo la Virgen puede hacerlo. No es el ego sino la Virgen, que está en nosotros, la que contiene al Cristo. Ella es tan poderosa que, cuando el poder del Altísimo la envuelve con su sombra, la luz la penetra y ella es capaz de recibirla. No se desintegra, sus ovarios no estallan. ¡Imaginemos una y otra vez la fuerza de su vagina!

Haciendo referencia a esta fuerza es como un pintor de la Edad Media realizó un cuadro en el cual se ve a una mujer que tiene una mano calcinada y que se sitúa cerca de la Virgen.

Esta escena ilustra una leyenda que nada tiene que ver con las Escrituras pero que fue muy popular. Esta leyenda cuenta que cuando la Virgen estaba a punto de dar a luz, José fue a buscar una comadrona. Cuando ésta llegó, el niño ya había nacido. María afirmó ser virgen, pero la mujer no la creyó y quiso verificar esto hundiendo los dedos en la vagina de la joven madre: su mano se quemó. Ello indica que la vagina de la Virgen era de un poderío fenomenal. La mujer se puso a llorar y a pedir perdón. La Virgen le dijo: «Tócame». La comadrona posó su mano calcinada sobre el vientre de María y en el acto sanó. Ésta es la historia que el pueblo contaba.

Es una leyenda y no un *mito*, pero en alguna parte de nosotros existe un núcleo poderoso que puede contener a nuestro Dios interior; de otro modo, estallaríamos.

Poseemos una Virgen María interior. Ella puede estar dormida. Es la Bella Durmiente. Así pues, si duerme, no podemos comunicarnos con nuestro Dios interior. No se encarna. Sólo la Virgen María puede contener a la divinidad.

La Virgen es un camino para llegar a Cristo. Entonces, cuando despertamos a esta Virgen interna, podemos llegar a nuestro Dios interno.

Sin embargo, no es necesario permanecer virgen toda la vida, eternamente pura, bella, inconmensurable, perfecta. Si cuando el ángel la llamaba, ella hubiera respondido «¡Imposible! ¡No quiero!», nada se habría realizado. María pudo en cierto momento tener la tentación de conservar su himen, de no ser mujer, de no dar vida a sus ovarios: de rechazar la maternidad. Podría haber dicho al ángel «No, yo soy virgen y me conservaré así. No me dejaré fecundar. Me amo a mí misma». Eso es la tentación.

Andrés, hermano de Simón Pedro, uno de los dos que habían oído a Juan y seguido a Jesús, halló primero a su hermano Simón, y le dijo: «Hemos hallado al Mesías» (que significa el Cristo). Y lo trajo a Jesús.

Así, en el tercer día hay tres discípulos.

El siguiente día quiso Jesús ir a Galilea, y halló a Felipe, y le dijo: «Sígueme».

Felipe encuentra a Natanael y lo lleva cerca de Jesús. Natanael reconoce en él al Hijo de Dios y también lo sigue. Esto hace dos discípulos más.

Entre el primer día y el cuarto, Jesús encuentra a cinco discípulos. Después es el silencio y tres días más tarde se celebran las bodas de Caná. Cristo realiza su primer milagro el séptimo día. Invierte siete días para preparar su primera señal. Exactamente igual a la Torah, para la cual la creación del universo se realiza en siete días.

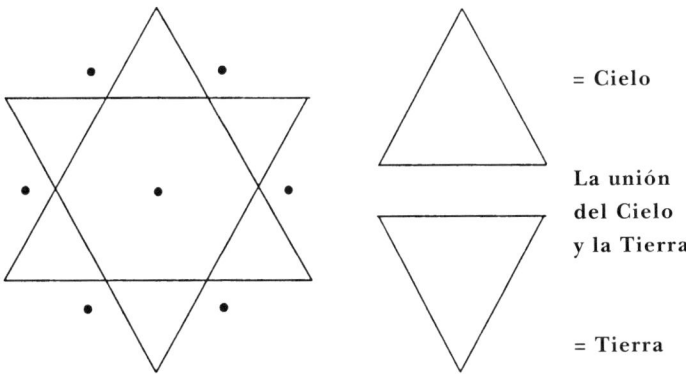

Cinco discípulos y el propio Cristo suman seis. ¿Es posible interpretar geométricamente el número seis?

Si el lector conoce la catedral de Notre Dame en París, al entrar notará a su derecha un alto vitral donde se encuentra una estrella de David con siete puntos. El séptimo está en el centro. Si el lector visita el templo budista que se localiza en el Bois de Vincennes, en las afueras de París, verá que sobre la puerta están dibujados siete puntos en la misma disposición.

El primer milagro de Cristo se realiza el séptimo día. ¿Y cuántas personas sagradas están presentes? Cinco discípulos, el Cristo y la Virgen María, es decir siete en total.

La estructura matemática del mito es interesante.

La primera señal: las bodas de Caná
(Juan 2:1-12)

Ahora bien, el tercer día...

Es decir, tres días después. En el transcurso de los cuatro días iniciales, Cristo encuentra a sus primeros discípulos: establece sus bases. Después, en los tres días siguientes y hasta el séptimo, es el Espíritu quien se presentará.

Ahora bien, el tercer día se hicieron unas bodas en Caná de Galilea; y estaba ahí la madre de Jesús.

Las bodas tienen lugar en Galilea, la *Galilea de las naciones*.
¿Qué es una boda? Una fiesta alrededor de un acto de fecundación. Es la unión de un macho y una hembra, del hombre y la mujer, del cielo y de la tierra.

Antiguamente, en el nivel simbólico la mujer era el cielo y el hombre la tierra. En seguida, culturalmente, el padre se convirtió en el cielo y la madre en la tierra. Esto último se consideraba en el momento de la llegada de Cristo.

El Mesías se presenta en un momento de crisis internacional: el imperio romano domina numerosas naciones. El pueblo está oprimido y lucha por su supervivencia. La propia religión se halla en estado crítico: los sacerdotes están al servicio de los gobernantes. El estudio bíblico ha sido fijado y se encuentra en las manos de los escribas, quienes sirven a la ley de Moisés: veneran los libros y conceden más importancia a la letra que al corazón.

Cristo se presenta en esta crítica coyuntura. Forma parte de la nueva generación de judíos, la que desea esparcir la sabiduría en el mundo entero y no mantenerla en el círculo cerrado del pueblo elegido.

El primer milagro de Cristo tendrá lugar, pues, sobre la unión del hombre y la mujer, la unión de una pareja que va a hacer el amor, pero en un momento de crisis en que falta el Espíritu. Considerando esta falta, la fiesta no puede marchar bien.

En nuestro interior, ninguna fiesta, ninguna boda pueden

marchar bien y prosperar si el Dios desconocido, el Dios interior no está presente.
Tu masculinidad y tu feminidad están en trance de casarse. Sin embargo, algo falta:
Tu actividad y tu receptividad deben unirse.
Tu sexo y tu intelecto deben desposarse.
Tú puedes despertar toda tu creatividad, todo tu intelecto, pero sin la vida emocional profunda, sin el *corazón*, donde se encuentra tu Dios desconocido, esto no marchará.
La boda que quieres no podrá realizarse: no caerás en éxtasis, no estarás en constante alegría, no conocerás tu eternidad.
Es entonces cuando Cristo llega.

Ahora bien, el tercer día se hicieron unas bodas en Caná de Galilea; y estaba ahí la madre de Jesús.

María está presente en la boda.
Nosotros estamos ahí para la boda: el cuerpo está ahí. Cuando se realice el matrimonio de lo masculino y lo femenino en nosotros, la Virgen ya estará ahí.

Jesús también fue invitado a la boda y así fueron sus discípulos. Y como el vino faltaba...

El vino faltaba. Sabemos que el vino es el símbolo de la plenitud, el símbolo del despertar espiritual, de la conciencia cósmica, de la embriaguez divina...
La alegría estaba, pues, ausente de estas bodas porque el vino faltaba. Cristo llega y se encuentra en una fiesta desabrida, triste, precisamente cuando una boda debe servir para entrar en éxtasis.

...la madre de Jesús le dijo...

Contrariamente a Jesús, que permanece apartado con sus cinco discípulos, María se da cuenta.
Cristo había entusiasmado y deslumbrado a sus discípulos, lo que no impide que a mitad de la fiesta en que faltaba el vino, Cristo permaneciera con los brazos colgantes. Con toda

la iniciación del mundo, con toda la belleza del mundo, con todo el poder del mundo, el Dios interior no se manifestaba. Correspondía a la Virgen hacerlo.

«Ella dijo.» No es Cristo quien dice, sino María. Esto significa que tu Virgen interior debe ponerse en acción: debe obligar al Dios interior a manifestarse. Debe, pues, manifestar su propio poder y su voluntad: debe manifestar el deseo.

Es por medio del deseo que debes despertar en ti la voluntad de hacer algo. ¡El violento deseo de realizarte! Para eso hará falta que despiertes a tus fuerzas sexuales, que son puras y bellas.

La Virgen dice a Cristo:

«No tienen vino».

Esto quiere decir «Tú eres el vino. Tú eres Dios. Eres Tú quien genera la embriaguez, porque yo estoy embriagada de Dios. Si no hay embriaguez de la divinidad, ahora que estás aquí, ¡manifiéstate! ¡Dales el vino!».

Pero Jesús le dijo: «¿Qué quieres conmigo, mujer? Aún no ha venido mi hora».

No dice «madre», sino «mujer»: la reconoce en cuanto mujer.
–No tienen vino.
–¿Qué quieres conmigo, mujer?
Es con un enorme rigor espiritual que Jesús y María han intercambiado estas pocas palabras.

Se ha buscado en el Evangelio de san Juan cuántas veces Cristo dice la palabra «mujer».

Además de decirla dos veces a la Virgen (una en las bodas de Caná y otra en la cruz, en el momento en que confía su madre a Juan), la pronuncia tres veces. Veamos a quién y en qué circunstancias.

Cristo dice «mujer» en el capítulo 4 del Evangelio de Juan, en el transcurso de la conversación con la samaritana (Juan 4:16-19):

«Ve, llama a tu marido y regresa acá.» La mujer respondió: «No tengo marido». Jesús le dijo: «Bien has dicho: "No tengo marido"; porque cinco maridos has tenido, y el que ahora tienes no es tu marido. Esto has dicho con verdad». Le dijo la mujer: «Señor, veo que eres un profeta».

Cristo la perdona, etcétera; después, respondiendo a una pregunta de la samaritana, dice en el versículo 21:

«Créeme, *mujer*, que la hora viene cuando ni en esta montaña ni en Jerusalén adoraréis al Padre».

A esta mujer le dice: «la hora viene», mientras que a otra, la Virgen, le había dicho «Aún no ha venido mi hora».
Esta vez habla a una pecadora, a una mujer que tiene una vida sexual muy intensa. Y esta mujer que lleva esa vida sexual, lo reconoce y se convierte en su discípula.

Cristo dice «mujer» una segunda vez al dirigirse a la adúltera.
Los escribas y los fariseos se la llevan para que él la juzgue, porque esta mujer ha sido sorprendida en flagrante delito de adulterio. Aquéllos buscan tender una trampa a Cristo, pero éste les responde (Juan 8:7):

«Que aquel de entre vosotros que esté sin pecado lance la primera piedra».

Todos renuncian a lapidarla y parten; al fin, Cristo dice a la adúltera (Juan 8:10):

«*Mujer*, ¿dónde están los que te acusaban? ¿Ninguno te condenó?».

Después, él añade:

«Ni yo tampoco te condeno; vete y en adelante no peques más».

Es la segunda mujer que tiene una vida sexual intensa. Él la perdona.

La tercera vez dice «mujer» a María de Magdala (o María Magdalena), a quien a menudo la tradición ha tomado por una prostituta convertida. Ella busca el cuerpo de Cristo, que ha desaparecido de la tumba.

Dos ángeles vestidos de blanco se presentan en el mismo lugar donde se encontraba el cuerpo y le preguntan (Juan 20:13-15):

«Mujer, ¿por qué lloras?». Ella les respondió: «Porque se han llevado a mi Señor, y no sé dónde lo han puesto». Cuando había dicho esto, se volvió y vio a Jesús que estaba allí; mas no sabía que era Jesús. Jesús le dijo: «*Mujer, ¿por qué lloras? ¿A quién buscas?*».

Cuando resucita, la primera persona ante quien se manifiesta no es su madre, sino María Magdalena, quien ha tenido una vida sexual intensa.

«¿Qué quieres conmigo, mujer? Aún no ha venido mi hora.»

¿Por qué dice que su hora aún no ha venido? Porque vacila en comenzar: no siente que sea la hora, en tanto sabe que su primer milagro desencadenará inevitablemente su crucifixión.

Hacer el primer milagro significa, pues, ser crucificado. Sin embargo, la crucifixión no es el fin de Cristo, sino que lo es la resurrección. Es hacer todo lo que hizo tras ser crucificado y volverse el corazón del universo. Es una enorme tarea cósmica.

Ahora bien, se trata de la mujer que es su madre y su hija. (Al comienzo, cuando el ángel habla a María, es hija de Dios. Dios habla a su hija y después la posee. En seguida, es su madre y más tarde su mujer. Por otra parte, ¿qué mujer podría tener el Cristo, poseedora de un nivel espiritual correspondiente al suyo, si no es la Virgen María? No existe otra.)

Es, pues, la madre, que es también la mujer y la hija, quien lo condena a la crucifixión... y también a la libertad.

Su madre dijo a los que servían: «Haced todo lo que él os dijere».

De súbito, ella lo compromete socialmente. No lo escucha y lo obliga a superar su titubeo.

«Haced todo lo que él os dijere.»

Desde que ella pronuncia estas palabras, Cristo se encuentra frente a personas que esperan de él alguna indicación. Todos los sirvientes lo miran. Y él, confuso, permanece apartado.

María lo impulsa a la acción. Esto quiere decir que si queremos despertar a nuestro Dios interior, si queremos darnos a Él, hay que ponerlo en acción. Hace falta decirle «En mi vida falta esto y aquello. En mi vida no hay vino. No hay éxtasis».

Si nos responde «La hora de mi manifestación no ha venido», tendremos que obligarlo: «¡Ésas son sólo palabras! ¡A la acción! ¡De inmediato, a la acción! ¡A la creatividad! ¡Voy a ponerme a crear ahora mismo, voy a lanzarme a la obra!».

Nuestro Dios interior podría aducir «¡Pero no! ¡Tengo que preparar la obra durante veinte años!».

Y tendremos que insistir: «¡No! ¡Obedece! Hay una necesidad. ¡Obedécela!».

Y estaban ahí seis tinajas de piedra para agua, conforme al rito de la Purificación de los judíos, en cada una de las cuales cabían dos o tres medidas.

Si una medida equivale a cuarenta litros, cada tinaja contenía de ochenta a ciento veinte litros.

Subrayemos que hay seis hombres: el Cristo y sus cinco discípulos, así como seis tinajas de piedra. Hay tantas tinajas como personas iluminadas, todas bajo el impulso de la Virgen.

Jesús dijo a los sirvientes: «Llenad estas tinajas de agua». Y las llenaron hasta el borde.

Esta frase es de una enorme sutileza. Imaginemos la escena que tiene lugar entre los sirvientes, no entre los invitados; ellos simplemente esperan.

Entonces, de un lado, están los sirvientes que trabajan, preparando la boda, el banquete, sirviendo... Son ellos quienes no tienen nada que servir y se hallan preocupados. Son las personas humildes. Y del otro lado, están los invitados: los religiosos, los escribas; no están alegres: son adeptos de una religión que ya no les corresponde.

Cerca de los sirvientes que trabajan, María, esta mujer increíble, se halla presente; la acompaña este hombre fuera de lo común a quien sus discípulos contemplan llenos de admiración y de fe.

Cuando los sirvientes se aproximan, Jesús les dice:

«Llenad estas tinajas de agua».

Eso hace de ochenta a ciento veinte litros de agua multiplicados por seis, es decir entre quinientos y setecientos litros. Resulta imprescindible comprender que el transporte de setecientos litros es un trabajo desbordante, porque en esa época el agua corriente no existía. Era necesario ir por agua al pozo. A razón de veinte litros por viaje, los sirvientes deben haber hecho un mínimo de treinta y cinco viajes. Fue largo y laborioso y, sin embargo, llenaron las tinajas hasta el borde. ¿Por qué lo hicieron?

Si yo fuera un sirviente en estas bodas y careciera de *fe*, habría hecho uno o dos viajes y se acabó. Habría pensado que con eso era suficiente.

Este hombre que pidió «Llenad estas tinajas de agua», no tenía ninguna autoridad entre los sirvientes. No era su patrón ni su jefe. No podía forzarlos a obedecer. No tenía a su disposición ningún medio de presionarlos. Pidió tranquilamente y los sirvientes cumplieron de inmediato lo que pedía.

Llenaron las tinajas «hasta el borde». Esto significa que tenían una fe total.

Si crees en tu Dios interior y le rezas para que te dé la plenitud, nada puede hacerse si tu cubo, tu receptáculo, tu corazón no está lleno de la petición hasta el borde. Para pedir hay que saber formular una petición completa. Si ella no se cumple, es que aún queda algo que no hemos solicitado, y en ese caso el milagro no se produce. Hace falta que la petición sea total: *hasta el borde.*

Y los discípulos esperaban con un respeto mezclado con admiración. En ese preciso momento:

Jesús les dijo: «Ahora tomadlas, y llevadlas al maestresala». Y se las llevaron, y él probó el agua vuelta vino.

Veamos la escena: las tinajas están ahí, los sirvientes a un lado, terminando de llenarlas. Están fatigados: han hecho un trabajo enorme. El silencio y la paz reinan en la habitación. A mi parecer, esto sucede en la cocina. Posiblemente Jesús ha ido a ese sitio. En todo caso, es seguro que no realiza el milagro frente a todos. Además de los sirvientes, nadie se da cuenta. Se realiza en secreto.

En el Evangelio de Mateo, Jesús dice «Mas tú, cuando quieras orar, entra en tu aposento más aislado, echa el cerrojo a tu puerta...».

¡Haz las cosas en secreto! ¡No públicamente! Que nadie sepa lo que pasa en tu interior. Reza en el secreto de tu alma. Tu realización no pertenece más que a ti y a nadie más. No comuniques tu búsqueda antes de que ella se haya realizado. No mates al pollo antes de que salga del huevo. No cuentes los pequeños sacrificios que haces. No cuentes nada. Tranquilamente, guarda todo en ti, como un guerrero.

La Virgen no expresa nada: guarda todo en su corazón. También el Cristo. No lo imagino haciendo el milagro en medio de una puesta en escena espectacular. No mete una mano en el agua. No camina alrededor de las tinajas. En realidad, no hace nada, ni un gesto siquiera.

En este caso, ¿cómo tiene lugar el milagro? Intentemos responder ahora.

Para que una cosa se mantenga con vida, le hace falta un Dios interior, un «programador». Sin Él no puede permanecer viva.

Todo aquello que no tiene un Dios interior resulta incapaz de conservar la vida.

Veamos un holograma. Cuando se le corta en pequeños fragmentos, en cada uno de ellos encontramos el dibujo entero. Es decir que si cortamos un holograma en veinte pedazos, tendremos veinte hologramas

Si tomamos una gota del océano, sin duda podemos aseverar que en su centro se halla el Dios interno. Antes de ello, sólo estaba el Dios interno en el océano. Sin embargo, desde que separamos la gota del océano, esta gota también contiene al Dios interior.

Ello implica que el Dios interior está en todas partes, en cada átomo. Si aíslo una de mis células, a partir de ella puedo reconstruirme completo. Si soy capaz de reconstruirme de este modo, no haré un cuerpo que sólo *parece* vivo: crearé un ser completo con su Dios interior.

Así pues, imaginemos la escena. Dios está ahí. El agua en las tinajas se regocija porque siente que se le hará subir de grado.

El espíritu del agua antes del milagro equivale a nuestro espíritu antes de la llegada y la aceptación del Dios interior.

Entonces, el agua está ahí, estamos ahí, *hasta el borde*. Esperamos. Frente a nosotros se erige nuestro Maestro.

Y el Maestro está ahí, apoyado por la mujer porque si no hubiera mujer, no habría Dios, ni tampoco milagro. Con objeto de realizar el prodigio, debe reconocer a su madre como mujer. Si no la reconoce en cuanto tal, no logrará cambiar el agua por vino.

Por segunda vez, encontramos a la Virgen María en la base de toda la Pasión y de todo el Evangelio. Es ella el motor central. Si, en el transcurso de estas bodas, ella no hubiera impulsado al Cristo, nada se habría hecho: la hora jamás habría llegado.

Para que la hora llegue, debemos reconocer a nuestra mujer interior, o de otro modo nada se hace. Debemos, por tanto, reconocer a nuestro cuerpo.

En ese momento, el Cristo busca a su Padre, a su Dios interior, en su cuerpo humano, en su carne. Se sumerge en Él. Después, busca en el agua el Dios interior del agua y se conecta con este Dios interior. En seguida, Cristo se borra por completo: su Dios interior entra en el agua. Y cuando lo hace, con un deseo preciso, con la verdad, esta agua se convierte en vino de inmediato.

Imaginemos el alborozo que para esta agua fue convertirse en vino. El milagro se realiza siempre en la alegría total. La comunicación se hace de un Dios interior al otro. El cuerpo de Cristo es un canal, el agua es un canal, y el Dios cósmico pasa.

Algunas líneas más adelante, en el capítulo de los mercaderes del templo, veremos a Cristo afirmando que el templo es el lugar de la oración y hablando de su cuerpo como de un templo. Esto quiere decir que él ora en cuanto cuerpo vuelto templo: ora a su Padre, mas su Padre es Él mismo. Y en el transcurso de esta plegaria, hay un vaso comunicante que se realiza entre Cristo y el agua, y, por segunda vez, el agua comienza a nacer: *nace al vino.*

Cuando establezcas contacto con tu Dios interior, toda tu agua será cambiada en vino. Sin embargo, ella permanecerá en ti porque al final, cuando se dé el golpe de lanza a Cristo, el agua y el vino saldrán para rememorar las bodas donde la materia se unió profundamente con el espíritu.

La transformación del agua pura en vino es como la transformación del cuerpo mortal de Cristo en cuerpo eterno. Es como la transformación de la Virgen María en entidad cósmica.

¿Cómo producir un milagro?

A veces, en tu trabajo o en tu familia o en la relación con tus amigos, te das cuenta de que la situación está bloqueada y de que a menos que se produzca un milagro, nada se realizará. Tú no puedes producirlo pero sabes que es necesario, y no para tu provecho personal; entonces oras con fe y el milagro se realiza.

Cristo no produce el vino para beberlo y embriagarse, sino porque en la civilización de esta época faltaba el vino.

Las bodas de Caná son nuestra civilización actual. Hace falta que alguien haga el vino. Hace falta que haya una Virgen María que diga al Dios interior «Escucha, ¡la hora ha llegado! ¡No podemos esperar más! ¡Es urgente! Si no comienzas ahora, nada se realizará. ¡Actúa de inmediato, por favor! ¡Traed el agua!».

¡Comencemos de inmediato! Para esto, oremos humildemente porque sabemos que no somos capaces de realizar el milagro. Ningún santo lo ha hecho. Nos engañamos en gran medida cuando decimos de alguien «Ese hombre hacía milagros». Nadie puede producir un milagro si no es el Cristo, es decir si no es nuestro Dios interior. Jamás somos nosotros los que hacemos un milagro. No podemos vanagloriarnos: no somos los autores.

Hace falta, pues, que este milagro sea útil y desinteresado. Hace falta que sepamos que no realizaremos un milagro para nuestro beneficio, sino para el beneficio del otro. Sólo entonces será posible.

Pediremos a nuestro Dios interior «Por favor, concede un poco de alegría a esos que están ahí. Por favor, haz que la boda alegre llegue a su realización. ¡Compartamos! Haz la paz en el mundo a partir de los más humildes».

Es desde los más humildes que se hace la paz, no desde los poderosos. Son los más humildes quienes aportarán los milagros a los más poderosos, porque ¿quién conoció el milagro del agua vuelta vino antes que el maestresala? Los sirvientes. En seguida, la fiesta entera se regocija con el milagro, pero no sabe quién lo produjo.

El Cristo no recibe ningún beneficio, ni la Virgen María, ni los discípulos.

El maestresala, pues, prueba el vino...

...sin saber de dónde era, a diferencia de los sirvientes que habían sacado el agua, y llamó al esposo...

Es al esposo a quien se dirige, no a la esposa.

...y le dijo: «Todo hombre sirve primero el buen vino, y cuando ya han bebido mucho, entonces el inferior...».

Dice esto, evidentemente, porque al llegar a ese punto los invitados se han embriagado de tal forma, que beben cualquier cosa.

Gurdjieff dijo «Para venderte una mentira, te dan una pequeña verdad». Esto quiere decir «¡Presta atención! Cada vez que alguien quiere tomar poder sobre ti, te da una pequeña verdad. En seguida con esa pequeña verdad te vende una gran mentira. Te da, entonces, el buen vino al comienzo y cuando estás bastante embriagado, te pasa cualquier cosa y tú la tragas porque no te das cuenta».

«Todo hombre sirve primero el buen vino, y cuando ya han bebido mucho, entonces el inferior; mas tú has reservado el buen vino hasta ahora.»

El maestresala se da cuenta de la maravilla. ¿Imaginamos el sabor que debía tener este vino? Era el mejor de toda la Tierra.

Tal fue, en Caná de Galilea, el comienzo de las señales de Jesús. Él manifestó su gloria y sus discípulos creyeron en Él. Después de esto descendieron a Capernaum, Él, su madre, sus hermanos y sus discípulos; pero no estuvieron ahí más que unos cuantos días.

Es entonces que el Evangelio dice de nuevo «su madre». Una vez que ella, la «mujer», lo impulsa a realizar el milagro, se vuelve de nuevo madre. (Si la Virgen María es Madre, lo es para toda la humanidad. Lo mismo que Eva. María es el símbolo que reúne a todas las madres habidas, existentes y por haber. Por eso cualquier ser humano, siendo hijo de Dios, es hermano de Jesús Cristo.)
Vemos muy bien que él va con su madre, a quien no olvida jamás, y que María y el Cristo forman una dualidad como el yin y el yang en Oriente. Crean unos cimientos perfectos para actuar pero, además, hacen falta discípulos.
Cristo jamás actúa solo en el mundo. Únicamente está solo cuando va al desierto y lucha consigo mismo. A partir del momento en que entra en el mundo, es un hombre social. No se encierra. Puede decirse que tiene necesidad de discípulos porque se manifestará a través de ellos.

Si las personas no trabajan, la Conciencia Suprema no puede realizarse. Una persona que ha hecho su trabajo tiene una completa necesidad de que los otros hagan respectivamente el suyo, porque la conciencia cósmica no se producirá mientras toda la humanidad no haya alcanzado el nivel consciente. De otro modo, no habrá Dios: el nuevo Cristo nunca llegará.
Debemos trabajar para que cada persona que nos rodea eleve su nivel de conciencia y alcance su plenitud. Alcanzar la plenitud es aproximarse más y más a nuestro Dios interior. El trabajo consiste, entonces, en ayudar al otro ense-

ñándolo a orar, a meditar, a tener confianza, a encontrar su objetivo...

Para ayudarlo, hacen falta milagros. Cada uno de nosotros debe hacerlos.

No es hablando a una persona como ella va a cambiar. Tú puedes hablar durante veinte años con ella y si no quiere o no puede entender, tus palabras no le harán ningún efecto. Después vas a cesar de tratar de convencerla, y encontrarás otro medio: orar por ella. Cuando haces una plegaria por el otro, es posible que el cambio suceda. En ese caso, no eres tú quien lo hace, sino tu Dios interior. Es una noción que no debemos olvidar. La tentación y el mal consisten precisamente en creer que somos los únicos responsables de la curación del otro.

Cuando oramos, debemos llenar las seis tinajas de piedra hasta el borde. Es decir que debemos orar donde podemos, cuando podemos, por todas partes. Dices, pues, una intensa plegaria por el otro y, en el momento en que estás en conexión con él, pones todo tu ser a su servicio. En el momento en que el Cristo se pone frente al agua, todo su ser está en contacto con ella.

Orar por que tenga lugar un milagro es centrarse por completo al pedir el milagro.

Tenemos el derecho de hacer milagros.

Si en la vida encuentras una cruz, no debes detenerte hasta que ella produzca una rosa.

Toda cruz tiene espinas.

Si pasas toda tu vida en el sufrimiento, esto indica que no has fabricado tu rosa. No has cruzado tu carne con tu espíritu y no has florecido. Si arrastras una vida de dolor, hace falta que sepas producir la rosa.

Si te ocupas, por ejemplo, de un animal doméstico, hará falta que te apliques a alimentarlo durante toda su vida, sin jamás abandonarlo. Si te ocupas de una planta, jamás deberás desampararla. Si es un niño, jamás desatenderlo. Cualquiera que sea el compromiso que te crees, lo mantienes hasta el fin. Y te digan lo que te digan, tú vives, luchas e insistes hasta que la situación produzca una rosa. Y sabes que la vas a producir: he ahí el milagro. Si no aflojas, la rosa terminará por surgir. Incluso en el momento de tu agonía, ella nacerá.

Todo lo que has anhelado se producirá. «Pide y recibirás.» Es decir que incluso si la situación es negra, incluso si es terrible, esa situación hará nacer a la rosa... si perseveras.

Que la rosa nazca más temprano o más tarde no tiene ningún interés porque el objetivo, lo esencial, es eterno.

12

Los mercaderes del templo
(Mateo 21:12-17)

Después entró Jesús en el templo...

El templo no puede conducir más que al centro. Como veremos más adelante, el templo es tu cuerpo con todo lo que contiene: el cuerpo astral, el cuerpo cósmico, el cuerpo físico. Cuando entras en el templo, no puedes sino ir al centro, es decir, a tu Dios interior.

Después entró Jesús en el templo y echó fuera a todos los que vendían y compraban en el templo, y volcó las mesas de los cambistas, y las sillas de los que vendían palomas; y les dijo: «Escrito está: "Mi casa, casa de oración será llamada"; mas vosotros la habéis hecho cueva de ladrones».

En esa época, según los Evangelios, Cristo llega en un momento de crisis profunda. El sistema ya no funciona porque las personas no viven más con el corazón.

Hoy también estamos en un momento de crisis profunda en la cual todo ser consciente no encuentra nada para amar y nada en qué creer.

Profunda crisis interior también. Nos resulta muy difícil encontrar en nuestro interior algo que nos haga creer en nosotros mismos y amar lo que somos.

Expulsar a los mercaderes del templo, entonces, no significa solamente despedir a los mercaderes exteriores que usurpan un lugar concebido para la oración; significa también echar a los mercaderes que hacen comercio en nuestro propio templo interior.

El templo que yo soy no es puro: está lleno de mercaderes que quieren cosas: hacer trueque, hacerse aplaudir, hacerse amar, y que desean lo que el otro tiene, pretenden el lugar del otro, etcétera. En mi interior esos seres se pelean y hacen regateos: «Si me das, te doy. Si no me das, no te doy».

Jesús ha echado a los mercaderes del templo. ¡Expulsemos a los mercaderes de nuestro propio templo interior!

El acto de Jesús es también humanitario en extremo. En esa época se hacían sacrificios: la gente mataba palomas. Todos estos animales eran vendidos en el templo para ser degollados. Fue formidable, pues, que Cristo detuviera esa carnicería.

¿Qué hacían los «cambistas» en un templo? Las personas religiosas que venían del mundo entero cambiaban su dinero en una moneda que les permitiera comprar animales. Era un verdadero comercio.

¿Con qué derecho Cristo ahuyenta a los mercaderes? ¡Lo hace porque él es el propietario del templo!

Entonces, ¿con qué derecho emprendemos nuestra acción? Actuamos porque somos los propietarios de todo lo que hay sobre la Tierra. Tomamos posesión del planeta. ¡Éste nos pertenece! Jamás ha tenido la Tierra un propietario particular: pertenece a *todo el mundo*. Respetamos los contratos o escrituras de cada quien, pero ¿cuánto tiempo durarán? Dos o tres siglos, cuando mucho. Y, en seguida, la Tierra no pertenecerá a nadie en particular.

Jesús toma posesión del templo. Podemos también tomar posesión.

Cuando Cristo entra en el templo, penetra en *su* templo. Es decir que cuando despiertas a tu Dios interno, Él entra en ti y echa a los mercaderes. Este Cristo interior que llamamos el éxtasis, la paz de vivir, la profundidad total, expulsa de ti a todos los regateos inútiles.

En ese momento, te decides a vivir en un templo que está exclusivamente reservado al disfrute de la plegaria y a nada más.

¿Y qué es la plegaria? Una conversación permanente entre lo que eres y lo que no eres. Porque, en alguna parte en tu interior, no eres.

Un rey envía a un emisario a la casa de un gran sabio hindú a fin de invitarlo a palacio. Cuando el emisario presenta la invitación al sabio, éste responde «No puedo acudir porque no existo. Nadie irá a palacio». Al serle transmitido lo que el sabio ha dicho, el rey exclama «¿Cómo puede responderme así? Dile que venga de inmediato, y si no quiere, ¡tráelo a la fuerza!». Cuando el sabio se halla ante el rey, éste le pregunta «¿Cómo puedes decir que no existes y que no estás aquí? A mí me parece muy evidente que estás aquí». El sabio contesta «No. No lo estoy porque no existo». El rey se aplica a demostrar al sabio que éste se encuentra ahí mismo, de pie ante el monarca, en carne y hueso; tocándolo, el rey exclama ufano «Ah, ¿sí? Y esto, ¿qué es?». Entonces el sabio le muestra el carruaje en el que llegó al palacio, y dice «¿Ves? Vine en este carruaje. Si quito al caballo, ¿este animal es el carruaje completo?». «No», responde el rey, «el caballo no es el carruaje». «Quito las ruedas», continúa el sabio, «¿son ellas el carruaje?». «No, las ruedas no son el carruaje.» «Muy bien. Quito los ejes, ¿son éstos el carruaje?» Y así el sabio desarma el carruaje pieza por pieza ante el rey, que no reconoce al carruaje en ninguna de ellas. Al final, no queda nada. El carruaje no está en ninguna parte. No hay más que piezas.

Es una lección formidable. Cuando retiro todas las partes que forman mi persona y me pregunto «¿Quién soy?», ¿qué queda de mí?

«¿Quién soy?» «¿Dónde estoy?»
No estoy en ninguna parte de mí. La única realidad existente en mí es mi centro. Pero mi centro no me pertenece. Es la gota divina que dirige mi fe, mi circulación, mi respiración y todo el resto, es la que me mata en un momento preciso, la que me manda la enfermedad cuando es necesario darme

una lección, la que me envía el accidente, la que me salva, la que me da mis proporciones, la que dirige todos mis procesos viscerales, etcétera.

Es esta gota divina, esta divinidad que se encuentra en mi interior conectada directamente con el centro del universo, la que me permite vivir y la que me aniquila cuando así lo quiere.

Si estamos vivos es porque Dios lo quiere. ¿Qué Dios? Nuestra programación interior con la cual no podemos jugar y a la que no somos capaces de ordenarle nada. Por lo demás, cuando estamos enfermos, lo único que podemos hacer es rezar a nuestro Dios interior.

Hay que encontrar la técnica para rezar, para dejar que nuestro Dios nos invada.

Cuando llegamos al centro, ¿qué sucede? No entramos: somos completamente invadidos por nuestro Dios interior porque esta pequeña gota es infinitamente más poderosa que nosotros. Entonces, nos dejamos inundar por Él y Él comienza a guiarnos.

En «La conversación con Nicomedes» (Juan 3:1-21), el Cristo advierte a su interlocutor:

«Lo que es nacido de la carne, carne es; y lo que es nacido del Espíritu, espíritu es. No te maravilles de que te dije: "Te es necesario nacer de arriba [de nuevo]". El viento sopla donde quiere, y oyes su voz...».

Esto es, la voz de tu Dios interior.

«...mas ni sabes de dónde viene, ni adónde va; así es todo aquel que es nacido del Espíritu.»

¡Obedezcamos a nuestra vía y a nuestra voz interior! ¡Dejemos de perdernos en las pequeñas posesiones, en lo «mío»!

Otro mercader del templo es la agresión.

Los mercaderes del templo son agresivos: matan animales. Asesinan a las bestias inocentes bajo el pretexto de mejorar la plegaria. ¿Cuándo y por qué la plegaria debe ser un crimen?

«"Mi casa, casa de oración será llamada"; mas vosotros la habéis hecho cueva de ladrones.»

Cada pensamiento agresivo que tenemos es un ladrón. Cada falta de fe es un bandido. Cada vez que escuchamos con la oreja de la crítica y no con el corazón, somos forajidos. Cada vez que comerciamos, hacemos de nuestro corazón una cueva de ladrones.

Este hombre a quien los religiosos no pueden ver porque son limitados y se encierran en sus ideas y convicciones, este hombre llega con tal presencia que puede esgrimir un látigo y correr a cientos de personas.

¿Furibundo? ¿Puede el Cristo montar en cólera?

Una persona monta en cólera cuando se encuentra impotente y no puede hacer lo que quiere. Cristo puede hacer lo que quiere porque es capaz de producir milagros. Le habría bastado enviar a los vendedores por los aires o transformarlos en ranas y todo habría acabado, como en los cuentos de *Las mil y una noches*. ¿Por qué iba a montar en cólera?

Cuando echa a los mercaderes, Cristo hace un acto útil sin la menor cólera porque no puede odiar: es todo amor. Cuando se halla ante los mercaderes, los expulsa fríamente, sin ira.

Cristo marca un hito para los tiempos futuros. Ofrece un ejemplo, puesto que sabe que cada acto que realiza será escuchado por la humanidad entera: la que fue antes y la que será después.

No ejecuta cada acto, aquí y ahora, únicamente para un grupo. Lo realiza, ahora y aquí, para toda la humanidad, ya que en el «aquí y ahora» está toda la raza humana.

Cristo expulsa a los mercaderes del templo para siempre: in sécula seculórum, in aeternum.

Desde el momento en que Cristo dice «¡Nada de mercaderes en el templo!», el laberinto se deshace, queda sin ninguna trampa, obstáculo o emboscada. La vía comienza a ser pura y lo único que resta por hacer es orar para proseguir. ¡Pero orar simplemente!

No es necesario pasar por técnicas complejas ni recitar largas peroratas. Basta una palabra. En los primeros siglos, los padres de la Iglesia decían «No tenemos tiempo para hacer largas oraciones».

Dios, nuestro Dios interior, sabe lo que nos hace falta. Así pues, la única oración necesaria es «¡Ayúdame!».

Sin embargo, debes tener la humildad de pedir esta ayuda a *nuestro* ser interior. Eres tan orgulloso que piensas que todo tu interior te pertenece. Crees que no hay necesidad de pedirte una ayuda cualquiera y que si lo haces, sólo debes dirigir la petición a tu inconsciente. ¡*Tu* inconsciente! Al hablar de inconsciente personal, te cortas del Todo. «Yo» no es Dios, pero Dios es «Yo».

Según nuestra creencia, arrastramos un enorme baúl que se llama inconsciente, un baúl oscuro. Ahí dentro es de noche y una ballena negra y ciega vive en esta tiniebla. Creemos que el inconsciente es esto pero, de súbito, metemos la mano ahí y sacamos a un pequeño Jonás. ¡Arrastramos una ballena sin saber que contiene a un Jonás!

De hecho, no tienes inconsciente. No lo tienes porque no hay inconsciente personal. No tienes nada personal... sólo un punto de vista, una conciencia. Un punto de vista es todo lo que se nos ha dejado. Un maravilloso y pequeño punto de vista: un pequeño Pinocho que irá al vientre de la ballena y ahí encontrará a su padre.

Este pequeño punto de vista se dejará absorber por el aliento. El viento sopla y aspira, porque para soplar le hace falta también aspirar. El viento sopla, pues, *donde quiere*, pero te aspira. Tú te dejas aspirar al interior de ti, puesto que no eres tú quien busca la perfección: es la perfección la que te busca. No eres tú quien busca a Cristo: es Cristo quien te busca.

Cuando hablo de Cristo, hablo del tuyo... Al otro lo dejo en el exterior: se ha reproducido en millones de ejemplares. Hablo de tu Cristo interior, ahí, aquí y ahora.

Está llamándote. Te dice «Puedo ayudarte. Puedo producir el milagro para ti. Puedo curarte. Tú no comprenderás nada porque tu destino no es el de comprender».

No hay mayor pecado que el que consiste en decir «Comprendo» o bien «Soy yo quien ha realizado la cosa». Tú no haces las cosas. Las cosas se hacen en ti.

Ésta es la suprema oración, la humilde, la que no pide nada, la que se pronuncia transido de agradecimiento «Soy de Ti». Esas tres palabras bastan. Con el alma entera convertida en fe, me entrego a divinidad. Ella sabe perfectamente lo que necesito.

Cristo lanza a los mercaderes fuera del templo para dar una lección, mas él los ama.

Cuando Dios expulsa a Adán y Eva del paraíso, no los odia. Es imposible: son su obra, los ama. Desde el momento en que los despide del paraíso, sabe que Él va a encarnarse y que ellos regresarán al paraíso.

Para levantarse hay que haber caído. Cuando Dios expulsa a Adán y Eva, los cubre con pieles de bestias. ¡No los envía desnudos! Es un acto de intenso amor. Este Dios es todo amor. No lo comprendemos; a veces, creemos que es todo castigo, pero es todo amor.

Cristo expulsa a las personas que venden animales para los sacrificios. Echa el comercio del templo. Sin embargo, además cura a los ciegos y cojos. Es un acto aún más revolucionario que el precedente. Intentemos ver por qué.

El pasaje siguiente, extraído del Levítico, capítulo 21, versículos 16 a 23, describe los casos que impiden acceder al sacerdocio:

El Señor dirigió la palabra a Moisés: «Habla a Aarón y dile: De generación en generación, ninguno de tus descendientes si está lisiado, se acercará para ofrecer el pan de su Dios; porque ningún varón en el cual haya defecto se acercará; varón ciego, o cojo, o de nariz achatada, o con miembros deformes, o que tenga quebradura de pie o rotura de mano, o jorobado o enano...».

El templo sagrado se encuentra tras el velo, ahí donde está el altar. Simbólicamente, no se ha entrado en el templo hasta que no se está junto al altar, sitio donde se realiza la unión con Dios.

¡Pero ciegos y cojos son excluidos del templo! Esto resulta en verdad monstruoso. Hemos visto que es Moisés quien dice que si una mujer da a luz a un varón, queda impura durante cuarenta días, mientras que si engendra a una hija, permanece impura durante ochenta días.

Parir es considerado como una impureza porque en alguna parte debe haber un placer oculto y el placer está prohibido.

Se dice que Moisés era tartamudo y que por este motivo Aarón hablaba por él. Moisés es la mitad de la verdad porque tartamudea: no encarna toda la verdad. Le falta la mujer interior: jamás tuvo verdaderamente un arquetipo femenino a su lado, como Cristo lo tuvo en María.

Más tarde, David obedece completamente a Moisés. Cuando se instala en Jerusalén dice, en el Segundo Libro de Samuel, «Ciegos y cojos no entrarán en la casa». ¿Y qué hace Cristo? No solamente impide el sacrificio de animales, sino que además deja entrar a los lisiados en el templo y los lleva, así lo pienso, hasta el altar.

Y vinieron a Él en el templo ciegos y cojos...

Ahora estaban dentro del templo. Durante miles de años se les había prohibido entrar. No podían hacerlo, pero lo deseaban.

Todos nosotros somos ciegos y cojos.

...y los sanó.

Es muy hermoso. ¡Qué revolución! Sanar a los ciegos y a los cojos en el interior del templo es mucho más fuerte que expulsar a los mercaderes. Por este acto, como un gran revolucionario, Jesús expulsa a la ley de Moisés. Es una verdadera toma de posición contra el feroz arquetipo paterno.

Evidentemente, Cristo adora al Padre porque Él es el Padre; sin embargo, está harto de ese padre que se había fabricado sobre el Padre. Él es todo amor, no el personaje odioso en que lo han convertido.

El amor del Padre es infinito. Es tan fuerte como el amor

de la Madre. El Padre no puede manifestarlo a través de la materia, puesto que no puede amamantar ni dar a luz. Sin embargo, desde que el niño viene al mundo, Él lo toma en sus manos, en su obra espiritual. El Padre es sutil, y tan maravilloso como la Madre.

El amor materno y paterno: estos dos amores se integrarán. El Padre cósmico, la Madre cósmica. Todo símbolo sagrado es siempre andrógino. No puede ser de otro modo.

Cuando entra en el templo, Cristo actuará en nombre de la mujer y no del hombre porque, hasta el momento en que se presenta en ese sitio, el feroz arquetipo paterno ha estado en posesión del templo.

¿En qué somos ciegos y cojos nosotros también? Nos sabemos incapaces de ver toda la verdad. No vemos más que una parcela de ella, y humildemente debemos aceptarlo puesto que jamás, hasta el día de nuestra muerte, la veremos entera.

Nadie puede verla. Aquellos que la vieran serían fulminados al instante.

Somos una gota. No podemos ver el océano, pero somos capaces de sumergirnos en él.

No podemos caminar hacia la divinidad. Ella debe avanzar hacia nosotros: nos debe aspirar.

Según decía un rabino hasídico, es como la relación entre un padre y su hijo pequeño. El padre carga al niño mientras éste tiene esa necesidad; luego lo deja cuando da sus primeros pasos, pero lo sostiene cuando tropieza. Mientras el niño se desarrolla con holgura, el padre está ahí y lo ayuda con paciencia y amor.

Con la ayuda de Dios, nosotros mismos llegamos, incluso si somos cojos, incluso si somos ciegos.

Hace falta amar nuestros límites. ¿Cómo hacerlo? Mi enfermedad soy yo. No la rechazo. La respaldo por completo. Con mi conciencia entro en ella íntegramente.

Entro de modo total en mis límites. Les hago honor, los reconozco. Es por ello que la humildad no es bella: ¡es útil! Acepto mis límites y me sumerjo globalmente en ellos porque no «tengo» límites: soy límites.

Si no tengo, soy. No tengo un cuerpo: soy un cuerpo. Si este cuerpo tiene una enfermedad, yo soy la enfermedad. Hay que vivirla para que, en seguida, esta enfermedad esté al servicio de mi acción. Entonces no me molestará más.

El maestro zen Ejo Takata solía decir este poema: «El que sólo tiene manos ayudará con sus manos; / el que sólo tiene pies ayudará con sus pies / a esta gran obra espiritual».

El Cristo devuelve la vista al ciego y permite al cojo caminar. Cuando tu Dios interior te posibilita ver, te permite verlo sin verlo, caminar hacia Él sin caminar hacia Él. Ésta es la curación: caminar hacia mi centro, un centro de inconcebible poder. Sin embargo, para que este centro tenga tal poderío, hay que eliminar a todos los mercaderes, limar todas las asperezas.

Viendo las maravillas que hacía, y a los niños aclamando en el templo: «Hosanna al Hijo de David»... [Mateo 21:15]

Se le compara con David. Sin embargo, Cristo hace lo que David había prohibido: se rebela contra esta tradición.

Ahí sana gratuitamente a las personas. ¡Nada de comercio en la casa del Padre!

...los principales sacerdotes y los escribas se indignaron y dijeron: «¿Oyes lo que éstos dicen?».

Cristo decía la verdad y, sin embargo, los sacerdotes y escribas querían asesinarlo.

Numerosas personas quieren eliminar a su Dios interior. Es la revuelta del diablo. Tu diablo interior quiere eliminar esta parte en la cual tú eres nada. No aceptamos ser nada. Queremos ser. Debemos aprender lo inverso: no ser.

Todo arte sagrado es anónimo.

Toda obra que alguien hace sobre su Dios interior es anónima. Si despierto a mi Dios interior, nadie lo sabe. Cristo pide orar en la oscuridad. No es con objeto de aparentar ante los otros que debemos despertar a nuestro Dios interior. Debemos aceptar la llamada. Es una llamada personal.

Se ha canonizado a múltiples personas, pero ¿cuántos santos laicos desconoce la historia? ¿Cuántas personas, aquí y ahora, se hallan en estado de santidad? Jamás lo sabremos. ¿Quién lo sabe? Esas personas y sólo ellas.

Los grandes sacerdotes y los escribas quieren, pues, matar a Cristo. Cada vez que tú dices a alguien «El templo te pertenece», cada vez que le das el dominio de sí mismo al decirle «Tú eres tu Dios, tú eres tu Maestro», resulta evidente que las personas que se proclaman propietarios de la Tierra y de los seres humanos, se indignan y quieren eliminarte.

Esos «propietarios» piensan «¿Con qué derecho este individuo viene a decir que cada quien es amo de su templo? ¡El templo es mío, no de ellos! Soy yo quien tiene un Dios interior. Todo el mundo debe venir a mí. ¿Con qué derecho este individuo dice que todo el mundo tiene la posibilidad de comunicarse con Dios sin mi intermediación? ¡Hay que quemarlo! ¡No es posible! ¡Es un canalla!».

Se quiere, pues, matar al Dios interior. ¿Por qué? Porque este Cristo que habla ahí es tu voz interior, que te dice «¡Elimina a los mercaderes del templo! ¡No te dejes comprar! No permitas que otro decida en tu lugar. ¡No pertenezcas a nadie más que a ti mismo y colabora con los otros!».

Un templo está al lado de otro templo: es un ejército de templos. Un día, en cada uno de ellos habrá un Dios interior orando. Cada ser humano será una catedral y esto será bueno. Cada uno de nosotros tiene un Cristo interior no crucificado sino triunfante.

La hostia que se nos otorga la tenemos ya en el corazón, o de otro modo seríamos incapaces de digerirla. Nada puede dársenos que no tengamos ya.

«¿Cómo habrás de buscarme si no me conocieras de antemano?» No podemos buscar lo que no somos. Recibimos lo que ya poseemos. El zen dice «Si tienes el bastón, te doy el bastón. Si no tienes el bastón, te lo quito». En las Epístolas se dice «A aquel que tiene, le será dado. Y a quien no tiene, incluso esto le será quitado».

Es decir que si tú tienes eso en tu interior, lo buscas. Pero si no lo tienes, ¿cómo lo buscarás? No podemos conocer nada si no lo tenemos antes.

Hemos escrito el Evangelio, todos y cada uno de nosotros. Porque estas historias responden a una total necesidad del ser humano. Si no existieran, haría falta escribirlas.

Y Jesús les dijo [a los sacerdotes y escribas]: «Sí; ¿nunca leísteis este texto: "De la boca de los niños y de los que maman, preparaste una alabanza"?».

Les dice que él es el hijo de David y cita el Salmo de David en el Antiguo Testamento: «De la boca de los niños y de los que maman, preparaste una alabanza».

Cristo se dirige a los niños, no a los grandes sabios, no a las personas que lo saben todo y están atascadas por completo en una tradición caduca.

La curación proviene de un amor infinito hacia el otro. (El amor a mí mismo es el amor a mi Dios interior.) Si no tenemos amor por el otro, no podemos sanarlo y no podemos sanarnos.

Curar no significa eliminar la enfermedad, significa aprender a vivir con ella.

Saber *vivir con*, es todo lo que hace falta. Es hacer lo mejor que podamos con lo que tenemos, en el momento en que nos hallamos.

Así pues, *vives con*. Vives con tu edad. Vives con tus ojos. Vives *con* tu pierna coja. ¡Vives! Hemos venido al mundo para vivir en la plenitud y el placer.

Cuando Cristo se dirige a los infantes y a los niños de pecho, habla a todas las personas que aceptan humildemente la idea del templo personal.

Veamos lo que dice Juan acerca del episodio de los mercaderes.

La purificación del templo
(Juan 2:13-22)

Estaba cerca la Pascua de los judíos; y subió Jesús a Jerusalén, y halló en el templo a los que vendían bueyes, ovejas y palomas...

Los bueyes eran asesinados. Es necesario comprender lo que significa matar a un buey. Primero eran castrados y luego se les sacrificaba.

...y a los cambistas allí sentados. Y haciendo un látigo de cuerda...

No toma un látigo de cuero. Subrayemos la sutileza del texto: se precisa que el látigo estaba hecho de cuerda. Cristo utiliza la cuerda porque no es una materia animal.

¿Cómo está hecha una cuerda? Se utilizan plantas muy puras, se les hace descomponerse y en seguida son trenzadas. Hacer una cuerda reposa, pues, en un proceso de descomposición. El vino surge de un proceso de fermentación y el pan de un proceso de cocimiento.

De forma constante, Cristo va a manejar los procesos. Se trata de procesos solares que simbolizan la fabricación del alma, porque el alma se fabrica. Más tarde veremos que, según Cristo, tenemos una semilla que debemos hacer crecer.

...echó fuera del templo a todos, y las ovejas y los bueyes; y esparció las monedas de los cambistas, y volcó las mesas; y dijo a los que vendían palomas: «Quitad de aquí esto, y no hagáis de la casa de mi Padre casa de mercado».

No quitó a los animales y objetos por sí mismo: pidió a los mercaderes que los retiraran y fueron ellos quienes lo hicieron, humildemente, Porque habían comprendido.

No los castigó físicamente y mucho menos los mató. Tomó la cuerda y los expulsó. Se dice que volcó las mesas pero no que haya latigado a las personas.

Por medio de una infinidad de maneras podemos destruir una copa de cristal, pero no podemos fabricarla sino de un solo modo.

Puedes destruir tu alma por medio de una infinidad de maneras, Pero no tienes sino un único modo de construirla. Y puedes destruirte de mil formas, pero sólo tienes una forma de construirte.

Entonces se acordaron sus discípulos que está escrito: «El celo de tu casa me devorará».

Ahí los discípulos están espantados: ven la muerte, no creen. Al principio, dudan.

Es por esto que el trayecto en el laberinto de Chartres es sinuoso y frecuentemente retrocede. Complicamos la vía porque al comienzo dudamos. Si no tuviéramos ninguna duda, entraríamos en el laberinto y caminaríamos directamente hacia la meta. La duda impide avanzar: no tenemos fe.

A ello se debe que inmediatamente después de haber expulsado a los mercaderes del templo, Cristo dice ante la higuera que él deseca (Marcos 11:20-21):

«Por tanto, os digo que todo lo que pidiereis orando, creed que lo habéis recibido, y os será concedido».

«Creed que lo habéis recibido, y os vendrá.» ¡Vive lo que pides! Es decir, que cuando quieres algo y lo pides a tu Dios interior, piensa que lo has recibido. Si quieres la inteligencia, piensa que ya la tienes. Trabaja sobre tu interior y te será concedido.

Siempre ante la higuera, Cristo dice lo mismo según Mateo (Mateo 21:21-22):

«De cierto os digo, que si un día tuviereis fe y no dudareis, no sólo haréis esto que hice con la higuera, sino que si a esta montaña dijereis: "Quítate y échate en el mar", será hecho. Y todo lo que pidiereis en oración, creyendo, lo recibiréis».

Tras expulsar a los mercaderes del templo, de inmediato Cristo comienza a hablar de la fe.

Sus discípulos no la tienen («si un día tenéis fe»). Es normal que un discípulo no tenga fe; cuando uno la posee por completo, no es discípulo, es un Maestro.

Todos los caminos son, pues, caminos de duda, hasta que nacemos a la fe. Mas la fe no basta. Es el capítulo que sigue, llamado justamente «La fe que no basta» (Juan 2:23-25). Sin embargo, por el momento continuemos con «La purificación del templo»:

> Y los judíos respondieron y le dijeron: «¿Qué señal nos muestras, para actuar de esa forma?».

Lo que significa «Puesto que actúas de esta manera, ¡haz un milagro!».

Hacemos lo mismo con nuestro Dios interior. Somos como los discípulos: no creemos en Él. Le decimos: «¡Muéstrame una señal! ¡Haz ese milagro! ¡Entonces creeré! Si no me haces un milagro, ¡jamás creeré!».

Decimos esto a nuestro Dios interior y, evidentemente, el milagro no se produce jamás. La divinidad no va a perder su tiempo haciendo un número de circo. Se hacen milagros para ayudar al otro e incluso quienes los realizan no se dan cuenta de ello.

«¿Qué señal nos muestras, para actuar de esa forma?» Jesús les dijo: «Destruid este templo, y en tres días lo levantaré».

La interpretación general de esta frase es que él habla de su muerte, de su cuerpo. Por lo demás, el texto lo dice muy claramente:

> Dijeron luego los judíos: «Hicieron falta cuarenta y seis años para edificar este templo, ¿y tú en tres días lo levantarás?». Mas él hablaba del templo de su cuerpo.

¡Del templo de su cuerpo!

Ahí, Cristo dice con absoluta diafanidad que tu cuerpo es el templo. Ésa es la clave. Hablará de tu cuerpo: no únicamente de tu cerebro o de tus intestinos o de tus orejas o del laberinto de tus venas, sino de tu cuerpo en su globalidad.

Y ser tu cuerpo significa tener un alma y un Dios interior. Es ser un laberinto, un templo.

Tener un cuerpo no significa cargar carne alrededor del alma. No es decir «Mi cuerpo es este animal estúpido que no me sirve de gran cosa, que me mata, que envejece, que enferma... ¡Es mi asesino!».

Critico tanto mi cuerpo que no lo vivo. Sin embargo, el cuerpo es magnífico, ya que ha sido digno de ser habitado por un Dios. Es un templo. Mientras no lo vivamos como un templo, no lo viviremos en absoluto.

Construir un templo es verdaderamente edificar una obra que no podemos vender. ¿Quién es capaz de comprar la catedral de Chartres? Un templo no se compra. Desde que tu cuerpo se vuelve un templo, nadie puede comprarlo. Es necesario comprender esto.

Vivir nuestro cuerpo como un templo quiere decir limpiarlo por entero para que el alma se pueda desarrollar y el Dios interior pueda habitarlo y hablar.

Él no habitará jamás en un templo obstruido por tantas pequeñas tonterías, tantos porteros ávidos de chismes, tantos rencores, tantas pequeñas envidias, tantas pequeñas agresiones.

No hay que encolerizarse. Dado el hecho de que vivimos en el mundo, pasamos frecuentemente entre las espinas y los alfileres. Todo el tiempo hay alguien que nos agrede. Y mientras más nos hallemos en estado de éxtasis, más vendrán a agredirnos por envidia hacia nuestro placer y porque no creen en él. Una persona que no posee algo, no puede creer que el otro sea capaz de poseer ese algo.

Hay que comprender que cada uno de nosotros tiene distintos niveles de percepción y que hay cosas que existen incluso si no las vemos, incluso si no creemos.

Cada ser humano tiene algo que yo no tengo. Si soy receptivo y presto atención, notaré que todo colabora para que esta cosa que yo no tengo, aparezca como un regalo ante mí. Cada ser humano es una lección que debo recibir.

Hay que saber también que cuando hago bien al otro, me lo hago a mí mismo. Todo lo que hago al otro, me lo hago a mí. Y por el hecho de entrar en comunicación con el otro sin agresión, yo recibo.

Mientras que en mi alma hay pequeñas agresiones, mi templo no está limpio. En este caso, no construiré mi alma. No encontraré a mi Dios interior. No me comunicaré.

Así, cuando Jesús se levantó de entre los muertos y sus discípulos recordaron que él había dicho así, creyeron en la Escritura y también en las palabras que él había dicho.

Es decir que los discípulos esperaron la muerte y la resurrección del Dios interior para creer. ¡No antes! Ha debido morir para que crean en Él.

Mientras carecemos de fe, pese a efectuar un buen trabajo sobre nosotros mismos, todo se destruye. El Dios interior desaparece. Entonces, rogamos creer verdaderamente y Él reaparece. Por fin poseemos la fe.

La higuera sin fruto
(Mateo 21:18-22)

Por la mañana, volviendo a la ciudad, tuvo hambre. Y viendo una higuera cerca del camino, vino a ella, mas no halló nada en ella, sino hojas solamente...

El Dios interior (este poder que tú posees) te busca...
Tú no tienes más que hojas, más que palabras. Hablas, hablas y hablas, pero no tienes ningún fruto. No tienes corazón porque olvidas a tu Dios interior. No oras, hablas. Eres una higuera y fabricas hojas que brillan de tal forma que tu Dios interior se aproxima creyendo que tienes un fruto para ofrecer, pero no lo encuentra. No has hecho más que hablar y exhibirte.

...mas no halló nada en ella, sino hojas solamente; y le dijo: «Nunca jamás llevarás en ti fruto». En el mismo instante, se secó la higuera.

¿Por qué no llevarás fruto? Porque hablas demasiado. ¡Dices! Dices que amas, que comprendes, hablas y hablas, pero no hay fruto en tu corazón, de manera que un día tu Dios interior te maldice: «No llevarás jamás fruto en tu corazón. Tu alma está muerta». Sin embargo puedes, pese a todo, resucitar.

Viendo esto, los discípulos decían estupefactos: «¿Cómo, en el mismo instante, se secó la higuera?».

Tu Dios se ha ido de ti.

Jesús les respondió: «De cierto os digo, que si un día tuviereis fe, y no dudareis, no sólo haréis esto que hice con la higuera, sino que si a esta montaña dijereis: "Quítate y échate en el mar", será hecho. Y todo lo que pidiereis en oración, creyendo, lo recibiréis».

Hoy te pido «¡Por favor, Cristo, haz que la higuera reviva y dé sus frutos!».
Acaso me respondería «Puesto que te ocupas de la higuera y no de ti mismo, le devuelvo la vida. Dará sus frutos. Esperé siglos para que alguien me pidiera revivirla».
Y yo agregaría «¡Te lo pido ahora porque no es posible que Tú, mi Dios, hayas secado a una higuera! Es un acto de crueldad inmensa. Por favor, perdónala. ¡Haz que esta persona dé su fruto! No permitas que permanezca reseca. Te hablo a Ti, Dios interior de esta persona, Tú que haces revivir tu propio cuerpo en tres días, ¡haz que esta persona ame de nuevo! ¡No la dejes maldita! ¡Hazla florecer! ¡Que dé su fruto! ¡No la abandones a medio camino!».
¡El castigo acabó! El perdón se ha concedido. El fruto ha crecido. Estamos plenos de frutos. Somos frutos.
Como me he perdonado, puedo perdonarte. Si tengo fe, la tengo para orar por ti. No puedo aceptar nada para mí si no lo obtengo también para ti. Es por ello que sufro. Llegar a la plenitud no significa llegar al total regocijo. Mientras que otro ser humano esté maldito por su Dios interior, no puedo regocijarme. Mi plenitud no es tan total. Por eso, te lo ruego, Tú, Dios interior, ¡hazlo revivir! Que coma de sus propios frutos.

La fe que no basta
(Juan 2:23-25)

Mientras Jesús permanecía en Jerusalén, durante la fiesta de la Pascua, muchos creyeron en su nombre, viendo las señales que hacía.

Pero Jesús mismo no creía en ellos, porque conocía a todos, y no tenía necesidad de que nadie le diese testimonio del hombre, pues él sabía con respecto a él, lo que había en el hombre.

Cristo sabía que ellos iban a dudar hasta el último momento.

Tomas la vía que te conduce a la fe pero, al cabo de un momento, dudas y te desvías de la ruta. Sin embargo, ¡estás viendo el centro! ¡Ya lo ves! Te preguntas por qué dudas si está ahí y regresas al camino. Después dudas de nuevo y te desvías una vez más, pero retornas, y así en adelante. Tu trayecto es tan sinuoso como el laberinto de la catedral de Chartres.

No obstante, al final vences: llegas al centro del laberinto. Para ello debes dudar hasta el último momento.

Dicen que en el centro de este recorrido se encuentra enterrado el creador del laberinto. Llegar ahí es convertirse en «muerto». Los muertos son los vivos. El ego debe morir en el centro del laberinto. Morir es el arcano XIII del Tarot. Es también el decimotercer y último círculo del laberinto. Es morir en sí para renacer en lo alto, la vida espiritual.

Renacer en la vida espiritual no significa huir del cuerpo. Significa empapar mi cuerpo en mi espíritu. Es ser todo mi cuerpo, aquello que espiritualmente contiene. Es convertirme en el laberinto. Enterrarme en su centro para florecer como el árbol de la eternidad.

La conversación con Nicomedes
(Juan 3:1-21)

Había entre los fariseos un hombre llamado Nicomedes, un principal entre los judíos.

Nicomedes era un anciano; dudaba, pero en su duda, creyó. Éste vino a Jesús de noche y le dijo «Rabí, sabemos que eres un Maestro que ha venido de parte de Dios»...
Nicomedes dice «Eres un Maestro que ha venido de parte de Dios» y no «Eres el Dios encarnado». Este anciano puede aceptar que Jesús sea un Maestro que viene de parte de Dios, pero nada más: no acepta tener una gota divina en sí mismo. Cree que Dios es una entidad exterior a él y no lo deja hablar a través de su propia boca. Es un intelectual.

«Rabí, sabemos que eres un Maestro que ha venido de parte de Dios; porque nadie puede hacer estas señales que tú haces, si no está Dios con él.» Jesús le respondió: «De cierto, de cierto te digo, que el que no naciere de arriba [de nuevo]»...

«Nacer de arriba» es nacer de tu Dios interior. Esto quiere decir que, en la vida, estás sumergido en tu nada interior.

«...el que no naciere de arriba, no puede ver el Reino de Dios...»

El Reino de Dios es el cuerpo completamente habitado por el Espíritu. El laberinto es un todo. El centro no existe sin el recorrido sinuoso que conduce a ese centro. Los dos son necesarios. Asimismo, el Reino de Dios es un todo. Es tu cuerpo habitado por el espíritu.

Nicomedes le dijo: «Rabí, ¿cómo podría un hombre nacer siendo viejo? ¿Podría acaso entrar una segunda vez en el seno de su madre, y nacer?».

Jesús le respondió: «De cierto, de cierto te digo, que el que no naciere del agua y del Espíritu, no puede entrar en el Reino de Dios».

Cuando nacemos del agua, nacemos de la madre. En seguida nos hace falta vivir un segundo nacimiento que pasa por lo que se llama la muerte iniciática. Hay que morir a nuestro yo. Para entrar al centro del laberinto hay que verdaderamente disolver el yo.

¿Cómo hacerlo? No con una droga. Cuando tomamos alucinógenos hacemos estallar el yo, desde luego, pero si no estamos preparados, a continuación, bien que mal, vamos a recuperar este yo.

Con objeto de disolver el yo, hace falta conocerse. Hay que vivir en la conciencia de la Conciencia.

Cuando conocemos bien el trayecto en el laberinto, sabemos que es su mitad derecha la primera en ser recorrida por entero. Llegamos al centro recorriendo al final la mitad izquierda. La verdad del laberinto se alcanza por la izquierda, por el corazón. Avanzamos con el cerebro, pero una vez que hemos accedido a un cierto nivel, continuamos con el corazón. Después, en el centro del laberinto, hay que dejar morir nuestro viejo yo, la personalidad que se nos ha impuesto y llevamos adherida. Tenemos que desprendernos de nuestros límites, de nuestras dudas. Nacer «de arriba»: del Espíritu.

¡Ten fe de que algo en ti sabe adónde ir! Es tu destino. Sea lo que sea, tienes un objetivo. ¡Lo que cuenta es que tienes uno! Este objetivo, es tu Dios interior quien lo conoce. ¡Déjate guiar por Él!

Si no has pasado las riendas a tu Dios interior, si no renuncias a dirigir, no puedes renacer.

«De cierto, de cierto te digo, que el que no naciere del agua y del Espíritu, no puede entrar en el Reino de Dios.»

No basta con nacer y morir. Hay que nacer y después acabar con la percepción de nosotros mismos para renacer como un hombre infinito que ha percibido a su Dios interior.

«Lo que es nacido de la carne, carne es; y lo que es nacido del Espíritu, Espíritu es.»

Mientras no hayas nacido de tu propio espíritu, no estás en el *ser* sino en el *tener*. Luchas por tener. Piensas que tener cosas materiales es ser.

Cuando te sumerges en tu espíritu, comienzas a ser y puedes entonces caer en éxtasis, puesto que el Reino de Dios equivale al éxtasis total, aquí y ahora.

«No te maravilles de que te dije: "Te es necesario nacer de arriba [de nuevo]". El viento sopla donde quiere, y oyes su voz; mas ni sabes de dónde viene, ni a dónde va.»

Resulta asombrosa la relación que esto tiene con el *koan* japonés «No comienza, no termina. ¿Qué es?».

El universo es un tigre. Tú cabalgas en él y avanzas. Tienes el placer de dejarte llevar no importa a dónde... Digamos que a donde tu Dios interior quiere y no a donde tú lo deseas, porque no sabes conducir a la fiera.

«Así es todo aquel que es nacido del Espíritu.» Nicomedes le dijo: «¿Y cómo puede hacerse esto?».

Jesús le respondió: «¡Eres Maestro de Israel, y no tienes conocimiento de estas cosas!».

Es decir, «Tú, que eres Maestro en Israel, ¿de qué estás hablando? ¿Cuáles son las lecciones que das? ¿Por qué dices que el templo es tuyo? ¿De dónde detentas tu autoridad? Te dices "Maestro" y no das a cada ser humano su propia iluminación».

«De cierto, de cierto te digo, que lo que sabemos, hablamos, y lo que hemos visto, testificamos...»

Cristo dice «Hablamos de lo que sabemos, testificamos lo que hemos visto. No hace falta hablar de lo que no hemos vivido».

Mientras no hayas memorizado el laberinto, mientras no lo hayas vivido y recorrido en tu interior, con tu alma, no podrá entregarte el mensaje que te quiere dar. Asimismo, mientras no hayas memorizado y recorrido el Evangelio con tu alma, este texto no puede entregar el mensaje que desea. Debes volverte un humilde canal. Cuando llegas ahí, abres la boca y el Evangelio habla a través de ti. Lo conoces porque lo has olvidado. No lo manipulas. No lo diriges: él te lleva.

El Evangelio te dirige, el laberinto te dirige, el Cristo te dirige. Todo esto se manifiesta con la velocidad de un relámpago.

Hablamos de lo que sabemos y no de lo que no conocemos. No seamos la higuera que tiene hojas brillantes. ¡No tratemos de brillar!

¡Seamos lo que somos! Mostremos lo que sabemos incluso si mostramos poco. No se puede hablar ni enseñar lo que no se ha vivido

¡Hay que comenzar desde lo pequeño! Un paso, luego otro, después un paso más, y así se hacen kilómetros. Si tratas de lograr avances enormes, nunca caminarás un solo kilómetro, pero, por el contrario, te harás aplaudir por los mercaderes del templo.

«De cierto, de cierto te digo, que lo que sabemos, hablamos, y lo que hemos visto, testificamos, y sin embargo no recibes nuestro testimonio. Si no crees cuando te digo cosas terrenales, ¿cómo creerás si te dijere las celestiales? Porque nadie subió al cielo, sino el que descendió del cielo; el Hijo del Hombre.»

Decir «el Hijo del Hombre» no quiere decir que nosotros lo hemos hecho, sino que nos pertenece a todos. Es el Hijo del Hombre. No es nuestro hijo, nos pertenece. Es el Hijo que pertenece al hombre.

«Y como Moisés levantó la serpiente en el desierto...»

Era una serpiente que, viva, envenenaba; pero muerta servía para curar.

«...así es necesario que el Hijo del Hombre sea levantado, para que todo aquel que cree tenga en él vida eterna.»

Todo el desafío del laberinto radica en llegar a la muerte. Es decir, a la vida eterna. Éste es el reto: la búsqueda de la vida eterna. ¿Y qué es la vida eterna? Es nuestra gota divina, que debe reintegrarse en la eternidad de donde surgió.

«...para que todo aquel que cree tenga en él vida eterna. Porque de tal manera amó Dios al mundo, que ha dado a su Hijo único, para que todo hombre que en él cree, no muera, sino tenga vida eterna.»

Dios ha dado a su Hijo a todo hombre que cree en él, es decir a cada uno de nosotros. Tenemos una vida eterna en nosotros.

«Porque no envió Dios a su Hijo al mundo para juzgar al mundo, sino para que el mundo sea salvo por él.»

Tu Dios interior no ha venido para juzgarte y destruirte, sino para salvarte.
Toda tu vida es una angustia completa mientras no te centres en esta partícula eterna. Acepta que en ti existe algo que es superior a ti y que no es tuyo. Ahí dejarás de compadecerte, dejarás de pedir, y comenzarás a experimentar el éxtasis y la verdadera alegría. Todo será para mejor, incluso si te dan una bofetada.

«Quien cree en él no es juzgado; quien no cree, ya ha sido juzgado, porque no ha creído en el nombre del Hijo único de Dios...»

Cuando no crees en tu Dios interior ya has sido juzgado porque, por el hecho de carecer de fe en ti mismo, no eres tú mismo.

«Y éste es el juicio: la luz vino al mundo, y los hombres prefirieron las tinieblas a la luz, porque sus obras eran malas. Porque todo aquel que hace lo malo, odia la luz y no viene a la luz, por miedo de que sus obras sean desenmascaradas.»

Si vivimos en la oscuridad, odiamos a toda persona que nos habla en esos términos. Cuando hacemos el bien, ¡tengamos cuidado! ¡No hace falta hacerlo directamente! Encontremos el vacío en cada persona y, dulcemente, depositemos la semilla que la va a ayudar. ¡No forcemos a nadie a ver la verdad! Si alguien nos dice «No creo», no tratemos de convertirlo de frente. ¡No insistamos! ¡No discutamos! ¡Trabajémoslo con amor desde otro aspecto!

Un sabio nunca discute. Dice lo que ha dicho. Si no le creemos, no insiste y se retira. En seguida, retorna a la carga de una manera indirecta.

«Mas el que practica la verdad viene a la luz, para que sea manifiesto que sus obras son hechas en Dios.»

13

Juan y Jesús
(Juan 3:22-30)

Después de haber expulsado a los mercaderes del templo,

...Jesús vino con sus discípulos a la tierra de Judea, y estuvo aquí con ellos, y bautizaba. Juan, por su parte, bautizaba en Enón, no lejos de Salim, donde las aguas son abundantes.

Tanto Jesús como Juan bautizan. Vemos al Maestro y a aquel que anuncia al Maestro sumergiendo los espíritus en el agua, en el agua que corre, que fluye.

Y la gente venía, y se hacía bautizar. Porque Juan no había sido aún encarcelado.

Más tarde, cuando ya no sea útil, Juan será aprisionado y se le condenará a la decapitación. Sin embargo, por el momento, aún tiene una misión que cumplir.

Entonces hubo discusión acerca de la purificación entre un judío y los discípulos de Juan.

El Evangelio subraya que la doctrina judía atraviesa entonces un momento de crisis. Hoy también, las doctrinas atraviesan un momento crítico. Vivimos en una época en la que no se sabe lo que se quiere.

Los discípulos vinieron a Juan y le dijeron: «Rabí, mira que el que estaba contigo al otro lado del Jordán, de quien tú diste testimonio, he aquí que él también se dedica a bautizar, y todos van a él».

La discusión comienza «Él nos está quitando a los clientes. Tú bautizas. Eres nuestro Maestro, pero he aquí que hay otro Maestro y que todo el mundo va con él». Es lo que los discípulos están diciendo. Desean permanecer con Juan.

Juan les dio esta respuesta: «No puede el hombre atribuirse nada, si no le fuere dado del cielo».

Es sin duda una hermosa respuesta. Tú no puedes atribuirte los verdaderos tesoros. Puedes atribuirte el trabajo que realizas para encontrarlos, pero toda verdad que expresas no proviene de ti. No es necesario el orgullo. No somos ni los creadores ni los poseedores de una verdad.

He aquí una historia que lo refleja bien: cuando Bodhidharma llegó ante el emperador de China, éste le dijo «He creado tres mil monasterios budistas. He traducido dos mil libros sagrados. ¿Cuáles son mis méritos?». Bodhidharma le respondió «Ningún mérito». El emperador se enfureció y preguntó «¿Quién eres tú para decirme tal cosa?». Y Bodhidharma simplemente contestó «No lo sé».

En el dominio de lo sagrado, no hay méritos. Ningún descubrimiento es una creación. La creación nos llega. No realizamos una obra sagrada, la descubrimos. No tenemos ninguna posibilidad de crear. Nada nos pertenece y todo nos es prestado. *Ningún mérito.*

Juan afirma:

«No puede el hombre atribuirse nada, si no le fuere dado del cielo. Vosotros mismos sois testigos de que dije: "Yo no soy el Cristo, sino que soy aquel que fue enviado delante de él"».

Una parte de ti es Juan. Tienes a un Juan en tu interior. Ahora bien, llega un momento en que Juan encuentra cosas. Tu yo encuentra verdades interiores.

En ese momento surge el primer peligro: Juan puede querer ser Juan-Cristo. Pensará que todo lo que descubre proviene de él y caerá en una atroz megalomanía a través de la cual muy pronto se convertirá en gurú. Pensará que él es el único en tener un yo sagrado, el único en poseer la verdad, que es el Cristo y que tiene todos los méritos del mundo.

Hay un momento en que alcanzamos ese estado: pensamos que son nuestros todos los méritos y también todos los defectos.

Pero si no se tienen méritos, tampoco se tienen defectos: se está más allá del bien y del mal. Acusarse personalmente es tan vanidoso como aplaudirse. En el primer ensayo de la *Pequeña Filocalia**, el autor dice: «La cobardía pertenece a la vanidad». Es tan vanidoso ser campeón como ser cobarde.

Reconocer humildemente a nuestro Dios interior es saber que no es único, y que el otro tiene uno también. En lo sagrado no hay competencia: sólo la colaboración existe. Desde que una persona se halla en competición, no puede considerarse en un nivel sagrado. Colaboramos, vibramos juntos. En cuanto alguien encuentra a su Dios interior, si no cae en la megalomanía, en seguida encontrará el Dios interior del otro para poder vibrar con él. La competencia no existe.

Los discípulos de Juan compiten: son la parte de Juan que quiere ser el Cristo.

«"Yo no soy el Cristo, sino que soy aquel que fue enviado delante de él." Quien tiene a la esposa es el esposo; mas el amigo del esposo, que está a su lado, lo oye y la voz del esposo lo colma de alegría.»

---

* La *Filocalia* es un vasto conjunto de exégesis escritas por los Padres de la Iglesia y que reflejan la vía tradicional de la espiritualidad cristiana tal como se practicó desde los primeros tiempos de la cristiandad. En el siglo XVIII estos textos fueron compilados en Grecia por Nicodemo el Hagiorita y Macario de Corinto, quienes dieron al conjunto el nombre con que se conoce esta obra. Originalmente publicada en Venecia en 1792, la *Filocalia* fue más tarde traducida en Rusia en cinco volúmenes. La versión abreviada se conoce como *Pequeña Filocalia*. (N. del A.)

Es decir que aquel que posee verdaderamente el alma, aquel que posee la verdad, que posee, digamos, la divinidad, es el esposo. Es quien tiene el derecho de poseerla. Nosotros vemos ese milagro interior al escuchar nuestro milagro interior. Somos el amigo del esposo.

Si somos capaces de decir que no es nuestro, podemos tener el placer de escuchar y ver el milagro interior, sin caer en el orgullo. Somos capaces de verlo. Ahí jamás diremos «¿Por qué yo?» sino más bien «¿Por qué no tú?». Si el otro duda y contesta «¿Por qué tendría yo un milagro interior?» le responderemos «¿Y por qué no? ¿Por qué tú no? ¿Por qué no cualquiera y por qué no tú?».

Es por esto que los monjes zen dicen «Si ves un Buda en el camino, ¡córtale el cuello!». Esta frase significa «¡No te pongas a admirar a un Buda! ¡Conviértete tú mismo en Buda!». ¿De qué te sirve la «budeidad» del otro? ¿Por qué no tú?

«Así pues, tal es mi alegría y ella es perfecta.»

Mi alegría es perfecta porque surge de escuchar a mi Dios interior.

Si alguien no tiene la alegría, no se encuentra en la verdad porque lo que más manifiesta el hecho de que se ha encontrado, es la alegría. Y encontrarse significa encontrar ese milagro interior.

Si estoy en la alegría, me hallo en lo verdadero. Estoy, pues, en el camino porque el camino sin gozo no es el camino.

«Así pues, tal es mi alegría y ella es perfecta. Es necesario que él crezca, y que yo disminuya.»

El que viene de lo alto
(Juan 3:31-36)

«El que viene de lo alto está por encima de todos.»

Por encima de ti. Decir «Dios está en lo alto» o decir «Dios está en tu interior», es lo mismo.

«El que habla de la Tierra es terrenal, y habla de manera terrestre.»

Es decir, habla con un lenguaje articulado, con palabras.

«El que viene del cielo, testifica lo que vio y oyó; y nadie recibe su testimonio.»

¿Por qué? Porque no se puede describir este conocimiento con las palabras.

Desde el momento en que me describes la Verdad, te digo que no estás ahí. Con palabras no haces sino describirte a ti mismo. No puedes captar el Evangelio con palabras. Hay que *sentirlo*.

Cada vez que te encuentras con el lenguaje articulado, estás frente a una conciencia del mundo racional. Ahora bien, sin lenguaje articulado pero con imágenes y actos, te encuentras con el lenguaje del inconsciente. Y sin actos y sin imágenes, te encuentras con una vibración de alegría infinita. Es el lenguaje del supraconsciente.

No existe sólo el inconsciente. El inconsciente colectivo pertenece al pasado, a lo vivido. El supraconsciente es una nueva información que debe hacer su camino. Es por ello que hablamos del hombre nuevo. Del inconsciente, nada nuevo puede llegar: viene del pasado, de los pasados, de la creación del mundo. Es por una vía supraconsciente que llegará lo nuevo.

«El que recibe su testimonio, éste atestigua que Dios es verídico.»

El que recibe su testimonio, es decir aquel que encuentra una verdad interior, atestigua y ratifica que Dios es verídico.
Lo sentimos: no lo expresamos con palabras.

«Porque el que Dios envió, habla las palabras de Dios, quien le da el Espíritu sin medida.»

Palabra a palabra, esto quiere decir que cuando comenzamos a comunicarnos con ese lenguaje, no tenemos medida porque el Espíritu no puede tenerla.

«El Padre ama al Hijo, y todas las cosas ha entregado en su mano. El que cree en el Hijo tiene vida eterna; pero el que no obedece al Hijo no verá la vida, sino que la ira de Dios permanece sobre él.»

Es decir que ver al Hijo en nosotros significa darnos a un Dios interior, a un poder interno, con fe, sin palabras, sin pruebas. Por el contrario, el que no cree en su Dios interior recibirá su cólera. Recibirá la enfermedad, la locura, los accidentes fatales, porque no podemos edificar toda una vida únicamente sobre nuestro yo: esto es la angustia.

En nuestra civilización, con el gótico se buscó a Dios en lo alto y con el románico nos ha pesado en las espaldas. Lo que nos hizo errar fue que no lo buscamos en el centro de nosotros mismos. Mas no hay otra forma de búsqueda. Sin un centro, no podemos vivir. Dicho de otra manera: ahora, la única catedral posible es un pozo. Un *pozo*.

Es de una maravillosa exactitud cuando se utiliza la metáfora «el pozo del alma». Está hecho de una pequeña superficie que aflora en el nivel de la conciencia y de un túnel que se adentra más y más profundamente en nuestro interior hasta encontrar el agua de vida. Es el agua que fluye, el agua infinita.

La catedral de Chartres se construyó alrededor de un pozo. ¿Y qué es un pozo?

Toda la historia mística comienza en el desierto, en una tierra árida. De súbito, alguien encuentra agua en un pozo posibilitando la vida de los animales y las plantas. Es a partir de entonces que la vida se extiende y es alrededor de este pozo que el milagro se realiza. ¿Comprendemos hasta qué punto es importante el pozo? Es sagrado. Es la Vida misma. Es el misterio mismo.

La conversación con la samaritana
(Juan 4:1-42)

Cuando, pues, el Señor entendió que los fariseos habían oído decir que hacía más discípulos y que bautizaba más que Juan (aunque Jesús no bautizaba, sino sus discípulos), salió de Judea, y se fue otra vez a Galilea.

Cuando el Cristo oye la discusión comercial que ha suscitado, no libra combate. No dice «No soy yo quien bautizo». No discute: se retira.

Se va porque reconoce que Juan tiene todavía una obra por realizar. Todavía no ha sido encarcelado. El yo tiene algo que hacer.

Cristo ha reconocido la tarea de Juan: preparar el camino. El Evangelio precisa que Cristo no bautizaba. ¿Por qué? Porque Cristo es el agua en la cual uno se debe sumergir.

En la ceremonia del bautismo hace falta que el oficiante sumerja al bautizado en el agua. Es el agua la que purifica, no el oficiante: se trata de dos elementos distintos.

El yo es la voluntad: Juan es la voluntad. Es menester que algo en nosotros se convierta en Juan y tome todo lo demás de nuestro ser para sumergirlo en la perfección. Un intermediario es, pues, imprescindible. Cristo es el centro. Juan es el yo que equivale a una voluntad. Y en seguida, debemos sumergir todo el resto en nuestro centro para disolvernos. Así, Juan es necesario para realizar el trabajo.

Resulta imperioso comprender que la verdad es *hacer*. No hay verdad sin hacer. No hay espíritu, no hay talento, si no hacemos. Podemos quedarnos en lo potencial y morir en lo potencial.

Te dices «¡Si ayudo al mundo, haré esto o aquello!», o bien «¡La cantidad de niños que sufren, es infame!», o bien «El horror, la atrocidad es la guerra, ¡hablemos de estos problemas!». Pero ¿qué haces? Tienes un enorme deseo de transformar el mundo, pero ¿qué pones en práctica? Tienes un gran deseo de transformar tu vida, pero ¿cuándo comenzarás a hacerlo? ¡Comienza! Se verá si puedes. Hablas tanto... Hablar no exige ningún talento. El talento es comenzar.

En el Evangelio esto se dice claramente. Cristo no bautizaba. Evidentemente, el agua no puede bautizar. Hacía falta Juan para hacerlo. Son los discípulos de Cristo quienes bautizarán en Cristo.

...salió de Judea, y se fue otra vez a Galilea.

Es *la Galilea de las naciones*. Así pues, Cristo deja un lugar estrecho –la Judea, que es un sitio típicamente judío–, para ir a un territorio cosmopolita.

Y le era necesario pasar por Samaria. Vino, pues, a una ciudad de Samaria llamada Sicar, no lejos de la tierra que Jacob dio a su hijo José, ahí mismo donde se encuentra el pozo de Jacob.

En la Biblia de Jerusalén se dice que Cristo se sentó en el borde del pozo de Jacob. ¿Qué es este pozo?

En el Génesis (28:10-22), Jacob tiene un sueño en el cual ve una escalera apoyada en la tierra y que sube hasta el cielo. En el transcurso de este sueño, Dios le promete cosas maravillosas:

«Yo soy el Señor, el Dios de Abraham tu padre, y el Dios de Isaac. La tierra en la que estás acostado te la daré a ti y a tu descendencia. Será tu descendencia como el polvo de la tierra. Te extenderás al occidente, al oriente, al norte y al sur; en ti y en tu descendencia todas las familias de la tierra serán benditas».

Jacob es un hombre bendito por Dios.

«¡Ve! Yo estoy contigo...»

Le dice «Si Yo estoy contigo, estoy en ti».

«...y te guardaré por dondequiera que fueres, y volveré a traerte a esta tierra; porque no te dejaré hasta que haya hecho todo lo que te he dicho».

En esa época Dios hablaba con los hombres y se manifestaba con frecuencia, pero en un momento dado pareció abandonarlos por completo, puesto que no volvió a manifestarse. Si hablamos de un Dios interior, ¿cómo podría aplicarse tal metáfora? ¿En algún momento, cuando el Dios interior ha hecho todo lo que ha dicho (o lo que ha querido), abandona al hombre que había logrado encontrarlo en sí mismo? La respuesta es la siguiente: el Dios del Génesis es el Dios exterior. Por eso se manifiesta a cada rato. Cuando termina su acción exterior, deja de manifestarse como Padre y se encarna en Cristo, el Hijo, que también es un Dios exterior. Tras la ascensión de Cristo, la única posibilidad de acción divina es la *interior*. Y el Dios interior no abandona a quien lo encuentra.

Y despertó Jacob de su sueño, y dijo: «¡Ciertamente el Señor está en este lugar, y yo no lo sabía!». [...]
Después hizo Jacob este voto: «Si Dios está conmigo, y me guarda en este viaje en que voy, y me da pan para comer y vestido para vestir, y si vuelvo sano y salvo a casa de mi padre, el Señor será mi Dios. Y esta piedra que he erigido en estela [puesto por señal], será una casa de Dios; y de todo lo que me dieres, el diezmo apartaré para Ti».

Es decir que Jacob hace un templo a partir de la piedra sobre la cual se había dormido. Él construye el primer altar. Si el lector quiere conocer la historia de la Iglesia, ella comienza con Jacob. Él hace de una piedra un altar. Esto significa que a partir del altar, la escalera sube y desciende y nos comunica al fin con el Dios interior.

Jacob se puso en marcha, y fue a la tierra de los hijos de Qedem [los orientales]. Y miró, y vio un pozo en el campo.

¡Un pozo en el campo! Helo aquí. Veremos cuán formidable es lo que sigue (Génesis 29:1-11).

Había tres rebaños de ovejas que pacían cerca de él...

Un pozo en el centro y alrededor tres rebaños de ovejas. Falta uno. ¿Por qué? Resulta evidente que se trata de una representación de los cuatro lenguajes a través de los cuales se manifiesta el espíritu humano, representados en el Tarot por cuatro símbolos: la Espada, la Copa, el Basto y el Oro, es decir, la vida intelectual, la vida emocional, la vida sexual y la vida corporal. En esta escena falta el Oro, número 4. Cuatro es el número de la realidad.

Había tres rebaños de ovejas que pacían cerca de él, porque de aquel pozo abrevaban los ganados; y había una gran piedra sobre la boca del pozo.

Cuando todos los rebaños se juntaban allí, la gente rodaba la piedra de la boca del pozo, abrevaban las ovejas, y los hombres volvían la piedra sobre la boca del pozo a su lugar.

Y les dijo Jacob: «Hermanos míos, ¿de dónde sois?». Y ellos respondieron: «De Harán somos». Él les dijo: «¿Conocéis a Labán, hijo de Nacor?». Y ellos dijeron: «Sí, lo conocemos». Y él les dijo: «¿Está bien?». Y ellos dijeron: «Bien, y he aquí a Raquel su hija que viene con las ovejas».

¡Éste es el cuarto rebaño que nos faltaba! Raquel llega con él. ¡Los cuatro elementos se han reunido!

Al mismo tiempo, el amor llega. Jacob aún no había amado a una mujer. Veremos hasta qué punto habrá de amarla.

Y él dijo: «¡Ved! Aún es muy de día; no es tiempo todavía de recoger el ganado; abrevad las ovejas, e id a apacentarlas».

Jacob pretende que todo el mundo se retire para quedarse solo con Raquel.

Y ellos respondieron: «No podemos, hasta que se junten todos los rebaños, y se remueva la piedra de la boca del pozo, para que abrevemos las ovejas».

Mientras él aún hablaba con ellos, Raquel vino con el rebaño de su padre, porque ella era la pastora.

Raquel llega con las ovejas de su padre. Aquí es necesario subrayar que ellos tienen lazos de parentesco con Jacob.

Desde que Jacob vio a Raquel, hija de Labán hermano de su madre...

Raquel era prima de Jacob. Sí: en lo sagrado, busquemos siempre el incesto. El padre de Raquel es hermano de la madre de Jacob.

Desde que Jacob vio a Raquel, hija de Labán hermano de su madre, y las ovejas de Labán el hermano de su madre, se acercó Jacob y removió la piedra de la boca del pozo, e hizo abrevar a las ovejas de Labán, hermano de su madre.

Él solo retira la piedra poseído de una fuerza descomunal. Fuerza que, con toda seguridad, seduce a Raquel.

Y Jacob abrazó a Raquel, y alzó su voz y lloró.

El día en que encontramos nuestra alma, lloramos. ¿Por qué? A mi parecer, porque dejamos atrás el sufrimiento contenido: cargamos tal capa de dolor que cuando encontramos el ánima, el espejo, el ser que nos corresponde totalmente en todos los niveles (los cuatro niveles), lloramos por abandonar al fin ese sufrimiento.
En seguida reímos y, después, caemos en éxtasis.

A continuación, Jacob va a trabajar a casa de Labán, el padre de Raquel, donde vive también la hermana mayor de Raquel, Lea. Deseando casarse con Raquel, Jacob trabaja gratuitamente para Labán durante siete años. El día de sus bodas, Labán lo engaña: le presenta una mujer velada y no es sino hasta que el matrimonio se consuma que Jacob se da cuenta de que le han dado a Lea en lugar de a Raquel. «Si quieres a Raquel», le dice el suegro, «te la daré pero tendrás trabajar otros siete años para mí». Se casa, pues, con Raquel y trabaja siete años más para Labán.

Raquel no engendra. Por el contrario, Jacob tiene hijos con Lea y otros más con dos criadas. Finalmente, Raquel logra concebir su hijo, que recibe el nombre de José.

Raquel ha tenido que esperar el nacimiento de once niños de Jacob con otras mujeres, para al fin procrear un hijo con el hombre que ama. José se vuelve el preferido. Un día, Jacob le ofrece una túnica principesca. Los hermanos de José, devorados por los celos, lo lanzan al fondo de un pozo para que muera. Antes lo despojan de su túnica y la tiñen con la sangre de un cabrito para hacer creer a Jacob que José ha sido devorado por una bestia salvaje. Ciertos mercaderes pasan por ahí, sacan a José del pozo y lo venden a otros mercaderes que a su vez lo llevan a Egipto. Ahí José se vuelve un hombre importante y respetado, y salva a su pueblo de la hambruna. Todo esto porque fue lanzado desnudo al fondo de un pozo.

Hay que caer desnudo al fondo de un pozo. De esto habla la Biblia, y resulta muy bello.

La historia de la samaritana es compleja y maravillosa. No es por azar que Cristo va a sentarse en el borde del pozo de Jacob. Es el pozo del amor total, del amor loco y espiritual, donde el hombre encuentra a su mujer y la mujer a su hombre. Jacob y Raquel al fin procrean al hijo perfecto, José, que va a Egipto, tal como José, el padre adoptivo de Cristo, va también a Egipto.

Vino, pues, [Jesús] a una ciudad de Samaria llamada Sicar, no lejos de la tierra que Jacob dio a su hijo José, ahí mismo donde se encuentra el pozo de Jacob. Entonces Jesús, cansado del camino, se sentó así simplemente en el bordo del pozo.

¿Por qué se especifica que Cristo «se sentó así simplemente en el bordo del pozo»? Esto quiere decir que ha caminado mucho y tiene necesidad de reposar, pero que no experimenta sed. ¿Por qué? No la tiene porque él es el agua. ¿Cómo el agua tendría sed? Así pues, se sentó simplemente en el borde del pozo, sin buscar agua para beber.

Era como la hora sexta.

La hora sexta corresponde a la mitad del día, es decir al mediodía, cuando no hay sombras. Es la hora de la verdad.
Si existe una hora que sea esencialmente crística, una hora que representa al Cristo, es desde luego el mediodía. Es el momento en que el sol está en el cenit, o sea en la cúspide de su trayectoria. La hora en que no hay sombras es la de la verdad pura, la hora de la unidad. No hay dualidad luz-sombra. Todo es luz. El sol llega a su máximo, y en seguida comienza a declinar.

Vino una mujer de Samaria a sacar agua...

¿Por qué el Cristo encuentra a la samaritana? ¿Qué significa esto? La respuesta se halla en la Biblia, en el Segundo Libro de los Reyes (17:1-6):

Oseas, último rey de Israel
En el año duodécimo de Acaz rey de Judá, comenzó a reinar Oseas hijo de Ela en Samaria sobre Israel; y reinó nueve años. Hizo lo que está mal a los ojos del Señor.

Samaria es anexada por el rey de Asiria, quien deporta a los israelitas a este último país.

Reflexiones sobre las causas de la ruina del reino del norte [2 Reyes 17:7, 9-12]
Esto sucedió porque los hijos de Israel pecaron contra el Señor su Dios [...]. Los hijos de Israel cometieron contra el Señor, su Dios, cosas que no debían hacer: se edificaron lugares altos en todas sus ciudades, desde las torres de las atalayas hasta las ciudades fortificadas; levantaron, para su uso, estatuas y postes sagrados sobre todas las colinas altas y debajo de todo árbol frondoso; ahí, en todos los lugares altos, quemaron incienso, a la manera de las naciones que el Señor había deportado delante de ellos. Cometieron malas acciones al grado de ofender al Señor. Y servían a los ídolos, aunque el Señor les había dicho: «¡Vosotros no habéis de hacer esto!».

Sin embargo, lo hicieron y por esta razón fueron deportados. Son los pecadores: han desobedecido a Dios. Llegaron a quemar seres humanos en sus sacrificios (2 Reyes 17:17):

> Hicieron pasar por el fuego a sus hijos y a sus hijas; y consultaron a los oráculos y practicaron la adivinación...

El Tarot no es un arte adivinatorio: lee el presente. Desde que se practica un arte adivinatorio, se está completamente fuera de la Ley divina porque hacer adivinación equivale a una búsqueda tendente a escapar del tiempo.

Se entregaron a una perfidia haciendo lo que está mal a los ojos del Señor, al grado de ofenderlo.

Han pecado: han rezado a otros dioses.

Deportación de pueblos extranjeros a Samaria [2 Reyes 17:24-25]
El rey de Asiria hizo venir gente de Babilonia, de Cuta, de Ava, de Hamat y de Sefarvaim, y los estableció en las ciudades de Samaria, en lugar de los hijos de Israel. Tomaron posesión de Samaria y habitaron en sus ciudades. Y, al principio de su instalación en ese lugar, como no temían ellos al Señor, aconteció que envió el Señor contra ellos leones que los mataban.

«Es el Señor vuestro Dios a quien debéis temer, es Él quien os librará de las manos de todos vuestros enemigos.» Pero ellos no escucharon; antes siguieron actuando según su rito antiguo. Así pues, estas naciones temieron al Señor, y al mismo tiempo continuaron sirviendo a sus ídolos; según como hicieron sus padres, y también sus hijos y nietos, así hacen aún hasta hoy. [2 Reyes 17:39-41]

He aquí quiénes son los samaritanos.

Ahora nos es posible comprender por qué es tan total y completamente revolucionario que el Cristo hable a una samaritana. Lo es aún más que hable a una mujer desconocida. ¿Cómo es que osa dialogar con una mujer al borde de un pozo? ¡Está tajantemente prohibido! Los justos no tenían derecho de hablar a una mujer. Toda la ley iba en ese sentido.

Cristo no sólo habla a una mujer desconocida, sino a una mujer que es el pecado mismo: una samaritana que tiene otras leyes. Cristo se permite entrar en comunicación espiritual con quien está vedado hacerlo.

Está, pues, ahí, en Samaria, al borde del pozo. Una mujer samaritana llega a sacar agua con un cántaro.

Me gustaría ser esa mujer. Llegaría a sacar agua con mi cántaro vacío, es decir con mi alma vacía y, de súbito, sentado al borde del pozo, encontraría a Jesús.

Si soy mujer, todo mi cuerpo se pone a temblar. Mientras que mi cabeza es presa del vértigo, mi corazón se me sale del pecho, mi sexo gira como un zodiaco y mis piernas flaquean. Entonces me digo «¡No es posible! ¿Qué me sucede? Es un extranjero y jamás lo he visto. Es diferente de todos. ¿Qué significa esto?», y me pongo a luchar contra mí misma porque no puedo creerlo. Jamás en mi vida amé como en ese preciso momento en que comprendo lo que es el amor físico y espiritual, el amor completo.

Me gustaría ver aparecer a este Cristo interior al borde de mi pozo. La visión del Cristo interior ¡es el orgasmo total! Cuando lo encontremos en nosotros y lo vivamos en nuestro interior, será la alegría entera.

...y Jesús le dijo: «Dame de beber».

No tiene sed y, sin embargo, le pide de beber. Es el agua la que pide beber. Ahí sucede como en el arcano del Tarot llamado La Estrella, cuyo personaje femenino da agua al agua. ¿Cómo dar agua al agua?

Es decir que la divinidad tiene necesidad de que nos sumerjamos en ella. Cuando nos hacemos bautizar, somos Juan. ¿Y qué piensa el agua? Pongámonos en su lugar. El agua es lo que es. Fluye sin objetivo ni significación. Te dice «¡Ven! ¡Dame significación! Si el pez no nace en el agua, soy un océano muerto».

Sin su creación, sin la vida, sin esta vida maravillosa que Él ha creado, el océano carece de significado.

Cristo dice «¡Dame de beber y entra en mí!». Si no caes en tu ser interior, éste tiene sed de ti. Te llama. Al hablar a la samaritana, el Cristo le hace una llamada.

Cuando esta mujer escucha su voz, ¿qué oye? ¿Cómo habla Cristo? ¿Cuál es su voz? Es la voz del corazón. Habla a la samaritana como se habla a un niño. Su voz se colocará en perfecta sintonía con ella. No habla en el aire: se dirige a ella y, a través de ese acto, se halla en total correspondencia con la sensibilidad de esta mujer. Todo su ser está en su voz para decirle «Dame de beber».

Cuando ella escucha «Dame de beber», es la voz de Dios la que entra en sus oídos. La samaritana penetra en lo más profundo de su propia alma. De inmediato quiere darle de beber. Es decir, que al instante ella quiere darse a Jesús, pero ¿cómo? La mujer se dice «No lo deseo y sin embargo quiero entregarme a él. ¿Qué me sucede? Todo mi ser está alterado. ¿Cómo le daré de beber?».

Pues sus discípulos habían ido a la ciudad a comprar de comer.

Estos doce muchachos dejan al Cristo solo y van a comprar de comer cuando tienen el alimento al alcance de la mano. Cristo está, pues, solo. ¿A quién hablará? No a los hombres: a una mujer, exactamente como Jacob, que habló a Raquel junto al pozo. Si la humanidad existe es porque Jacob encuentra a Raquel, su mujer. Comprendamos que si Cristo no encuentra a una mujer, el milagro no puede producirse. Es gracias a una mujer que él realizará su entrada en Samaria. Es a través de ella que Cristo perdonará a todos los samaritanos y levantará la maldición que pesa sobre ellos. En lugar de castigarlos, los perdonará a través de una mujer.

Pero esta mujer, esta samaritana, le dijo: «¿Cómo tú, siendo judío, me pides a mí de beber, que soy mujer samaritana? Porque los judíos no quieren tener nada en común con los samaritanos».

¿En qué tono habla ella? ¿Agresivo, seductor, indiferente? No: es en un tono humilde, asombrado y respetuoso, sin agresividad ni precaución, que le dice «Se me ha humillado infinidad de veces, se me ha expulsado, se me ha imprecado. Tus sacerdotes me han insultado; dicen que nos equivocamos y, sin embargo, tú, un judío, ¿me pides de beber? Me haces el honor de sacarme de la humillación. ¡Me pides agua a mí!».

Pienso que es con ese estado de espíritu que ella le responde. ¡Qué emoción debe experimentar!

Imagino que dice al Cristo «¿Por qué yo? Soy tan pequeña, una miserable mortal. Estoy llena de errores, de debilidades y de estupideces. Me engaño. ¿Por qué vienes a presentarte junto a mi pozo? ¿Por qué yo?».

Y Cristo simplemente le responde «¿Por qué no tú?».

Jesús le respondió: «Si conocieras el don de Dios, y quién es el que te dice "Dame de beber", serías tú quien habría pedido, y él te daría agua viva».

Le está diciendo «Pero, escucha, ¡reconóceme! ¡Pídeme el agua viva! Si no me la pides, ¡no puedo dártela! ¡Ten la fe de pedírtela a ti misma! ¡No dudes! Te la estoy ofreciendo. Te digo: "Dame de beber", pero tú también debes pedírmelo. Es un intercambio. No te doy, no me das. Hacemos algo juntos. ¡Ten fe!».

La mujer le dijo: «Señor»...

La samaritana dice «Señor», y no «señor». Lo reconoce de inmediato y comienza ya a estar completamente en sus manos.

«Señor, no tienes un cubo con qué sacarla, y el pozo es hondo. ¿De dónde, pues, tienes esa agua viva?»

Se aviva la curiosidad de esta mujer: no puede creer que es Él y, no obstante, ya sabe que es Él. Desde el momento en que ella lo ve, sabe.

Desde el momento en que sentimos a nuestro Dios interior, nos sabemos habitados por Él; pero no osamos creer en Él. Nos decimos: «¿Estoy loco? ¡Volvamos a la realidad! ¿Quién soy para tener este contacto con tal poderío, tal belleza, tal maravilla interior? He sufrido durante toda mi vida. He

sido despreciado. ¿Por qué entraría yo en estado de éxtasis? ¿Lo merezco? ¿Por qué? ¿De dónde viene esta agua viva?».
La samaritana continúa:

«¿Acaso eres tú mayor que nuestro padre Jacob, que nos dio este pozo, del cual bebieron él, sus hijos y sus ganados?».

Al evocar a Jacob, ella hace referencia al amor.

Jesús le respondió: «Cualquiera que bebiere de esta agua, volverá a tener sed; mas el que bebiere del agua que yo le daré, no tendrá sed jamás; sino que el agua que yo le daré será en él una fuente de agua que brota en vida eterna».

Es decir que, cuando encontremos a nuestro Dios interior, ya no tendremos sed.
Cuando nos identificamos con el yo, siempre tenemos sed. No hemos encontrado. Es así como vemos a las personas inquietas que se apoyan en sistemas pensando haber encontrado su solución. De sistema en sistema, jamás beben el agua viva. Beben pequeños sistemas.
Por el contrario, la persona que ha bebido de su agua, que ha bebido de su fe, en su fuente interior jamás tendrá sed porque está en la alegría y el éxtasis totales.

La mujer le dijo: «Señor, dame esa agua, para que no tenga yo sed, ni venga aquí a sacarla».

¡Está harta esta pobre mujer! Pide esa agua. A mi parecer, en ese momento la samaritana ya cree. «Dame de esa agua para que ya no tenga que venir aquí. ¡Verdaderamente quiero ya no volver a tener sed! Si me dices que es posible, quiero el éxtasis.»

Jesús le dijo...

Jesús conoce al ser humano. Sabe que es un niño. Por eso se dice «Ahora voy a darle una prueba, porque si no se la doy, no creerá jamás». Y como él es todo amor, condesciende en dar una prueba a esta joven. Le dice:

«Ve, llama a tu marido y regresa acá».

Al decirle «llama a tu marido», Cristo le tiende una trampa, porque sabe que la mujer puede mentirle, respondiéndole «Mi marido no está ahí», o bien «Jamás me creerá» o incluso «No puedo llamarlo porque se va a disgustar». Pero ¿qué le responde a Cristo?

«No tengo marido.» Jesús le dijo: «Bien has dicho: "no tengo marido"; porque cinco maridos has tenido, y el que ahora tienes no es tu marido. Esto has dicho con verdad».

Es decir que el Dios interior conoce nuestra vida. Nada podemos ocultarle. Resulta formidable que en nosotros haya un testigo que con amor conoce todo nuestro ser.

El Cristo no grita horrorizado «¡Cinco maridos has tenido, y el que ahora tienes no es tu marido!». Él no juzga. ¿Cómo podría hacerlo? No: Cristo es objetivo. Observa simplemente que ella ha tenido cinco maridos y que el hombre con quien vive ahora no es un esposo sino un amante.

Esta mujer se ha acostado con seis hombres. Para la época, ¡es ya una buena cifra!

Cristo habla con una mujer que se acuesta con un hombre. Una mujer que ha tenido cinco maridos y que incluso no está casada. ¿Qué significa esto? ¿Quién es este hombre? ¿De dónde provienen estas dislocadas creencias de que no se debe hablar a una mujer porque es una pecadora y de que la vida sexual es un pecado? ¿A quién el Cristo fue a buscar para iluminarlo y que lo introdujera en Samaria? A una mujer que ha tenido hombres: seis al menos. ¿Qué prejuicios tiene Cristo? ¡Ni un solo prejuicio sexual, ni el más mínimo! Él es comprensión.

Le dijo la mujer: «Señor, veo que eres un profeta».

Ahí la samaritana está completamente convencida. Jesús es bueno: ha hecho un pequeño milagro para convencerla.

«Señor, veo que eres un profeta. Nuestros padres adoraron en esta montaña, y vosotros afirmáis que en Jerusalén se encuentra el lugar donde se debe adorar.»

¿Por qué dice esto? Porque todos los profetas iban a predicar a los samaritanos: «¡Pandilla de insensatos! ¡Hay que ir al templo de Jerusalén! ¡La verdad está en el templo! Vosotros seréis desterrados, ejecutados. ¡Sois pústulas! ¡Id a Jerusalén!». La samaritana había oído todo eso. Sin embargo el pueblo del que ella formaba parte tenía una religión. Los samaritanos tenían fe. Su religión era distinta pero implicaba una fe humana.

Jesús le dijo: «Créeme, mujer...».

Es la primera vez que Jesús dice «mujer» a una desconocida. Antes se lo ha dicho a la Virgen María en el transcurso de las bodas de Caná: «¿Qué quieres conmigo, mujer?».

Cada vez que el Cristo dice «mujer» se reconoce en tanto que hombre.

Sólo un hombre puede decir «mujer» a una mujer. Un niño diría «mamá»; un anciano, «mi pequeña». Pero un hombre verá a una mujer ahí donde hay una. Y para que un hombre vea a una mujer es necesario que él sea por completo hombre, o si no, no la vería.

Para un hombre, la única manera de ver a una mujer es volverse hombre por entero. Y para una mujer, el único modo de ver por completo a un hombre es volverse totalmente mujer. De lo contrario, no lo vería jamás.

Si quieres ver el alimento, ayuna. Si quieres ver al hombre, conviértete en mujer. Si quieres ver a la mujer, hazte hombre.

Cuando el Cristo dice «mujer» a la samaritana y a la Virgen María, las reconoce íntegramente en cuanto tales. La Virgen María es una mujer completa. Y cuando Cristo lo dice a esta samaritana, en ella misma todo su ser se reconoce.

Debo aceptar mi cuerpo. Si no lo hago, si no acepto su lugar, si en cuanto mujer no me acepto de la cabeza a los pies, no puedo vivir mi Cristo, no puedo vivir mi hombre, estoy separada de mi marido, de mi hombre esencial: mi izquierda y mi derecha están separadas.

Tenemos un lado derecho masculino y uno izquierdo femenino. Es menester que los dos se unan. Para que la mujer se una con su hombre interior, ella debe hacerse mujer, con objeto de poderlo ver y vivirlo. Y para que el hombre se una con su mujer interior, hace falta también que se conozca en cuanto hombre. No es sino en esta condición que puede en seguida unirse completamente con su mujer interior.

El Cristo reconoce, pues, la feminidad de la samaritana, del mismo modo en que reconoce la feminidad de la Virgen.

Jesús le dijo: «Créeme, mujer, que la hora viene cuando ni en esta montaña»...

Esa montaña a la que iban todos los profetas.

«...ni en Jerusalén adoraréis al Padre.»

O sea «En ninguna parte en el exterior de ti».

«Vosotros adoráis lo que no conocéis...»

Esto significa «Vuestros dioses, el fruto de vuestras supersticiones».

«...nosotros adoramos lo que conocemos, porque la salvación viene de los judíos. Mas la hora viene, y ahora es, cuando los verdaderos adoradores adorarán al Padre en espíritu y en verdad...»

En espíritu, tu espíritu, Espíritu Santo. Es indispensable comprender que se habla del Espíritu Santo y que tú tienes un espíritu que es santo. Todos somos santos. Alcanzar la santidad es llegar a nosotros mismos. Sí, es posible obtener la santidad fuera de toda religión, fuera de toda montaña, fuera de toda Jerusalén, fuera de todo templo.

Tú puedes encontrar tu santidad personal porque se trata de un estado que posees. Es tu espíritu. Es la cima, la cúspide, el cenit del ser humano. El mediodía. Todas las personas tienen un espíritu en estado de santidad y pueden acceder a él. Que obedezcamos o no a esta santidad es asunto nuestro, pero hay que saber que ella existe en cada uno de nosotros.

«...en espíritu y en verdad...»

En verdad, es decir, en acción. Ésta no existe en palabras.

«...tales son, en efecto, los adoradores que busca el Padre.»

Ante el Padre todos somos mujeres, todos somos niños y todos somos madres. Entonces, hay que reconocer un principio activo que Cristo llama «Padre» para la época. Es un principio que insemina.

Somos el óvulo; el principio, como esperma, nos insemina. Son estos óvulos los que Él busca. Si no eres óvulo, no serás fecundado. Cuando estamos fecundados ¡los Evangelios son bellos! Por el contrario, mientras no hemos sido inseminados, no los comprenderemos nunca. Es, pues, algo que se realiza en nosotros.

«...tales son, en efecto, los adoradores que busca el Padre.»

Si el óvulo no adora, no puede ser inseminado. Es por amor que se fecunda.

«Dios es Espíritu...»

Un espíritu que está en ti sin pertenecerte.

«Dios es Espíritu, y por ello es necesario que quienes lo adoran, deben adorarlo en espíritu y en verdad.» Le dijo la mujer: «Sé que ha de venir el Mesías, llamado el Cristo; cuando Él venga nos anunciará todas las cosas». Jesús le dijo: «Yo soy, el que habla contigo».

Él no se define. Cuando la samaritana le dice «El que llaman Cristo» él no responde «Yo soy el Cristo». Dice «Yo soy, el que habla contigo». Ningún nombre. Ninguna definición. «Soy el que soy.»

Cuando tu Cristo interior te habla, eres todo oreja. No piensas, no rechazas nada.

En esto vinieron sus discípulos, y se asombraron de que hablara con una mujer...

Los discípulos de Cristo se dicen «¿Cómo es posible que una mujer pueda iluminarse cuando la ley de Moisés ha expulsado a la mujer del templo?». Ahí, Dios demuestra que Eva no es el horror que insistentemente se nos ha hecho creer. El Cristo, antes de hablar a san Pedro o a san Juan, habla a una samaritana que se ha acostado con seis hombres. Es a ella a quien da la verdad directa.

...Sin embargo, ninguno le dijo: «¿Qué buscas?» o «¿Por qué le hablas?».

Cuando ven a Cristo hablando con una mujer, los discípulos resienten dudas pero comprenden algo y, respetuosamente, no preguntan y se retiran. He ahí la interpretación correcta.

No se dicen «¡Qué horror! ¡Ha hablado a una mujer!», ni se retiran avergonzados. Al escribir esto no pienso en los discípulos sino en esas personas que piensan que amar a Cristo es rechazar a la mujer. No es una actitud *justa*. Si esas personas piensan eso, significa que rechazan a su mujer interior.

No es el caso de los discípulos. Por lo demás, si están al lado de Cristo, es que él los ha elegido. No podían, pues, ser prejuiciosos. Se retiran respetuosamente.

Entonces la mujer abandonó su cántaro y fue a la ciudad, y dijo a los hombres...

¡Abandona su cántaro! Esto es sin duda muy bello. ¿Sentimos hasta qué punto resulta sutil tal descripción? La samaritana llega a sacar agua del pozo, y como ha obtenido el agua de Cristo, no quiere ninguna otra. Le había dicho «Dame esa agua, para que no tenga yo sed, ni venga aquí a sacarla», y es lo que sucede. Estando completamente saciada, ya no tiene sed. Abandona entonces su cántaro.

Entonces la mujer abandonó su cántaro y fue a la ciudad, y dijo a los hombres: «Venid, ved a un hombre que me ha dicho todo cuanto he hecho. ¿No será éste el Cristo?». Entonces salieron de la ciudad, y vinieron a él.

Todos los samaritanos, todos esos hombres desterrados, esos asquerosos, como les decían los profetas, salen de la ciudad y van a ver a Cristo. No son eruditos ni intelectuales: son los adoradores de otras religiones.

Entre tanto, los discípulos le rogaban: «Rabí, come». Pero él les respondió: «Yo tengo para comer un alimento que vosotros no conocéis».

Los discípulos van a comprar comida en la ciudad. Quieren comer el alimento de todos los días. No quieren detener sus costumbres, sus repetidos gestos, sus manías. Están atrapados en la trampa de lo cotidiano.

Así pues, el Cristo señala «Existe un alimento que ustedes no conocen».

Entonces los discípulos se decían unos a otros: «¿Le habrá traído alguien de comer?».

¡En verdad son ingenuos! Es verdaderamente cómica su reacción. No comprenden nada. Cristo está en el centro del laberinto y ellos en el exterior. No han descendido al fondo y no han visto al Cristo sentado en el borde del pozo de Jacob y de José. No saben nada. Son tierra en la tierra, no tierra en el cielo.

Jesús les dijo: «Mi comida es hacer la Voluntad del que me envió, y cumplir su obra».

Cristo afirma «No esperes».
Siempre nos decimos «Mañana haré esto o aquello. Mañana me iluminaré. Cuando sea viejo, me iluminaré. Mañana lo haré. Un día lo haré. Estoy seguro de que trabajaré mucho, mucho, y de que lo haré».
Ya está todo aquí. Todo estaba sembrado ya antes de tu na-

cimiento. Tu Dios interior está aquí. ¿Por qué esperarás cuatro estaciones? ¿Por qué esta idea de que debes esperar? *¿Por qué no tú?*

«He aquí que os digo: Alzad vuestros ojos y mirad los campos, porque ya están blancos para la siega.»

¿Qué vamos a segar? Las flores puras. En tu interior, todo está ya en estado de pureza.

«Ya el que siega recibe su salario, y recoge fruto para la vida eterna, para que el que siembra y el que siega se regocijen juntos.»

Cuando encuentras a tu Dios interior, es Él quien siembra y al mismo tiempo eres tú quien recolecta en ti, y ambos están juntos. No hay un proceso que anteceda al otro. Tú vas a cosechar lo que siembras en cada segundo, ¡está el agua que sale del pozo! A cada segundo el agua fluye y fluye y, simultáneamente, tú cosechas y cosechas. ¡Se hace al mismo tiempo! Sembrar y cosechar son actos simultáneos: no hay ningún desfase, ninguna distancia temporal entre uno y otro.

«Porque en esto es cierto el proverbio que dice: "Uno es el que siembra, y otro es el que siega".»

Tu Dios interior siembra y tú no tienes más que segar. Tú no tienes que sembrar: no tienes nada que hacer. Te basta con cosechar. Nada tienes que retener.

«Yo os he enviado a segar lo que a vosotros no os ha costado ninguna pena...»

Cuando nos decidimos a segar, segamos. Bajamos el cubo al pozo, tiramos de la cuerda y tomamos el agua.

Es, pues, la mujer quien va a decirlo a los otros. La mujer considerada como impura y que, sin embargo, es toda pureza al contacto de Cristo.

Esto significa que las experiencias anteriores ya no existen.

Lo que existe es que te culpes. Por el contacto con tu Dios interior, dejas de culparte y comprendes que no hay más que inocentes.

Entonces vinieron los samaritanos a él y le rogaron que se quedase con ellos...

Son los primeros seres que piden a este iluminado permanecer entre ellos.

...y se quedó allí dos días. Y creyeron muchos más por la palabra de él, y decían a la mujer: «Ya no creemos solamente por tu dicho, porque nosotros mismos hemos oído...».

Éste es el secreto, el núcleo de todo lo que hemos dicho en estas páginas. No es a causa de lo que me dicen que debo creer: yo mismo debo oír.

Por lo general comunican teorías, conceptos, y vivimos únicamente aplicándolos sin jamás haber conocido la fuente de todo eso que nos dicen. Nos hablan de una infinidad de conceptos que jamás hemos experimentado: la fe, la libertad, la esperanza, etcétera. Podemos pasarnos la vida oyendo hablar del vino, pero mientras no nos embriaguemos, no lo conoceremos.

«...porque nosotros mismos hemos oído y sabemos que Él es verdaderamente el salvador del mundo.»

Está bien escuchar lo que se dice, pero en seguida hay que ir a ver, experimentar por nosotros mismos.

Es bueno que se nos cuente el proceso. Sin embargo, mientras no lo hayamos realizado, no reconoceremos en nosotros nuestra chispa-guía y por tanto no dejaremos de pedírsela a los otros. Estaremos todo el tiempo solicitando que nos digan, nos digan más y nos digan aún más. Buscaremos a alguien que nos diga mejor que los otros y mientras tanto no lo haremos por nosotros.

¡Acércate al pozo! Una vez que lo hayas hecho, lleva allí a tu familia, a tus amigos, a las personas con las cuales hablas en la vida cotidiana y a aquellas que encuentres: condúcelas al pozo del mismo modo en que la samaritana llevó a los samaritanos.

Es todo. No hay secreto. Él está ahí.

Hace falta saber que retirar la piedra que cubre la boca del pozo, y orar ahí, son tareas que hay que realizar. Si no las practicamos, las ovejas mueren de sed. Llega, pues, un momento en que hay que decidirse a detener el carro, las costumbres, la pereza, y hacerlo.

Desde el momento en que te das, estás socorrido puesto que tu programación interior sabe bien dónde tienes necesidad. No necesitas decir lo que quieres. La fe no consiste sino en pedir auxilio y estar seguro de que seremos auxiliados.

En seguida podemos hacer lo que queramos. Todo virtuosismo proviene del hecho de que hemos penetrado en nuestro corazón.

Si quieres comunicarte, no puedes tener un comportamiento equívoco: no puedes mentir. Si dices mentiras, nadie te escucha. Debes encontrar tu verdad interior, en el centro de tu laberinto. Ahí levantas la piedra de tu pozo y hablas con calma. Dices tu verdad reposadamente y eres escuchado. Esto quiere decir que has ganado la batalla porque no tienes nada que obtener. Está hecho. Una vez que es en ti, está hecho.

La voz interior no hablará más que a ti, pero una vez que ella te habla, puedes transmitirla.

Y tu voz interna es pequeña: no grita, imperceptiblemente te dice «Estoy aquí». Debes abrir una oreja enorme para oírla porque es un hilillo muy delicado. Así pues, si no pones toda tu atención para escucharla, no lo consigues. Si te figuras que esa voz te hablará muy fuerte porque tú eres «tú», nunca la escucharás. Nunca te hablará en la dimensión de tu ego. Tu ego no es capaz de escucharla. Tu voz va a murmurarte dulcemente, desde debajo de todo lo que eres, y hará falta que tú vayas a encontrarla.

14

La segunda señal de Caná
(Juan 4:43-54)

Dos días después, salió de allí y fue a Galilea. Porque Jesús mismo dio testimonio de que un profeta no tiene honra en su propia tierra.

Hay que recordar que cuando Jesús expulsa a los mercaderes del templo, los grandes sacerdotes y los escribas buscan cómo matarlo; debe abandonar rápidamente Galilea. Así pues, sabe perfectamente de qué habla, en tanto que no se le ha reconocido en su propio país.

Podemos decir también que a veces el Dios interior puede ser más fácilmente reconocido en el otro (en el Maestro) que en nosotros mismos.

Jesús vino, pues, a Caná de Galilea, donde había hecho vino con el agua.

Regresa al lugar de su primer milagro.
Toda persona que trata de hacer el bien llega, en un momento dado, al deseo de curar al otro.
Cuando has realizado tu trabajo interior, o al menos una gran parte de éste, te das cuenta de que no puedes quedarte ahí y de que debes comunicar a los otros lo que has hecho en ti mismo. Quieres comunicarte pero no puedes, porque para que seas escuchado, debes limpiar los oídos de quien va a oírte. Te percatas de que, para comunicarte con el otro, antes necesitas curarlo.

Te das cuenta de que si el mundo está enfermo, tú también te encuentras enfermo, y de que si el mundo tiene un nivel menos evolucionado que el tuyo, debes emplear tiempo en impulsar su evolución. Descubres también que si el mundo está en crisis, tú mismo lo estás. No puedes cambiar al mundo pero puedes comenzar a cambiarlo. Te aplicas a comenzar el cambio.

Para esto hace falta también cambiar un tanto el mundo de los otros. Así que luchas contra la resistencia del otro a ser curado.

Los médicos, psiquiatras, psicoanalistas y toda clase de personas que trabajan con el otro, convendrán en que, en cierto momento, todos ellos se encuentran frente a un muro impenetrable; el otro no se deja curar. Sin embargo, vemos muy diáfanamente lo que él tiene: percibimos su núcleo, es muy claro. Entonces le decimos «¡Éste es tu núcleo!». El otro asiente y realiza una toma de conciencia pero diez minutos más tarde nos dice «¿Qué fue lo que me dijiste? Lo he olvidado».

De la misma forma, hacemos una toma de conciencia de nuestros problemas. Nos decimos «Voy a cambiar». Lo anotamos en un diario y después lo olvidamos. Seis meses más tarde, cuando releemos nuestras notas, nos percatamos de que no hemos cambiado y de que olvidamos continuar el trabajo.

¿De qué se trata? ¿Por qué tú, cuando te propones curar al otro, te encuentras de súbito ante el dilema del narcisismo? Ves que no puedes curar al otro y si insistes en ello es porque tú mismo tienes un problema de deseo de poder. Te das cuenta de que no puedes ir tan lejos como anhelabas, porque si el otro no quiere curarse, tú no puedes hacerlo por más que quieras.

En el fondo, la verdad es que no puedes curar a nadie. Sólo la propia persona puede curarse. Tratar de ayudar al otro exige una gran humildad porque, en el camino de su curación, tú debes desaparecer más y más para permitirle curarse a sí mismo. Debes acompañarlo por sus propios meandros e impulsarlo hábil y discretamente hasta que llegue a autocurarse. Debes convertirte en «cubo de la basura» y dejar que deposite en ti sus suciedades internas.

Hay que precisar que todos, absolutamente todos, estamos

enfermos, porque nuestra enfermedad proviene del árbol genealógico. Hemos visto que cada uno de nosotros está habitado por las tres generaciones precedentes, lo que hace un mínimo de catorce personas (quince con uno mismo), si no contamos a los hermanos y hermanas, ni a los tíos y tías; vimos también que este mínimo de quince personas que nos habitan, nos guía hacia una situación enferma.

Cristo, pues, dio testimonio de que «nadie es profeta en su tierra».

¿Qué es la patria o el país? El país es la conciencia. ¿Dónde está? En el mundo, el mundo infinito.

Es decir, que el país es la conciencia y el mundo es el ser humano completo con el inconsciente y los demás componentes del universo que ese ser porta. Cada individuo lleva un universo completo, infinito. Al inconsciente individual se suman el inconsciente colectivo, el inconsciente histórico y el inconsciente cósmico.

En la base, son los planetas los que hablan por nosotros, y más lejos que los planetas, mucho más lejos, es el cosmos entero el que está en nosotros con la divinidad.

...un profeta no tiene honra en su propia tierra.

Frecuentemente, la divinidad realiza apariciones en nuestra conciencia. Nos iluminamos muchas veces al día durante algunos segundos, cuando pasamos por momentos de atención intensa.

Asiste a un accidente. En ese momento estás completamente iluminado: lo ves en todos sus detalles y no lo olvidas jamás. Es como si tomaras una fotografía, una «instantánea».

Ese tipo de momentos se podría llamar *el profeta*. Un profeta llega a tu conciencia. Como es en tu conciencia que aparece, no crees en él. Por el contrario, puedes creer en los estados de conciencia del otro. Es por esto que vas a buscar a quien haya visto. Piensas que él dice la verdad y no tú. De golpe lo tomas por un profeta y lo sigues para que él te diga las cosas. El otro va a contártelas, pero ¿y tu profeta interior no tiene nada que decirte?

Mi profeta interior no es bueno en mi país. No lo escucho. Me digo «¿Por qué yo? ¿Por qué yo habría de estar atento a mis momentos de iluminación?».

Miles y miles de milagros te llegan cada día y no los ves. Los olvidas de inmediato porque no eres profeta en tu conciencia.

La fe

Al examinar el capítulo «Curación de un paralítico en Jerusalén» veremos lo que es un paralítico porque en alguna parte de nosotros somos paralíticos. En alguna parte llevamos a un minusválido. Sin embargo, antes de profundizar en este tema, veremos que, en el capítulo precedente, «La segunda señal de Caná», el Cristo comienza a hablar de la fe.

Cuando no tenemos fe, nos decimos «Cada individuo es un ser inútil y sin finalidad, que morirá ignorante. Venimos al mundo por azar. El milagro no existe. Estamos aquí porque estamos aquí y se acabó, el ser humano es un animal demencial que procrea hijos sin saber por qué, por mero deseo de perduración. La sexualidad es una trampa de la naturaleza que se quiere reproducir: ha dotado a esta trampa de placer para que caigamos en ella y nos reproduzcamos. Se nos explota hasta la muerte para que alguien se enriquezca, y eso es todo. Lo único que cuenta es vivir bien y tener mucho dinero. Basta hacerse millonario, ser popular, tener un "nombre", cumplir todos mis caprichos: he aquí lo único que cuenta. Nada existe sino el bien material».

Nos decimos «La libertad es una quimera. En el fondo, soy controlado. No puedo viajar sin pasaporte. Se me dice todo lo que debo hacer. Se me obliga a cumplir leyes injustas. No soy libre en absoluto. Todo lo determina el Estado. La fe es una necedad. ¿Qué soy en todo esto? Un miserable gusano. Es evidente».

Y nos decimos también «Vivimos en un diminuto planeta que gira alrededor de un sol diminuto que no tendrá una vida muy larga. En la galaxia ¡no somos nada!».

Y continuamos «¿Cómo, entre millones y millones de seres

humanos, la divinidad va a pensar en mí? ¡Hay que ser completamente megalómano para orar y pensar que vamos a ser escuchados! ¿Y escuchar qué? ¿Quién soy? ¿Quién es el que pregunta? Si me cortas en pedazos, ¿qué queda? ¿Dónde estoy? Cuando trato de verme para saber dónde estoy, no me veo: veo que me veo. Si intento entonces ponerme en el lugar del que ve, veo que me veo viéndome, y si insisto, veo que me veo que me veo viéndome. *¿Dónde estoy?* En ninguna parte. *¿Qué soy?*».

Y podemos seguir y seguir «Ni siquiera puedo estar seguro de comprender lo que pienso, porque no soy yo quien piensa, es el inconsciente. No soy amo de mis pensamientos. Es el inconsciente el que me hace pensar. Estoy por completo controlado por esta cosa extraña a la que llaman inconsciente, o por la economía, o la publicidad...».

O derivar hacia esto: «También me doy cuenta de que no se ama. Cuando estudiamos el árbol genealógico, nos percatamos de que alguien se enamora de un apellido, de una profesión, de una proyección de su madre... Además, no existe ningún verdadero progenitor adulto ni un Padre ni una Madre, ¡en ninguna parte! Todos somos niños».

Y sobre todo pensamos «Por lo demás, no quiero morir. ¡Quiero la eternidad! ¡Claro que sí! ¿Por qué voy a aceptar la muerte? ¡Quiero ser eterno tal como soy! No, no como soy. Tal vez más joven, con los cabellos rubios, y más musculoso, con un sexo más grande: más potente. ¿Y qué más? Mucho más bello, claro está. Tal como soy pero con una nariz un poco menos larga y dientes en perfecta salud. Sí, así sería perfecto».

Y podemos continuar así: «Entonces, ¿qué es lo que quiero conservar eternamente? ¿Mis sentimientos? No, no deseo eternizarlos porque mi corazón me hace daño. ¿Mis deseos? Todavía menos: me perturban, estoy harto de mis deseos. ¿Mis pensamientos? ¿Son tan geniales? La elección, pues, se advierte difícil. Cuanto más pienso en ella, más se restringe. En realidad no vale la pena que nadie sea eterno, porque nadie es perfecto. Sólo la divinidad lo tendría todo. ¡Ah, si yo fuera Dios! ¡Quiero serlo! ¡Por supuesto, ésa es la respuesta, ser eternamente Dios!».

Entonces nuestros pensamientos cambiarían de rumbo: «Pero si soy Dios, ¡qué porvenir! ¡Totalmente solo por toda la eternidad! ¡Insoportable! En el fondo, no quiero ser eterno. Es una ambición sin interés. Lo que quiero es estar alegre, aquí, ahora. En verdad, el único estado deseable es estar aquí, en plena felicidad, y tener fe, la fe total. Es todo. Lo único fundamental para un ser humano es tener fe. Pero ¿qué es la fe? Es saber que en mí hay un Dios que me comunica con la eternidad, que existe algo eterno y que todos estos sueños ideales son verdaderos».

Entonces nos centraremos en una cuestión: «Pero ¿cómo realizar la fe? ¿Cómo darme cuenta de que en mí hay algo mágico, un poder inconmensurable, de que tengo la facultad de recrearme, la posibilidad de ser visto y escuchado todo el tiempo, de que he sido creado para una finalidad concreta, de que cumplo un maravilloso destino cósmico y de que, en alguna parte de mí, un día gozaré por entero de este universo que está espléndidamente hecho? Tener la fe es saber que en alguna parte estamos por completo inscritos en el tiempo, que eternamente formaremos parte de la conciencia, que somos conciencia, que somos el Espíritu Santo... todos nosotros.

Y concluiremos: «Entonces vale la pena. Yo solo, ¡no! Todos juntos, ésa es la maravilla. Ver a toda la humanidad, a los que han muerto, a los que están vivos y a los que han de nacer, todos juntos en un Dios colectivo. Ésa es la hermosura. Entrar en la divinidad y disolverse en ella. ¿Acaso ya estamos realizándolo? En alguna parte nuestra, ya estamos disueltos en la divinidad. En alguna parte, ya estamos cumpliendo la toma de conciencia».

Los milagros

Jesús vino, pues, a Caná de Galilea, donde había hecho vino con el agua. Y había en Capernaum un oficial real cuyo hijo estaba enfermo.

Un oficial real es un militar al servicio del rey. El rey no es capaz de curar al hijo del oficial. Esto quiere decir que cuando tropiezas profundamente con tu problema interior, el poder no te ayuda: no importa cuál poder, incluso el del rey. Puedes ser oficial real, puedes tener la mejor situación posible, puedes haber solucionado el aspecto material de tu vida; pero cuando el momento crítico llega, el rey no puede hacer nada por ti. El poder no puede nada.

Llega un momento en que el poder se detiene ante la enfermedad. Ésta es, pues, la gran revolución divina. Hay que comprender que la enfermedad es divina. De un cierto modo, ella está ahí para arreglar las cosas. Es por ello que nuestra sociedad ve a la enfermedad como a monstruo.

Una persona que se crea una enfermedad psicológica o física es alguien que está revolucionando, mientras que una persona que esconde la corrupción y la muerte en su alma, sin manifestarla en una enfermedad, mantiene el peso de su error (error que actualmente nos ha conducido a lo que es evidente para todos: a la crisis, a la agonía de nuestra sociedad).

Habiendo oído que Jesús había llegado de Judea a Galilea, vino a encontrarlo y le rogó que descendiese y sanase a su hijo, que estaba a punto de morir.

En alguna parte nuestra, todos somos niños, niños que piden. Este niño que alienta en cada uno de nosotros, está enfermo, casi moribundo. En alguna parte sabemos que, para vivir, debemos curar a nuestro niño porque no ha recibido lo que merecía. Debemos darle lo que no tiene.

En realidad, este oficial va a pedir que se cure a su niño interior.

Jesús le dijo: «Si no viereis señales y prodigios, jamás creeréis».

Es su primera respuesta, «Vosotros exigís milagros para creer».

Pedimos un milagro para tener fe, cuando la condición sine qua non para experimentar un milagro es tener fe. Resulta paradójico: tener la vida eterna equivale a alcanzar un estado de conciencia que presupone la muerte del ego.

La persona que llega a tal estado de conciencia se transforma durante su búsqueda. En cierta forma, deja un cadáver tras de sí puesto que no es la misma que era al principio de su camino. En alguna medida, iluminarse es morir. Ahora bien, se busca la iluminación justamente para no morir.

Así pues, el oficial dice «Hazme un milagro y creeré en ti» y Cristo le responde «¿Cómo puedo hacer un milagro si no tienes fe?». Antes, hay que buscar la fe interior.

El oficial real le dijo: «Señor, desciende antes que mi hijo muera».

Ahí, cuando reitera su petición, el oficial cree. La primera vez, el Evangelio dice «Le rogó que descendiese y sanase a su hijo, que estaba a punto de morir», y Jesús responde «Quieres señales y milagros para creer». La segunda vez, el oficial dice «Señor, desciende antes que mi hijo muera».

Jesús le dijo: «Ve, tu hijo vive».

Es muy sutil. El matiz puede pasar desapercibido, pero he aquí un *koan* zen, una adivinanza sagrada que puede aclararlo:
Un maestro zen va a ver a sus discípulos, que están meditando en sus respectivas celdas. Abre la puerta de la primera celda. Un discípulo sale y levanta una lámpara ante su rostro. El Maestro lo saluda y después se dirige hacia la segunda celda. Abre la puerta. Otro discípulo sale y levanta su lámpara como el discípulo precedente, pero en lugar de saludarlo el Maestro le da una bofetada.
Éste es el *koan*. ¿Cómo interpretarlo? Vemos a dos personas que trabajan. Ambas son parecidas y, sin embargo, ¡el Maestro felicita a uno y da una bofetada al otro! Esto sin duda parece misterioso. Podemos decirnos «¡El Maestro está loco!». Pero no, no lo está. El primer discípulo, lleno de fe y devoción, levanta su lámpara significando «Mi trabajo está hecho». El Maestro capta esto y lo saluda: «Has hecho bien tu trabajo». El otro hace el mismo gesto pero no lo siente, su espíritu no ha encontrado aún la devoción, y el Maestro le da una bofetada.
He aquí otro ejemplo:

–¿Te soy útil? –preguntas a una persona.
–¡Oh, sí, me eres muy útil!
–En ese caso, agradécemelo. ¡Dime «gracias»!
–Gracias.
–Tu «gracias» no es verdadero.
–¡Gracias!
–Todavía no es verdadero. No me lo agradeces. Tu agradecimiento proviene del intelecto. Debe provenir de todo tu ser: tu intelecto, tu corazón, tu sexo, tu hígado, tu páncreas, tu bazo, todas tus células. Quiero que me digas «gracias», que reconozcas lo que te he dado. No para darme placer o porque yo anhele ser reconocido. Quiero que lo reconozcas para *ti*, porque si lo reconoces y me dices verdaderamente «gracias», te harás bien a ti mismo. Por el contrario, si dices «gracias» con tu intelecto, olvidarás. Hay que saber agradecer completamente, celularmente, para que la cosa actúe sobre ti.

Cuando el oficial reitera su petición, dice al Cristo «Desciende antes de que mi hijo muera». Ahí vemos que lo dice con fe y que cree profundamente en el hecho de que Jesús puede curar al muchacho. En ese momento, Cristo le dice:

«Ve, tu hijo vive». Y el hombre creyó la palabra que Jesús le dijo, y se fue. Cuando ya él descendía, sus sirvientes salieron a recibirlo, y le dieron nuevas, diciendo: «Tu hijo vive». Entonces él les preguntó a qué hora había comenzado a estar mejor. Y le dijeron: «Ayer a la séptima hora dejó la fiebre».

Esto significa que el hombre caminó una jornada entera.

El padre entonces entendió que aquella era la hora en que Jesús le había, dicho: «Tu hijo vive».

Le dice «Ve, tu hijo vive», ¡y el hombre se va! Tiene fe. Desciende una jornada completa. Su hijo se encuentra, pues, lejos. Ha ido a buscar a Jesús desde una gran distancia para llevarlo a curar a su hijo. Este oficial real, que tenía una situación opulenta, se dio el trabajo de ir a buscar a una persona que estaba lejos. Esta persona le dijo «No necesito trasladarme hasta la cabecera de tu hijo. A través de ti, puedo operar sobre los seres a distancia». Confiado, el oficial regresa a casa y los sirvientes vienen a su encuentro para anunciarle que su hijo vive. Vive porque aquél ha tenido la fe y ha creído.

Nuestros problemas psicológicos existen por falta de fe. Tú te persuades de que el otro no te ama y, en tanto crees que no lo hace, te convences de que te miente, de que nada de lo que te dice es sincero. Procuras entonces que tu certeza se haga realidad y, para ello, haces todo para que el otro se desinterese de ti y te abandone. Provocas un drama enorme para no ser amado... ¡por falta de fe!

A la inversa, si tengo fe, ¿qué hago? Me digo «¡Estoy bien con este ser! Es un placer momentáneo. No pido que me dé ni una hora de más, ni algunos días. No pido nada. ¡Y en efecto estoy bien!».

Y me digo también «Si el otro no me ve, es porque no me puede ver. Si me ve, es porque puede hacerlo. Si trabaja conmigo es porque me ama. Si no trabaja a mi lado es porque no le interesa. Es la vida, son las circunstancias. No pido nada. Estoy contento».

O bien «Estudio, estudio, estudio... Pienso, cavilo, medito... Estoy íntimamente persuadido de que llegaré a hacer lo que quiero. ¡Sé que lo haré!».

La base es la fe. Sé que un día llegaremos a curar por medio de los milagros. Todos podemos hacer milagros a condición de que nos propongamos el concepto.

Es decir que en un momento dado, podemos actuar sobre el otro y sobrepasar su muro. Sin embargo, para hacerlo debemos sobrepasar nuestro propio muro. El problema no es tirar el muro del otro sino tirar el nuestro.

Desde entonces creyó él con toda la gente de su casa.

Es decir que a partir del momento en que una persona cree, no es la única en creer: muchas otras creerán con ella.

Si das una semilla a alguien y ella brota, no has embellecido únicamente la vida de una persona, sino la de todos aquellos que la rodean. Jamás se hace bien a una sola persona, sino a numerosas: a toda la gente de un hogar.

Lo mismo en tu interior. A partir del momento en que despiertas intelectualmente, despertarás emocional, instintiva y corporalmente. ¡Comienza tu despertar por cualquier parte de tu persona!

Curación de un paralítico en Jerusalén
(Juan 5:1-18)

Después de estas cosas había una fiesta de los judíos, y subió Jesús a Jerusalén.

Esta frase es bella. Jesús llega cuando hay una fiesta. La ocasión en que expulsa a los mercaderes del templo, era la fiesta de la Pascua. Más tarde, hace su primer milagro en el transcurso de una boda. Siempre se presenta cuando se realiza una festividad.

Esto significa que si no hay fiesta, la toma de conciencia, el estado de iluminación no puede llegar. Si quieres recibir a Dios en ti, si quieres alcanzar tu iluminación, haz una fiesta en tu interior. Comienza por sentir tus núcleos de sufrimiento y por disolverlos. Ahí donde hay sufrimiento, no hay conciencia. Ahí donde está la conciencia, no está el sufrimiento.

El dolor puede existir en una afección de los dientes o de otra parte del cuerpo, pero no el sufrimiento. Hay una diferencia. Cuando resiento dolor en un lugar cualquiera de mi cuerpo, ese dolor permanece localizado. Por el contrario, cuando resiento sufrimiento, éste invade todo mi cuerpo, mi espíritu, mi corazón, mi deseo, mi memoria: invade mi mundo, mi universo entero.

Todas esas personas que lloran a un ser después de mucho tiempo de que éste ha desaparecido, están en el sufrimiento y no en el dolor. Esto quiere decir que tienen un enorme complejo de culpabilidad y no lo dejan disolverse. En un momento dado, hay que enterrar al muerto. Si no lo hacemos, estamos en la falta de conciencia.

Con la muerte de Deshimaru, aprendí que cuando un

maestro zen muere, se le rinde un duelo de cuarenta y nueve días, y en seguida cesan los lamentos. El Maestro es, por supuesto, eterno, pero al cabo de un cierto tiempo, uno se desata, se desapega. Es bueno estar noches y días velando su memoria, pero después de cuarenta y nueve días, eso se vuelve esclavitud. Hay que vivir. El que continúa sufriendo, es que no ha despertado.

Jesús llega, pues, en ocasión de una fiesta. Y conviene subrayarlo: donde él se encuentra, es siempre fiesta.

Y hay en Jerusalén, cerca de la puerta de las ovejas, una piscina llamada en hebreo Béthzata [Betesda], la cual tiene cinco pórticos.

Imaginemos una piscina con cinco pórticos. Esto simboliza a los cuatro egos: el corporal, el instintivo, el emocional, el intelectual..., y la quinta esencia.

En éstos yacía una multitud de enfermos, ciegos, cojos, impotentes...

Estar enfermo es no vivir tu Dios interior. No conocerlo es la fuente de las enfermedades.
Estar ciego es no ver tu propia verdad.
Estar cojo es tener inmóvil o bien el lado macho o bien el lado hembra. Sea lo que sea, esta persona no es un andrógino.
Un impotente es alguien que no puede trabajar sobre sí mismo para encontrar su centro: no puede centrarse y espera que otro venga a centrarlo. Ser impotente es esperar que el otro te dé lo que tú podrías darte a ti mismo.

...ciegos, cojos, impotentes, que esperaban el movimiento del agua, porque de tiempo en tiempo un Ángel del Señor descendía a la piscina, y agitaba el agua; y el que primero descendía a la piscina después del movimiento del agua, quedaba sano de cualquier enfermedad que tuviera.

Todos esperan la curación. ¿Por qué están enfermos? ¿Se lo preguntan ellos mismos?
Imaginemos la escena: esta multitud está al borde de la pis-

cina. De golpe el ángel desciende y toca el agua; ésta se agita y todo el mundo se lanza ahí abriéndose paso a codazos. El primero en tocar el agua está curado y se regocija mientras los otros, todos los demás, lo miran despechados y celosos. Una inmensa multitud y uno solo curado. Uno solo curado… siempre que la multitud exacerbada lo deje llegar al agua. Así, compitiendo, creo que ninguno pudo sanar.

Y había ahí un hombre que hacía treinta y ocho años que estaba enfermo.

Ese hombre estaba paralizado desde hacía treinta y ocho años y, después de todo ese tiempo, esperaba mientras los otros, enfermos, cojos, ciegos, etcétera, corrían hacia el agua sin preocuparse de nada. Y este hombre, viendo desfilar a todos, no podía aproximarse ni un centímetro al agua. Ninguna piedad: el increíble egoísmo de estos enfermos. Cada quien para sí. Los paralíticos clavados lejos del agua haciendo la alegría de los otros enfermos: unos cuantos rivales menos. Los ciegos, no más agraciados, corren en todos sentidos mientras que los cojos más belicosos tienen una oportunidad de llegar… pero tropiezan y caen. Cada enfermo, aprovechando las magras ventajas que sobre los otros le proporciona su enfermedad, trata de avanzar a patadas, mordiscos, golpeando con los muñones, con las muletas, lleno de angustia…

Nuestro paralítico, impotente, había vivido esta escena durante treinta y ocho años sin que nadie le prestara ayuda aproximándolo al agua. ¿No había ahí un sacerdote, uno de esos que leían los libros, el Deuteronomio y otros, que le dijera «¡Pobre mío! Yo estaré a tu lado porque tú no puedes moverte, y el día en que el agua se agite, yo te depositaré»? Desde luego que no. Cada quien no pensaba más que en sí mismo, porque un enfermo no piensa sino en él y jamás se mete en la piel de otro.

Cada uno de nosotros es un cojo, un ciego, un baldado. A nuestro alrededor, también, tenemos a todos esos personajes que no piensan más que en sí mismos. Tenemos al paralítico ahí, y nadie va hacia él. Treinta y ocho años hace que este hombre espera, y nadie se pone en su lugar.

La enfermedad no está sino en nosotros mismos, en nuestro

ego, esperando que un ángel venga del cielo a agitar el agua milagrosa.

No hacen su trabajo personal y están enfermos. ¿Por qué? Porque pecan. ¿Cuál es su pecado? No tener fe. No hacer el trabajo interior. Hemos venido aquí a vivir en la plenitud y si una persona no vive en tal estado, peca. Pecar es darse todas las excusas posibles para ser un enfermo al borde de la piscina que dice «Es porque estoy enfermo que los otros llegan antes que yo. Sin embargo, espero el día en que tenga bastante fuerza para poder excluir a todo el mundo. Ese día no les haré ningún regalo. Ganaré mi lugar a patadas y a mordiscos como los otros. Dejaré a los paralíticos en el exterior y seré el primero en tocar el agua».

Jesús lo vio acostado...

En treinta y ocho años, Cristo es el primero en verlo acostado. Él es el primero porque si otra persona lo hubiera visto, lo habría llevado al agua.

Jesús lo vio acostado y supo que llevaba mucho tiempo así, y le dijo...

No le pregunta nada. Lo ve y evalúa su discapacidad: paralítico después de muchos años.

Ahora, en tu toma de conciencia, ¡imita al Cristo! ¡Obsérvate! ¡Evalúa! ¿Después de cuántos años aceptas ser paralítico, clavado al borde de la realización, de la fuente, de ti mismo? ¿Después de cuántos años hay algo paralizado en ti que te impide llegar al agua de la piscina, a esta agua eterna que el ángel toca, que toca el Espíritu Santo, es decir, la conciencia cósmica? ¿Desde hace cuántos años no te realizas y qué es lo que no realizas? ¿Qué parte de ti está paralítica y cómo la ayudas a levantarse y a sanar?

Te lo pregunto porque veo la enorme parte paralizada en mí. Si puedo reconocer esta parte mía, asimismo debes poder reconocer la tuya. ¡Hagamos un cambio! Yo te daré mi paralítico y tú me darás el tuyo. De esta manera los curaremos: al mostrárnoslos.

¿Qué es lo inmóvil en ti? En tu creatividad, por ejemplo, ¿qué has hecho? Si está paralizada, evalúala. ¿Dónde estás con tu creatividad sexual, emocional, intelectual, corporal, artística, económica?

Debemos arrastrar a nuestro paralítico, no dejarlo acostado. Hay que levantarlo y llevarlo al agua. Así realizamos las cosas. Por el contrario, si permaneces impotente ante tu paralítico, si le tienes piedad y lo miras sin hacer nada, jamás llegará al agua.

...y supo que llevaba mucho tiempo así, y le dijo: «¿Quieres sanar?».

Esta pregunta es formidable y, de hecho, en ella radica la clave no sólo para cualquier enfermo sino para todo terapeuta. Tú te quejas de estar enfermo, pero *¿quieres sanar?* Pienso que no. Estás enfermo porque no quieres hacer frente al problema que escondes. Si sanaras, estarías de nuevo ante tu problema. Te hallas en estado de parálisis porque te conviene, porque no quieres enfrentarlo.

Decídete: ¿quieres sanar o no? Todo el problema radica ahí. Si no quieres curarte, nadie en el mundo podrá hacerlo: podrás consultar a todos los médicos posibles y no sanarás.

El enfermo le respondió: «Señor, no tengo quien me meta en la piscina en el momento en que el agua comienza a agitarse; y entre tanto que yo voy, otro desciende antes que yo».

Le está diciendo «Mi Dios, no tengo a nadie, nadie me ama». Esta respuesta es esencial. «¿Por qué estás enfermo? ¿Por qué estás paralizado?» «Señor, no tengo a nadie.»

El agua se agita. La vida está ahí y tú no tienes a nadie que te lleve al agua. ¿Por qué no vas por ti mismo? ¿Hasta cuándo vas a pedir? «¡Qué papá y mamá me alimenten!» ¡Sepárate de tu padre! ¡Distánciate de tu madre! ¡Córtate de tus abuelos, de tus amigos, de la sociedad! ¡Desidentifícate de tu nombre, de tu cara, de tu sexo, de tu edad! ¡No pidas que te ayuden! ¡Ve tú mismo al agua sin ninguna ayuda!

Jesús le dijo: «Levántate, toma tu jergón y anda».

¿Quieres sanar? ¡Toma tu lecho y anda! Si quieres levantarte, ¡eres más poderoso que el ángel, que el agua, que todos los símbolos! Esto depende de tu voluntad, y por tanto ¡desarróllala! ¡Anda!

Y al instante aquel hombre fue sanado, y tomó su jergón, y anduvo. Y aquel día era un día de sabbat.

El sabbat, día sábado, es sagrado para los judíos. Durante esa jornada no tienen derecho a trabajar, no pueden hacer ningún esfuerzo físico. Es durante un sabbat que el paralítico es curado y abandona la piscina con su jergón bajo el brazo.

Entonces los judíos dijeron a aquel que había sido sanado...

En vez de maravillarse ante el milagro, los judíos lo ven pasar con su jergón y se enojan por verlo trabajar. Le dicen:

«Es el sabbat; no te está permitido llevar tu jergón». Pero él les respondió: «El que me sanó, él mismo me dijo: "Toma tu jergón y anda"». Entonces le preguntaron: «¿Quién es el que te dijo: "Toma tu jergón y anda"?». Y el que había sido sanado no sabía quién fuese, porque Jesús se había apartado de la gente que estaba en aquel lugar.

¡Este hombre no sabía quién lo había sanado! ¡Qué enorme egoísmo! Si no sabe quién lo ha curado, está todavía enfermo. No sabe decir «gracias». No sabe reconocer a aquel que le ha permitido caminar. No sabe reconocer a su Dios interior, pues es Éste quien lo ha curado.

Tú llevas a quien te cura de tu parálisis. Hace falta que lo reconozcas. Mientras no hayas reconocido tu poder interior, vas a negar al que te ha sanado. No creerás. No lo definirás. No lo verás.

Piensa en todas esas personas que van a verte cuando sufren. Te llaman, te consultan, te piden ayuda, y desde el momento en que se sienten un poco mejor, no te envían ni siquiera una flor. Desaparecen. Cuando, en seguida, enferman de nuevo, pedirán a algún otro que las cure porque tú has «fallado». Esto quiere decir que, en nuestro egoísmo, no vemos a quien nos hace sanar.

Más tarde lo halló Jesús en el templo...

¿Dónde queremos que esté Jesús sino en el templo? Es ahí donde va a reencontrar a este hombre.
¿Dónde está el templo? Es tu cuerpo. Cuando expulsa a los mercaderes, Cristo les dice «Destruid este templo, y en tres días lo levantaré» y el Evangelio precisa «Mas Él hablaba del templo de su cuerpo». Se levanta de la tumba al cabo de tres días; resucita a Lázaro después de tres días. «Porque como estuvo Jonás sepultado en el vientre de la ballena tres días y tres noches, así estará el Hijo del Hombre en el corazón de la tierra tres días y tres noches» (Mateo 12:40).

Cuando el paralítico camina, Jesús lo reencuentra en el templo, es decir en su cuerpo. Ahí le hablará de nuevo. Le dará una nueva oportunidad. Es decir que sólo la mitad del trabajo está realizada porque este hombre es un egoísta.

Más tarde lo halló Jesús en el templo, y le dijo: «Mira, has sido sanado; no peques más, para que no te venga alguna cosa peor».

Ahí el Cristo establece muy claramente la relación entre el espíritu y la enfermedad. Las personas están enfermas porque pecan. He dicho antes en qué consiste el pecado: es no tomar conciencia, no vivir en la plenitud. Estar en la plenitud es estar lleno de amor y de bondad.

Mientras no vivimos como un templo lleno de amor y bondad, y mientras no amamos a las cosas, éstas no son bellas.
Mientras no ames a tu casa, ésta es como una prisión. En la medida en que comienzas a amarla, se vuelve más y más agradable. Más la amas, más la arreglas: se transforma en un palacio, en un templo.

«...no peques más, para que no te venga alguna cosa peor.»

«¡Realízate! Antes estabas paralizado pero ahora, si no te realizas, te vas a destruir. Pon atención, porque has tomado un poco de conciencia. Sabes que soy. Tú no eres, pues, cualquier cosa. ¡Pon atención! ¡No retrocedas!»

Así pues, cuando una persona se cura, experimenta bienestar, pero no por ello su curación ha terminado.

El hombre fue a contar a los judíos que Jesús era el que lo había sanado.

Después de haberlo visto e identificado, ¡va a acusarlo! Antes no sabía quién era pero, en cuanto lo sabe, lo denuncia. De hecho, este hombre odia a Cristo por haberlo curado.

Esto quiere decir que si tú sanas a una persona que no quiere curarse, te detestará. Comenzará a luchar contra ti y a imponer toda clase de resistencias. Hará una toma de conciencia que se manifestará en un progreso, y en seguida te odiará. Luchará con objeto de paralizarse de nuevo. Y como no lo logrará, y pese a todo ha hecho una toma de conciencia, te hará culpable de todas sus desgracias. En la medida en que no quería ser curada, le has hecho un mal enorme.

El paralítico había organizado su mundo: treinta y ocho años entre los otros mendigos. ¿Quién lo alimentaba? ¡Los otros! Estaba contento de su estado. Era el pequeño mendigo que no representaba ningún peligro en el momento en que el agua se agitaba. Sus límites eran una forma de vida.

Nos habituamos a nuestra enfermedad. Nos adaptamos y acomodamos tan bien en ella que, cuando alguien viene y nos trastorna, nos ofendemos y entramos en crisis.

Y por esta causa los judíos perseguían a Jesús [y procuraban matarlo], porque hacía estas cosas un día de sabbat.

¡Qué revolucionario! Cuando quiere hacer el bien, no se ocupa de saber si es un día sagrado o un día ordinario.

Cuando tú realizas la toma de conciencia, poco importan el día y el lugar. Poco importa que sea sabbat. Nada tiene mayor importancia que la toma de conciencia.

La tradición dice que Dios descansó el séptimo día, el sábado. Por eso en sabbat nadie debe trabajar. Es una ley, pero ninguna ley tiene peso ante tu toma de conciencia. Cuando la realizas, rompes todas las leyes que te impiden sanar y vivir. A partir del momento en que ves tus núcleos y ves lo que eres, comienzas a vivirte tal como eres, fuera de toda ley. La realización no tiene leyes. Es lo que está dicho en este episodio de los Evangelios.

Y Jesús les respondió: «Mi Padre hasta ahora trabaja, y yo trabajo».

Cristo está diciendo que es falso eso de que Dios descansa. Dios es *acción*. «Incluso hoy mi Padre trabaja, y yo trabajo.»
Esto quiere decir que tu Dios interior obedece al Padre, es decir al cosmos, al universo, Tu realización es una obediencia a la Ley cósmica. Porque obedeces, te realizas, actúas.

Por esto los judíos aún más procuraban matarlo, porque no sólo quebrantaba el día de sabbat, sino que también decía que Dios era su propio Padre, haciéndose igual a Dios.

Dentro de nosotros portamos algo inconcebible, inmenso; entonces, ¡dejemos de minimizarnos! ¡No nos dejemos dominar por nuestra parálisis! ¡Aceptemos sanar! ¡Reconozcamos a nuestro Dios interior! ¡Déjemoslo actuar! ¡Dejemos el odio de lado!
No hace falta odiar al que te cura. Eres tú quien lo hace. Si el otro te ayuda a realizar una toma de conciencia, ¡deja de odiarlo! Tu odio es tu defensa. Mientras más te hace el otro tomar conciencia, más lo detestas. ¡Reconoce que debes levantarte y andar! Tú prefieres quedarte en tu enfermedad porque es más confortable y porque tienes miedo de la vida. ¡Vence ese miedo! Tu Dios interior te lo enseña paso a paso. *Él te lo enseña.*

El poder del Hijo
(Juan 5:19-30)

Jesús tomó la palabra y les dijo: «De cierto, de cierto os digo: No puede el Hijo hacer nada por sí mismo, sino lo que ve hacer al Padre; porque todo lo que el Padre hace, lo hace el Hijo igualmente».

Es decir que, en tu vida, no puedes hacer nada por ti mismo. Harás lo que tu fuerza interior te dicte. En el fondo, no haces: dejas a las cosas hacerse a través de ti. Tienes una finalidad; no la conoces y no tienes necesidad de conocerla. ¡Ten la fe de pensar que tus acciones son justas y están guiadas por el Padre!

«Porque el Padre ama al Hijo, y le muestra todas las cosas que Él hace...»

Es decir que en nuestro interior, somos amados. No busques el amor de tu padre, tu progenitor, ni el de tu madre. Al buscarlo, entras en un inútil juego simbólico. Si tus padres no te han dado lo que hacía falta, ¡déjalos atrás! ¡Avanza!

«Porque el Padre ama al Hijo, y le muestra todas las cosas que Él hace; y mayores obras que éstas le mostrará, de modo que vosotros os maravilléis.»

Una vez que comienzas a obedecer a tu voz interior y a hacer lo que ella quiere, tu Padre interior, tu creador interior, te impulsa a hacer cosas enormes. Estás maravillado de todo lo que puedes hacer.

«Porque como el Padre levanta a los muertos, y les da vida...»

Si eres impotente, si te sientes muerto creativamente, el Padre, tu creador interior, levanta a los muertos y los hace vivir.

«...así también el Hijo da vida a los que quiere.»

Puedes hacer vivir a las cosas en ti. ¡No tengas miedo!

«Porque el Padre a nadie juzga...»

¡Detén el juicio! ¡Cesa de juzgar si quieres que el Padre se manifieste en ti! Mientras juzgues a los otros, no puedes manifestarte en tu creatividad ¡Ya no juzgues! ¡Acepta a todo el mundo porque cada persona tiene una perfección! ¡Contempla la perfección del otro! La perfección y sólo la perfección.

¡No juzgues más! Nadie te ha dañado, puesto que estás vivo Y tienes al Padre en ti.

«...sino que todo el juicio dio al Hijo, para que todos honren al Hijo como honran al Padre. El que no honra al Hijo, no honra al Padre que lo envió.»

El que no honra a su Dios interior no puede tener fe en el universo ¡Hónralo! Es lo primero que debes hacer. ¡No busques fuera lo que tienes en ti! Como dice el Tao Te King, para viajar no tienes necesidad de salir de tu casa.

«De cierto, de cierto os digo: el que oye mi palabra, y cree en El que me envió, tiene vida eterna...»

En este momento, nos habita la vida eterna. No la tenemos para nosotros; no es una joya que nos hemos apropiado. Quien se comunica con su Dios interior lleva en sí, en este momento, aquí y ahora, la vida eterna del cosmos.

Esta vida que nos habita es eterna. No hay más que la vida. Entonces ¡disuélvete en la vida y será vida eterna! Hay que comprender que debemos desprendernos del deseo de conservar el yo individual. Ser un punto de luz que entra hasta el preciso centro del laberinto.

Es únicamente entrando en éxtasis, esto es, entrando en meditación profunda, como yo toco la vida eterna. Aquí y ahora, por toda la eternidad en mí, en mi Ser esencial; por tanto, estoy en éxtasis.

«...no vendrá a juicio, mas ha pasado de la muerte a la vida.»

«De cierto, de cierto os digo: Viene la hora, y ya ha llegado...»

Es decir que aquí y ahora, es el momento. Con nuestro Dios interior, nuestra vida eterna, hemos llegado. ¡Qué placer infinito!

Cuando estuve por primera vez en París, viví en un cuarto muy modesto. En el cuarto de al lado habitaba una pareja cuyo integrante masculino había estado en un campo de concentración. Cada vez que hacía el amor con su mujer y alcanzaba el orgasmo, yo lo oía gritar algo así como «¡Dios mío, qué bueno es estar aquí y no allá!». Lo gritaba regularmente, y yo me decía «Es una lección. ¡Qué bueno es estar aquí y no en otra parte!». No me gustaría estar en ningún lado sino aquí. Es un placer inenarrable.

«...cuando los muertos oirán la voz del Hijo de Dios; y los que la oyeren vivirán.»

En cierto modo, nos concebimos como muertos. ¿Por qué? Porque no hemos escuchado a nuestro Dios eterno. A la inversa, desde que oímos a nuestra potencia, desde que reconocemos que existe un punto eterno en nosotros, que este punto no nos pertenece pero que lo portamos y que podemos disolvernos en esta inmensidad que nos habita, vivimos.

«Porque como el Padre tiene vida en Sí mismo, así también ha dado al Hijo el tener vida en Sí mismo...»

Tú posees la vida en ti mismo.

«...y también le dio autoridad de ejercer el juicio por cuanto es el Hijo del Hombre. ¡Que todo esto no os maraville! La hora viene cuando todos los que yacen en los sepulcros oirán su voz, y los que hicieron el bien, saldrán a la resurrección que lleva a la vida...»

«...los que practicaron el mal, a la resurrección que lleva al juicio.»

Los que no dieron nada y no se preocuparon sino de su bienestar –los paralíticos que no piensan más que en ellos y que jamás se ponen en el lugar del otro–, pasarán al juicio.

Es necesario comprender que nosotros mismos creamos el paraíso o el juicio, y este último se manifiesta a través de la angustia. Así pues, en ella caerán todos aquellos que no ayudaron a los otros.

«No puedo yo hacer nada por mí mismo...»

Sin fe no puedes moverte. *¿Quieres sanar?* Escucha a tu Dios interior. Desobedece a las leyes que te inmovilizan. *Levántate y anda.*

«No puedo yo hacer nada por mí mismo; según oigo, así juzgo; y mi juicio es justo, porque no busco mi propia voluntad, sino la voluntad de Aquel que me envió.»

15

Retorno ofensivo del espíritu impuro
(Mateo 12:43-45)

Es Cristo quien habla:

«Cuando el espíritu impuro sale de un hombre, anda por lugares áridos buscando reposo, mas no lo halla. Entonces se dice: "Volveré a mi casa, de donde salí". A su llegada, la halla desocupada, barrida y ordenada. Entonces va y toma consigo otros siete espíritus peores que él, y entran, y moran allí. Y el postrer estado de aquel hombre viene a ser peor que el primero. Así también acontecerá a esta mala generación».

Como ya vimos, Cristo cura al paralítico diciéndole «Toma tu jergón, y anda». No le dice «¡Camina!» sino «¡Toma tu neurosis, y camina! ¡Toma tu enfermedad, y ponte a actuar! ¡No esperes alcanzar la perfección! Tal como eres, en el estado en que te halles: ¡camina si quieres sanar! ¡Toma tu lecho de angustia, y anda! ¡Llévatelo, y con tus límites avanza!».

Con la ayuda de un terapeuta, de un amigo o de alguien que amemos, llegamos a realizar una toma de conciencia. Necesitamos entonces prestar atención, porque la partida no por ello está ganada. Tomar conciencia significa que, de súbito, el espíritu impuro sale de nosotros. Lo que sale es la vieja concepción que tenemos de nosotros mismos. Es el niño insatisfecho que arrastramos desde la infancia; esa vieja concepción de niño abandonado, de perdedor, de no ser amado, de no estar realizado. La idea de que hay que sufrir, nuestros temores, límites tensiones, frustraciones, nuestra soledad, nuestra sensibilidad herida, etcétera.

Sin embargo, de pronto realizamos una toma de conciencia y cambiamos. El espíritu impuro ha salido de nosotros.

«Cuando el espíritu impuro sale de un hombre, anda por lugares áridos buscando reposo, mas no lo halla.»

Cuando has expulsado a tu enfermedad, te encuentras vacío en lugares áridos y no hallas reposo. Es falsa la creencia de que curar procura el alivio. Esto no es cierto en absoluto.

En mis cursos de Tarot propongo actos de psicomagia a los participantes. Un acto de psicomagia es una acción simbólica que utiliza el lenguaje del inconsciente y que puede curar a quien la aplica. Ahora bien, numerosas personas a quienes he prescrito uno de esos actos, o bien han entrado en crisis y no lo realizaron, o bien han hecho lo posible por cambiarlo. La mayoría encuentra innumerables excusas para no hacer el acto o para hacerlo «aproximadamente». Regatean. Habría sido necesario hacer que estas personas firmaran un contrato precisando que realizarían el acto prescrito hasta en los menores detalles y sin omitir nada. En efecto, los individuos no quieren verdaderamente curarse. La curación los angustia.

¿Cuántas personas siguen cualquier tratamiento hasta el fin sin olvidarlo ni una sola vez? Comienzan su tratamiento, toman sus píldoras y, al cabo de quince días, lo olvidan. ¿Quién de nosotros no ha olvidado un día tomar los medicamentos prescritos? Es porque no deseamos sanar. Queremos que se nos trate, atienda, acaricie, escuche..., pero no ser curados.

Cuando esta vieja concepción de nosotros mismos sale de nuestro interior, nos encontramos en las regiones áridas. En la vida, nada tiene ya significación. En un primer momento, desde luego, nos sentimos bien. Tomamos nuestro jergón, y caminamos. Mas en seguida iremos a denunciar a Jesús ante los sacerdotes. Así sucede. Es decir que montamos en cólera contra aquel que nos sanó.

En el ámbito de la magia blanca se dice que es necesaria una enorme atención cuando curamos a una persona, porque ella no nos lo va a agradecer durante siete años y, además, los demonios que le quitamos se volverán contra nosotros.

¿Qué son los demonios?

Cuando dices «mi angustia», es como si dijeras «mi automóvil». Hablas de *tu* angustia como si se tratara de un objeto exterior a ti, del cual eres propietario. Es decir, que en alguna parte tuya no estás angustiado porque *posees* una angustia. Ésta se halla ahí, como un objeto y tú, al lado, la posees. Es *tu* angustia: tus límites, tu fracaso, tu impotencia, etcétera. Pero ¿quién posee todo eso? Hay que encontrar al que dice «tengo». Se trata de un punto en ti que no es un objeto. En el fondo, la angustia es como una especie de diablo, una creación nuestra, una marioneta en el interior de la cual vivimos.

Por lo general no vivimos en la plenitud. Deformamos nuestro cuerpo en función de viejas concepciones que nos han sido impuestas a través de varias generaciones. Se nos han transmitido estas deformaciones y nosotros las portamos: llevamos encima nuestra marioneta.

De súbito, Cristo se presenta. Arranca al espíritu impuro y te cura. Has sanado pero estás en el árido desierto. ¿Quién eres ahora? ¿Quién eres a partir del momento en que ya no padeces esa enfermedad, esa angustia, esa personalidad, ese sufrimiento y esa tristeza que antes te definían? ¿Quién eres a partir del instante en que conoces la plenitud y el placer de ti mismo? ¿Qué te queda por hacer? La vida ya no tiene significación. Ya no eres el mismo. Ese brujo te ha curado, te ha producido un cambio. Y ahora, ¿en qué te convertirás? Quien te sanó no te dio ningún estatuto privilegiado, simplemente te otorgó la curación. ¡Qué tristeza! ¿Cómo pedirás ahora que se ocupen de ti si ya no estás enfermo? ¿Qué pedirás si ya no tienes nada que pedir? ¿Cuál es tu significación ahora? La has perdido porque ella consistía en inspirar piedad y pedir que se ocuparan de ti. Ahora que no estás enfermo, ¿quién se ocupará de ti?

¡Qué angustia de ya no tener más angustia! ¡Qué horror estar contento, asumir tu vida! ¡Qué espanto haber sido curado!

«Entonces se dice: "Volveré a mi casa"...»

«Regresaré a mi vieja personalidad. Quiero reencontrar mis angustias. Ese loco no me va a sacar de mí mismo. Retorno al sitio de donde provengo.»

Salir de la picota de nuestras concepciones y frustraciones es una aventura difícil de intentar.

«Entonces se dice: "Volveré a mi casa, de donde salí". A su llegada, la halla desocupada, barrida y ordenada.»

«Desocupada, barrida y ordenada»: esto significa vacía. Todo está ahí: todo está vacío. Nada de engorro, nada de cólera, nada de tempestad. No hay nada.

Si mi hogar está vacío, no tengo ningún motivo para que el mundo se ocupe de mí. Antes yo fastidiaba a todo el mundo y todo el mundo se ocupaba de mí. Hoy, no fastidio a nadie y nadie se ocupa de mí. Nadie me ve. ¡Y qué angustioso es no ser visto!

«Entonces va y toma consigo otros siete espíritus...»

Siempre el número 7. En la Biblia este número es importante. Los chakras (centros nerviosos), son 7. El primero, llamado Muladhara, se localiza en el nivel del perineo, entre el sexo y el ano; el segundo, Svadishtana, queda en el nivel de la pelvis; el tercero, Manipura, está cerca del ombligo; el cuarto, Anahata, se ubica en el nivel del plexo solar; el quinto, Vishuda, en el nivel de la tiroides; el sexto, Ajna, en el nivel de la glándula pituitaria, entre las cejas; y el séptimo y último, Sahasrara, en la cima del cráneo.

Sentimos muy bien la existencia de estos siete centros nerviosos.

El espíritu impuro está, pues, formado por otros siete espíritus. Es decir que un espíritu negativo entra en cada uno de tus centros. En tus cimientos: tu relación con la tierra se vuelve negativa y pierdes el equilibrio. En tu sexualidad: no-realización, negación del placer, castigo, castración, neurosis. En tu centro de gravedad: tu poder de acción se hace débil; no puedes realizar ni crear. En tu garganta: la angustia se entromete; no ves nada y te cierras al mundo; tus emociones se hacen negativas, tu corazón está lleno de rencor. Tus pensamientos te quitan toda esperanza de realización. No te unes al Cosmos.

«Y el postrer estado de aquel hombre viene a ser peor que el primero.»

Tu estado se vuelve peor porque durante un momento has conocido el placer, y estableces una comparación.

Jesús alimenta a una gran multitud
(Juan 6:1-15)

El Cristo alimenta a una muchedumbre e inmediatamente después camina sobre las aguas del mar. Esto se desarrolla de la manera siguiente: en primer término tenemos una montaña, y en seguida el mar; en el mar hay olas, vientos y una pobre barca que lucha contra estos elementos.

El símbolo de la montaña es un símbolo del centro. No es por azar si, una vez que el Cristo ha subido a esta montaña, aparece de inmediato el océano y la barca que debe atravesarlo.

La montaña hace comunicarse al cielo y la tierra, pero está también dirigida hacia el interior, hacia lo más profundo de ti, hacia tu centro, hacia tu conciencia cósmica.

El océano, con su superficie tormentosa, con todos sus peligros y sus monstruos marinos, es un lugar de vida y de muerte, un símbolo del inconsciente.

No puede comprenderse la multiplicación de los panes si no se lee este episodio junto con el siguiente, en el transcurso del cual Cristo camina sobre el océano.

Después de esto, Jesús fue al otro lado del mar de Galilea, llamado todavía el de Tiberíades.

Cristo pasa a la otra ribera. Pasar de una a otra ribera significa que se va a profundizar el estudio, que uno va a cambiar de nivel de enseñanza.

Y una gran multitud lo seguía, porque las personas habían visto las señales que hacía en los enfermos.

La muchedumbre lo sigue con una finalidad completamente física: todos están enfermos.

Nosotros mismos, por lo general, oramos cuando sufrimos alguna enfermedad o cuando experimentamos necesidades. En nuestro interior tenemos una luz interna que no es nosotros. Es nuestro Dios interior. Y siempre, en nosotros tenemos una multitud compuesta por personalidades que persiguen a esta luz interna: no la buscan para obtener una curación firme y definitiva, sino para suprimir los síntomas que les impiden continuar su pequeña vida superficial. En el fondo, lo que queremos es que se nos quiten los síntomas pero no la enfermedad, porque no nos atrevemos a sanar.

Tal vez no queremos que se nos diga directamente de qué se trata porque si nos revelaran de buenas a primeras en qué consiste y qué significa nuestra enfermedad, ello nos perturbaría en gran medida, puesto que implica que debemos dejarlo todo precisamente cuando no queremos abandonar nada. Para llegar verdaderamente a nuestro centro, hay que dejarlo todo atrás: nuestras concepciones de nosotros mismos. Mientras mantenemos estas concepciones («Yo soy así, yo soy asá»), nada abandonamos. En ese caso, creo que yo soy Dios y que Dios no es yo.

Cuando hablo de Dios, hablo de la plenitud interior. Hemos insistido en que Dios está en nosotros. Está escrito en el Antiguo Testamento, en «La nueva alianza» (Jeremías 31:31-34). Por lo demás, en el capítulo de los Evangelios que estudiamos ahora, el Cristo va a citar textualmente a Jeremías. Como Cristo es Dios, cita las palabras que Él mismo había dictado numerosas generaciones atrás.

«He aquí que vienen días en los cuales concluiré con la comunidad de Israel y con la comunidad de Judá una nueva alianza. Ella será diferente de la alianza que concluí con sus padres cuando tomé su mano para sacarlos de la tierra de Egipto...»

Es decir, «El día en que Yo hacía milagros en el exterior de ellos mismos». En esa época la ley de Moisés imponía autoridad. Era la autoridad del Libro, la autoridad de los sacerdotes, la autoridad exterior.

«...porque ellos rompieron mi alianza; aunque Yo quedo como un Maestro para ellos. Pero ésta es la alianza que concluiré con la comunidad de Israel después de aquellos días: Depositaré mis directivas en el fondo de ellos mismos, inscribiéndoselas en su ser.»

Dicho claramente: «Pondré mi Ley en el fondo de su ser y la escribiré en su corazón». No se puede ser más preciso. No voy a estudiar la Ley: no tengo más que descubrirla en mi corazón. No voy a buscar a Cristo en otra parte que en mi corazón, porque la alianza se ha realizado y el Cristo va a recordárnosla.

«Y Yo seré Dios para ellos, y ellos serán un pueblo para Mí. Y no se instruirán entre compañeros, ni entre hermanos, repitiendo: "Aprende a conocer al Señor"...»

Nadie te va a enseñar quién es el Dios interior. Tú vas a buscarlo en tu corazón.

«...porque todos me conocerán, desde el más pequeño de ellos hasta el más grande. Porque perdonaré su crimen, y no hablaré más de su pecado.»

Es decir, «Inscribiré mi Ley en el corazón de cada uno y les perdonaré todo». Esta frase es indeciblemente hermosa. Dios la había pronunciado ya en Juan 1:14. Es una muestra de su infinita bondad.

«Y el Verbo se hizo carne y habitó entre nosotros. Hemos visto su gloria.»

El Verbo es la verdadera luz, la Verdad, la energía primigenia que, al venir al mundo, ilumina a todo hombre.
El Verbo está encarnado *en ti*.

«Él ha venido en su propio bien y los suyos no lo han acogido. Mas a aquellos que lo han recibido, a aquellos que creen en su Nombre, ha dado el poder de volverse niños de Dios. Éstos no han nacido del seno [materno], ni de un querer de carne, ni de un querer de hombre, sino de Dios.»

Es decir que nacer de la divinidad es conocerla en uno mismo. ¡Estamos hartos de esas personas que buscan en otro el mediador entre ellas y la ley que está escrita en sus corazones!

Y una gran multitud lo seguía, porque las personas habían visto las señales que hacía en los enfermos.

Resulta evidente que si alguien puede curarme de mi eczema, lo voy a seguir para que me alivie: puedo seguir a un boticario, a un médico, a un charlatán, a un pastor..., ¡a cualquiera, con tal de que estas perpetuas comezones se detengan!

Es por ello que Jesús subió a una montaña...

Jesús es bueno pero está harto de que lo persigan para curar síntomas.

Es por ello que Jesús subió a una montaña y se sentó allí con sus discípulos.

Es un momento en el cual vemos a Cristo fatigado. Cada vez que cura a alguien, éste se vuelve peor que antes. Cristo acaba de hacer caminar a un paralítico que lo acusó ante el tribunal de los rabinos porque lo había hecho cargar su jergón un día de sabbat, y ahora lo buscan para encarcelarlo. Reconozcamos que hay de qué estar harto. Sin embargo, Cristo continuará: posee la voluntad. No abandonará a todo ese mundo aunque pase por un momento de fatiga. Se aísla con sus discípulos subiendo la montaña. Como un modo de poner distancia entre Él y la multitud, baja los ojos. Pero muy pronto los levanta.

Cuando alzó Jesús los ojos, vio una gran multitud que venía hacia Él.

Todo el mundo está ahí: los paralíticos, los humillados, los tristes, los calumniados, los inhibidos, los frustrados... ¡Qué alegría debe experimentar Cristo cuando ve que todos han hecho el esfuerzo de subir la montaña!

Él dijo a Felipe: «¿De dónde compraremos pan para que tengan qué comer?». Pero decía esto para probarlo; porque él sabía lo que había de hacer.

Somete a Felipe a una prueba: «¿Cómo alimentaremos a esta multitud?». Los discípulos eran pobres y esto les representaba un problema. Es, entonces, una historia de dinero. Felipe contempla a la muchedumbre: ¡cinco mil personas! Se dice «¡Caramba! Lo he seguido para que me dé todas las soluciones, ¡y he aquí que ahora es Él quien me pide una! ¡Me pregunta a mí! ¡No puedo hacer descender uno a uno a todos estos ciegos, cojos y demás! ¿Qué haré?».
Ahí entra en un estado de confusión porque se da cuenta de que carece de solución.

Felipe le respondió: «Doscientos denarios de pan no bastarían para que cada uno de ellos recibiera un trozo».

Doscientos denarios equivalían aproximadamente a unos cuatrocientos dólares actuales.
Así pues, Felipe pregunta «¿Cómo alimentaremos a toda esta gente, Maestro?». Ellos son doce discípulos: podrían hacer una pequeña colecta para alimentar a cinco mil personas. Al mismo tiempo piensan «¡Oye, no vas a tomar mis ahorros! ¡Tengo algunas monedas pero aun así no te las voy a dar! Son las últimas que me quedan. ¡No te daremos todo lo que tenemos para esta pandilla de piojosos! Vinimos aquí y seguimos al Cristo para estar con Él. Somos sus discípulos. ¡No es el caso

de esta multitud de mendigos! ¿Qué vienen a hacer aquí? Yo tengo mi dinerito para comer mientras lo escucho, ¡pero no quiero dárselo a otros!».

Uno de sus discípulos, Andrés, hermano de Simón Pedro, le dijo: «Aquí está un muchacho que tiene cinco panes de cebada y dos pececillos...».

Básicamente, el muchacho tiene el alimento porque es un niño. No es ni ciego, ni cojo, ni nada de todo aquello. Es puro todavía. Posee su propio alimento: cinco panes y dos pequeños peces.

¿Cómo es que ha llevado su comida? Un niño es un ser puro: lleva su alimento espiritual para él y para nosotros.

«...mas ¿qué es esto para tantos?» Jesús dijo: «Hacedlos sentar».

Hacerlos sentar es ponerlos en postura de meditación. Quien no sabe meditar no puede encontrar su Dios interior. Probablemente, Jesús piensa «Ah, una vez más, mis discípulos me decepcionan. Una vez más, no reconocen la virtud de la repartición. Una vez más, debo enseñarles a compartir. Debo enseñarles que lo que tienen no es sólo para ellos. Sólo compartiendo lo que tienen van a multiplicarlo».

Esto me hace pensar en Pierre, un hombre que se ahorcó con ayuda de un alambre a la edad de cien años. Lo encontraron tres meses más tarde. Había estudiado durante toda su vida y no compartió nada. ¿Qué hizo de su conocimiento? ¿Qué ganó? ¿Cómo multiplicó su pan?

Si guardas todo lo que sabes para tener el poder, si no compartes, si no das lo que tienes, ¿cómo vas a multiplicar el amor del otro?

Si quieres a un ser únicamente para ti y lo ahogas porque no quieres compartirlo, ¿en qué se convertirá tu amor? Si no quieres compartir, nunca multiplicarás tus panes y tus peces. Nunca te enriquecerás.

«Hacedlos sentar.»

¡Qué hermoso es esto! Sus discípulos, que lo miran, no piensan que en esta multitud hay ancianos, niños, paralíticos, enfermos, que han escalado la montaña con fe y que están todos de pie esperando. Esos discípulos no se han preocupado de la fatiga física del otro. Cada uno se halla inmerso en su pequeño problema... y más allá, cinco mil personas de pie, sufriendo.

«Hacedlos sentar.» Y había mucha hierba en aquel lugar; y se sentaron.

¿Por qué había mucha hierba en la cima de la montaña, ahí donde generalmente no la hay? Pensemos en Atila: por donde pasaba, la hierba no volvía a crecer. Por el contrario, por donde pasa el Cristo, la hierba surge y el jardín aparece.

Así pues, desde que en ese estado el Dios interior aparece en ti, toda tu vida se vuelve un jardín, pleno de hierba. Tu casa se hace alegre. A la inversa, mientras estés cerrado, mientras quieras los cinco panes y los dos peces únicamente para ti, vivirás en el desierto como ese espíritu impuro que antes mencionamos.

«Hacedlos sentar» significa «Recibid a estas personas. Han hecho un esfuerzo. ¡Han subido la montaña! ¡Enseñadles a meditar!».

Si no escalas la montaña y permaneces abajo, el Maestro no te alimentará. Hace falta, pues, que hagas un esfuerzo para llegar a lo más profundo de ti. Debes trabajar sobre ti mismo, meditar y realizar la plegaria de corazón. Mientras no hayas aprendido a meditar y a orar, no encontrarás tu centro. Es necesario trabajar en ti mismo, ¡no pedir sin subir la montaña!

Eran cerca de cinco mil varones. Y tomó Jesús aquellos panes, y habiendo dado gracias...

¿Qué significa dar gracias? Veamos qué dicen los otros evangelistas. En su relato (Mateo 14:13-21) del mismo episodio, Mateo concluye:

Y los que comieron fueron como cinco mil hombres, sin contar las mujeres y los niños.

Poco antes escribe:

Cuando anochecía, se acercaron a Él sus discípulos, diciendo: «El lugar es desierto, y la hora ya pasada; despide a la multitud, para que vayan por las aldeas y compren de comer». Mas Jesús les dijo: «No tienen necesidad irse; dadles vosotros de comer».

Ahí resulta todavía más claro que en Juan. Al decirles «dadles vosotros de comer» Cristo los enfrenta a sí mismos. Egoístas, no saben compartir.

Continúa Mateo:

Y ellos dijeron: «No tenemos aquí sino cinco panes y dos peces». Él les dijo: «Traédmelos acá».

No olvidemos que los cinco panes y los dos peces fueron ofrecidos por un niño, es decir, la parte pura de nuestro espíritu.

Cinco panes, dos peces: de nuevo el siete. ¡Así pues, aporta tus siete chakras! ¡Ofrece tus siete elementos! ¡Otorga todo lo que tienes a tu ser esencial! Da todos tus elementos, es decir tu cuerpo, tus actividades, tu energía sexual, tu vida emocional, tu intelecto, tu conciencia. En ese momento ¿qué sucederá?

Entonces mandó a la gente recostarse sobre la hierba; y tomando los cinco panes y los dos peces, y levantando los ojos al cielo, pronunció la bendición.

Nótese bien que el texto no dice «levantó la cabeza hacia el cielo» ni tampoco «miró hacia el cielo».

Levantar los ojos hacia el cielo, sin mover la cabeza, es ponerlos casi en blanco... Poner los ojos en blanco significa apartarlos del mundo y dirigirlos hacia el interior. Cuando Jesús bendice, al mismo tiempo enseña a la multitud cómo meditar y orar. Con su gesto, les dice «Haced como yo, dirigid vuestra mirada hacia el interior de vosotros mismos, comunicaos con vuestro principio cósmico, con el Padre, y entregaos a Él. No soy yo, Jesús, quien hace el milagro: voy a compartir con vosotros lo que recibo del Padre. Si queréis obtener el verdadero alimento, recibidlo de vuestro Dios interior. Ese alimento es el Amor».

Lo que damos a los otros es el amor. No nuestro limitado amor terrestre sino el amor de Dios. Lo que damos es la esperanza de Dios y la fe en este ser cósmico. Dejamos pasar al cosmos en nosotros. Somos un canal: receptivos hacia el cielo pero activos hacia la tierra.

Cristo dirige la mirada hacia su interior y pronuncia la bendición. Es decir que deja pasar la corriente divina, el conocimiento, y no trata de firmar su obra. Tú mismo no firmas tu obra: la recibes y la entregas a medida que llega. La das a la multitud que ha subido a la montaña.

Después, partió los panes, los dio a los discípulos, y los discípulos a la multitud.

Más daba, más tenía. En tu vida te das cuenta de que a medida que das, multiplicas. Cuando guardas tus peces, se pudren; cuando conservas tus panes, se cubren de moho. Cuando no das, caes en estado de descomposición, te desecas y vas al asilo o al hospital o al cementerio.

¿Qué quieres que te den si no has dado nada y en cambio has pedido todo? Pero hay un momento en que eso se agota y la gente que te rodea no te da más porque está harta. Estamos hartos de ti. ¡Da! ¡Aplícate a dar ahora mismo! ¡En vez de pedir, conságrate a dar! ¡Comparte!

Y comieron todos, y se saciaron.

Sin duda, esto es de una enorme hermosura. Mas retornemos a la versión de Juan (6.12-15):

Y cuando se hubieron saciado, dijo a sus discípulos: «Recoged los pedazos que sobraron, para que no se pierda nada». Recogieron, pues, y llenaron doce cestas de pedazos, que de los cinco panes de cebada sobraron a los que habían comido.

Doce cestas: es muy simbólico. Equivale a decir «Tú que no podías dar la menor de tus posesiones, una vez que otorgaste, lo que cediste se multiplicó. Todo el mundo está contento y, además, recibes ahora una cesta llena de panes».

Doce cestas. *Una para cada discípulo.*

¡Qué lección! Estos apóstoles parecen payasos. Veremos que casi a lo largo de todo el Evangelio, no comprenden nada. Bien tarde lo hacen, y se vuelven formidables. Pero antes ¡cómo el Cristo ha debido soportarlos!

Viendo entonces la señal que Jesús había hecho, aquellos hombres dijeron: «Éste verdaderamente es el Profeta que había de venir al mundo».

¡Claro, ahora lo dicen porque están saciados y cada uno tiene su cena!

Pero Jesús, entendiendo que iban a venir para hacerlo rey...

Ahora que se hallan seguros de que él es el profeta, lo van a tentar: se lo llevarán para darle el poder. Lo harán gurú, papa, emperador. Le darán la corona, el cetro, la capa del poder, y luego oro e incienso. Lo encumbrarán hasta las nubes porque hace milagros, y él se hinchará como un pavo real. Su barriga crecerá, se adornará con collares de flores y dirá «Amadme, bebed de mi vino», y contoneará las caderas.

Es en ese instante cuando el Cristo dice «No».

Pero Jesús, entendiendo que iban a venir para hacerlo rey, volvió a retirarse, solo, a la montaña.

Desaparece. A los discípulos les habría gustado mucho que se hiciera rey. Habría sido un buen negocio para ellos.

Jesús camina sobre las aguas
(Mateo 14:22-23)

En seguida Jesús obligó a sus discípulos a entrar en la barca...

Los obliga: no puede estar dicho más claramente. Habrían preferido ser ministros reales, pero Jesús los obliga a retirarse.

En seguida Jesús obligó a sus discípulos a entrar en la barca e ir delante de Él a la otra ribera, entre tanto que Él despedía a la multitud. Despedida la multitud, subió a la montaña a orar aparte.

¿Qué hace apartado en la montaña? No tenía necesidad de orar al Padre porque estaba con Él. Permaneció en su centro: Él era el centro del cosmos. Tenía bastantes asuntos que arreglar ahí.

Tu Dios interior tiene muchos otros asuntos que arreglar además de tus dificultades cotidianas. Debe regular la circulación de tu sangre, la multiplicación de tus células, la consistencia de tus órganos. Vigila, por ejemplo, que tu hígado no se deforme y se convierta en un gato. Supervisa el crecimiento de tus uñas, atiende que tu dedo índice no comience a estirarse desmesuradamente o que el hueso no vaya a atravesar la piel y a extenderse hasta la calle de enfrente. Se las arregla para que a tu columna vertebral no le crezca una cola, lo que sería bastante embarazoso para ti. En verdad, tu Dios interior se ocupa de numerosos asuntos. Se aplica a crear tus sueños y dirige la fabricación de tu esperma o de tus óvulos a fin de que esto se realice en la pureza total. Lucha contra la dispersión de tu cerebro, lo que no es una faena sencilla. Tiene, pues, mucho que hacer en la montaña. Ahí, en lo oscuro, trabaja en completa soledad. No tiene por qué preocuparse de tu continua demanda de amor, ni de tu incesante petición de ser visto.

Y cuando llegó la noche estaba ahí, solo.

Es formidable estar solo. Cuando hemos dado todo lo posible, cuando hemos hecho nuestro trabajo cotidiano, en ese momento resulta extraordinario encontrarse solo porque uno se regenera.

Cristo no tiene miedo de la soledad. Nosotros sí la tememos. Estamos acompañados al menos durante el noventa por ciento del tiempo, día y noche. Y además de estar acompañados por el otro, nos acompañan nuestros sueños, nuestros deseos, nuestras preocupaciones, etcétera. Jamás nos vaciamos y nunca estamos solos. Todo el tiempo creamos a otros personajes en nuestro interior, otros arquetipos. Estamos llenos de las opiniones de otros, así como de las opiniones y críticas que tenemos sobre los otros. Estamos colmados de una multitud y jamás nos encontramos solos. Y sin embargo, hace falta estar solo, aprender a cortarse completamente como el arcano llamado El Colgado, la carta número XII del Tarot.

Y ya la barca estaba a varios cientos de metros de la tierra [...] y ella era azotada por las olas; porque el viento era contrario.

El Cristo no está con ellos y se encuentran en la barca revuelta por el viento y las olas. Estos pobres hombres temen zozobrar en la enfermedad, en la miseria, en la vejez, en la muerte.

Es el miedo cotidiano. Cuando en la mañana me levanto, el mundo me cae en las espaldas como una gigantesca tortuga y tengo miedo. Soy como el pajarito del folclore turco que suda sangre y que, boca arriba, agita las patas en el aire. Le preguntan «¿Qué haces ahí, tendido de espaldas, temblando de esa forma?», y responde «¡Sostengo el mundo!». «Estás sudando.» «Sí, sudo diez mil litros», contesta. «Exageras. No hay más que tres gotas.» «Para ti son tres gotas, ¡pero para mí son diez mil litros!»

Para mí, mi angustia equivale a diez mil litros. Cada mañana transpiro diez mil litros y sostengo al mundo porque subo a la barca sin mi Dios interno.

Cuando no tenemos Dios interior, sostenemos el mundo y estamos angustiados porque nada nos sostiene. En nuestra profundidad no hay nada que pueda sostenernos; por eso pedimos todo a los otros.

Mas hacia el final de la noche, Jesús vino a ellos andando sobre el mar.

Cristo llega a ellos hacia el alba, con el surgimiento del sol. Sobre las olas desencadenadas, la conciencia camina.

Y viéndolo andar sobre el mar, los discípulos...

¿Qué hacen? ¿Aceptan el milagro con entusiasmo? Cuando estás sacudido por las olas, es decir cuando te hallas en el sufrimiento, cuando luchas para que no te aplaste el mundo, ¿saltas de alegría cuando en ti aparecen la luz, la conciencia y la paz? No. Piensas «En el fondo, este dolor es una tontería. He sufrido como un imbécil durante cuarenta, cincuenta o sesenta años y, ahora que la luz llega, me doy cuenta de que este sufrimiento era inútil. Si hoy dejo de sufrir, significa que todo mi sufrimiento pasado era inútil y nada justo, y que incluso resulta estúpido vivir como lo he hecho. Soy pues un imbécil, pero me niego a reconocer que lo soy, porque quiero una justificación de mi sufrimiento. Que no vengan a decirme que sufrir era inútil ¡Era necesario!».

En ese momento, en el mar, los apóstoles se encuentran en tal estado de espíritu y es por ello que no reciben a Cristo con serenidad. Al contrario:

Y viéndolo andar sobre el mar, los discípulos se espantaron...

Se espantan porque camina sobre el agua. Sin embargo conocían bastante bien a Cristo, ya lo habían visto hacer milagros.

Y viéndolo andar sobre el mar, los discípulos se espantaron, diciendo: «¡Es un fantasma!».

¡Increíble! ¿Cómo Pedro, Juan y los demás discípulos pueden decir de Cristo «¡Es un fantasma!»? Esto sólo puede deberse a que en ese momento aún no habían recibido el Espíritu Santo. Eran todavía hombres inmaduros y no los Padres de la Iglesia en que se convirtieron después.

Un Padre de la Iglesia debe antes haber sido un niño y un loco. Si no errara y no pasara por todo eso, no podría llegar a serlo. Aprendiendo a caer, aprendemos a caminar de pie.

Es a partir de todos mis pecados que haré mi virtud, y de todos mis fracasos que construiré mi perfección. Triunfé en la vida porque aprendí a fracasar. Causé sufrimiento y fastidié a numerosas personas. Maté a muchas bestias. Es por ello que ahora ya no molesto a nadie y respeto la vida de los animales. Cesé de sufrir. Puedo dar porque antes no di. He realizado sucesivas tomas de conciencia. A cada ocasión, terminé llorando y vomitando al descubrir lo que era y lo que había hecho, al ver cómo herí a mi madre, viendo el odio que volqué en mi padre, los celos que tenía hacia mi hermana, el desprecio que yo alimentaba con respecto a mis tíos y tías. Me corté de mis raíces, de mi país. ¡Y todo lo que hice sufrir a mis hijos! Yo estoy en el origen de cada enfermedad que ellos tienen porque cometí errores innominables. Retrospectivamente ¡qué dolor!

...los discípulos se espantaron, diciendo: «¡Es un fantasma!». Y, de miedo, lanzaron gritos.

¿Qué tipo de gritos lanzarán al ver a un fantasma? ¿Chillidos de niños? ¿Y por qué tener miedo de un fantasma, si creían en la vida eterna? ¿Cómo es posible?

Pero en seguida Jesús les habló: «Confianza»...

«Confianza» es la primera palabra que les dirige. Es una palabra formidable. Si no tienes confianza, no amas. Todos los problemas que encontramos provienen de nuestra falta de confianza. Confianza en el otro, en nosotros, en el mundo, en todo.
¡Ten confianza! Si no la das, no sanas.
¡Ten confianza! ¡No te minimices!

«Confianza, soy yo, no temáis.»

Es decir «¡Ten confianza! Yo soy tu Dios interior. ¡No tengas miedo de Mí!».

Dirigiéndose a Él, Pedro le dijo: «Señor, si eres tú, manda que yo vaya a ti sobre las aguas».

Pedro lo pone a prueba. ¡Cuesta creerlo! Pedro, el Padre de la Iglesia, ¡duda todavía!: «Si eres tú, manda que yo vaya. Permíteme realizar el milagro y creeré en ti. ¡Dame una prueba!».

El único modo de tener fe es tenerla *sin milagro*. Si no tienes confianza no habrá milagro.

Los milagros se producen sin que los pidas, en el momento en que son necesarios.

No olvides que todo milagro es útil, o de otro modo no es milagro, sino una ilusión.

«...manda que yo vaya a ti sobre las aguas». Y Él dijo: «Ven».

Sólo dice «Ven», pero en este «Ven» Cristo le pide abandonarlo todo: «Ven. ¡Suelta! ¡Suelta tus deseos!». Pedro titubea. Tiene miedo. No quiere dejar todo aquello que lo define. Se dice «¿Los abandono o no? ¿Y si eso me deja impotente?». «¡Deshazte del odio, de todo lo que tienes en el corazón!» «Pero ¿en qué me convertiré? ¿Y si me quedo tonto? Hasta puede que muera si abandono. ¿Y si eso me mata?» «Ven.» «¡No! No me digas "ven" así! ¡Espera un poco! Puede ser peligroso. ¿Y si me hundo en el océano, si mi personalidad se disuelve? ¿O si me traga una ballena? ¡Eso podría suceder!» «Ven.» «¡Pero escucha...!» «Ven.» «¡No es posible! No puedo... Tengo miedo.» «Abandona tu miedo.» «De acuerdo, ¡abandono mi miedo!» «¡Abandona tus deseos de poder!» «Los abandono.» «¡Desindentifícate de tu cuerpo! ¡Entrégalo! ¡Está listo para morir! ¡Ven a la vida eterna!»

Y Él dijo: «Ven». Y Pedro descendió de la barca y caminó sobre las aguas para ir hacia Jesús.

Lo hace. Es el gran momento de Pedro, su momento cósmico, total. Lo abandona todo. Este pobre hombre que, apenas unos minutos atrás, gritaba aterrado creyendo ver a un fantasma, de golpe ha sentido en su interior esta comunicación con el Todo. El Cristo estaba en Pedro y Pedro se hallaba en él.

Desciende de la barca. Desciende de su espíritu racional. Ya no tiene miedo. Nada puede devorarlo. Ya no teme a la locura ni a disolverse. Puede atravesar todos sus sueños, todos sus demonios. Avanza. Surca sus deseos más profundos, los más negros. No tiene miedo. Atraviesa su cólera, sus impulsos destructivos. Avanza. Se halla en el estado del genio, del héroe, del santo.

Pero ante la violencia del viento, tuvo miedo y, comenzando a hundirse...

El viento es la locura y la cólera, a las cuales hay que enfrentar. Pedro comienza a avanzar pero la fuerza del viento se duplica y el discípulo se deja sumergir por la angustia. Pierde la fe en sí mismo.

...comenzando a hundirse, gritó: «¡Señor, sálvame!». Al momento Jesús, extendiendo la mano, lo asió...

No lo deja zozobrar en la angustia. Esto significa que nadie medita u ora solo. Únicamente puedo meditar cuando mi Dios interior es invitado. Y sólo puedo sanar cuando mi Dios interior está presente. El médico no me cura: me ayuda, me da los medios, pero ¡Tú, Dios, ayúdame a sanar! ¡Ayúdame a salir de mi locura! ¡Ayúdame a salir de mi enfermedad! ¡Ayúdame a salir de mi dolor!

Al principio, Pedro está lleno de orgullo. Desafía a Cristo al decirle «Si eres el Cristo, ¡hazme caminar sobre las aguas!». Logra caminar sobre ellas, pero de pronto tiene miedo porque cree que el milagro que está haciendo viene de un poder exterior. En seguida, cuando comienza a hundirse, pierde su orgullo y se vuelve humilde.

...Jesús, extendiendo la mano, lo asió y le dijo: «¡Hombre de poca fe! ¿Por qué dudaste?».

Cuando te colocas en la vía, no dudas. Si pretendes sanar, avanzas impecable e implacablemente. No conservas ninguna duda. Si piensas que te volverás loco, atraviesa la locura, y si crees que vas a morir, ¡atraviesa la muerte! Oras en tu interior y así encuentras la fuerza porque eres ayudado.

Y cuando ellos subieron en la barca, se calmó el viento. Entonces los que estaban en la barca se inclinaron ante Él y le dijeron: «Verdaderamente eres Hijo de Dios».

Juan relata también el episodio de la barca, pero añade un

detalle que reviste importancia. Veremos cuán sutil es. Los discípulos están, pues, en la barca, removida por el viento. Ven a Jesús aproximarse y se llenan de pavor pero él los tranquiliza. Después concluye (Juan 6:21):

> Ellos quisieron recibirlo en la barca, mas en seguida la barca tocó tierra en el lugar a donde iban.

Es hermoso. Desde que tenemos fe; desde que el milagro se realiza nos encontramos en tierra firme. El problema se ha terminado. Tocamos la costa. Entramos en la eternidad el presente.

Jesús, pan de vida
(Juan 6:22-59)

El día siguiente, la gente que estaba al otro lado del mar vio que no había habido allí más que una sola barca, y que Jesús no había acompañado a sus discípulos en su barca, sino que éstos se habían ido solos.

La multitud se aplica a buscarlo porque no ha subido a la barca. Imagino que la montaña está sobre una isla, que las personas dan vuelta a la isla y no lo encuentran.

Pero, provenientes de Tiberíades, otras barcas habían arribado junto al lugar donde habían comido el pan después de que el Señor hubo dado gracias.

Es normal: si alimentas a una persona, y con más razón a cuatro o cinco mil, de inmediato cincuenta millones de seres dejan de trabajar y van a pedirte alimento. Te transformas en filántropo universal y el mundo entero cesa de trabajar y se deja alimentar por ti.

Es por esta razón que, si un Maestro fuera tentado por el diablo y dijera «Venid a mí, ¡yo solucionaré todos vuestros problemas!», rápidamente quinientos millones de personas lo seguirían. Pocos son quienes quieren tomarse la molestia de darse el trabajo por ellos mismos, y si alguien les propusiera hacerlo en su lugar, estarían encantados. Y si fuera gratuito, todavía más.

Cuando la multitud vio que ni Jesús ni sus discípulos estaban ahí, las personas subieron en las barcas y fueron a Capernaum, buscando a Jesús.

Todos quieren comer gratuitamente. Son los «gorrones».

Y cuando lo encontraron al otro lado del mar, le dijeron: «Rabí, ¿cuándo llegaste acá?».

De seguro que se dicen «¡Milagro! ¡Milagro! Es un mago. Puede dar saltos en el espacio-tiempo».

Jesús les respondió: «De cierto, de cierto os digo que me buscáis, no porque habéis visto las señales, sino porque comisteis el pan y os saciasteis».

¡Qué dolor para Jesús! Se ha dado un trabajo loco y no ha logrado convencer ni a una docena de personas. Las cincuenta mil que están ahí no han comprendido nada y no quieren sino llenarse el vientre.

«...sino porque comisteis el pan y os saciasteis. Debéis poneros a la obra, no para obtener esta comida que perece, sino la comida que permanece en la vida eterna...»

Es decir, «¡Deja de buscar satisfacciones por todas partes y todo el tiempo! ¡Sobrepasa tus frustraciones sexuales! ¡Sobrepasa tus conflictos emocionales, así como tus complejos de inferioridad! ¡Déjalos atrás de una vez por todas y aclara tus pulsiones! ¡Realiza lo que has de realizar!».

Y además, «Cuando estás reprimido, reprimes al otro. Quieres que él viva en función de tus inhibiciones. Eres una trampa para tus semejantes».

«Debéis poneros a la obra, no para obtener esta comida que perece, sino la comida que permanece en vida eterna, ésa que el Hijo del Hombre os dará...»

Existe un alimento inconmensurable que permanece en la vida eterna: está en el corazón.

«Debéis poneros a la obra, no para obtener esta comida que perece, sino la comida que permanece en vida eterna, ésa que el Hijo del Hombre os dará; porque es a Éste que el Padre, que es Dios, ha marcado con su sello.»

Hemos dicho que la Ley divina está impresa en el corazón. Puesto que esta Ley es eterna, tú llevas lo eterno. Creas o no, ¡ten confianza! No para obtener la vida eterna sino porque lo eterno está en ti. Es muy distinto.
Cuando te das cuenta de que lo eterno se encuentra en ti, las cosas que te llegan se vuelven mensajes con los cuales debes trabajar. ¡Sube la montaña! ¡Ten confianza! ¡No te duermas! ¡Deja de inhibir a las personas con tus propias frustraciones! ¡Despréndete del dolor!

Entonces le dijeron: «¿Qué nos falta hacer para trabajar en las obras de Dios?».

O sea «¿Hace falta que dejemos de tener hambre?».

Jesús les respondió: «Ésta es la obra de Dios, que creáis en Aquel que Él ha enviado».

Tú eres tu propio padre, tu propia madre, y eres el hijo. ¡Ten fe en ti y eso es todo! *¡Tente confianza!*

Ellos replicaron: «¿Pero tú qué señal, pues, haces, para que veamos, y te creamos?»...

Por enésima vez, ¡dame un signo! Dios interior, si existes, ¡permíteme realizar un milagro para que crea en ti! ¡Hazme curar a alguien! ¡Dame un don de adivinación! Dime que el presidente de un país cualquiera va a ser asesinado en los próximos seis días para que lo pueda anunciar y así reconozcan mi milagro.

«...¿qué señal, pues, haces, para que veamos, y Te creamos? ¿Cuál es Tu obra? En el desierto, nuestros padres comieron el maná, así como está escrito: "Les dio a comer un pan que viene del cielo".»

¡Haz un milagro! Danos a comer un pan que viene del cielo. Llena nuestras bolsas de dinero.

Pero Jesús les dijo: «De cierto, de cierto os digo: No fue Moisés quien os dio el pan del cielo, sino es mi Padre quien os da el verdadero pan del cielo».

El verdadero pan del cielo es estar vivo, aquí y ahora. Es la vida y, en este mismo momento, tú la tienes. No has venido al mundo: has sido producido por él. Eres llamado por el mundo. Tienes tu pan. ¡Cómelo!

«...es mi Padre quien os da el verdadero pan del cielo. Porque el pan de Dios es aquel que desciende del cielo y da vida al mundo.»

Resulta muy claro: somos el pan de Dios, el pan que viene del cielo. Somos el maná. No hay que esperar a que se nos dé: está en nosotros.

Le dijeron: «Señor, ¡danos siempre este pan!». Jesús les dijo: «Yo soy el pan de vida...».

Yo soy el pan de vida. Además de mí, nadie puede darme el pan. Para mí, nadie es mejor que yo, nadie tiene más la verdad que yo. Pueden guiarme a mi verdad, darme lecciones para que despierte a mi Cristo interior y me vuelva un Maestro, pero soy –y seré siempre– el pan de vida.

En tu interior tienes tu propio pan. Cómelo y colabora con el otro.

«...el que viene a Mí, nunca tendrá hambre; y el que cree en Mí, no tendrá sed jamás.»

Tú tienes todo el pan y el agua que te hacen falta para saciar tu hambre y tu sed. Tienes todas las respuestas.

«Mas os lo he dicho: habéis visto y sin embargo no creéis.»

Es decir, «A todos vosotros os falta la confianza».

«Todo lo que el Padre me da, vendrá a Mí; y el que a Mí viene, no lo echaré fuera.»

Toda persona que va a meditar y a buscarse, se encontrará. ¡Date el trabajo, y te encontrarás! No trabajes ni tengas confianza en ti, y no te encontrarás.

«...no lo echaré fuera. Porque he descendido del cielo, no para hacer mi voluntad, sino la voluntad de Aquel que Me envió.»

En mi interior, no tengo voluntad. No hago mi voluntad. Es lo mismo cuando tú te buscas. No trates de ser guiado por una voluntad personal. ¡Confíate a la voluntad cósmica! ¡Ten confianza! Cúmplete, ése es tu deber.

«Y ésta es la voluntad de Aquel que me envió: Que no pierda yo nada de todo lo que diere...»

La voluntad del cosmos equivale a que cada uno de nosotros llegue a la conciencia cósmica, a una conciencia total de sí mismo, que cada uno de nosotros no se permita más vivir en los niveles de conciencia inferior a la suya y que cada uno de nosotros luche junto con los que lo rodean para elevar el nivel de conciencia de los otros.

No caeremos más en las trampas que los otros nos tienden. Les diremos «Tus neurosis y tus angustias te pertenecen. Yo sé en qué se convertirá mi vida. Tengo un Dios interior y mi vida es *mi* vida. ¡No me hagas caer en tu trampa! ¡No me hagas vivir en estos niveles inferiores al mío! ¡No porque estoy en la alegría quieras meterme en tu dolor! ¡No lo quiero!».

Cada día es una fiesta. Si en la mañana te levantas de mal humor, es que tu vida va mal. Todas las mañanas te despiertas y estallas en carcajadas porque es la fiesta. El mundo puede derrumbarse, puedes perder todo lo que tienes, casa, bienes, abrigo, y eso no significa nada: es la fiesta. Lo atravesarás todo siendo impecable e implacable.

«Que no pierda yo nada de todo lo que diere, sino que lo resucite en el último día.»

Es decir que todos, tal como somos, hemos vivido nuestra vida estando muertos. Es a partir del momento en que tenemos fe en nuestro Dios interior y que nos damos a Él, que regresamos a nosotros mismos y, así, resucitamos.

Aquí y ahora, tu pretérito de muerte llegó a su fin. Has resucitado ¡vive, pues, como un resucitado!

Entonces los judíos se pusieron a murmurar sobre Él, porque había dicho: «Yo soy el pan que desciende del cielo».

Al-Allach, un mártir sufi, encontró el mismo problema. Porque había dicho «Yo soy Dios» fue asesinado; sin embargo, su sangre al derramarse escribió el Nombre de Dios y cuando lanzaron su cuerpo al río éste dijo «Yo soy Dios». Entonces sus asesinos se dieron cuenta de que Al-Allach era un santo y de que no se tomaba por Dios, sino que Dios hablaba a través de él. Habían asesinado a la flauta pensando que ésta decía que era el aliento y que negaba al músico.

Llega un instante en que hay que escoger la fe y decirse «No estoy loco. No es una alucinación. Esto habla a través de mí». No otra cosa es la confianza: atravesar la locura y tener la fe de que *eso* habla a través de nosotros.

Y ellos añadieron: «¿No es Jesús, el hijo de José? ¿No conocemos a su padre y a su madre? ¿Cómo puede declarar ahora: "Del cielo he descendido"?».

Mis amigos de la infancia forman parte de mis recuerdos. Cuando los encuentro de nuevo, para mí son seres humanos como los demás y, o bien se trata de resucitados, o bien de cadáveres. Si somos resucitados es maravilloso: nos abrazamos.

Tenemos un contacto directo, aquí y ahora. Pero si el otro es un cadáver, viene a invadirme con sus gusanos tratando de devolverme al pasado.

¿Vamos a vivir todo el tiempo arrastrando el peso de nuestros recuerdos?

Jesús tomó de nuevo la palabra y les dijo: «¡No murmuréis entre vosotros! Ninguno puede venir a mí, si el Padre que me envió no lo trajere; y yo lo resucitaré en el último día».

Es el Padre quien te atrae. Tú no buscas a Dios: Dios te busca. No vas en pos de la plenitud: ella va en tu búsqueda. Tu centro te busca.

El Maestro que eliges no es más que un camino: es la barca que te permite atravesar el río. Pero tú eres atraído hacia ti mismo. Tu ser esencial te busca: quiere que te realices.

Realizarte significa poner inmediatamente en su lugar a tus arquetipos paternos, honrarlos y amarlos pero ser tú mismo. Eso es realizarse: dejar de pedir cara a cara con tus padres y ser tú. Y después, de resurrección en resurrección, caminas con tus hijos, y tus hijos caminan contigo.

«...y Yo lo resucitaré en el último día. En los Profetas escrito está: "Y serán todos instruidos por Dios".»

Ahí el Cristo cita a Ezequiel. Tanto Ezequiel como Jesús son máscaras de Dios.

«Todo aquel que oyó lo que proviene del Padre, y recibió su enseñanza, viene a Mí.»

Es decir que aquel que oyó la llamada viene a su Dios interior, a la Ley de su corazón.

«Viene a mí»: este «mí» es el corazón. Es la solución del problema emocional.

Cuando escuchas a tu propio corazón, oyes una plegaria formidable.

«"Y serán todos instruidos por Dios." Todo aquel que oyó lo que proviene del Padre, y recibió su enseñanza, viene a Mí. Es que ninguno ha visto al Padre, sino aquel que viene de Dios. Él ha visto al Padre.»

Es tu corazón quien ha visto a Dios. Tu corazón es el punto entre tú y Dios. Él ha visto, no tú. ¡Date a tu corazón! Él sabe, él conoce: ha visto al Padre.

«De cierto, de cierto os digo: El que cree tiene vida eterna. Yo soy el pan de vida. En el desierto, vuestros padres comieron el maná y están muertos.»

Están muertos porque buscaron la solución en el exterior de ellos mismos La buscaron en Moisés, en las Escrituras. Querían que alguien los alimentara.

«Tal es el pan que desciende del cielo, que aquel que de él comiere, no morirá.»

Cuando eres alimentado por tu propio corazón, encuentras tu eternidad. Es éste el desafío. No esperes que alguien te dé el maná, el milagro exterior. ¡Realiza tu milagro interior!

«Yo soy el pan vivo que desciende del cielo. Aquel que comiere de este pan, vivirá por la eternidad. Y el pan que Yo daré es mi carne, la cual Yo daré para que el mundo tenga vida.»

Tu carne es el pan. La carne es la materia. Sin materia, el mundo no tiene vida.
¡Embebe tu cuerpo de vida! ¡Deja a tu corazón llenarlo! ¡Deja a tu corazón hablar para que su palabra circule en todo tu cuerpo, por tu sangre iluminada! No hay un solo lugar de tu cuerpo que no pueda recibir la voz de tu corazón.

Entonces los judíos se pusieron a discutir violentamente entre sí, diciendo...

Aquí, los judíos simbolizan a la humanidad que aún no tiene fe en la nueva verdad.

«¿Cómo éste puede darnos a comer su carne?»

Piensan que se van a convertir en caníbales. ¡Qué ingenuidad!

El Cristo sabe que se dirige a personas que no han evolucionado todavía, pero comienza ahí donde se halla. Siembra la semilla.

Jesús les dijo entonces: «De cierto, de cierto os digo: Si no coméis la carne del Hijo del Hombre, y si no bebéis su sangre, no tenéis vida en vosotros. El que come mi carne y bebe mi sangre, tiene vida eterna; y yo lo resucitaré en el último día».

La sangre es la vida embebida de luz y de conciencia. ¡Introduce tu conciencia en cada gota de tu sangre! Permite que el Cristo penetre completamente en todo tu ser.

¡No te menosprecies! ¡Deja de enfurruñarte contigo mismo! ¡Deja de decirte «Me voy a suicidar porque soy un inútil»! ¡Déjate guiar por tu Cristo interior! Escúchalo. ¡No lances gritos que acallan la voz del corazón! ¡No realices acciones que lo asfixien! ¡No te disperses en relaciones humanas que lo aprisionan!

«Porque mi carne es verdadera comida, y mi sangre es verdadera bebida. El que come mi carne y bebe mi sangre, en Mí permanece, y yo en él. Y como el Padre viviente me ha enviado, y Yo vivo por el Padre, asimismo el que me comiere, vivirá por Mí. Tal es el pan que ha descendido del cielo; es muy distinto del que vuestros padres comieron; ellos han muerto, mas el que comiere de este pan, vivirá por la eternidad.» Tales fueron las enseñanzas de Jesús, en la sinagoga, en Capernaum.

16

La mujer adúltera
(Juan 8:1-11)

Cada uno se fue a su casa; y Jesús se fue al Monte de los Olivos.

Jesús parte solo y asciende el Monte de los Olivos. He aquí de nuevo una historia que comienza en la cima de una montaña. Es interesante cuestionarse por qué este episodio de la mujer adúltera tiene lugar ahí.

Habría que preguntarse por qué Jesús asciende solo el Monte de los Olivos. ¿Qué busca? Ciertamente aislarse y meditar. Ha caído la noche: ¿tiene necesidad de dormir? Resulta importante plantearse qué hace ahí, y también si la cima de la montaña no es lo más profundo de nosotros mismos.

Partir solo es abandonar tu trabajo con los seres humanos para hacer tu propio trabajo. Si tú, en la soledad, subes al Monte de los Olivos, es decir que desciendes a lo más profundo de ti, encontrarás tu tesoro interno: tu Cristo interior esperándote para que te regeneres a su contacto.

Y por la mañana volvió al templo...

Espera durante la noche, pero desde que amanece, Cristo retorna al templo. Desciende la montaña, es decir, que va hacia la realidad al mismo tiempo que aparece la luz del sol.

Ir al templo (esto es, ir al lugar de la plegaria) debería ser la primera acción del día. Y el templo es el planeta entero sacralizado. Cada metro cuadrado de tierra, cada habitación son santos, es decir, habitados por el Espíritu, por la Conciencia.

...y como todo el pueblo vino a Él, se sentó y se puso a enseñarles.

¡Qué valentía! Es indispensable señalar que en este capítulo, Jesús está amenazado de muerte, y lo sabe. Ello no le impide continuar sus acciones. Poco antes, al señalar a Judas Iscariote como aquel que va a entregarlo, dice a sus discípulos (Juan 6:70):

«¿No soy Yo quien os ha escogido, a vosotros los doce? Y sin embargo uno de vosotros es un diablo».

Él, pues, sabe perfectamente que al ir hacia la multitud, y ponerse a enseñar en el templo, se expone al peligro porque el templo es la ley de Moisés, una ley escrita, fósil, cuando la Ley viva se resume en dos palabras: *permanente impermanencia.*
¿Quién puede darte una enseñanza que va más allá de la ley fijada? Es tu Dios interior, tu voz interna.

Los escribas y fariseos trajeron entonces a una mujer que había sido sorprendida en adulterio; y la pusieron en medio del grupo.

Los escribas y fariseos llegan cuando Cristo está enseñando a la multitud. Si tratamos de imaginar lo que Él dice, podemos estar seguros de que son cosas de una belleza sublime. ¿Qué puede enseñar de mayor que la vida considerada como un arte poético, como una plenitud? ¿Qué otra cosa puede enseñar que la eternidad en el interior de cada uno, la meditación, la plegaria y la realización total? ¿Qué mayor enseñanza puede ofrecer que el amor? Cristo está ante el templo y enseña a la multitud el amor de los seres, la paz, la benevolencia.
En ese momento le llevan a una adúltera. ¿Por qué no le llevan al hombre, sino únicamente a la mujer? Son personas llenas de cólera, de viejas leyes y de desprecio hacia la mujer. Sobre todo, están llenos de desprecio hacia el placer sexual,

como si fuera un pecado atroz, ¡y asimismo llenos de odio por esta mujer que ha osado desafiar a la muerte por amor!

En esa época las mujeres adúlteras eran condenadas a muerte. ¡Qué pasión debía tener esta mujer para osar salirse de la pareja! ¿Por qué ha engañado a su marido cuando la ley se lo prohíbe?

Cristo está enseñando el amor y le llevan a una mujer que ha corrido toda suerte de peligros para poder amar.

Y además, el hombre no era castigado. Se diría que la mujer se ensucia con el placer y el hombre no. Lo que se prohibía era el placer femenino.

¿Qué quieren hacer con esa mujer, ahí donde Cristo está enseñando el amor, la belleza, la comprensión y la tolerancia? Quieren matarla. Todos los fariseos y escribas llevan piedras en las manos y llegan a colocarla en medio del grupo que escucha a Cristo.

Es frente al templo, sitio de la oración y del amor, que se va a lanzar piedras sobre un ser humano. Verán la sangre correr. Esta mujer será herida. Serán destruidos su belleza, su sexo, su carne, sus pechos, sus huesos... Se la reducirá a una papilla sangrante frente al templo, bajo el pretexto de que la ley existe.

En esta multitud no hay una sola mujer. No hay más que hombres, adeptos a la ley de Moisés.

Dar a luz era considerado impuro porque la mujer pare en la sangre; también las menstruaciones recibían esa consideración, porque entonces las mujeres pierden sangre. Era la sangre, pues, la que resultaba impura. Y qué curioso que precisamente se castigara a la mujer reduciéndola a la sangre. El castigo estaba en el mismo nivel que el crimen, igualmente impuro.

De hecho, los fariseos y escribas llevan a esta mujer al Cristo para probarlo. Saben que Él querrá salvarla. Esperan ávidamente que Cristo les diga «¡Perdonad a esta mujer!» para poder entonces responderle «Tú dices lo contrario a la ley de Moisés. ¡Defiendes a una pecadora! A ti también hay que lapidarte». Buscan un pretexto, y para ello tratarán de apoyarse precisamente en la bondad de Cristo.

Y le dijeron: «Maestro»...

Esta fórmula es muy hipócrita. Creen que Jesús es un impostor y no un Maestro.

«Maestro, esta mujer ha sido sorprendida en flagrante delito de adulterio. En la ley, Moisés nos ha prescrito lapidar a tales mujeres. Tú, pues, ¿qué dices?» Mas hablaban así con la intención de tenderle una trampa, para tener de qué acusarlo. Pero Jesús, inclinado hacia el suelo, se puso a trazar rayas con el dedo en la tierra.

Esta frase es muy importante. En la Biblia de Jerusalén leemos «Jesús se puso a escribir», mientras que en la versión ecuménica, traza rayas.

Es un momento sublime. Cuando le plantean una precisa cuestión intelectual Jesús baja la cabeza y se pone a trazar rayas en el suelo. No mira a nadie. Bien podemos preguntarnos qué trazaba. ¿Por qué hace rayas en el suelo? A nadie se le ocurre mirar lo que Cristo hace. ¿Escribe una frase? ¿Dibuja signos geométricos? ¿Está simplemente distraído o entrega su mensaje, ahí, en el suelo? En mi opinión, no podía actuar distraídamente porque es una pura conciencia cósmica. Entregaba, pues, su mensaje.

Un ser que lo sabe todo no necesita escribir. ¿Qué podría escribir? ¿Qué queda por hacer a un hombre completamente realizado y que lo sabe todo? No le queda sino el arte. En el suelo, Cristo está trazando rayas de una inconcebible belleza. Expresa su arte en la tierra.

Lo más bello es que cuando intentan orillarlo a cometer un crimen, Cristo responde «Introduzco mi espíritu en la tierra. Mirad, estoy creando». Y se pone en contacto con lo telúrico.

Si partimos del mito y aceptamos que Dios *es* en Jesús, debemos también aceptar que la tierra posee un alma y asimismo que las rayas impresas por la divinidad marcan la tierra. Esas líneas la han santificado. Al dibujar rayas en la tierra, Cristo ha hecho de ella una obra de arte. La ha marcado con su espíritu.

Y como insistieran en preguntarle...

Nadie ha percibido el mensaje y todos continúan planteándole preguntas intelectuales.

La obra que él traza en el suelo será barrida por el viento, y sin embargo, el mensaje permanecerá grabado en la materia misma. Cristo nos dice que un mensaje grabado en la materia vale más que diez mil palabras. Al mismo tiempo, insemina a la tierra de este inmenso amor que no puede dar a esos seres humanos porque ellos no lo reciben. A partir de ese momento, la tierra, el suelo profundo e incluso el corazón del planeta están plenos de amor. Cuando la divinidad traza rayas sobre su superficie, el corazón de la tierra se pone a vibrar de alegría.

Esto quiere decir que cuando estás perdido en el tumulto de tus ideas, de tus leyes y de tus programaciones, tu Dios interior no responde a ninguna de tus preguntas intelectuales: graba su mensaje en tu materia, en tu corazón. Puesto que Él no puede decirlo con palabras, en tanto éstas resultan sucias y sin significación, desliza en tu carne el inmenso amor que Él te lleva.

...Jesús se enderezó y les dijo...

Se yergue y no obstante la obra permanece ahí: una obra efímera en un universo efímero.

«Que aquel de entre vosotros que esté sin pecado lance la primera piedra.»

Su respuesta es simple: para reclamar la aplicación de una ley, hay que respetarla uno mismo, no pedir a los otros aquello que nosotros no hayamos realizado.
No debes pedir al otro que sea bueno si no has encontrado tu bondad. No debes exigir la perfección si no has llegado a tu propia perfección. No puedes demandar que el otro sea comprensivo si no tienes comprensión para él.
No puedes pedir, pues, sino lo que tú mismo has realizado. ¿Por qué pedir amor si no lo das? ¿Por qué exigir fidelidad si no eres fiel? ¿Por qué quien no está totalmente atento al otro te pide una atención total?
A partir del momento en que tomo conciencia de esto, hago una lista de todas mis peticiones y compruebo si yo mis-

mo las he realizado. Me digo «Quiero que me comprendan, pero ¿qué comprendo yo del otro? Quiero que me perdonen, pero ¿es que yo perdono?».

«Que aquel de entre vosotros que esté sin pecado lance la primera piedra.» E inclinándose de nuevo hacia el suelo, se puso a trazar rayas en el suelo.

Dibuja de nuevo en la tierra y deja a los otros reflexionar sobre lo que les ha dicho. Tras haber dado su respuesta vuelve a centrarse, retorna a su montaña.
Ante no importa cuál impedimento de la vida, regresas a ti, te recentras.
El dolor no reposa sino sobre cuatro principios muy simples.
El primer principio es el «Yo». Es el «Yo» quien crea la enfermedad porque «Yo» quiere ser «Mi». «Yo» no quiere que pasen a mi interior las cosas que no son «Mi». «Yo» no quiere abrirse para dejar pasar la Conciencia cósmica que no es «Mi». «Yo» no quiere ser una flauta al servicio de un músico cualquiera. «Yo» pretende ser «Mi». El «Yo» es la fuente del dolor porque nos conduce a no movernos. Nos lleva a la pesadez y al suicidio.
El deseo de posesión es el segundo principio sobre el que reposa el dolor. Querer poseer no es amar. Amar al otro es estar contento de su existencia y de su realización, mientras que querer poseerlo es desear la extinción buscando incorporarlo a nosotros.
Existe una diferencia entre colaborar con el otro, y discutir para destruirlo y tomar su sitio.
Cuando no podemos satisfacer nuestro deseo de posesión viene el odio. Es el tercer principio. Es decir que de todas las maneras posibles destruyo lo que no puedo poseer. Y o bien destruyo, o me destruyo. Estoy en la agresión.
El cuarto principio es el miedo. Desde que destruyo o se me destruye, tengo miedo. Es el miedo de desaparecer, de perder el «Yo».
No hay nada que añadir sobre el dolor. Está contenido en cuatro palabras: «Yo», posesión, odio y miedo.

En este capítulo, cuando el Cristo vuelve a escribir en el suelo, no tiene «Yo». Si el viento sopla, *Él* canta. El viento es el Padre.

En esta historia, los fariseos adquieren una conciencia: lo escuchan, se examinan y le dan la razón.

Después de haber oído sus palabras, se retiraron uno tras otro, comenzando por los más viejos...

Mientras escribe en el suelo, tiene confianza en ellos. Si esos hombres no se hubieran examinado, si no hubieran entendido las palabras de Cristo, habrían lapidado a esa mujer. Eran personas que tenían, pese a todo, una cierta sensibilidad.

...y Jesús quedó solo.

Los fariseos y escribas no pudieron lapidar a la mujer y de paso también a Cristo porque se dieron cuenta de que la ley estaba caduca y la letra muerta. Comprendieron que no podían hacer cumplir una ley que ellos mismos no respetaban, y que esta ley no era más que una forma vacía.

Como la mujer estaba todavía ahí, en mitad del círculo, Jesús se irguió y le dijo...

Esta mujer, que ha salvado la vida gracias a él, debe hallarse en estado de reconocimiento infinito. Para ella, un milagro se ha producido: debía ser lapidada y está viva. Este ser, este hombre –si podemos llamarlo «hombre»–, la ha salvado. Además, no pide ningún agradecimiento.

Mientras los fariseos y escribas se retiran, Cristo continúa su obra, sigue sacralizando el suelo antes que la escritura. Dice «He grabado mi palabra en los libros y la han fijado. Ahora la escribo sobre la tierra para que sea borrada por el viento. ¡Abandonad los libros!».

...Jesús se irguió y le dijo: «Mujer»...

Como vimos, Jesús sólo se dirige con esta palabra a tres mujeres en todo el Evangelio: se la dice a la Virgen María, a la samaritana que se había acostado con seis hombres y, ahora, a esta mujer que es adúltera. La reconoce en cuanto mujer, con todo lo que esto presupone.

«Mujer, ¿dónde están los que te acusaban? ¿Ninguno te condenó?» Ella dijo: «Ninguno, Señor».

«Nadie me ha condenado, Señor.» En el momento en que este Cristo interior le habla, la mujer le dice «Señor». Lo reconoce como su Maestro y, al reconocerlo, realiza una enorme toma de conciencia: se produce un cambio en ella. *Comprende.*

Comprende su valor personal y a su Dios interior. Comprende que nunca más será humillada por las leyes que no le corresponden; que iban a cometer con ella un acto injusto; que la ley de Moisés ha caducado. Esta mujer se da cuenta de que no es impura y de que tiene el derecho de ir al templo. Sabe que tiene el derecho de poseer un Dios interior, que dispone de un alma y una dignidad humanas; que nadie puede juzgarla porque nadie es superior a ella, ni siquiera un sacerdote. Todo el mundo tiene el mismo valor. Ella sabe también que a partir de ahora deberá evolucionar.

Entonces Jesús le dijo: «Ni yo tampoco te condeno»...

¿Cómo se te puede condenar en la medida en que vives en un mundo semejante?

No se puede condenar a nadie. Sólo podemos ponernos en el lugar del otro y comprenderlo.

«...vete y en adelante no peques más.»

¡En adelante, sé consciente y vive al nivel de tus deseos! No pecar más es dejar de vivir con un hombre o una mujer que no te corresponden. Es vivir estando de acuerdo con los verdaderos anhelos de tu edad.

El pecado consiste en vivir una vida de sacrificios y en sufrir.

Hay que abandonar, pues, el sufrimiento. Hace falta dominar al «Yo», extirpar el deseo de posesión, el odio y el miedo.

La curación de un ciego
(Juan 9:1-12)

Una vez que hemos reconocido nuestros valores, nos falta la fe en el otro. Este nuevo capítulo nos hablará de no juzgar al otro y de ver su hermosura.

Jesús curará a un ciego de nacimiento. Ya ha sanado a un paralítico diciéndole «Toma tu jergón, y anda».

El paralítico no lo era de nacimiento: ya había caminado. Cristo va a curar a alguien que jamás ha visto, que desconoce por completo lo que es ver. Desde su nacimiento ha estado sumido en la oscuridad.

¿Qué significa el hecho de que no sepa ver? Esto quiere decir que es un hombre que jamás ha visto la ley. La ha escuchado pero jamás la ha leído. Ahora bien, en esa época la realización suprema de estos hombres consistía en leer la ley, recitarla y cantarla.

Luego de salvar a la mujer adúltera y enviarla de regreso a su hogar, Cristo continúa enseñando en el templo, hasta el momento en que dice (Juan 8:56-59):

«Abraham, vuestro padre, se exultó del pensamiento de ver mi Día; lo vio, y fue transportado de alegría». Entonces los judíos le dijeron: «Aún no tienes cincuenta años, ¿y has visto a Abraham?». Jesús les respondió: «De cierto, de cierto os digo: Antes que Abraham fuese, Yo soy». Entonces recogieron piedras para arrojárselas; pero Jesús se ocultó y salió del templo...

¿Qué edad tenemos? En el fondo, la edad del universo. Tu divinidad interior es más vieja que Abraham: «Antes de que Abraham fuese, yo soy». Antes que tu ser existiera, tu gota divina ya existía. Llevas un tesoro infinito que está más allá del tiempo y del espacio.

Más adelante, en el capítulo 9, leemos:

Al pasar Jesús, vio a un hombre ciego de nacimiento.

Esta frase es bella. Ahí hay un contraste entre los ojos de Cristo, que están en la cúspide de la mirada (si aceptamos el mito, son los ojos perfectos de la humanidad), y esos ojos vacíos que se hallan en el más bajo nivel de la mirada. ¿Qué encuentro tendrán?

Y le preguntaron sus discípulos: «Rabí, ¿quién pecó para que él haya nacido ciego, él o sus padres?».

Los discípulos pasan y ven al ciego. No lo ven con la idea de remediar su mal: aceptan de inmediato que se encuentre en ese estado. Le cuelgan la etiqueta de ciego y eso es todo. En seguida, se plantean preguntas puramente intelectuales.

«...¿quién pecó para que él haya nacido ciego, él o sus padres?»

¿De quién es la culpa? ¿Es la suya o la de su árbol genealógico? Ha habido una culpa. Si un niño nace ciego, es que un problema ocurrió entre los padres.

Para producir un esquizofrénico se necesitan por lo menos tres generaciones de individuos no amados que han vivido en el conflicto y la desgracia. La esquizofrenia no aparece de un día para otro: comienza con los bisabuelos. Una enfermedad física grave se hace también en tres generaciones.

¿Quién es culpable? En el Éxodo 20:5, Dios dice «Haré pagar a los hijos las culpas de los padres hasta la tercera y la cuarta generación».

Jesús respondió: «Ni él ni sus padres, sino es para que las obras de Dios se manifiesten en él».

Es, pues, una bendición. El sufrimiento que llevas es una bendición. La locura, la mutilación, toda discapacidad es una bendición si, en un momento dado, reconoces a tu Dios interior y Él se manifiesta en ti. De hecho, tus límites, tu enfermedad y tu locura serán la base de tu realización y de tu toma de conciencia. He aquí la respuesta de Cristo.

No es culpa, entonces, ni del ciego ni de sus padres. Se trata de una prueba magnífica para que él encuentre a su divinidad interior. Si no hubiera sido ciego, no lo habría encontrado. Su desventaja es su fuerza. Todos los sufrimientos que nos vienen del árbol genealógico se vuelven nuestras fuerzas a partir del momento en que tomamos conciencia.

«En tanto que el día dura, nos es necesario trabajar en las obras de Aquel que me envió; la noche viene, cuando nadie puede trabajar. Así, en tanto que estoy en el mundo, Yo soy la luz del mundo.»

Esto quiere decir que cuando no encontramos este Dios interior que sobrepasa al «Yo», mientras nos aferremos a ser ese «Yo», estamos en la oscuridad y el sufrimiento, en el dolor y la ceguera. Desde que reconocemos al Dios interior, la luz viene y podemos realizar nuestro trabajo y entonces trabajar con el otro, colaborar.

«Yo soy la luz del mundo.»

Tu Dios interior es la luz del mundo. Mientras no lo hayas encontrado, sobre ti recaen todas las maldiciones del árbol genealógico. Por el contrario, cuando encuentras tu luz todas esas maldiciones se vuelven bendiciones.

Dicho esto, Jesús escupió en tierra, e hizo lodo con la saliva, y untó con el lodo los ojos del ciego...

¿Por qué escupe en la tierra y hace lodo si ha curado a un paralítico simplemente diciéndole «Levántate y anda»? Podría curar al ciego sin ninguna manipulación, pero ahí quería dar una lección. Había que retornar al comienzo, al momento en que, como dice la Torah, Dios crea a Adán a partir del lodo y de Su palabra. Saliva-Palabra mezclada con el lodo. Jesús reproduce, pues, la acción del Padre creando al nuevo hombre, al nuevo Adán.

Escupe sobre la tierra que había ya santificado en el episodio «La mujer adúltera». Imagino que su saliva debía ser de una pureza increíble, puesto que todas sus glándulas eran puras y estaban llenas de bondad. Da su materia a la tierra. Es ya el Espíritu, la palabra completa, no la palabra literaria sino la más materializada posible, puesto que proviene de la saliva.

Jesús escupió en tierra, e hizo lodo con la saliva, y untó con el lodo los ojos del ciego, y le dijo: «Ve a lavarte en la piscina de Siloé (que significa Enviado)».

La piscina de Siloé estaba situada en la ciudad, en el interior de los muros de Jerusalén. La Torah dice que esa piscina estaba en contacto con la tumba de David, y sabemos que Jesús desciende de David.
La piscina está en medio de la Ciudad Santa. Jerusalén estaba construida alrededor de esta piscina: ella es su fuente de vida.
Al lavarse en esta agua, el ciego no la ensuciará. Al contrario, llevará la palabra de Dios a la piscina santa. A través del ciego, Cristo hará la unión: inseminará a la tradición, y la palabra, que no tenía significado, va ahora a tener un corazón.

El ciego fue entonces, y se lavó, y a su regreso, veía.

Hay que recordar que ver significa también hacer una toma de conciencia. Este hombre se da cuenta de la comedia en la que se encuentra. Cuando ve, se ve. Antes no podía hacerlo, no sabía lo que esto era. Ahora se ve. ¡Qué maravilla y qué alegría asistir a un milagro semejante!

Entonces los vecinos, y los que antes tenían la costumbre de verlo [porque era un mendigo], decían: «¿No es éste el que se sentaba y mendigaba?». Unos decían: «Él es»; y otros: «Mas no, es alguien que se le parece».

Los vecinos no quieren creerlo. Para ellos, un mendigo será siempre un mendigo. No creemos que un individuo neurótico pueda salir de su neurosis. Cuando alguien sana, su entorno no quiere aceptar esa curación. Esa persona se «sale de cuadro», es decir, de los límites convencionalmente aceptados y de las tomas de poder instituidas.

Es por ello que la curación concierne a la familia entera. Si uno solo de sus miembros sana y retorna de inmediato entre los suyos, éstos se dedican a demolerlo.

Desde que realizas un cambio, desde que obtienes un éxito cualquiera en el dominio de tu curación, ¡no hables de él y sobre todo no lo digas a los seres que te aman! Ellos se angustiarán y querrán desmoralizarte para que vuelvas a tu sitio, para poder encontrarte de nuevo tal como te conocían.

Si trabajas con un ser que te ayuda a encontrarte, guarda el secreto hasta que todo lo que se realice en ti sea sólido. Cuando eso está firmemente instalado en ti, nadie puede demolerte. De otro modo, toda adquisición será de inmediato destruida y nunca sanarás.

Entonces, todo el mundo va a luchar para que ese hombre vuelva a ser ciego.

Unos decían: «Él es»; y otros: «Mas no, es alguien que se le parece». Mas el ciego afirmaba: «Soy yo». Y le dijeron: «Y entonces, tus ojos ¿cómo te fueron abiertos?».

No creen en ello: se rehúsan.

Él respondió: «Aquel hombre que se llama Jesús hizo lodo, me untó los ojos, y me dijo: "Ve al Siloé, y lávate". Y fui, y me lavé, y recuperé la vista». Entonces le dijeron: «¿Dónde está Él?». Él respondió: «No sé».

La agresión llega de inmediato. Quieren saber dónde está el que te curó, quién es. No soportan que alguien te haga el bien: lo detestan, lo odian. Eras un mendigo y ahora ves. Quieren que vuelvas a ser lo que eras.

Llevaron ante los fariseos al que había sido ciego.

Ahora juzgarán a este pobre hombre por haber recuperado la vista.

Y era un día de sabbat cuando Jesús había hecho el lodo, y le había abierto los ojos.

De nuevo, Cristo realiza un milagro el día en que no se debe trabajar. ¿Qué le importa la tradición y sus leyes escritas? Él debía curar a un hombre ¡y lo ha hecho fuera cual fuera el día!
Tu luz interior no vendrá siguiendo un código cualquiera: vendrá cuando sea su momento.

A su turno, pues, también los fariseos le preguntaron cómo había recuperado la vista. Él les respondió: «Él me puso lodo sobre los ojos. Me lavé, veo».

Es la segunda vez que cuenta su historia. Esto quiere decir que es necesario comprender bien que la luz nace del lodo, que la Conciencia nace de la materia...
Cuando el hombre dice «me lavé, veo», significa que para el ciego la Conciencia nace de la materia. Cuando deja de identificarse con su cuerpo, y conoce la iluminación, se da cuenta de que todo el universo es Conciencia pura y de que la materia es ilusión. Comprende por fin que la materia nace de la Conciencia.

Entre los fariseos, algunos decían: «Ese hombre no guarda el sabbat y por tanto no procede de Dios». Mas otros decían: «¿Cómo un hombre pecador puede tener el poder de operar tales señales?». Y era la división entre ellos.

La duda comienza a surgir: acaso hay un milagro divino. Este pensamiento, en vez de darles alegría, los angustia.

Entonces se dirigieron de nuevo al ciego: «Y tú, ¿qué dices del que te abrió los ojos?».

«¿Qué quieren que diga de alguien que me da la luz y me ayuda? Tengo hacia él una gratitud inmensa: lo amo. No sé quién es, pero le agradezco porque me ha dado la vida.»
Los otros quieren saber lo que dice este hombre curado.

¿Es Cristo un demonio o un dios? Están en el odio y el miedo. Miedo de perder su ley fijada.

Y él respondió: «Es un profeta».

Lo reconoce o, al menos, comienza a reconocerlo; no todavía como Dios, pero ya como un profeta. Ha accedido al primer grado.

Pero hasta que llamaron a los padres del que había recibido la vista, los judíos se rehusaban a creer que él había sido ciego, y que había recuperado la vista.

Niegan el milagro. ¡Quieren que los padres se vuelvan chivos expiatorios!

Hicieron esta pregunta a los padres: «¿Este hombre es vuestro hijo, el que vosotros pretendéis que nació ciego? ¿Cómo, pues, ve ahora?».

¡Sostienen que nació ciego! «De hecho, vosotros habéis inventado esta desventaja para que él sea mendigo en el templo. ¡Confesad que vosotros dos queríais hacer negocios a costa de él!»

Los padres les respondieron: «Sabemos de cierto que éste es nuestro hijo, y que nació ciego. Pero cómo ve ahora, ¡lo ignoramos! ¿Quién le ha abierto los ojos? Lo ignoramos. Preguntadle a él, que ya está crecido y puede explicarse por sí mismo».

Los padres no quieren saber nada: se lavan las manos. Es increíble: tienen un hijo ciego de nacimiento y cuando averiguan que alguien le ha abierto los ojos, en lugar de saltar de alegría o defenderlo, se lavan las manos.
Por lo general, cuando se cura a un esquizofrénico, sus padres sufren una depresión. La enfermedad de los hijos conviene a los padres. Éstos, a causa de su neurosis, tienen necesidad de un chivo expiatorio. La enfermedad proviene de los padres: tras la curación, en lugar de alegrarse, se deprimen.

Sus padres hablaron así porque tenían miedo de los judíos. Éstos ya habían acordado expulsar de la sinagoga a cualquiera que confesase que Jesús era el Cristo. He ahí por qué los padres dijeron: «Preguntadle a él, que ya está crecido y puede explicarse por sí mismo».

Los padres se lavan las manos porque tienen miedo. Prefieren dar la razón a la sociedad antes que defender a su hijo.

Por segunda ocasión los fariseos llamaron al hombre que había sido ciego, y le dijeron: «¡Da gloria a Dios! Nosotros sabemos que ese hombre es un pecador». Él les respondió: «Yo no sé si es un pecador; no sé más que una cosa: yo era ciego y ahora veo».

Su toma de conciencia comienza a actuar. Empieza ya a ser objetivo.

Le dijeron: «¿Qué te hizo? ¿Cómo te abrió los ojos?». Él les respondió: «Ya os lo he contado, ¡pero no habéis querido oír! ¿Por qué lo queréis oír otra vez? ¿No tendréis vosotros el deseo de haceros sus discípulos también?».

Comienza a utilizar la razón.
Esta historia me recuerda a aquella otra que sucedió al escritor español Jacinto Benavente. Un día, un periodista maleducado lo detuvo en la calle y le preguntó «Don Jacinto, ¿cómo se volvió usted homosexual?». Y le respondió: «Como usted, preguntando».

Los fariseos se pusieron entonces a injuriarlo y le dijeron: «¡Eres tú quien es su discípulo! ¡Nosotros somos discípulos de Moisés!».

El ciego curado es el discípulo de un milagro, de una luz. Los otros son discípulos de Moisés, de una ley escrita y fijada.

«¡Nosotros sabemos que Dios ha hablado a Moisés, mientras que ése, no sabemos de dónde es!»

Es decir que creemos en una ley transmitida pero no en una cosa directa que proviene de nuestro interior. Hay una diferencia entre lo que aprendes en un libro y lo que aprendes de ti mismo, proveniente de tu interior.

El hombre les respondió: «Pues esto es lo maravilloso, que vosotros no sepáis de dónde sea, ¡y a mí me ha abierto los ojos!».

Deberían saber de dónde es, puesto que se halla en cada quien.
Continua el ciego curado:

«Y Dios, lo sabemos, no atiende a los pecadores; pero si un hombre es piadoso, y hace la Voluntad de Dios, Dios lo atiende. Jamás se ha oído decir que alguno abriese los ojos a uno que nació ciego. Si este hombre no viniera de Dios, nada podría hacer». Le respondieron: «Tú sólo has pecado desde tu nacimiento, ¿y vienes a enseñarnos a nosotros?». Y lo expulsaron fuera.

Es decir, «Desde tu nacimiento, eras ciego. Jamás has leído ni estudiado los libros. Mucho menos los has memorizado. No conoces la ley ¡y ahora vienes a darnos lecciones! ¿Cómo es que de tu tiniebla sale la verdad? ¿Cómo un ser oscuro y mediocre como tú puede decirnos la verdad a nosotros que hemos almacenado toda la cultura del mundo en nuestra memoria?». (También tienen todo el árbol genealógico pesando sobre ellos.) «¿Cómo puedes decir una cosa parecida?»

Oyó Jesús que lo habían expulsado; fue entonces a encontrarlo y le dijo...

Jesús acude a verlo porque ese hombre ha defendido su nivel de conciencia. No tuvo miedo. Se sabía diciendo algo importante. No podía traicionar a quien le había hecho bien. No era de los que se lavan las manos, como sus padres.
El Dios interior ha venido porque él hizo un esfuerzo: tiene fe. Si no tienes fe en tu vida interior, la fe no te busca. En el momento en que la tienes y defiendes aquello en lo que crees contra todos los ataques, el ser que buscas viene a verte.
¡Qué maravilla debió de ser para este hombre ver al Cristo!

Lo ve por primera vez. Antes no podía: era ciego para su ser esencial.

...fue entonces a encontrarlo y le dijo: «¿Crees tú en el Hijo del Hombre?». Y él respondió: «¿Quién es Él, Señor, para que crea en Él?». Jesús le dijo: «¡Y bien! Lo has visto, es el que te habla».

¿Quién soy para que las cosas hablen en mí?
¿Por qué la conciencia hablaría en mí si soy ciego de nacimiento? La respuesta es «¿Y por qué no?».

«¡Y bien! Lo has visto, es el que te habla.» El hombre dijo: «Creo, Señor», y se inclinó ante Él.

Es decir que se aceptó interiormente. Ahora podemos preguntarnos quiénes son los verdaderos ciegos. A esto Jesús va a responder:

«Para juicio he venido Yo a este mundo; para que los que no ven, vean, y los que ven, se vuelvan ciegos».

Los que aceptan el milagro interior verán la luz, mientras que los que permanecen fijos en un estrecho cuadro religioso no la verán: se volverán ciegos. Ser ciego es quedarse en un mundo cerrado y lleno de dolor y angustia.

Los fariseos que estaban con Él oyeron estas palabras y le dijeron: «¿Acaso nosotros somos también ciegos?». Jesús les respondió: «Si fuerais ciegos, no tendríais pecado».

Es decir, «Si fueran simples, puros, esenciales, y si en lugar de aferrarse a la tradición obedecieran a su vida interior, no tendrían pecado».

«Mas ahora, decís "Vemos", vuestro pecado permanece.»

En otras palabras, «Vosotros permanecéis en el orgullo».

El puente que une estas historias es el amor de la divinidad hacia nosotros, la palabra grabada en la tierra, la creencia en esta fuerza interior que nos habita. Es también defender tus ideas pese a todo porque en el momento que te encuentras, ves que aunque hayas creído estar siempre en la oscuridad, la luz estaba ahí todo el tiempo.

17

El ser y el tener

Para la lectura de este capítulo de san Juan, llamado «Muerte de Lázaro» (11:1-44), utilizaré el Tarot.

Trataré de mostrar que el Basto corresponde al Padre (es el fuego original), la Espada corresponde al Espíritu Santo que va a encarnarse, la Copa es evidentemente el Hijo, y el Oro corresponde a la Virgen.

Como el lector puede comprobar en la carta del Oro, la Virgen está siempre simbolizada por un mandala. María se encuentra centrada: es la tierra, la materia, es la carne. Sin su obra, Cristo no existiría. Dios está íntimamente ligado a ella, que es el universo infinito y eterno. Si lo aceptamos en tanto que tal, el universo no es más que el cuerpo de la divinidad.

No podemos hacer una disociación entre el cuerpo y la divinidad. Somos una gota que representa y contiene a todo el universo: contiene al Padre, al Hijo y al Espíritu Santo. Nuestro cuerpo es la Virgen María. Para verdaderamente sentirlo eterno e infinito, hay que experimentarlo tal como es. Por lo común, no nos sentimos tal como somos. No vivimos como Padre, Espíritu, Hijo y Virgen. Estamos fragmentados.

Generalmente, los pensamientos (Espadas), los sentimientos (Copas), los deseos (Bastos) y las necesidades (Oros) tienen finalidades distintas. Se piensa una cosa, se siente otra, hay sentimientos que son traicionados por el deseo, deseos que son sacrificados por codicias materiales... Esta situación se comprende si uno imagina ir en un carro tirado por cuatro caballos sin riendas. El carro se queda inmóvil porque cada caballo tira hacia una dirección distinta. El conductor debe domar a sus cuatro animales, ponerles riendas, calmarlos y, proponiéndose una meta, encontrar el Dios interior y dar a los cuatro caballos un solo y único ideal.

En este capítulo, Juan hace decir a Tomás una frase formidable. Cristo se entera de que Lázaro está enfermo y decide ir a sanarlo; ahora bien, Lázaro habita en una región (Betania, en Judea) en la cual Cristo se halla amenazado de muerte. Al ir hacia ese punto, Cristo arriesga su vida y también la de sus discípulos. Tomás dice entonces:

«Vamos también nosotros, y muramos con Él».

Tomás está preparado para arriesgar su vida por acompañar al Cristo.

¿Quién es Tomás? ¿Por qué Juan lo cita en esta historia? Tomás aparece de nuevo en Juan (20:24-29), después de la crucifixión y resurrección de Cristo.

Tomás no está con los discípulos a quienes Cristo resucitado se aparece una primera vez, y no cree en el testimonio de ellos. Cuando ocho días más tarde Jesús aparece de nuevo ante los discípulos reunidos, dice a Tomás:

«Acerca tu mano, y métela en mi costado; deja de ser incrédulo, y hazte hombre de fe».

Entonces Tomás hunde una de sus manos en la herida de Cristo, que en ese instante se vuelve a formar. La sangre caliente del Señor baña amorosamente la mano del apóstol, entra por sus poros, atraviesa la pared de sus venas y, sangre divina en la sangre humana, llega al corazón de Tomás. Entonces éste exclama:

«Señor mío y Dios mío».

Jesús le dice:

«Porque me has visto, creíste; bienaventurados los que, sin haber visto, han creído».

Gracias a Tomás, el Cristo impone ahí todas las bases de una mística útil para nosotros: para creer, Tomás tiene necesidad de ver, es decir de definir, pensar, analizar. Ahora bien, la vida eterna, infinita, maravillosa, el verdadero despertar a nosotros mismos, no puede encontrarse sino cuando creemos sin ver, cuando creemos desde el vacío total, sin prueba, sin nada: cuando experimentamos el amor.

Existe un nivel en la fe interior en el cual debemos aceptar el primer principio, el del Padre.
Recordemos que el Padre corresponde al Basto en el Tarot: notemos que la mano que sostiene al Basto sale del centro de un círculo, mientras que la mano que aferra a la Espada sale del exterior de un círculo.
Para concebir nuestra psique, nuestro ser en todas sus dimensiones, para concebirnos tal como somos, no hay que negar el hecho de que la gota, en alguna parte suya, está conectada con el océano. En alguna parte, estamos conectados no sólo con el universo entero sino también con el secreto último

del universo. Si no fuera así, ¿por qué estaríamos vivos? Así, en alguna parte llevamos completamente a este Dios interior: al Padre.

Para comprender bien esto, remitámonos al capítulo (Juan 10:22-42) que precede a la resurrección de Lázaro. Ahí, el Cristo pronuncia una frase fundamental. Se encuentra en el templo. Algunas personas lo interrogan y concluyen:

«...queremos lapidarte [...] por una blasfemia; porque Tú, que eres un hombre, te haces Dios». Jesús les respondió: «¿No está escrito en vuestra ley: "Yo he dicho: Vosotros sois dioses"?».

«Pertenece, pues, a la Ley llamar dioses a aquellos a quienes la palabra de Dios fue dirigida. Y nada puede abolir la Escritura.»

La Ley llama «dioses» a aquellos a quienes Dios habla. El Cristo afirma claramente que si Dios te habla, tú eres dios. Todos somos dioses. Portamos al Padre en nuestro interior, en ese punto, en esta «X» en la que debemos creer sin haberla visto. Es lo infinito y lo misterioso que se halla en cada uno de nosotros.

El ser humano no es esta basura que nos quieren hacer creer. Es una joya espléndida. Son la civilización y diez o veinte mil años de guerra y de dolores los que nos hacen creer que somos basura.

Existe en nosotros un punto infinitesimal donde la vida está manteniéndonos. Es nuestro contacto con el Padre, el Dios interior desconocido. No podemos definirlo, escucharlo o tocarlo. No tenemos ninguna prueba y sin embargo debemos creer en su existencia.

Si no creemos, somos cadáveres, seres corruptos. Nos desunimos, nos derrotamos y sufrimos sin cesar.

Una vez que aceptamos este concepto de «X» en torno a Él, surge la conciencia.

El punto «X» está lejos de ser o de no ser Espíritu. Es el punto que te mantiene vivo, que te conecta con el centro del universo, con eso que llamamos la divinidad: esta energía que es no-manifiesta.

En alguna parte tuya, tu principio de base es lo no-manifiesto. En seguida viene tu ser esencial: el Sí-mismo supremo. Es puro espíritu, pura conciencia. No es ni «Ser» ni «No-ser». Es algo que existe en el nivel de la conciencia. Está muy bien llamarlo «Espíritu», e incluso «Espíritu Santo» es aún mejor.

Esta conciencia te ve. ¿No estamos en perpetuo diálogo interior? Nos decimos «Soy así». El que habla, el que se ve, es como un observador separado de lo que ve. El que sufre, no sufre. Es decir que si estoy consciente del hecho de que sufro, es porque en alguna parte, no sufro. Para estar consciente de que amo, de que me muevo, de que pienso, es necesario que alguna parte mía no ame, no se mueva y no piense. La conciencia implica una dualidad.

En algún punto somos el Espíritu Santo absoluto, maravilloso y ubicuo.

En seguida, este espíritu va a encarnarse. Esta conciencia pura se volverá «conciencia de la Conciencia». Es el Hijo; ahora bien, el Hijo, el Cristo, se encarna. Entra en la carne, en *tu* materia. De un lado, el Cristo pertenece al Espíritu y al Padre; de otro lado, pertenece también a la materia. Es el mediador y a la vez el producto de todos esos elementos.

¿De quién ha tomado la materia? ¿Dónde el Espíritu Santo viene a concentrarse para crear al Hijo? Se sitúa en el universo mismo, en la Virgen María, en el Oro, el cuerpo.

Captamos nuestro cuerpo de una forma limitada. Lo aprisionamos en la piel, sentimos su muerte. Nunca, o casi nunca, pensamos en él como el Padre lo haría. La conciencia posee el don de la ubicuidad, está en todas partes al mismo tiempo y lo sabe todo del cuerpo que habita. Escucha todo. Ve todo. Es capaz de curarlo todo. Nos lo enseña todo. Lo conoce todo. Sabe cuándo vamos a morir, a reproducirnos, cómo funciona nuestro corazón, etcétera. Conoce todos nuestros programas. En el fondo, Dios es nosotros. Nuestro cuerpo es un dios que conoce todo, si lo vivimos tal como es.

Tenemos miedo de vivir nuestro cuerpo tal como es. Lo fragmentamos. Tenemos mucho miedo de este Espíritu Santo que nos habita. *Soy lo que soy.* Tenemos un enorme temor a ser lo que somos. Nos aterra este poder increíble. Al nivel de la Espada, del Espíritu, hablaremos de «miedo de ser».

Porque tenemos miedo de *ser* este poderío, en el Cristo, al nivel del corazón –de la Copa–, sustituimos este miedo por el *tener*. Mientras más tengo, más soy apariencia y menos conciencia. Nos ahogamos en el tener por miedo de vivir esta inmensidad que carece de definición puesto que cada individuo es un ser eterno incapaz de concebirse y definirse. Ninguno de nosotros es una caricatura. Ninguno posee límites. Podemos cambiar de un día al otro. Como el universo, estamos en perpetuo cambio. ¡Movimiento total! El que no avanza con el universo, retrocede y se petrifica.

Este Tener nos conduce, en el Oro, no a querer ser sino a querer *parecer*. Todo lo que hacemos y lo que poseemos nos sirve para parecer.

Recordemos que el cuerpo humano se divide en cuatro sectores: el cuerpo en sí, la parte física con sus necesidades que conducen a sobrevivir; la parte sexual con los deseos que conducen a la perpetuación de la vida; la parte emocional con los sentimientos que conducen a la unión con el Todo, y la parte intelectual con la elaboración de ideas que conducen a la libertad de *ser lo que se es*. Estas cuatro vertientes deben mezclarse en una única ola y fluir con el universo. Deben fluir tranquilamente con la fe inquebrantable en que este Dios interior sabe lo que hace. La confianza es la base indispensable.

El problema es que no tenemos fe y, de este modo, nos atascamos.

Generalmente, por haber comprendido mal el mito, reprimimos el Basto, la parte sexual. Sin embargo, ¿dónde puede encontrarse el Padre en nuestro cuerpo? Son el esperma y el óvulo los que contienen a lo eterno e infinito. Es decir que en el sexo no encontraremos al diablo sino a la eternidad divina, puesto que el diablo no existe: sólo es el olvido de Dios.

Al inhibir la parte sexual, la ensuciamos.

Evidentemente, hemos también atrofiado el intelecto: lo utilizamos para analizar, y analizar significa no amar, dividir en fragmentos, fijar.

Un corazón arrinconado vive en la negación y la codicia: quiere tener y no se coloca en el sitio de aquel a quien llamamos *el otro* y que es él mismo.

Cuando el cuerpo está reprimido, no lo vivimos ni lo amamos tal cual es. En lugar de vivirlo, lo poseemos. Es muy diferente «ser» un cuerpo que «tener» un cuerpo, así como «ser» amor es tan distinto de «tener» amor.

¿Por qué la duda? Porque para poder analizar, el intelecto debe dudar. Para no tener dudas la fe es necesaria, mas para creer es necesario deshacerse de todo «tener», y es precisamente esto lo que no deseamos. Nos aferramos al dolor de ser una gota con un caparazón de tortuga: es en lo que aceptamos convertirnos. No queremos ser parte del océano. Poseer fe es justamente sumergirse en el océano y remontar hacia el Espíritu y hacia el Padre, hacia la conciencia.

Esto servirá de clave para interpretar la historia de Lázaro.

Tal historia comienza con una imputación de blasfemia.

Cada vez que comienzas a sentir verdaderos deseos de ser, cada vez que el Ser Superior, el Espíritu, aparece en ti, te defiendes y dudas. A veces te juzgas loco y a veces blasfemo: no quieres creer en el cambio, le tienes miedo.

Cuando la luz comienza a aparecer en tu alma bajo tu coraza de dolor, cuando el cambio que has buscado comienza a producirse, tienes miedo porque toda tu vida de *tener* comienza a derrumbarse.

Si tienes una pareja, tu relación se quiebra. Si tienes una familia, una fortuna, una obra..., todo se viene abajo porque es el producto del dolor y de la neurosis. Al mismo tiempo, si cambias, todas las personas que te rodean perderán su *tener*: querrán entonces luchar contra tu cambio. Y asimismo en tu interior, todas tus partes lucharán por mantenerse.

Se acusa, pues, a Cristo de blasfemo y la gente recoge piedras para lapidarlo. Él dice entonces:

«Os he mostrado muchas obras bellas que provenían del Padre»...

Es decir, «Os he hecho ver tantas cosas hermosas que provenían del interior de vosotros mismos».

«...¿por cuál de esas obras queréis lapidarme?» Los judíos respondieron: «No es por una bella obra que queremos lapidarte, sino por una blasfemia; porque Tú, que eres un hombre, te haces Dios».

La acusación es ésta: «Queremos lapidarte porque Tú, que eres un hombre putrescible, mortal, un ser que vive en el tener y el parecer, de golpe te pones a decir a esta sociedad: "Ya no quiero tener. Ya no quiero parecer. Quiero dejar de vivir bajo una máscara de dolor. Quiero ser. Quiero vivir mi proceso esencial. ¡Quiero alcanzar mi pureza original!"».

Jesús les respondió: «¿No está escrito en vuestra ley: "Yo he dicho: Vosotros sois dioses"? Pertenece, pues, a la ley llamar dioses a aquellos a quienes la palabra de Dios fue dirigida. Y nada puede abolir la Escritura. A aquel a quien el Padre santificó y envió al mundo, vosotros le decís: "Tú blasfemas", porque afirmé que soy el Hijo de Dios. Si no hago las obras de mi Padre, ¡no me creáis!».

Ahí el Cristo se compromete: «Si no hago las obras de mi Padre...».

En el inconcebible cerebro del Hijo, la idea de resucitar a los muertos ya está presente. Todos estamos muertos. Mientras que alguno de nosotros no haya realizado su toma de conciencia, todos somos Lázaro, encerrados en una cueva bloqueada por una piedra.

«Mas si las hago, aunque no me creáis a mí, creed en las obras...»

«No hay que creer en lo que digo sino en lo que hago.» Hay que creer en lo que haces cuando comiences a desarrollar tu ser. Hay que creer en tus obras.

Una toma de conciencia no significa sanar. Cuando el intelecto comprende, no por ello la persona está salvada. Una persona puede perfectamente comprender sus motivaciones, su árbol genealógico y todo el resto, pero si no toma lo que ha comprendido intelectualmente y lo encarna en la Copa y el Oro, es decir en el corazón y el cuerpo, entonces haber llegado a la conciencia no sirve de nada.

¿De qué sirve tener talento musical si quien lo posee no canta ni toca ningún instrumento? ¿De qué sirve hablar del amor por los niños si los educamos mal? ¿De qué sirve pensar, si nuestros pensamientos permanecen como letra muerta? Es por ello que una vez que hemos comprendido, nuestra comprensión es inútil si no actuamos.

«...creed en las obras, para que conozcáis y sepáis que el Padre está en Mí, como Yo estoy en el Padre.»

«El Padre está en Mí. Está en mi carne.» No hay que olvidar que el Cristo se ha encarnado en un cuerpo humano. Es la carne que María le ha dado, una carne humana que sangra.

A estas palabras de Cristo, los judíos pretenden de nuevo lapidarlo, pero Él escapa y va a vivir algún tiempo al abrigo del peligro. Entonces, la historia de Lázaro comienza.

¿Cómo Jesús puede escapar de una multitud encolerizada que lanza piedras? Sólo puede lograrlo por medio del milagro de hacerse invisible. Cuando ponemos obstáculos en la vía del despertar, cuando nos refugiamos en toda clase de actitudes defensivas y agresivas, el Dios interior se nos oculta..., y entonces comenzamos a declinar como una rueda sin eje.

La resurrección de Lázaro
(Juan 11:1-44)

Había un hombre enfermo llamado Lázaro de Betania, la aldea de María y de su hermana Marta.

Hay, pues, dos mujeres, María y Marta.
En el arcano VI del Tarot, El Enamorado (a veces traducido como Los Enamorados), una de las mujeres bien podría ser María y la otra Marta, y asimismo podríamos decir que el hombre en el centro es Lázaro. El hombre, en el centro, está rodeado por una hermana que duda, a la izquierda (Marta), y por la otra que cree, a la derecha (María: por el juego de nombres, hay una cierta resonancia con la Virgen).

¿Dónde está Lázaro? Se halla entre la duda y la fe. Y nosotros ¿dónde estamos? Exactamente en la misma posición.

El Evangelio de Juan especifica:

> Se trata de la misma María que ungió al Señor con perfume y le enjugó los pies con sus cabellos; era su hermano Lázaro quien estaba enfermo.

Tras la resurrección de Lázaro, el Cristo es invitado a una cena y María, que está presente, le unge los pies con perfume y después le seca con sus propios cabellos para rendirle homenaje. Judas, también presente, interviene diciéndole que más habría valido vender los perfumes y dar ese dinero a los pobres. Jesús le responde:

> «¡Déjala! Ella observa esta costumbre en vista de mi sepultura. Porque los pobres siempre los tendréis con vosotros, mas a Mí no siempre me tendréis». [Juan 12:7-8]

Dicho de otra forma: «Los pobres estarán siempre aquí, pero Yo soy único. Una vez en vuestra vida, debéis dedicarme lo mejor de vosotros mismos».

Una vez en tu vida, debes dedicarte lo mejor de ti. Das mucho al exterior, pero ¿cuánto tiempo te otorgas a lo largo de la jornada? ¿Y cuántas veces al día te drogas para no verte? Si te das lo mejor de ti mismo, lo darás al Padre a través del Hijo. Cavarás en ti para llegar a tu mayor profundidad, para vivir tu ser esencial.

Estar siendo. El Padre está inmóvil pero el ser, la conciencia, evoluciona, cambia, se mueve. El problema es que no queremos cambiar. Queremos un tiempo y un espacio detenidos. Es por ello que estamos en descomposición, puesto que no nos revitalizamos: nos instalamos en las mismas costumbres mentales, emocionales, sexuales y físicas. Quedamos fijados en unos pocos e invariables gestos cotidianos. Nos repetimos durante toda nuestra vida: nos detenemos en una imagen dada de nosotros mismos y pretendemos guardar esa imagen.

Nos fijamos y fijamos a los otros.

Las hermanas, pues, mandaron decir a Jesús: «Señor, el que amas está enfermo».

Mi cuerpo está enfermo: se halla postrado en la podredumbre y el sufrimiento. No me muevo. Entonces Marta y María, mi duda y mi fe, se dirigen a mí, a esta conciencia encarnada en mí, y yo me digo: «Estoy enfermo. Me estoy descomponiendo. Estoy en una verdadera trampa, en una situación imposible. Es necesario que escape. Estoy encerrado en una realidad que me ahoga. Me doy cuenta de que no estoy viviendo mi vida. Estoy en el tener y el parecer. No asisto a mi increíble proceso. No soy un dios. No soy libre. No tengo libertad interior ni exterior. Estoy lleno de miserias, dolores e insatisfacciones. Estoy lleno de ideas que no me pertenecen. Estoy lleno de exigencias. He aquí el problema: no tengo alegría de vivir y estoy muerto».

Para comenzar a sanar hay que aceptar nuestra enfermedad. Mientras tengamos el orgullo de querer parecer en perfecta salud, no sanaremos porque no pedimos ayuda.

Al enterarse, Jesús dijo: «Esta enfermedad no desembocará en la muerte, sino servirá a la gloria de Dios; es por ella que el Hijo de Dios debe ser glorificado».

Ninguna enfermedad conduce a la muerte porque la muerte no existe. Si creemos en el Hijo de Dios, la vida es eterna. Si creas en ti al Padre, al Espíritu Santo, al Cristo y a la Virgen María, no morirás. Vivirás la eternidad, y la vivirás de otro modo que en tu forma actual. Es decir que no «tendrás» la eternidad: *serás* la eternidad. Te volverás una parte de la divinidad. Te convertirás en el cosmos. La muerte es una transformación y una realización. Retornaremos todos al océano; ¿por qué, entonces, aterrarse?

En el fondo, este ser que es todo amor, dice «¿Por qué aterrarse? ¿Acaso Lázaro no me conoce?».

«...sino servirá a la gloria de Dios; es por ella que el Hijo de Dios debe ser glorificado.»

Lázaro sabe muy bien que debe sacrificarse. Para que la conciencia, el ser crístico, pueda nacer, hará falta que él muera.

En nuestro proceso psicológico es lo mismo. Para que el

nuevo ser nazca en nosotros, hace falta que el viejo ser descompuesto muera. Si nos aferramos a él y no lo dejamos morir, el Cristo no podrá realizar el milagro: no podrá nacer.

Es necesario, pues, que el viejo ser, los viejos rencores, las viejas enfermedades, etcétera, mueran para que el ser nuevo nazca.

Es, entonces, conscientemente y con una infinita bondad que el Cristo pedirá a Lázaro que sea capaz de morir. Imaginemos la angustia de Lázaro en ese momento. Angustia tanto mayor en cuanto se encuentra dividido entre la duda y la fe. Es un personaje formidable porque, pese a sus dudas, sabe que debe morir para que el Cristo aparezca en toda su gloria.

Y amaba Jesús a Marta, a su hermana y a Lázaro.

Es la descripción de la carta de El Enamorado. El angelote que está en el sol ama a los tres personajes que se hallan debajo de él.

Sin embargo, aunque sabía a Lázaro enfermo, se quedó dos días más en el lugar donde estaba.

Cristo aún se queda en su sitio dos días, de manera que cuando llegue a la casa de Lázaro, después de marchar durante otras dos jornadas, Lázaro habrá sido enterrado cuatro días atrás. Es extraño. Parece cruel esperar tanto cuando Lázaro está por morir. Jesús espera a sabiendas. Lo deja morir y descomponerse su cuerpo. Podemos imaginar la angustia por la que Lázaro y sus hermanas atravesaron.

Sí, en un momento dado, no somos crueles con nosotros mismos, si no damos prueba de una valentía y una voluntad enormes, el proceso no se realiza.

Después de esto, dijo a los discípulos: «Regresemos a Judea».

Es en Judea donde lo quieren matar. No dice «Voy a regresar a Judea» sino «Regresemos a Judea». Ahí los discípulos se ponen en aprietos: tienen miedo.

Los discípulos le dijeron: «Rabí»...

No lo llaman «Señor» sino «Rabí». Eligen un término religioso para recordarle que en Judea otros rabíes lo esperan para matarlo.

«Rabí, hace apenas un poco todavía los judíos procuraban lapidarte, ¿y quieres regresar allá?»

Los discípulos quieren, sí, que Cristo resucite a Lázaro, pero si ellos mismos deben arriesgar el pellejo, están menos de acuerdo.
Sucede lo mismo en ti. Hay una parte tuya que duda, que quiere evolucionar, pero también están los deseos de tener y de parecer que te dicen «Escucha, arriesgamos la vida. Al buscar esta iluminación, esta fe, este misticismo, puedes hacernos perder nuestro pan cotidiano. Todo el mundo te tomará por un loco. Te van a estafar. Todos son malos. ¿Qué significa la idea de querer la paz en esta sociedad decadente que está en guerra? Hablas de dar a los otros, ¡pero harías mejor en tomar!».

Jesús respondió: «¿No tiene el día doce horas?».

Dicho de otro modo, «Hay doce horas de día y doce horas de oscuridad. Toda luz tiene su sombra. Toda positividad tiene su negatividad. En cierto modo, vosotros estáis en la sombra. Estáis pensando negativamente. Preferís imaginar que os van a matar en vez de ser positivos y pensar que, en el fondo, la muerte no existe, que es necesario correr riesgos para dejar de existir en el tener y para llegar a su ser esencial, llegar a revivir».

«El que anda de día, no tropieza, porque ve la luz de este mundo; pero el que anda de noche, tropieza, porque no hay luz en él.»

Esta frase me recuerda una historia zen: en pleno día, un maestro zen entrega una lámpara encendida a un discípulo, y en el momento en que este último se dispone a tomarla, el

Maestro sopla y la apaga. Por este acto, el Maestro dice al discípulo «¿Por qué buscas una luz fuera de ti? Ella está en tu interior».

¡No camines en la noche! ¡No camines en tus angustias y tus egoísmos! ¡No camines en el miedo de perder tu personalidad, esa apariencia que te has fabricado! ¡Camina en la luz! ¡Abandónate! ¡Despréndete! ¡Suelta todas tus seguridades y avanza hacia la creación, hacia la renovación de ti mismo!

Imagino que, después de algunos titubeos, ellos se dicen «Evidentemente, tenemos la luz en nosotros, o de otro modo no estaríamos cerca de él tratando de comprender su mensaje».

Si no tuviéramos la luz en nosotros mismos, no trataríamos de leer el Evangelio. De un lado queremos creer, pero del otro la duda se interpone. Estamos entre la luz y la oscuridad, es decir en el alba. La noche ha terminado.

Después de haber pronunciado estas palabras, añadió: «Nuestro Lázaro duerme; mas voy para despertarlo». Los discípulos le dijeron entonces: «Señor, si duerme, sanará».

No comprenden nada. Para ellos, si Lázaro está dormido, es que no está muerto. El Cristo podrá curarlo de su enfermedad. No imaginan el poderío de su Maestro. No pueden concebir que él pueda revivir a un muerto.

De hecho, Jesús había querido hablar de la muerte de Lázaro; y ellos se figuraron que hablaba del reposar del sueño.

Juan precisa que los discípulos se engañan. A pesar de su nivel y de haber presenciado tantos milagros, todavía no tienen la fe.

Los doce apóstoles viven en nosotros. Son aspectos distintos de nuestro ego a los que llamo las doce deformaciones de nuestro espíritu. Ven el milagro cotidiano y no creen. Pensar que somos inmortales y que no vamos a morir, los sobrepasa. No creen más que en la muerte y la putrefacción. Sin embargo, en alguna parte interna, la angustia los impulsa a creer. Se diría que el motor de su fe no es la alegría sino la angustia.

Antes de comprender, los apóstoles deberán recorrer un camino.

Entonces Jesús les dijo abiertamente: «Lázaro ha muerto»...

Se lo dice abiertamente porque ha sentido su falta de fe.

«Lázaro ha muerto; y estoy feliz por vosotros, de no haber estado allí, para que creáis...»

«Estoy feliz por vosotros, no por mí, porque vosotros veréis lo que habréis de ver, y creeréis.»
Y para creer, ¿qué hace falta? No está escrito pero resulta claro: hay que arriesgar el pellejo al ir a Judea. Si los discípulos no se ponen en peligro de muerte, es decir, si no desprenden, no creerán jamás. Si no abandonan todo aquello a lo que se aferran en el tener, jamás alcanzarán el ser. Renunciar a la cantidad para llegar a la calidad, al ser.

«Lázaro ha muerto; y estoy feliz por vosotros, de no haber estado allí, para que creáis. ¡Mas vamos a él!»

Todos los apóstoles se ponen a temblar de terror: se imaginan las piedras que se abatirán sobre ellos; serán lanzadas con una increíble ferocidad porque, para los judíos que respetan escrupulosamente la tradición y la Biblia, lapidar a alguien por blasfemia es un deber. El peligro que se anuncia no es, pues, anodino.

Entonces Tomás, aquel a quien llamaban Dídimo, dijo a los otros discípulos: «Vamos también nosotros, y muramos con Él».

Tomás es el apóstol que duda. Está seguro de hacerse matar y de que el Cristo no realizará el milagro. No cree. Lo que resulta maravilloso es que, aunque no cree, decide ir a Judea.
Tomás sigue al Cristo porque lo admira en tanto que ser humano. Es un inmenso acto de amor y es uno de los más bellos. Aunque no cree y sabe que lo van a matar, sobrepasa su miedo. Además, no ofrece su vida a un Dios, sino a Jesús, un

hombre. Tomás sabe que este hombre es justo y bueno: está seducido por su belleza espiritual.

Preguntemos a cualquiera: ¿estarías dispuesto a dar tu vida por un hombre aun cuando no crees en el milagro, aun cuando careces de fe y sabes que se sacrifica y que será asesinado?

La admiración de Tomás y su amor por un ser humano carecen de límites. En ese momento, Tomás se convierte en un personaje admirable porque es capaz de admirar a un ser humano sin ninguna esperanza.

Hay que realizar la obra por puro amor. Incluso si piensas que la obra será mal recibida o que no obtendrá un premio, ¡realízala porque amas sin esperanza!

La entrada en el milagro se hace sin esperanza, sin fe y también sin querer sacarle interés alguno.

A su llegada, Jesús encontró a Lázaro en el sepulcro; hacía ya cuatro días que estaba ahí. Como Betania estaba cerca de Jerusalén, cerca de quince estadios...

Quince estadios equivalen a un poco menos de tres kilómetros. Está, por tanto, a menos de tres kilómetros del sitio donde habrán de matarlo y, sin embargo, nadie lo ve. Según el relato del Evangelio, en numerosas ocasiones Cristo se mete en el corazón del peligro y nadie jamás lo ve. Sabe hacerse invisible. Sabe crear el vacío.

No ven a tu Cristo interior. No tiene forma. Tu ser esencial no es una caricatura. Cuando veo a una persona y la defino, veo su ego pero no puedo ver al ser sin rostro, a su ser esencial, porque éste no se define.

No se puede capturar a tu ser esencial: es como el viento. No ofrece ninguna resistencia. Es como el agua: toma la forma del recipiente que la contiene. Es como el aire: lo atraviesa todo. No podemos delimitarlo.

Como Betania estaba cerca de Jerusalén, cerca de quince estadios, muchos judíos...

Muchas personas que no creen y que pretenden matar al Cristo están presentes. Sin embargo, no lo asesinan en seguida: no intentan ninguna acción en su contra porque Dios tiene necesidad de que los no creyentes asistan al milagro. Esos seres significan el peso de la cultura: son la semilla de la humanidad; ahora bien, son la semilla que produce el árbol. Si excluimos la semilla, resulta la esterilidad, y el milagro del árbol no se presenta. Es por ello que la historia tiene necesidad de que ciertas personas puedan captar e incorporar esta muerte a fin de que la humanidad reciba el mensaje.

Hace falta, para que el milagro interior se produzca, que traigas tus viejas formas, tu pasado, tu podredumbre, puesto que vas a iluminar todo lo que eres y todo lo que has sido. Hace falta que alcances la iluminación vestido con todos los ropajes que has utilizado en tu vida, que vengas con tu colección de máscaras, de recuerdos. Todo debe estar presente en el momento en que habrás de nacer.

...muchos judíos habían venido a la casa de Marta y María, para consolarlas por su hermano.

Porque el Cristo no estaba ahí, la muerte se produjo. Qué angustia para Marta y María por haber perdido a su hermano.

Cuando has vivido muchos años con un ser y esa relación muere, ¡qué angustia! Cuando muere un ser que has detestado y que te ha hecho mal, ¡qué angustia para adaptarte a tu nueva libertad! Cuando tus padres se separan, ¡qué angustia! Cuando nace un hermano, tu mundo cambia y ¡qué angustia! Cuando cambias de oficio, ¡qué angustia! Todo cambio representa una ansiedad.

Cuando Marta oyó que Jesús venía, salió a encontrarlo; pero María se quedó en casa. Y Marta dijo a Jesús: «Señor, si hubieras estado aquí, mi hermano no habría muerto».

Jesús escucha a esta pobre muchacha; ella no comprende que lo está acusando duramente al decirle «Tú ves, está putrefacto y es por tu falta. Si hubieras estado aquí, él no habría muerto». Imagino que Cristo debió de responderle «Ni un segundo dejé de estar aquí, e incluso voy a confesarte que fui yo quien le dio esa enfermedad. Y se la di porque, si él me hubiera visto en verdad, habría sido un apóstol a mi lado. Lázaro, mi gran amigo, no me siguió porque se quedó entre la duda y la fe. Permaneció en el razonamiento. No tuvo corazón y es por ello que le di la enfermedad».

Nosotros mismos, si nos quedamos entre la duda y la fe, enfermamos. Es una prueba que nos envía nuestro Cristo interior. Toda enfermedad es sagrada: nos remite a nosotros mismos, nos obliga a comprenderla, a comprender por qué la hemos creado.

Marta agrega:

«¡Mas también sé ahora que todo lo que pidas a Dios, Dios te lo dará!».

Ella considera que Cristo es un mediador. No ha comprendido todavía que Él está en Dios y Dios en Él, que ambos forman una unidad.

Tú mismo estás en Cristo y Cristo está en ti. Forman una unidad, de manera que realizarás todo lo que te propongas si, desde luego, te lo propones verdaderamente.

«...sé ahora que todo lo que pidas a Dios, Dios te lo dará.» Jesús le dijo: «Tu hermano resucitará».

Si el Cristo se halla ante mí y me dice «Tu hermano resucitará», en seguida se lo agradezco porque estoy absolutamente seguro de que cumplirá su palabra. Sin embargo, la fe de Marta no está todavía constituida, puesto que le responde:

«Yo sé que resucitará en la resurrección, en el último día».

Ella cree en la teoría de la resurrección enseñada por los libros. Marta cree con la cabeza pero no cree en el corazón.

Jesús le dijo: «Yo soy la resurrección y la vida; el que cree en Mí, aunque esté muerto, vivirá. Y todo aquel que vive y cree en Mí, no morirá jamás».

«Aquel que cree en Mí, en mi amor, en mi existencia, no

morirá.» Aquel que cree en su Dios interior no morirá jamás.

Y Cristo cierra su frase preguntando a Marta:

«¿Crees esto?».

Esta pregunta recuerda a aquella otra que Jesús plantea al paralítico que esperaba un milagro cerca de la piscina: «¿Quieres sanar?». Cuando el paralítico le responde «Sí, quiero», Cristo lo sana de inmediato. En el fondo fue el paralítico quien se curó a sí mismo.

Si crees profundamente que puedes sanar, sanas. Realizas todo lo que decides con fe.

Si te propones ser lúcido en tus sueños y tener una unidad entre el estado de vigilia y el del sueño, y lo logras, ¿quién te dice que un día no podrás atravesar la muerte para disolverte en esta luz en la cual te debes disolver?

Cuando eres capaz de detener el pensamiento al cesar el discurso interior y al hacer el vacío en tu espíritu, te vuelves capaz de escuchar. En ese momento eres capaz de morir, ya que detienes la dualidad y la conciencia de ti.

Si soy capaz de morir, no muero. Eso que en nuestro miedo pensamos que es la muerte, en realidad corresponde a un suicidio. No conocemos la flor, el loto que se abre para recibir al diamante, el cuerpo que se abre para ser inseminado para la eternidad.

«¿Crees esto?» «Sí, Señor», respondió ella, «creo que tú eres el Cristo, el Hijo de Dios, Aquel que viene al mundo».

En la carta El Mundo, las cuatro partes son representadas. Tenemos el Oro: el cuerpo, el animal de color carne; el Basto: el sexo, el león; la Espada: el intelecto, el águila; y la Copa: el corazón, el ángel. En el centro se encuentra el andrógino. Cuando crees, el andrógino viene al mundo: viene a tu ser entero.

Realizas El Mundo cuando aceptas tus cuatro días de putrefacción a fin de que tus cuatro partes se conviertan en una unidad. No puedes continuar teniendo el intelecto, lo emocional, los deseos y las sensaciones corporales separados unos de otros. Tus centros deben estar unidos para que cada vez que actúas, ellos actúen en concierto, de modo equilibrado.

Habiendo dicho esto, fue y llamó a María su hermana, diciéndole en secreto: «El Maestro está aquí y te llama».

«El Maestro está aquí.» Es el andrógino de la carta El Mundo. Él te llama. Tienes un Maestro interior y es necesario obedecerlo. Marta ha pasado de la duda, de la rabia, del rencor, a la fe. Se ha dejado convencer.

A estas palabras, María se levantó inmediatamente y fue hacia Él. Jesús todavía no había entrado en la aldea, sino que estaba en el lugar donde Marta lo había encontrado.

Cristo quiere que las dos hermanas, la duda y la fe, estén presentes para que Él pueda producir el milagro. Es como si dijera «¡Dejad de analizar, entrad en el corazón o de otro modo no realizaremos ninguna obra! Para realizarla, la duda y la fe deben entrar juntas en la acción».

Los judíos estaban con María en la casa y procuraban consolarla.

Esta María se halla en el pasado, en su vieja tradición. Marta, la duda, se ha transformado en fe. Al mismo tiempo María, la fe, en contacto con los tradicionalistas, se ha dejado convencer y ahora es toda duda.

La vieron levantarse deprisa para salir, y la siguieron...

Desde el momento en que pierdes la duda y comienzas a actuar, toda la tradición comienza a agitarse. Tu árbol genealógico, tu vieja vida pasada, tus padres, hermanos y hermanas, tus pensamientos, el mundo entero se moviliza porque todos se aferran a ti.

Cuando sufres, las personas que te consuelan no te curan: te tratan bien para mantenerte en tu sufrimiento, Así, la podredumbre continúa pero es una corrupción bien acompañada. De una descomposición a otra, se intercambian palabras de consolación. Las personas se consuelan mutuamente y se dan compañía. No quieren cambiar: sólo quieren estar acompañadas.

...figurándose que iba al sepulcro a llorar ahí.

Es, pues, para darle compañía en su sufrimiento que la siguen.

Cuando María llegó al lugar donde estaba Jesús, al verlo, se postró a sus pies y le dijo: «Señor, si hubieses estado aquí, mi hermano no habría muerto». Cuando los vio llorando, a ella y a los judíos que la acompañaban...

Todos los que iban a lapidar a Cristo se detienen y se lamentan con María.

Cuando entre todas tus partes que no creen, una de ellas empieza a creer, se convierte en un faro para todas las demás y las arrastra a seguirla. Si comprendes en primer lugar con el intelecto, todo el resto sigue. Si comprendes con el corazón, o con el sexo, o con el cuerpo, el resto sigue y el cambio se produce.

Cuando los vio llorando, a ella y a los judíos que la acompañaban, se estremeció interiormente y se conmovió.

¡Increíble que María, la de la gran fe, haya sido capaz de flaquear y dejarse convencer por los que dudan!
Cristo se dice «¡Oh, los seres humanos están todavía en *esto*!».
Cuando has realizado un progreso espiritual y atraviesas la ciudad, ¿no te estremeces al ver a los seres todavía en *esto*? La publicidad todavía en *esto*. La televisión todavía en *esto*. Las personas que no comparten, que explotan a los otros, que hacen sufrir y que hacen padecer hambre al mundo, todavía en *esto*. Si te estremeces, estás en la posición de Cristo.
Jesús se estremece porque siente la cólera surgir en él, pero no la expresa.

Él dijo: «¿Dónde lo depositasteis?». Le respondieron: «Señor, ven y ve».

Esto es formidable: responden todos juntos. Los judíos, que presumiblemente debían lapidarlo, no lo hacen e incluso lo llaman «Señor» y agregan «Ven y ve».

Cuando Cristo interroga «¿Dónde lo depositasteis?», su pregunta no permite ninguna tergiversación. Es de una autoridad absoluta. Si éste no fuera el caso, lo matarían.

Tú mismo, cuando crees profundamente en lo que sabes, lo afirmas sin la menor duda. Emana de ti una autoridad sin falla, que en nada hace dudar al otro.

Ante esta inmensa autoridad, los judíos rompen de inmediato con su tradición, ya que le responden «Señor». Estos judíos son capaces de respetar a una persona a la que antes querían lapidar. Démonos cuenta de cuán grande es el espíritu de quien respeta a ese mismo individuo al que quería matar apenas unos minutos antes porque era blasfemo. En cuanto los judíos ven su belleza, ponen toda la tradición de lado y le dan una oportunidad.

–¿Dónde lo depositasteis?
–Señor, ven y ve.

Entonces Jesús lloró.

Él llora de emoción porque ve la belleza de estos seres capaces de romper con la tradición. Ellos han dado el primer paso. Al fin el muro ha comenzado a ceder. Cristo tendrá testigos para que su crucifixión y su resurrección puedan pasar a la historia.

Si estos judíos no le hubieran creído, no habría habido crucifixión porque lo habrían lapidado. Cristo no hubiera podido finalizar su obra: habría muerto antes de tiempo. Su mensaje no habría pasado.

Ahí Cristo llora porque sabe que va a cumplir su misión y que un día, en algún sitio, ciertos seres de entre nosotros la realizarán.

Cristo sabe que, en alguna parte de nosotros, cuando el muro se derrumbe lloraremos de emoción, y que la alegría aparecerá en cuanto estemos seguros de que nos realizaremos. Es en ese instante cuando la eternidad aparece.

Entonces Jesús lloró. Dijeron los judíos: «¡Mirad cómo lo amaba!».

Se engañan: no comprenden lo que estremece al Cristo. Piensan que llora por amistad hacia Lázaro.

Pero algunos de ellos dijeron: «El que abrió los ojos al ciego, no ha sido capaz de impedir la muerte de Lázaro».

Lo juzgan sin saber lo que pasa en su espíritu. ¿Cómo se puede juzgar a un ser a partir de un acto?
Cuando éramos niños, juzgábamos a nuestros padres y a los otros seres a partir de un acto. En nuestra mentalidad infantil, nuestros juicios eran rápidos y simplistas. Decíamos de uno o de otro «No me ama» pero no veíamos el inmenso sufrimiento que existía en el alma de estos seres que no nos daban amor. No sabíamos que estos seres no nos amaban porque no aprendieron a amar, en tanto que ellos mismos no fueron amados. No sabíamos que ellos vivieron en una sociedad en la cual se les decía que era indispensable *tener* para *parecer*, para comunicarse y ser aceptados.

Entonces Jesús se estremeció de nuevo interiormente, y se dirigió al sepulcro.

Cuando dicen que dejó morir a Lázaro, Cristo se estremece pero no responde. Sabiendo dónde se encuentra el sepulcro, deja a todos atrás y se dirige a ese sitio. Va directamente a actuar.

Era una cueva que tenía una piedra recubriendo la entrada.

¿Qué significa esta piedra? «Sobre esta piedra, construiré mi iglesia.»
Tu trampa, tu sufrimiento, tus recuerdos dolorosos, los personajes que te han hecho mal y que acarreas todavía, forman la piedra que te retiene en la tumba. Cuando la abras, renacerás y en seguida utilizarás esta piedra como altar para el templo. Es decir que tu sufrimiento se convertirá en el motor central de tu liberación. Tu trampa será tu fuerza.

Esto se percibe con toda claridad cuando se estudian los árboles genealógicos. Al principio, cuando una persona comienza a hablar de su familia, uno diría que todos los miembros de ésta eran terribles. Luego, cuando esa persona comienza a perdonar, se da cuenta de que eran bases de su espíritu, y de que esa piedra que lleva es el alimento, el petróleo, el átomo energético que la hará vivir.

Todo lo que hemos vivido, todos nuestros sufrimientos, incluso un parto doloroso, todo es esa piedra que obtura la salida y nos impide nacer al espíritu. En seguida, ella se convierte en la leña para nuestro fuego.

Jesús dijo entonces: «Quitad esta piedra».

Habían dicho «No ha sido capaz de impedir la muerte de Lázaro» y él dice «Quitad esta piedra».
Es su única respuesta.
«¡Quitad esta piedra! ¡Venid y enfrentad el misterio! ¡Asumidlo!» Bien pueden responderle «¡Pero yo no puedo enfrentar a mi diablo! No puedo ver mis deseos ocultos, mis incestos, mis núcleos homosexuales, mis núcleos sadomasoquistas, mi egoísmo, mi inmensa demanda y mi incredulidad, mi pereza, mi miedo, mi angustia...».
«¡Ve! ¡Quita la piedra!» «¡Pero...!»

Marta, la hermana del difunto, le dijo: «Señor, ya debe apestar, porque hace ya cuatro días»...

¡Así pues, apesto! Es por esta razón que tengo tanto miedo de verme. Retirar la piedra es vernos en nuestra mediocridad, impotencia, egoísmo, en ese delirio de grandeza que enmascara a nuestro complejo de inferioridad. No nos amamos. Ante la inmensidad del universo nos asumimos como basuras.

Cuando abrimos la cueva, debemos ser capaces de hacer la limpieza. A veces las personas se suicidan porque se ven tal como están y no lo aceptan.

Pero Jesús le respondió: «¿No te he dicho que, si crees, verás la gloria de Dios?».

Si crees y retiras la piedra, no tengas miedo. En ti, tras toda tu descomposición y tu miedo, verás la gloria de Dios. Verás la luz, la joya que portas. Para ello hay que creer, o de otro modo permanecerás en la podredumbre.

Entonces quitaron la piedra. Y Jesús alzó los ojos y dijo: «Padre, gracias te doy por haberme atendido».

Se dice «Jesús alzó los ojos». Es curioso. Como dije en otra ocasión, no veo al Cristo, con el grado de conciencia que posee, alzar los ojos, dirigirse al cielo y decir «Gracias, papá, por haber hecho lo que te pedí». Es impensable.

De hecho, no levanta toda la cabeza sino únicamente los ojos, hasta que sus pupilas desaparecen tras las órbitas.

Así, mira en lo más profundo de sí mismo. Se dirige al interior y no al exterior.

Pienso que es esto lo que debió suceder porque no imagino a Cristo dirigiéndose al cielo. Dios no está más en lo alto que en lo bajo.

Él está en todo nuestro ser. En nosotros no hay un solo punto en donde no esté. Se halla en nuestro cuerpo completo. Resulta indispensable, pues, dejar de buscarlo en el exterior.

...y dijo: «Padre, gracias te doy por haberme atendido. De cierto, yo sabía que siempre me oyes; pero lo dije por causa de la multitud que me rodea, para que crean que Tú me has enviado».

«Hablo a causa de esta multitud. Manifiesto mi plegaria pero, en el fondo, mi plegaria es interior.»

El Cristo ya ha dicho que la plegaria se realiza sin palabras. La plegaria de corazón no tiene ninguna necesidad de ellas. No tenemos nada que pedir al Padre porque Él conoce exactamente aquello de lo que tenemos necesidad. Nada tenemos, pues, que decir. Nos basta con sumergirnos con fe en nuestro Dios interior. Desde el momento en que *pedimos* algo, es porque queremos parecer y tener.

Y habiendo dicho esto, clamó a gran voz: «¡Lázaro, ven fuera!».

Durante algunos segundos, hay que imaginar con qué voz Cristo dice «¡Ven fuera!». Hasta ahora, se nos ha presentado siempre a un Cristo dulce y no violento. El único acto de violencia que ha realizado consistió en volcar las mesas de algunos vendedores de palomas. No ha mostrado su pleno poderío. Por el contrario, cuando exclama «¡Lázaro, ven fuera!», el grito que lanza es tan fuerte que un hombre cuyo cuerpo está descomponiéndose tras cuatro días de haber muerto, lo obedece.

El Cristo reúne todo su cuerpo, toda su sexualidad, todo su amor, todo su intelecto, toda su piel, todas sus vísceras, toda su memoria, todo su ser... Remonta el tiempo, pasa por toda la memoria de la humanidad pasa por todo el universo, toma la fuerza completa de toda la materia, la fuerza del cosmos, y llega a lo que está en él: el Padre. Cristo está en el Padre y el Padre está en Cristo. Llega a su Padre que es omnipotente, inconmensurablemente más poderoso que millones de bombas atómicas, y es entonces cuando profiere «¡Ven fuera!». Su grito es lanzado por cada una de sus células, por cada uno de sus átomos. Es un universo completo, es la fuerza extrema la que ha lanzado este grito.

En ese momento, el muerto –ese muerto que eres desde tu nacimiento por falta de amor y de fe–, esa carne en trance de descomposición, se pone a temblar y se levanta. El mandato es tan fuerte que, como veremos, Cristo saca la luz de la oscuridad.

«¡Lázaro, ven fuera!» Y el que había muerto salió, atadas las manos y los pies con vendas, y el rostro envuelto en un sudario. Jesús dijo a la gente: «¡Desatadlo, y dejadlo salir!».

De golpe, en ti surge el nuevo ser que eres, pero está sujeto por ataduras. Toda tu vida has luchado para cambiar, para volverte tú mismo, para encontrar tu libertad, y de súbito sales, pero estás atado. Esto quiere decir que una vez que te realizas, para verdaderamente vivir lo que eres, es indispensable que todas tus demás partes no tengan miedo de ti y que te acepten.

Si las personas a quienes Cristo pide «¡Desatadlo!», no

osan aproximarse por miedo y asco, jamás lo desatarán y Lázaro no podrá caminar. Al nuevo ser, Cristo no le pide solamente que salga: insufla tú también la valentía a todas tus partes a fin de que ellas te desaten. La mente, desligándose de caducos pensamientos, debe aceptar los nuevos, aquellos basados en la inexistencia de la muerte, que es sólo cambio. El centro emocional debe desligarse de los sentimientos egoístas para entregarse al amor por la humanidad. El centro sexual debe desprenderse de su animalidad y poner sus deseos al servicio de los designios divinos. El cuerpo debe cesar de intoxicarse, y entonces confundirse con la inmortal materia universal.

Liberado, Lázaro aparece como un ser completamente recreado y renovado por el Cristo. Es como el nuevo ser liberado en ti. Posee total conocimiento de la nada. Es un ser completo que ha obedecido a la orden del Padre, del Espíritu Santo y del Hijo, y cuya carne se ha purificado como la de la Virgen.

En mi opinión, Lázaro es ese hombre inmortal del que hablan ciertos mitos. Aún vive en nuestro planeta. Si aceptamos esta historia, debemos creer que su carne es eterna como la de la Virgen María. Lázaro ya no puede morir porque, para él, la muerte no existe.

En alguna parte de nosotros, en nuestra carne, existe una inmortalidad. Hay que vivirla.

Para que la orden de Cristo sea entendida, hace falta que el propio Cristo penetre hasta el fondo de la materia podrida. Es por ello que la alquimia habla del «cuervo», es decir la podredumbre primera, generadora. Todo el proceso alquímico no es sino una descripción oscura de lo que está claramente dicho en la resurrección de Lázaro.

En seguida, las personas presentes, llenas de entusiasmo, van a relatar el milagro. A partir de ese momento se ordena la muerte de Cristo porque Él ha hecho lo que un hombre no puede permitirse. Ha roto con toda su tradición. Ha dado la libertad. La resurrección de Lázaro es el motivo esencial que está en la base de la crucifixión.

18

Proemio

Con la crucifixión abordaremos numerosos temas. Para el primero, nos será necesario elegir entre la versión que comparten tres evangelistas y la divergente del cuarto de ellos.

En este estudio no se niega la veracidad de los Evangelios: se los acepta al pie de la letra. «Interpretar» no quiere decir transformar un texto ni ponerlo en duda. Es aceptarlo sin cambiar una coma ni un punto sobre una «i». Ahora bien, aquí tres evangelistas afirman que el Cristo no cargó la cruz y uno dice lo contrario. ¿Dónde está la mentira y dónde la verdad?

Uno de los temas será mostrar que Cristo no cargó la cruz. Debemos comprender que es un aspecto muy importante: se nos ha habituado tanto a ser crucificados, a morir en medio del sufrimiento y del horror...

Ahí veremos que el Cristo muere como un Maestro. No pasa por el martirio de cargar la cruz y no muere en la angustia y el dolor. Otorga su vida en plena conciencia porque así lo quiere. Muere como un guerrero, como un ser triunfante. Es un león que ofrece su vida para dar una lección al mundo. Es verdaderamente el don de sí en plena conciencia y no el caso de una víctima sufriente.

Los intérpretes erróneos del texto sagrado no cesan de anclar y grabar en nuestras vidas que es necesario sufrir y cargar nuestra cruz como el Cristo crucificado. Hemos sufrido durante generaciones enteras por esta causa, y aún continúan predicándonos el sacrificio y la culpabilidad.

Estos intérpretes erróneos se apoyan en afirmaciones como la registrada en Lucas 9:23, donde Cristo dice:

«El que quiera venir en pos de Mí, niéguese a sí mismo, cargue cada día con su cruz y sígame».

Pero ¿qué significa esto en lo profundo? «El que quiera venir en pos de Mí»: el que quiera entregarse a su ser esencial. «Niéguese a sí mismo»: debe cesar de identificarse con su Ego, su yo individual. «Cargue cada día con su cruz»: debe vivir en el presente, punto donde se *cruza* el tiempo con el espacio, el *ahora* con el *aquí*. «Y sígame»: para entregarse al éxtasis de vivir. Cristo y éxtasis de vivir son una misma cosa.

Veremos que, según los evangelistas –y en esto los cuatro están de acuerdo–, la virginidad de María se detiene con el nacimiento de Cristo. Es un tema todavía más delicado que el precedente porque muestra que la deificación de la mujer sexualmente inhibida es por completo enferma. Una mujer que no vive su sexualidad no puede ser venerada. Los cuatro evangelistas concuerdan en este punto: la virginidad no es lo que nos han dicho.

Otro tema que abordaremos es la personalidad de José de Arimatea, el hombre que desclava al Cristo de la cruz y lo entierra. ¿Quién era? Sugiero que este José era José el carpintero, que no había muerto. Es hermoso imaginar que es él quien colocó a Cristo en el sepulcro. Más adelante profundizaré en el interés que reviste esta sugerencia.

Veremos también la importancia de Judas Iscariote y lo revalorizaremos.

Cristo y la Pasión

Mateo, en el capítulo «Jesús es crucificado» (27:32-44), comienza el relato de la crucifixión diciendo:

Cuando salían, hallaron a un hombre de Cirene que se llamaba Simón; a éste obligaron a que llevase la cruz de Jesús. Y cuando llegaron a un lugar llamado Gólgota, que significa Lugar de la Calavera, le dieron a beber vino mezclado con hiel...

Marcos confirma completamente la versión de Mateo y añade que Simón de Cirene es el padre de dos muchachos, Alejandro y Rufo.

Según lo que dice Mateo, los soldados que custodian a Jesús salen de un edificio, y entonces llaman a Simón de Cirene y le ordenan que cargue la cruz; una vez que lo hace, parten todos hacia el Gólgota. ¿Qué significa esto? ¿Mateo está delirando? Veamos lo que dice Marcos (15:20-23):

> Después lo sacaron para crucificarlo. Y obligaron a que le llevase la cruz a uno que pasaba y que venía del campo, Simón de Cirene, padre de Alejandro y de Rufo. Y lo llevaron a un lugar llamado Gólgota, que significa Lugar de la Calavera. Y quisieron darle a beber vino mezclado con mirra, mas él no lo tomó.

¡Cristo, pues, no cargó la cruz!
¿Qué dice Lucas (23:26-28) al respecto de este tema?

> Y llevándolo, tomaron a cierto Simón de Cirene, que venía del campo, y le pusieron encima la cruz para que la llevase tras Jesús. Y lo seguía gran multitud del pueblo, y de mujeres que se golpeaban el pecho y se lamentaban por Él. Jesús se volvió hacia ellas y les dijo...

En la versión de Lucas, podemos muy bien imaginar al Cristo avanzando en plena conciencia delante de Simón de Cirene, que carga la cruz. La multitud lo sigue y Cristo se vuelve hacia las mujeres que se lamentan por Él. No carga la cruz. La dignidad es el término que mejor caracteriza a su avance silencioso entre la multitud.

¿Qué queda entonces de todas estas ideas que nos han metido en la cabeza desde hace siglos? ¿Por qué debemos nosotros cargar nuestra cruz y sufrir? ¿Dónde está la cuestión del manto de Verónica, donde una púdica doncella enjuga sólo el rostro del Señor y no todo su cuerpo? El camino de la cruz con sus estaciones no se menciona una sola vez. ¿De dónde salió, pues, una historia como ésa? ¿Y por qué debemos creer en ella? Tres de cuatro evangelistas expresan muy claramente que Cristo no cargó la cruz, e incluso el cuarto, Juan (19:16-18), no evoca sino una sola vez el camino de la cruz:

> Tomaron, pues, a Jesús, y lo llevaron. Y Él, cargando su cruz, salió y fue al lugar llamado de la Calavera, que en hebreo llamamos Gólgota. Y ahí lo crucificaron...

Lo que no me gusta es que Juan dice que el Cristo efectivamente cargó su cruz. Sea lo que sea, incluso si la cargó, no vivió su calvario según la leyenda. No mostró ningún signo de debilidad: no cayó de rodillas, nadie le secó el sudor del rostro. Sabía y quería lo que iba a pasar. Hemos visto que resucita a Lázaro para acarrearse una sentencia de muerte. Él mismo envía a Judas a denunciarlo, diciéndole «Lo que vas a hacer, hazlo pronto» (Juan 13:27). Cristo anuncia numerosas veces que ha de beber su copa, y así lo precisa Lucas en el capítulo llamado «Inminencia de la prueba».

Inminencia de la prueba
(Lucas 22:35-37)

> Y a ellos [sus discípulos] dijo: «Cuando os envié sin bolsa, sin alforja y sin sandalia, ¿os faltó algo?».

«Sin bolsa ni alforja ni sandalia.» Dicho de otro modo: en estado de pureza total. «Sin bolsa»: intelecto puro. «Sin alforja»: corazón puro. «Sin sandalia»: cuerpo puro.

> Ellos respondieron: «Nada».

No tenían dinero para alimentarse; no tenían nada y, sin embargo, nada les faltó.

> Él les dijo: «Ahora, por el contrario, el que tiene bolsa, tómela, y también la alforja; y el que no tiene espada, venda su capa y compre una».

Una pobre víctima ¿se expresaría así?

«¡Que el que tenga una bolsa, la tome!» Ahora hará falta emplearla. No se trata de ser pobre: se trata de poner todos los bienes en acción, sean muchos o pocos. *Cuando tenemos nada, nada nos falta.*

«Porque os digo que es necesario que se cumpla en mí aquel texto de la Escritura: "Y fue contado entre los malhechores"; porque lo que me concierne, será cumplido.»

¿Cuál es ese texto de la Escritura al que Cristo hace referencia? Es el oráculo del Siervo de Dios (Isaías 53:1-12). He aquí lo que se dice:

¿Quién, pues, ha creído en lo que hemos anunciado? El brazo del Señor, ¿en favor de quién se ha revelado?

> Ante Él, reverdecerá como un renuevo,
> Como una raíz saliendo de tierra seca;
> No tiene aspecto, ni la prestancia para que lo notemos,
> Ni apariencia como para poder buscarlo.
> Despreciado, hecho de lado por los hombres,
> Hombre de dolores, familiar del sufrimiento,
> Como ante el cual se esconde el rostro;
> Fue despreciado y no lo estimamos en modo alguno.
>
> Ciertamente, son nuestros sufrimientos los que Él llevó,
> Son nuestros dolores los que ha soportado,
> Y nosotros lo tuvimos por castigado,
> Por golpeado de Dios y humillado.
>
> Mas Él fue deshonrado por nuestras revueltas,
> Molido a causa de nuestras perversidades:
> La sanción, prenda de paz para nosotros,
> Fue sobre Él, y en sus heridas se hallaba nuestra curación.

Se trata, evidentemente, de una descripción de Cristo. De sus heridas no nace una fuente de sufrimiento: nos enseña que son injustas y que hay que padecerlas con tal fuerza espiritual, que ellas se transformen en puertas por donde la Conciencia entre en nuestro mundo.

> Todos nosotros, como pequeño ganado, éramos errantes,
> Nos volvíamos cada quien hacia su camino,
> Y el Señor ha hecho retumbar sobre Él
> La perversidad de todos nosotros.
> Brutalizado Él y humillado, no abrió la boca,
> Como un cordero fue arrastrado al matadero,
> Y como una oveja ante los que la trasquilan
> Enmudeció: no abrió la boca.

Es por esta razón que Cristo no abrirá la boca ante Pilatos. No tratará de defender su vida porque sabe que su Espíritu es inmortal y no teme a esa transformación llamada muerte.

> Al presidio, al juicio fue llevado,
> Y de su generación, ¿quién se preocupará?
> Porque fue cortado de la tierra de los vivientes,
> Y a causa de la revuelta de mi pueblo, el golpe cayó en Él.

> Se dispuso entre los malvados su sepultura,
> Mas entre los ricos fue su tumba;
> Aunque no cometió violencia
> Ni tuvo fraude en su boca.

> Mas, Señor, que con esto quisiste quebrantarlo
> Oprimiéndolo por el sufrimiento,
> Dígnate hacer de su persona un sacrificio de expiación;
> Y que Él vea una descendencia, que prolongue sus días,
> Y que el buen gozo del Señor por su mano acontezca.

> Habiendo pagado con su persona,
> Verá una descendencia, será colmado de días;
> Tan pronto conocido, justo, dispensará la justicia,
> Él, mi Siervo, a beneficio de las multitudes,
> De tal modo que él mismo soporte sus perversidades.
> Desde entonces labraré su parte en las muchedumbres,
> Y es con miríadas que constituirá su parte de la cosecha,

Porque se ha despojado hasta la muerte
Y con los pecadores se dejó empadronar,
Porque ha portado las faltas de las muchedumbres
Porque, para los pecadores, Él vino a interponerse.

El Cristo anuncia que, de conformidad con el oráculo de Isaías, habrá de entregarse a la muerte. Esto no me dice que sea una víctima: sabía perfectamente que se iba a sacrificar por los otros. Lo dice con plena claridad, pero de un modo oculto, al hacer una cita bíblica ante las personas que conocen a la perfección el Libro: «Porque os digo que es necesario que se cumpla en mí aquel texto de la Escritura: "*Y fue contado entre los malhechores*"».

¡El Cristo no llegó a la Pasión impotente y angustiado! Sabía exactamente lo que pasaría. Así lo quiso y lo vivió como un guerrero.

María

Cuando leemos el pasaje de la crucifixión, se nos precisa por segunda vez que María tuvo hijos después del nacimiento de Cristo. He señalado antes que en realidad no importa si los tuvo o no, puesto que se trata de un símbolo, y el símbolo de la Virgen es lo que me interesa. Mas si hemos de seguir el mito al pie de la letra, hay una primera ocasión en que esto se menciona: cuando el Cristo enseña en una sinagoga y sus oyentes se plantean preguntas sobre él (Marcos 6:1-3):

El día de sabbat se puso a enseñar en la sinagoga. Sacudidos de asombro, los numerosos oyentes decían: «¿De dónde viene? ¿Y cuál es esta sabiduría que ha recibido cuando incluso milagros se hacen por sus manos? ¿No es el carpintero, el hijo de María y el hermano de Santiago, de José, de Judas y de Simón? ¿Y no viven sus hermanas aquí entre nosotros?».

María no permanece, pues, virgen: ¡el Cristo tiene cuatro hermanos, Santiago, José, Judas y Simón, y también algunas hermanas! Alguien podría decirme que se trata de una mala interpretación y que debe tomarse la palabra «hermano» en el sentido de «camarada», pero esto no me convencerá pese a todo. En primer lugar, porque se reitera durante la Pasión según Mateo y Marcos:

> Estaban allí muchas mujeres mirando de lejos, las cuales habían seguido a Jesús desde los días de Galilea sirviéndolo; entre ellas se encontraban María de Magdala, María la madre de Santiago y de José, y la madre de los hijos de Zebedeo. [Mateo 27:55-56]

> Cuando pasó el sabbat, María de Magdala, María, madre de Santiago, y Salomé, compraron especias aromáticas para ir a ungirlo. [Marcos 16:1]

María es definida como la madre de Santiago. Ya no puede negarse: los Evangelios nos dicen que después del Cristo, María tuvo otros niños.

Podemos meditar sobre este punto. Ello cambia todas las viejas concepciones de nuestras abuelas que prohibieron el orgasmo durante generaciones deificando a una mujer frustrada en el nivel del sexo. Estas concepciones nada tienen que ver con el Evangelio, que sugiere que después de haber cumplido su obra, consistente en alumbrar a Dios, no había nada más puro y más bello para María que concebir hijos con un ser humano.

¿En qué modo el acto de hacer el amor y procrear puede suprimir la santidad de una mujer? ¿Por qué una santa debería tener telarañas en la vagina? Esto no es una prueba de santidad sino más bien el fruto de una concepción enferma. Las mujeres deberían rebelarse: es un atentado, un insulto para ellas. Mientras consideremos que una mujer carente de relaciones sexuales y que un hombre castrado –es decir, permanentemente casto– se hallan en estado de santidad, habrá siempre guerras. El sacrificio de lo sexual es una enfermedad. ¡Jamás se ha tratado de esto en el Evangelio!

Si la Virgen tuvo hijos, ¡ello lo cambia todo! Podemos muy bien, pues, entregarnos a la energía divina y aceptar el placer sexual sin pensar que equivale al diablo, a la suciedad y al horror.

Puedo perfectamente venerar a una mujer que ha tenido varios hijos, y me parecería asesino el decir que por ello ya no puede ser santa. ¡Que no nos cuenten historias! ¡Hay que rebelarse ahora mismo! Y también hay que rebelarse cuando nos dicen que un padre de familia no puede alcanzar la santidad. No es posible: afirmarlo nos lanza a la guerra y a la destrucción de la humanidad. El celibato enferma al ser humano.

José
(Lucas 23:50-53)

Entonces surgió un hombre llamado José, miembro del concilio, varón bueno y justo; y no había consentido ni en el designio de ellos [los jueces de Jesús] ni en sus actos. Originario de Arimatea, ciudad judía, esperaba el Reino de Dios. Este hombre fue a Pilato, y pidió el cuerpo de Jesús. Lo descendió de la cruz, lo envolvió en un sudario, y lo depositó en una tumba abierta en la piedra, donde aún no se había puesto a nadie.

¿Por qué este José, que es un hombre *bueno y justo*, no sería José, el padre de Jesús, que llega a enterrar a su hijo? Al principio de este estudio, hemos visto que la esencial característica de José es precisamente que se trata de un hombre justo.

Sé que es una interpretación muy personal, pero me gusta pensar que el Cristo tiene un padre; que éste se llama José; que jamás lo abandonó y que en el momento de su muerte estaba presente de un modo sutil y secreto: disfrazado. Es él quien lo desclavó de la cruz y lo amortajó.

Este hombre humilde y justo, que vio crecer al Hijo de Dios, que le permitió expresarse sin aplastarlo, que estuvo a su servicio hasta su muerte, este hombre maravilloso procreó con la Virgen. Hemos establecido el hecho de que era un hombre tan joven como María: en ninguna parte del Evangelio se dice que fuera un anciano.

Imagino, pues, que era un hombre joven y extraordinario. Vio a la Virgen y la respetó, esperando a que ella se realizara. En seguida, con la presencia del niño divino en la casa, José y María se realizaron juntos.

¿Habría permitido Dios que el hombre que ha salvado varias veces la vida de Cristo, que lo llevó a Egipto, que lo educó, pudiera morir insatisfecho sin que su amor fuera totalmente realizado?

Es indispensable dejar de ver a la Virgen como una mujer sexualmente inhibida, y decidirse a verla como un ser normal que ofrece a Dios su intelecto, su corazón, su sexo y su cuerpo. Ser un místico no significa ser un frustrado sexual. Abandonemos la creencia de que el orgasmo es un pecado diabólico y de que la frigidez equivale a la santidad. ¡Dejemos este juego idiota! Ya no nos corresponde: los tiempos han cambiado.

Judas
(Mateo 27:3-10)

Otro punto en el que quiero profundizar, en torno al tema de la crucifixión, es la personalidad de Judas Iscariote. Ya se ha hablado bastante mal de él y su nombre se ha convertido en sinónimo de traidor abominable; sin embargo, cuando leemos a Mateo nos damos cuenta de que ello no está justificado.

Entonces Judas, que lo había entregado, viendo que Jesús era condenado, fue presa de remordimientos y devolvió las treinta piezas de plata a los grandes sacerdotes y a los ancianos, diciendo: «Yo he pecado entregando sangre inocente». Mas ellos dijeron: «¿Qué nos importa a nosotros? ¡Es asunto tuyo!». Y salió, arrojando las piezas de plata al lado del santuario, y fue y se ahorcó.

Es muy bello: Judas reconoce su falta y devuelve el dinero. Como los sacerdotes no quieren recibir estas piezas de plata, Judas salta sobre el rechazo de los sacerdotes y ancianos y lanza el dinero hacia el santuario para que sea bendito.

Los grandes sacerdotes tomaron el dinero y dijeron: «No es lícito echarlas en el tesoro, porque es el precio de la sangre». Y después de tener concilio, compraron con esta suma el campo del alfarero para la sepultura de los extranjeros. He ahí por qué, hasta el día de hoy, este campo se llama «Campo de sangre». Así se cumplió lo dicho por el profeta Jeremías: «Y tomaron las treinta piezas de plata: es el precio de aquel que fue tasado, de aquel que tasaron los hijos de Israel; y las dieron para el campo del alfarero como el Señor me lo había ordenado».

Ese dinero sirvió para la sepultura de extranjeros, de pobres diablos que murieron lejos de sus casas sin medios para comprar una sepultura. Las piezas de plata hicieron, pues, el bien a la humanidad. ¡Que Judas descanse en paz! No era un canalla: jugó el juego para que se cumplieran las profecías, la de Jeremías y todas las demás. Sin Judas, Jesús no habría triunfado, puesto que su triunfo pasa por la crucifixión. Judas debe ser venerado. Es un bello personaje. Deberíamos dedicarle iglesias, como también deberíamos dedicarlas a José. Comprendamos bien que Jesús obligó a Judas a traicionarlo. Más bien, le dio la sagrada misión de traicionarlo. Y Judas obedeció transido de dolor.

La Pasión y la Crucifixión

La crucifixión tiene lugar en el Gólgota, palabra que –como hemos visto– equivale a «Montaña del Cráneo» o «Lugar de la Calavera». Es una probable alusión a la forma de la roca, que recordaba la de un cráneo humano.

En las leyendas de la Santa Cruz, que provienen de la Edad Media, se da un origen a la cruz de Cristo.

Ahí se dice que cuando Adán muere fuera del paraíso, uno de sus hijos va precisamente al Edén y corta una rama del árbol de la vida. En seguida regresa al lado de Adán e inserta la rama en el cuerpo de éste metiéndola por la boca. La rama produce un árbol, y de este árbol se hace una viga. Cuando Salomón construye el templo le dan esta viga, pero él no puede utilizarla porque es demasiado grande, o bien demasiado pequeña, y no quiere cortarla. Decide hacer un puente con ella. Cuando la reina de Saba acude a verlo, se niega a cruzar el puente porque no quiere poner sus pies sobre esta madera sagrada. Entonces Salomón manda enterrar la viga y de ahí surge una fuente. Según la leyenda, con esa viga se construyó la cruz en la cual Cristo fue crucificado. Es sin duda una hermosa leyenda.

Pienso que el «lugar de la calavera» es una alusión al cráneo de Adán. Cuando es crucificado el Hombre con mayúscula, es decir, el Cristo, es decir, el mito, ¿dónde podría suceder esto sino en medio de la humanidad? Y este *medio* es el cráneo de Adán. Al decir que Jesús llega al Gólgota, o sea al «lugar del cráneo», se afirma que llega al comienzo del error. Es ahí que la cruz saldrá: en mitad de la cabeza, en el chakra de mil hojas llamadas Sahasrara. Crecerá de la cabeza de Adán.

El Cristo es el nuevo Adán. Viene a remontar toda la caída de Adán. A partir del Gólgota, hará un eje entre el origen de la humanidad y el momento en que ésta llegará a abrirse a su más grande estado de conciencia. Por la crucifixión, un ser humano (el Cristo lo es: se ha encarnado) llegará al más alto nivel de conciencia de todos los tiempos. Si aceptamos el mito, jamás habrá una toma de conciencia más grande que la suya. La única que podrá ser comparable tendrá lugar cuando todos los seres humanos despierten a la conciencia colectiva y cuando el Espíritu Santo aliente a través de cada uno de nosotros.

Mientras esperamos que esto suceda, veamos su toma de conciencia. Vamos a describir el mayor grito de conciencia que un ser humano –Dios encarnado– ha proferido. Un día en nuestra vida debemos llegar al Gólgota y lanzar este grito. Es decir que un día, por nuestra propia voluntad, debemos sobrepasar todo nuestro pasado y crucificar a nuestro yo que tanto conocemos. Es necesario entregar nuestra vieja personalidad y, con una voluntad absoluta, lanzar un grito y morir en nosotros para convertirnos en seres cósmicos y eternos.

En este grito de conciencia, el sufrimiento no tiene ningún sitio. Recordemos este versículo de Marcos (15:23):

Y quisieron darle a beber vino mezclado con mirra, mas Él no lo tomó.

El vino mezclado con mirra era una bebida adormecedora.

En Mateo se trata de vino con hiel, que también posee virtudes calmantes. Así pues, antes de clavarlo en la cruz querían darle un sedante para mitigar el dolor, pero Él lo rechazó. Y no lo hizo porque la bebida fuera mala, sino porque no quería estar anestesiado: quería darse en plena conciencia a este acto voluntario y necesario para toda la humanidad.

Lo crucificaron, y [los soldados] repartieron entre sí sus vestidos, echando suertes para saber qué se llevaría cada uno. [Marcos 15:24]

«Repartieron entre sí sus vestidos, echando suertes», es una referencia al Salmo 22, versículo 18 («Reparten entre sí mis vestidos, y sobre mi ropa echan suertes»). Y no es la única.
En Mateo (27:46) y Marcos (15:34), Cristo dice más tarde, ya en la cruz:

«Dios mío, Dios mío, ¿por qué me has abandonado?»

Los testigos se burlan de Él tomando sus palabras al pie de la letra y, sin embargo, ahí también el Cristo cita el Salmo 22. Hemos visto que Cristo había ya citado a Isaías (53:1-12) para anunciar su sacrificio. Ahora, Cristo cita a David. No está, pues, quejándose. Siempre en la cruz, se tomará el tiempo de perdonar a un ladrón que es crucificado a la vez y de colocar a María, su madre, en casa de Juan. No es un hombre que está en las últimas y tiembla por haber sido abandonado. Lo que hace es transmitir un mensaje; veamos el Salmo 22:

Dios mío, Dios mío, ¿por qué me has abandonado?
Quiero rugir, mi salvación queda lejos.

Él va a gritar. Su grito será un rugido.

Clamo de día, y no respondes, Dios mío;
Y de noche, no hay para Mí reposo.
Pero Tú eres Santo;
Tú reinas. Tú, ¡la alabanza de Israel! [...]

> Mas yo soy un gusano y no un hombre,
> Injuriado por los hombres, despreciado por el pueblo.
> Todos los que me ven, me escarnecen;
> Ríen con burla, menean la cabeza...

En el Evangelio se dice «Y los que pasaban lo injuriaban, meneando la cabeza» (Marcos 15:29).

> ...diciendo:
> «¡Vuélvete hacia el Señor!
> ¡Que Él lo libere, que Él lo salve,
> Puesto que Él lo ama!».

En Mateo (27:43), los escribas y grandes sacerdotes dicen «Ha puesto en Dios su confianza, que Dios lo salve ahora, si lo ama...».

> Tú me has hecho salir del vientre de mi madre
> Y me hiciste estar seguro sobre su pecho.
> Desde la salida del seno, fui echado a Ti;
> Desde el vientre de mi madre, ¡Tú eres mi Dios!
> No te alejes de Mí
> Porque el peligro está cerca
> Y no hay quien ayude.
>
> Muchos toros me han rodeado;
> Bestias de Basán me cercaron.
> Abrieron el hocico contra Mí,
> Como leones rapaces y rugientes.
>
> Como agua me derramo;
> Todos mis miembros se dislocan.
> Mi corazón es como cera,
> Derritiéndose en mis entrañas.
> Mi vigor se ha secado como un tiesto,
> La lengua se pegó a mi paladar.
> Y me has puesto en el polvo de la muerte.
>
> Los perros me rodean;

> Una cuadrilla de malhechores me cerca:
> Como al león, me atan las manos y los pies.
>
> Puedo contar todos mis huesos...

Aquí describe su estado de conciencia sobre la cruz: puede contar todos sus huesos.

> ...Los hombres me miran y me observan.
> Reparten entre sí mis vestidos,
> Y sobre mi ropa echan suertes.

Hemos visto qué es lo que hacen los soldados al pie de la cruz.

> Mas Tú, Señor, ¡no te alejes de Mí!
> ¡Fortaleza mía, apresúrate a socorrerme!
> Salva mi vida de la espada
> Y mi persona de las patas del perro;
> Arráncame del hocico del león
> Y de los cuernos de los búfalos.
>
> ¡Me has respondido!
> Anunciaré tu Nombre a mis hermanos
> Y te alabaré en plena asamblea:
> ¡Los que teméis al Señor, alabadle!
> ¡Raza toda de Jacob, glorificadle!
> ¡Raza toda de Israel, temedle!
> *Porque no rechazó ni reprobó a un desdichado en la miseria;*
> *Ni de Él escondió su rostro;*
> *Sino escuchó cuando él clamó a Él.*

Esto significa «Escuchó cuando yo gritaba hacia Él». Es decir, el Dios interior no nos abandona nunca.

> ¡De Ti viene mi alabanza! En la gran asamblea
> Cumplo mis votos ante los que le temen:
> Los humildes comen a saciedad...

Si somos humildes, comeremos hasta saciarnos. Ser «humilde» es desprenderse de las ilusiones del Yo. A quien nada tiene, nada le falta.

...Y alaban al Señor los que buscan al Señor:
«¡A vosotros, larga y dichosa vida!».
La tierra entera se acordará y se volverá hacia el Señor;
Todas las familias de las naciones se inclinarán ante su rostro:
¡Al Señor el Reino! Él domina las naciones.
Todos los dichosos de la tierra han comido: ¡helos aquí postrados!
Ante su rostro se inclinan todos los moribundos:
Él no los ha dejado vivir.

Aquel que no hace su trabajo de domar el Yo, está condenado a la autodestrucción.

> Una descendencia servirá al Señor;
> Se hablará de Él a esta generación;
> Ella vendrá a proclamar su justicia,
> Y a decir al pueblo que va a nacer lo que Dios hizo.

Es divino este hombre crucificado en una cruz: siente los clavos en su carne. Todo el mundo se burla. Los soldados se juegan sus vestimentas a los dados. Los perros le ladran desde abajo. En vez de gemir, Cristo declara «¡Al Señor el Reino! Él domina las naciones». Es como un rey: ve a todas las naciones ir a reconocerlo y a postrarse ante el Dios que Él representa.

Jamás vi nada más bello y no encuentro en ningún lado el sufrimiento. ¡De verdad! Es evidente que Cristo exclama «Dios mío, Dios mío, ¿por qué me has abandonado?», pero éste no es el grito de un humillado. Es un grito de realeza. De dolor, sí (¡está crucificado!), ¡pero no de sufrimiento!

En plena conciencia, cita un salmo profético. Proclama el triunfo de la Verdad. Además, se aplica a perdonar. Dice:

«Padre, perdónalos porque no saben lo que hacen». [Lucas 23:34]

Y salva a uno de los dos ladrones:

«De cierto te digo que hoy estarás conmigo en el paraíso». [Lucas 23:43]

Y también confía su madre a Juan. De verdad, hace muchas cosas en la cruz.

Era la hora novena cuando lo crucificaron. [Marcos 15:34]

¿Por qué la hora novena? Los números no son elegidos al azar. En el Tarot, el 9 es la crisis, la última acción que se realiza antes de finalizar un ciclo. Es El Ermitaño. Ello significa que un ciclo va a llegar a su término y uno nuevo se apresta a comenzar.

La inscripción que portaba el motivo de su condena era: «El Rey de los Judíos». [Marcos 15:26]

Veamos qué dice Juan a este respecto:

Pilato había escrito un título que hizo poner en la cruz, con esta inscripción: «Jesús Nazareno, Rey de los Judíos». Este título fue leído por muchos judíos, porque el lugar donde Jesús fue crucificado estaba cerca de la ciudad, y el título estaba escrito en hebreo, en latín y en griego. [Juan 19: 19-20]

El título está en tres lenguas para que todas las naciones puedan leerlo. Está escrito en medio de las naciones, *en medio de la humanidad*.
Continúa Juan:

Los grandes sacerdotes dijeron a Pilato: «No escribas "Rey de los Judíos", sino más bien "Este individuo ha pretendido ser el rey de los judíos"». Pilato respondió: «Lo que he escrito, he escrito».

Pilato está subyugado por este hombre. No ha podido sustraerlo de la crucifixión porque la multitud encendida por los grandes sacerdotes reclamaba su muerte, y Pilato lo ha hecho contra su voluntad. Mas lo reconoce como un rey.
De forma continua, los Evangelios describen al Cristo ca-

minando hacia la crucifixión como un rey y no como una víctima. ¿Nos es posible imaginar la fuerza de alma de este ser? Cristo sabe que su cuerpo humano resentirá el dolor, pero no flaquea. Camina como un rey hacia su sacrificio para que las generaciones futuras tomen conciencia.

Cuando los soldados hubieron crucificado a Jesús, tomaron sus vestidos e hicieron cuatro partes, una para cada soldado. Quedaba su túnica, que era sin costura, tejida de una sola pieza desde lo alto.

Los vestidos de Jesús son divisibles entre cuatro: como las estaciones, los puntos cardinales, los ases del Tarot... Incluso los signos del zodiaco son divisibles entre cuatro.

Las vestimentas exteriores pueden ser divididas en cuatro pilas, mientras que la túnica interna está tejida de una sola pieza desde lo alto. Esta túnica es totalmente iniciática: indica que el ser esencial de Cristo es de una sola pieza *tejida desde lo alto*, es decir desde lo más profundo de sí mismo, desde su contacto con la divinidad.

¿Quién tejió esta túnica? Tengo el derecho de imaginar que fue María. Al portar esta prenda, Cristo llevaba el amor y el reconocimiento total de sí mismo.

Nuestro espíritu, así como las vestimentas de Cristo, está hecho de cuatro partes: el intelecto, lo emocional, lo sexual y lo corporal. Debe también poseer una quinta esencia tejida de una sola pieza.

En alguna zona de nosotros debemos encontrar esa parte in(di)visible tejida desde el punto de contacto con la divinidad. Tal parte debe vestir a nuestro espíritu. Nadie puede dividirla desde el exterior.

Los cuatro soldados no pueden apropiarse de la túnica de Cristo: se ven obligados a jugársela a los dados. Esa prenda no tiene propietario. Nosotros mismos carecemos de propietario. Cuando tomamos conciencia de este hecho, nos damos cuenta de que existe en nosotros una unidad que nadie puede poseer ni recortar. Tal entidad toca nuestras cuatro partes. En nosotros, lo intelectual, lo emocional, lo sexual y lo corporal se alimentarán de ella.

Los soldados se dijeron entre sí: «No la partamos, sino echemos suertes sobre ella, a ver de quién será».

Esos soldados romanos que habían tenido la fuerza para crucificarlo, se niegan a cortar la túnica. Se vuelven muy delicados.

«No la partamos, sino echemos suertes sobre ella, a ver de quién será.» Esto fue para que se cumpliese la Escritura, que dice: «Reparten entre sí mis vestidos, y sobre mi ropa echan suertes». Y así lo hicieron los soldados.

La crucifixión, como ya lo sabemos, guarda relación con el Salmo 22.

Junto a la cruz de Jesús estaban su madre, la hermana de su madre, María la mujer de Cleofás, y María de Magdala. Cuando vio Jesús a su madre, y cerca de ella al discípulo a quien él amaba, dijo a su madre: «Mujer, he ahí a tu hijo». Dijo en seguida al discípulo: «He ahí a tu madre». Y desde aquella hora el discípulo la recibió en su casa.

No lo dice en un tono plañidero: no puedo imaginar tal cosa. Desde la cruz perdona a sus verdugos, retira los pecados de uno de los ladrones crucificado al mismo tiempo, y estoy seguro de que perdona al otro ladrón. Confía a su madre al discípulo a quien ama. Ve cómo los soldados se reparten sus vestimentas. Lo ve todo. Ve también a la humanidad futura. Ve lo que ha de producir su revelación mal interpretada, y ve la Inquisición, ve las guerras y los millones de muertos que resultarán de aquello. Sabe que provocará una catástrofe, pero también sabe que habrá personas que, como él, se sacrificarán para que más tarde la humanidad comience a cambiar y a evolucionar.

Lo ve todo desde la cruz: ve también toda la Ley, todos los libros sagrados existentes y todo el pretérito. Se halla en un estado de hiperconciencia pese a los clavos y a las heridas que martirizan su carne.

Después de esto, sabiendo que ya todo estaba consumado, para que la Escritura se cumpliese, Jesús dijo: «Tengo sed». Y estaba allí una vasija llena de vinagre; entonces ellos empaparon en vinagre una esponja, y poniéndola en una rama de hisopo, se la acercaron a la boca. Cuando hubo tomado el vinagre, Jesús dijo: «Todo está consumado». Y habiendo inclinado la cabeza, entregó el espíritu.

Cristo elige el momento de su muerte. Esto resulta muy claro cuando se lee lo siguiente. Los judíos no quieren que los crucificados se queden agonizando en la cruz durante el sabbat, y acostumbran romperles los huesos para acelerar su fin, con objeto de poder enterrarlos ese mismo día. Rompen las piernas de los dos ladrones, que aún están vivos, pero cuando los soldados llegan ante Cristo, se dan cuenta de que ya ha muerto aunque debería haber pasado un tiempo mucho más largo para que expirara.

Cristo muere antes que los dos ladrones. Sin embargo, era un hombre joven y corporalmente poderoso. Hemos visto que camina sin sandalias a lo largo de numerosos kilómetros y que a golpes de cuerda expulsa a los mercaderes del templo. No había ninguna razón por la que un ser divino como él muriera tan rápidamente, a menos que ello responda a un acto consciente. Marcos (15:44) dice al respecto «[Incluso] Pilato se sorprendió de que ya hubiese muerto».

Cuando todo se ha consumado, Cristo impulsa a su espíritu fuera de su cuerpo. Más bien, el Cristo (espíritu) se desprende de Jesús (el cuerpo). En otra parte, Lucas (23:46) expresa esto muy claramente:

> Jesús lanzó un gran grito; dijo: «Padre, en tus manos encomiendo mi espíritu». Y habiendo dicho esto, expiró.

Al decir «en tus manos encomiendo mi espíritu», hace de nuevo una cita bíblica: el Salmo 31, versículo 5-6. Es un canto de triunfo del que recogeré algunos extractos:

> En tu mano encomiendo mi espíritu.
> Tú me has redimido, Señor, Tú el Dios verdadero.
> Aborrezco a los que esperan en vanas quimeras;
> Mas Yo cuento sobre el Señor.

> Danzaré de alegría por tu fidelidad,
> Porque has visto mi miseria
> Y conocido mi angustia.
> No me entregaste en mano del enemigo,
> Pusiste mis pies en lugar espacioso. [...]
> Bendito sea el Señor,
> Porque su fidelidad ha hecho para mí un milagro
> En una ciudad fortificada. [...]
>
> ¡Amad al Señor, todos vosotros sus fieles!
> El Señor preserva a los creyentes,
> Pero al arrogante, le paga con usura.

Y el Salmo termina con estas líneas:

> ¡Sed fuertes y tomad ánimo,
> Todos vosotros los que esperáis en el Señor!

Las últimas palabras de Cristo son, pues, «¡Sed fuertes y tomad ánimo, todos vosotros los que esperáis en el Señor!».
Lucas (23:47-48) continúa su descripción:

> Viendo lo que había acontecido, el centurión dio gloria a Dios, diciendo: «Verdaderamente, este hombre era justo». Y toda la multitud que se había reunido para este espectáculo, viendo lo que había acontecido, se volvieron y se golpearon el pecho.

Todos los testigos son presa de una intensa emoción.
Veamos qué dicen Marcos y luego Mateo sobre estos últimos instantes.

> Cuando vino la hora sexta, hubo tinieblas sobre toda la tierra hasta la hora novena. [Marcos 15:33]

Cristo es crucificado en la hora novena, y a partir del mediodía todo el planeta queda sumido en las tinieblas durante tres horas. Se trata de un signo. Todo el mundo queda en la oscuridad esperando.
Prosigue Marcos:

Y a la hora nona, clamó Jesús con voz potente: *Eloí, Eloí, lamá sabactaní.* Lo cual quiere decir: «¡Dios mío, Dios mío!, ¿por qué me has desamparado?». Y algunos de los que por allí estaban, decían al oírlo: «Mira, está llamando a Elías». Corrió entonces uno a empapar una esponja en vinagre, y poniéndola en la punta de una caña, le daba de beber, diciendo: «¡Dejadlo! Vamos a ver si viene Elías a bajarlo». Entonces Jesús, lanzando un potente grito, expiró.

¿Cuál es el grito que Jesús lanza? Ha citado los Salmos, diciendo «Sed fuertes y tomad ánimo», y luego profiere una gran voz.

Esa exclamación es tan fuerte que llega hasta hoy. Más aún, alcanza hasta el fin del universo. Este grito prosigue: jamás se ha detenido. Ha resonado en el universo y todavía continúa resonando.

Cuando Cristo grita, toda su fuerza subterránea surge: aquello que llamamos el inconsciente. Todo lo que el ser humano tenía, Cristo lo otorga en ese grito. Para Él era claro que debía depositar su mensaje en la tierra. No podía depositarlo en las palabras.

Por medio de su grito, Cristo ha inseminado la tierra, las piedras, los animales, la raza humana, el aire, el hidrógeno, el oxígeno, las estrellas... En mi opinión, este grito de Jesús ha sembrado el universo entero. Es un grito de inseminación. No puedo describirlo porque no existen palabras para ello: está fuera del lenguaje.

Entonces el velo del templo se rasgó en dos, de arriba abajo. [Marcos 15:38]

¡Qué grito fue ése! ¡Qué poderío! Mateo (27:50-54) lo describe aún mejor:

Mas Jesús, habiendo otra vez clamado a gran voz, entregó el espíritu. Y he aquí que el velo del templo se rasgó en dos, de arriba abajo; y la tierra tembló, y las rocas se partieron...

¡Ahora es un temblor! La tierra entera se sacude violentamente ante este grito.

...se abrieron los sepulcros, y los cuerpos de muchos santos difuntos resucitaron...

Así pues, las tumbas se abren y, como Lázaro, los ocupantes salen todavía amortajados. Cristo no resucita únicamente a Lázaro, sino a cientos –y aun miles– de personas en estado de santidad que vivirán en la tierra y colaborarán con su obra.

...y saliendo de los sepulcros, después de la resurrección de Él, vinieron a la Santa Ciudad, y aparecieron a muchos. A la vista del temblor de tierra...

¡Se comprende bien el poder de tal grito!

A la vista del temblor de tierra y de las cosas que sucedieron, el centurión y los que con él custodiaron a Jesús temieron en gran manera, y dijeron: «Verdaderamente, Éste era el Hijo de Dios».

Sepultura de Jesús

Como recordamos, Mateo (27:55-57) especifica:

Estaban allí muchas mujeres mirando de lejos, las cuales habían seguido a Jesús desde los días de Galilea sirviéndolo...

Esto nos indica que el Cristo ha estado rodeado de mujeres todo el tiempo, y no solamente con los doce apóstoles por compañía.

...entre ellas se encontraban María de Magdala, María, la madre de Santiago y de José, y la madre de los hijos de Zebedeo. Cuando llegó la noche, vino un hombre rico de Arimatea, llamado José, que también había sido discípulo de Jesús.

¿Cuándo este José fue discípulo de Jesús, si no estaba en el sitio? Es misterioso.
Como ya lo he afirmado, me ofrece un placer más alto imaginar que este José de Arimatea es José el carpintero.

Cuando páginas atrás mencioné el estudio de los árboles genealógicos subrayé que, en el inconsciente, los nombres poseen gran importancia; con gran frecuencia he comprobado que uno desliza un sentimiento o una emoción sobre una persona que tiene el mismo nombre que aquella otra por quien ese sentimiento se originó. Por ejemplo, he visto –y esto es completamente cierto, y además nada infrecuente– a un Alberto y a una Susana, hermanos entre sí, que poseían un núcleo incestuoso y se casaron, él con una Susana, y ella con un Alberto, quienes por añadidura eran también hermanos entre sí. Deslizamos, pues, contenidos emocionales en los nombres.

Para nuestro inconsciente resulta fundamental el hecho de que esté escrito que el hombre que desclavó el cuerpo de Cristo se llamaba José. Existe un mensaje que descifrar (Mateo 27:58-61):

Este hombre fue a ver a Pilato y le pidió el cuerpo de Jesús.

Es muy valeroso de su parte reclamar el cuerpo: Jesús era considerado un criminal. La fe de este hombre es colosal.

Entonces Pilato mandó que se lo diesen. Tomando el cuerpo, José lo envolvió en una sábana limpia, y lo puso en su sepulcro nuevo, que se había hecho labrar en la roca; después hizo rodar una gran piedra a la entrada del sepulcro, y se fue.

Para comprender esto hay que ver las piedras de las tumbas en Jerusalén: son enormes. Así, José debió tener una fuerza titánica para rodar, él solo, una gran peña ante la entrada de la tumba.

Y estaban ahí María de Magdala, y la otra María, sentadas delante del sepulcro.

El relato de la Pasión termina con esta frase. Si los bonzos son capaces de inmolarse sin moverse, y los yoguis de morir eligiendo el momento, no hay ninguna razón para que el Cristo no pudiera hacer lo mismo. Es evidente que los Evangelios describen la muerte de un rey, de un león, de un ser poderoso que no flaquea jamás, ni en el último segundo.

¿No será mejor imaginarlo así en lugar de como un ser sufriente y cubierto de heridas que se lamenta por haber sido abandonado? ¿No resulta preferible concebirlo en plena gloria? Es un ser de un poderío tal que, al lanzar un grito, resucita a los muertos. ¿Cómo podemos hablar de su debilidad de mortal? ¿Cómo podemos pensar que tropieza a los pies de la cruz de una forma tan lastimosa, que un hombre llega a socorrerlo y le ayuda a cargarla? Ante este león, cuyo grito es tan fuerte que el velo del templo se desgarra, las piedras se parten y la tierra tiembla, ¿cómo concebir que necesite enjugar su sudor en el manto de Verónica? Al leer el Evangelio, es imposible pensar una cosa semejante. El camino de la cruz jamás existió: fue inventado en todas sus partes. Es un cuento de hadas; ahora bien, el Evangelio no es un cuento de hadas.

Ahí el Cristo está descrito como un ser pleno de valentía, que atraviesa esta prueba como un guerrero porque sabe que su acto es necesario para la humanidad futura.

Cristo realiza el sacrificio de su ancianidad. Del mismo modo en que Adán no conoció la juventud (puesto que nació adulto), el Cristo no conoció la vejez. Ambos estuvieron privados de una parte de su vida.

Cuando pienso en todo ese tiempo que he vivido después de mis treinta y tres años, entiendo que me habrían faltado muchas felicidades si no hubiera podido envejecer. Es terrible privarse del gozo que representa alcanzar esa etapa tardía de la vida. Por el bien de la humanidad, el Cristo lo hizo: sacrificó la mitad de su existencia, e incluso las tres cuartas partes de ella porque, como Juan el Evangelista, habría podido vivir ciento veinte o ciento cincuenta años. Juan, discípulo predilecto, alcanza una avanzada edad porque Dios, que lo ama, así lo quiere; muy bien el Cristo habría podido llegar a ella.

¡Qué sacrificio inconmensurable para un ser pleno de amor hacia toda la creación! ¡Qué sacrificio para un hombre que disponía de la amistad, del amor, y que tenía *algunas cosas que decir*!

Cristo condensa en un grito todo ese tiempo que le restaba

por vivir. Como una vela que se consume en un segundo, Cristo quema noventa años en un único grito. Es por este motivo que tal exclamación resulta tan poderosa.

El Cristo muere, pues, como un rey en plena gloria.

En Getsemaní, justamente antes de su arresto, Jesús resiente la tristeza y la angustia. Es normal que la angustia lo oprima, pero no se trata de la angustia de la muerte. Vivir entre los seres que ama le procura tanta alegría... Ama a sus apóstoles. Ama a la humanidad. Es la separación la que le genera esa tristeza. Se trata de un inmenso sacrificio: lo acepta porque sabe que es necesario y que la muerte no existe.

La Virgen también lo sabe. Ella, que ha asistido a la resurrección de Lázaro, ¿cómo pretendemos que esté afligida en un momento como ése? María está triste porque no tiene la alegría de besar a Cristo ni de acariciarlo corporalmente, pero sabe que él no puede morir.

¿Qué angustia puede experimentar la Virgen sabiendo que el Cristo, como él mismo dice a uno de los ladrones, irá al paraíso? ¿Dónde puede anidar la angustia cuando sabemos que este ser se transformará de nuevo en el Padre? María no puede llorar porque conoce lo que ha de suceder. En última instancia, se siente orgullosa; no el orgullo de la vanidad, sino el de quien sabe y comprende totalmente.

La Virgen jamás se lamentó cuando el cuerpo de su hijo difunto reposaba en sus rodillas. La «Piedad» jamás existió. Fue el núcleo edípico de Miguel Ángel el que nos impuso esa visión de la madre desolada. Esta representación es completamente falsa y ensucia el mito. No es la madre quien sostiene al Cristo tras ser éste descendido de la cruz, sino el padre o un arquetipo paterno como lo es este José.

Es él quien, sin ninguna ayuda, desclava el cuerpo y lo lleva hasta la tumba. Con un esmero infinito, lo envuelve en el más bello sudario del mundo, tejido por la Virgen María. Las mujeres (y por tanto María), respetuosas, miran actuar a José sin intervenir porque es a él, al padre, a quien corresponde hacerlo. José era un Maestro, desde luego. Sólo un Maestro podía cargar el cuerpo de Cristo. En seguida, lo coloca delicadamente en el interior del sepulcro. En ese momento entierra a su padre, a su hijo, a su Maestro y a su amigo. Finalmente, sitúa la gran piedra para sellar la tumba y de ese modo asegurarse de que nadie habrá de profanarla. Y así, ha cumplido su deber.

Tanto física como psicológicamente, existe una gran diferencia entre el hecho de que sea la madre quien haya enterrado al Cristo –como sugiere *La Piedad* de Miguel Ángel–, y el hecho de que sea el padre o un arquetipo equivalente. Es necesario comprender el cambio que en nosotros produce la inserción del padre en el mito: éste recupera de inmediato la salud. Un mito donde el padre desaparece desde que el niño llega a la pubertad, y donde este último permanece con su mamá, es un mito patituerto, monstruoso, enfermo. Al final, hace falta que se presente José (cualquiera que simbolice al hombre o al padre), el protector. De otra manera, sin José, el mito no habría existido. Gracias a él, la Virgen no fue lapidada y la familia huyó a Egipto en el momento en que todos los recién nacidos eran asesinados. Es él quien trabaja para alimentar a su familia. Sin José, no hay mito. Hacía falta un hombre de fe, un hombre *justo*, y es éste quien enterró a Cristo.

¿Cómo puedo adaptar estas nociones a mi proceso interno? Este Dios interior que voy a despertar en mí, este hombre nuevo, está formado de varios principios. El primero de ellos es mi cuerpo; el segundo, el espíritu. Ante todo, voy a purificar mi cuerpo y sus deseos a fin de aspirar y absorber en mi interior el principio esencial y divino que cada uno de nosotros porta en lo más profundo de sí mismo. Voy a encarnar esta realidad al hacerme consciente de las menores parcelas de mi cuerpo sin ninguna crítica. Absorberé el espíritu en mi cuerpo. Tendré entonces un cuerpo luminoso. Mi espíritu no estará en ninguna otra parte sino en mi cuerpo. Y mi espíritu (es decir, mi voluntad y mi conciencia), lleno de deferencia, de consideración, seguirá este proceso de absorber y lo ayudará para que se desarrolle bien, para que no degenere, para que mi cuerpo no se extravíe en la locura, la depresión, la fatiga o la muerte. Es el papel de José: la razón. Al mismo tiempo que vigila este proceso, se da él mismo porque sabe que la aparición del espíritu en la materia significa que, en alguna parte, él debe partir a estudiar, a trabajar, a cambiar.

En el momento en que nuestra conciencia lanza el grito final, nuestra vieja personalidad muere y la razón, que nos conduce y vela por nosotros, debe entonces tomar al ser nuevo que ya somos y meterlo en una cueva para su protección. La razón debe defenderlo porque el hombre nuevo no puede actuar de inmediato. Es muy poderoso y, al mismo tiempo, muy frágil. Si tal ser se interna inmediatamente en el mundo, provocará catástrofes y se desintegrará. Como el Cristo, le hace falta enclaustrarse en una cueva y esperar a adquirir un nuevo cuerpo: un cuerpo purificado en torno a la toma de conciencia que ha realizado. De otro modo, el ser nuevo podría zozobrar en la locura. En ese momento, su razón (es decir, su José interior) lo cuidará y guardará una última vez, como lo hizo en su nacimiento y durante su infancia.

Bien guardado, protegido, el ser nuevo podrá crear un alma que actuará en el mundo, sostenida por sus dos partes: el cuerpo y el espíritu.

Las doce deformaciones

Generalmente, la tradición intenta en los Evangelios detenernos en la imagen de Cristo crucificado, pensando que todo el mensaje se ha cumplido con la crucifixión. Pero resulta asombroso ver cómo cada evangelista da una versión distinta de la resurrección. Más adelante veremos lo que cada uno dice e intentaremos establecer de qué manera es posible aplicarlo en nuestra cotidianidad.

Cuando hablamos de Cristo, como lo hemos hecho a lo largo de nuestro estudio, no se trata de ese Dios exterior que ha sido largamente estudiado y reconocido por las religiones oficiales. En esta aproximación al Evangelio, el concepto de Dios interior debe estar presente en nuestro espíritu en cada ocasión que hablemos de Él.

No se puede tocar el concepto del Dios Padre. Es inconcebible. No podemos definirlo, ni conocerlo, ni imaginarlo. Nos sobrepasa por completo. Sería comparable a una computadora central a la cual cada quien vendría a conectarse. Dicho de otro modo, nos comunicamos con Dios Padre por el intermediario de nuestro Dios interior. Este último es el único mediador posible. Nadie puede sustituirlo, ni un sacerdote, ni un gurú, ni quien sea, del mismo modo en que nadie puede orar en vez de nosotros. Lo que no hago, el otro no lo hará por mí. No me ofrecerá la fe sobre una charola de plata. Me corresponde a mí encontrarla. ¿Qué utilidad puede aportarme la fe del otro, su amor por la humanidad o su obra? Un apoyo y un modelo en la búsqueda de mi propio Dios interior.

¿Cómo encontrarlo? Por medio de la quinta esencia.

Los cuatro palos del Tarot –el Oro, el Basto, la Espada y la Copa– nos simbolizan: hablan del cuerpo, del sexo, del intelecto y de la energía emocional. Estos cuatro aspectos de nosotros nos conducirán a nuestro Dios interior.

Es con el cuerpo que comienza el camino de nuestra vida espiritual. Él es el que produce el pensamiento.

El acto de reconocer el cuerpo comienza por los pies. Una persona que no está consciente de sus pies no puede meditar, ni luchar, ni practicar artes marciales, ni bailar, ni expresarse, ni comunicarse. Su cerebro delira y se extravía: está desequilibrada y no puede pretender una vida espiritual. El desequilibrio se sitúa en todos los niveles: en el intelecto, donde el pensamiento no está bien estructurado, y tampoco en lo emocional, en la sexualidad y en el cuerpo. Esta persona no está asentada en la realidad, no toma posesión del mundo.

El sexo es el segundo punto importante. ¡Sin sexo no hay misticismo! No puede orar quien se «corta» al nivel de la cintura y rechaza su parte inferior. La belleza, la pureza y la eternidad existen en el sexo. El Evangelio no es una historia de querubines: el Cristo, María y José tenían un sexo.

Los otros dos puntos importantes son el intelecto y lo emocional. Estar equilibrado es *ser* un cuerpo (y no «tener» un cuerpo), ser una energía sexual, una energía emocional y una energía intelectual.

El desequilibrio surge con la aparición de deformaciones. Éstas son en número de doce y se caracterizan por el desborde o la invasión de una energía en el dominio de sus compañeras.

Cuando el Oro está en su lugar, es decir cuando el cuerpo es vivido plenamente por lo que es, ello corresponde a la perfección. El problema aparece en el momento en que las otras tres energías vienen a parasitar el cuerpo o cuando él mismo se sustituye con las demás energías.

Veamos los casos particulares:

La Espada invade al Oro: El cuerpo está dirigido por el intelecto: lo debilitan las concepciones y las ideas. Esto produce lo que llamamos un «intelectual», que no permite a su cuerpo vivir y expresarse. Lo inhibe. Se mueve mal, baila mal: está contraído.

El Basto en el Oro: El cuerpo se vuelve un puro objeto sexual. Se vive en la seducción. El aspecto exterior es primordial en detrimento del interior. La persona en este caso es cínica y destructiva, porque no se concibe sino como un objeto. El tiempo que transcurre inexorablemente es, desde luego, resentido como una angustia y, mientras más esa persona pierde la carrera contra el tiempo, más su cuerpo se vuelve un enemigo.

La Copa en el Oro: El cuerpo es invadido por lo emocional: es manso, rollizo, blando, perezoso. Está siempre en demanda de calor y se aferrará a los demás para recalentarse, así como para ser hospedado y alimentado.

Una energía sexual equilibrada es maravillosa. Parasitada, produce tres deformaciones posibles:

La Espada en el Basto (el intelecto en el sexo): Produce la frigidez, la impotencia, la eyaculación precoz, etcétera.

El sexo posee su propia sabiduría, e invadirlo con teorías o doctrinas resulta inútil, y aun nocivo. Es naturalmente perfecto, místico, divino. ¡Dejemos de culpabilizarlo, de disfrazarlo, de huir de él! Dejémoslo vivir tal cual es. Me niego a pensar que portamos en nuestro cuerpo cualquier cosa sucia o diabólica. Esta maravillosa energía está en la raíz de nuestra creatividad. Y además, es ella la que transmite la eternidad.

La Copa en el Basto: No hay orgasmo. La relación sexual se diluye en una insaciable demanda de ternura y caricias. La molicie será la palabra clave de esta deformación. El orgasmo no puede realizarse porque el animal interior no tiene la posibilidad de manifestarse en todo su poder. La energía sexual no es brutal, y sin embargo es poderosa. En un momento dado hay que vivirla como tal, sin tener miedo de ahogarse en ella puesto que, una vez el deseo realizado, se vuelve siempre a la personalidad de base. Las personas que tienen miedos infantiles piensan que morirán si se dejan sumergir por esta energía.

El Oro en el Basto: Conduce a la prostitución. Se valora el sexo por otros motivos que el esencial, que consiste en encontrar la verdad divina. Esa invasión de lo material es una verdadera desgracia.

La Copa habla de la energía emocional.

La Espada en la Copa: Cuando la Copa es parasitada por la Espada, la energía emocional, que permite entrar en comunicación con el otro, se vuelve calculadora. Todo es sopesado, contabilizado, cada gesto hacia el otro espera una respuesta, un *reembolso*. «Te hablé ayer por teléfono: ¡hoy es tu turno!» «Si das un paso hacia mí, daré un paso hacia ti», etcétera. El cálculo en la relación amorosa es algo extremadamente penoso.

El Basto en la Copa: Produce un corazón posesivo y celoso. Caer en las manos de una persona de este género es una pesadilla, y tener uno mismo esta deformación es otra pesadilla. Los celos son una plaga que revela un feroz complejo de inferioridad y de abandono. Es «el miedo a que alguien dé al ser que amo lo que yo no le puedo dar».

El Oro en la Copa: La energía emocional se vuelve fría. El corazón es cerrado y egoísta.

Tener un corazón cerrado no significa que no se pueda amar, sino que se está lleno de un amor que la persona no puede expresar. Está anestesiado. Esta obstrucción emocional nace cuando un niño no ha sido verdaderamente amado y cuando no ha podido expresar su amor. Al crecer, esta persona, inhibida en tal energía, forma un caparazón para protegerse. Sin embargo, querámoslo o no, somos seres que aman. La Copa está llena de amor.

Cuando la energía intelectual, que es sin duda muy bella, resulta deformada por las otras, crea tres tipos posibles de comportamiento:

El Basto en la Espada (la sexualidad en el intelecto): El espíritu de competición, la agresividad, la violencia y la dominación son las características de un ser en el cual los pensamientos son parasitados por su sexualidad. El pensar se vuelve una forma de poseer al mundo. La comunicación resulta salpicada de agresiones en la meta de herir al interlocutor.

En este tipo de deformación, se desea también ocupar el sitio del otro. Creemos que su pensamiento es mejor que el nuestro.

La Copa en la Espada (lo emocional en el pensamiento): Quien lo padece halla difícil controlarse, puesto que se encuentra nadando en un magma emocional. No llega verdaderamente a concentrarse, a centrarse, a pensar. Desde el momento en que intenta resolver un problema, se sumerge en la confusión y el caos. Todo se vuelve problemático porque esta persona no piensa: resiente. En esta deformación, los sujetos tienden a beber alcohol y a drogarse.

El Oro en la Espada: Produce seres extremadamente materialistas que sólo piensan en el dinero. Aquí no hay imaginación o propósitos espirituales. La persona se queda pegada a lo material: ninguna posibilidad de desarrollar un alma.

En tanto que no hemos encontrado a nuestro Dios interior, bordeamos una y otra de estas deformaciones y a veces incluso varias de ellas.

Creer en un Dios exterior es como querer participar en un cuento de hadas (es la Copa en el intelecto). Esta búsqueda no nos permite encontrar nuestro centro. Tener fe en un Dios interior se comprueba como la única manera de centrarse. Esto exige, sin embargo, un empeño heroico de nuestra parte, porque no podemos proporcionar ninguna prueba tangible de su existencia. Evidentemente, resulta difícil aceptar que existe en nosotros un principio inmortal. Mas es muy arduo vivir si no reconocemos este principio, si no reconocemos al Dios interior, que por otra parte posee todas las cualidades que prestamos a un Dios exterior (la omnipotencia, la omnisciencia, etcétera). Las doce deformaciones representan, entonces, nuestra penuria cotidiana.

Los dos principios

Cuando se estudia el árbol psicogenealógico de las personas aprendemos que, para el inconsciente, los nombres portan cargas emocionales muy fuertes; cuando éstas son bien descodificadas, nos aportan mensajes. Por ejemplo, el hecho de que un Agustín se case con una Agustina, o un Adrián con una Adriana, o un Luis con una Luisa, etcétera, no carece de significación. Vemos también con bastante frecuencia a los hombres casarse con mujeres que tienen el mismo nombre que su madre o su hermana. Y lo mismo para las mujeres cuyo marido se llama como el padre o el hermano de ellas. Por lo general, esto nos indica que una fijación edípica se ha deslizado a los nombres. El incesto (realizado o no) así como muchas otras informaciones se deslizan fácilmente de un nombre a otro.

Es a la luz de esta comprobación sobre la importancia de los nombres que podemos ver también la presencia de José en los Evangelios. Según la tradición, el Cristo nace de María, y el primer hombre que lo toma en sus manos es un José. Más tarde, el último hombre que lo toma en sus manos, tras haberlo desclavado de la cruz, es también un José. José está presente, pues, en el comienzo y el final de la vida de Jesús.

Veamos qué se dice a propósito de este José que amortaja a

Cristo. Como ya vimos, es un personaje misterioso; poseemos muy pocas indicaciones de su identidad.

Tomando el cuerpo, José lo envolvió en una sábana limpia, y lo puso en su sepulcro nuevo, que se había hecho labrar en la roca; después hizo rodar una gran piedra a la entrada del sepulcro, y se fue. [Mateo 27:59-60]

Este misterioso José cumple esa tarea solo y deposita el cuerpo en un sepulcro que se había hecho labrar en la roca. Muy bien podemos imaginar que este José sabía lo que iba a suceder, y que la tumba que había mandado labrar para él era en realidad un sepulcro preparado para un hombre llamado Jesús y cuyo padre se llamaba José. Este hombre, pues, por el juego de los nombres, jugará el papel del arquetipo paterno. Simboliza al padre que cava la tumba de su hijo.

En nosotros tenemos a un José: éste sería la voluntad consciente. En la piedra, es decir, en nuestro cuerpo, en nuestra materia, en nuestro ser material, esta voluntad consciente crea una tumba en la cual amortajará el cadáver del hijo para que la transformación se realice. Este José no ha hecho sino un horno alquímico: crea todas las condiciones necesarias para amortajar el cuerpo en un entorno apropiado.

Apropiado, es decir puro. En el momento en que la Virgen María recibe la semilla divina, es pura. ¿Por qué lo es? Porque está por completo ahí, en el presente. Se corta del pretérito tanto como del porvenir. Todo su cuerpo está enteramente empeñado en esta acción. No tiene deseo, ni pensamiento, ni otros sentimientos que los que favorecen a la sagrada unión.

Una cueva apropiada es una cueva impermeable a toda doctrina, toda idea recibida, toda influencia, todo Maestro, todo dictador, todo ser amado. Está fuera de toda codicia material, sexual, intelectual y emocional. Es un sitio inviolable en el cual podemos realizar la transmutación alquímica de nuestra conciencia, la transmutación de nuestro Dios interior.

Para prepararse una caverna de piedra hay que ser un héroe sagrado. Es José quien tiene este rol. Es el guardián del hijo. Ha tenido este rol durante toda la vida de Jesús. Al principio, es él quien lo lleva a Egipto para protegerlo, y al final es otra vez él quien va a reclamar a Pilato el cuerpo de Jesús. Sin José, el cuerpo del Cristo se habría descompuesto en la cruz. Ni un solo apóstol osó desclavar el cuerpo de su Maestro. Todos ellos huyeron como conejos. La verdad es que sin José, el Cristo habría permanecido en la cruz cual un ladrón. Los cuervos le habrían reventado los ojos y todos los animales rapaces se habrían saciado con su carne. Paralizados por el miedo, los apóstoles no mueven ni un dedo. Hacía falta un hombre fuerte para tener la osadía de ir ante Pilato, reclamar el cuerpo de Jesús y sepultarlo. José osó hacerlo.

La primer cosa es *osar*. ¿Tenemos o no la osadía de preparar nuestra tumba de piedra? ¿La tenemos o no de despegarnos de todo lo que hemos recibido? Como un titán, ¿nos atrevemos a rodar la piedra hasta tapar la entrada de la cueva? ¿Osamos aislarnos de todo para acceder a nuestra inmortalidad?

Cavar una tumba en la piedra exige una fuerza enorme. Es una etapa obligatoria sin la cual no podemos realizar la obra alquímica y espiritual. Nuestro José interior, nuestra voluntad, debe convertirnos en una tumba de piedra.

Retornemos a José y veamos qué dice Marcos al respecto.

José descendió a Jesús de la cruz y lo envolvió en el sudario. Lo puso en un sepulcro que estaba cavado en una peña, e hizo rodar una piedra a la entrada del sepulcro.

Cuando pasó el sabbat, María de Magdala, María, madre de Santiago...

Insistamos en este hecho: María, madre de Santiago, es la Virgen María. Tras el nacimiento de Jesús, ella tuvo cuatro varones y algunas niñas.

...María de Magdala, María, madre de Santiago, y Salomé, compraron especias aromáticas para ir a ungirlo. Y muy de mañana, el primer día de la semana, vinieron al sepulcro, ya salido el sol. Pero decían entre sí: «¿Quién nos removerá la piedra de la entrada del sepulcro?». Pero cuando levantaron los ojos, vieron removida la piedra, que era muy grande.

¿Quién hizo rodar esa enorme piedra? Estoy seguro de que fue el propio Cristo, en el momento en que salió. Es el ser interior quien va a mover la piedra para liberar el pasaje. El arcano se abre desde dentro.

Al principio, es José quien cierra la tumba. Ya hemos supuesto que tenía una enorme fuerza, porque la piedra era muy grande. No podía sino ser sólido y musculoso para desclavar el cuerpo de Cristo de la cruz y después para cargarlo solo y amortajarlo.

Será necesario habituarse a pensar que la mujer da la vida y que el hombre ayuda a la conciencia individual a morir. El Cristo tiene un arquetipo materno y un arquetipo paterno. Hay que aceptar los dos principios, no exclusivamente uno de ellos.

19

La resurrección según Mateo
(Mateo 27:57-66; 28:1-10)

La guardia ante la tumba
Al día siguiente, día que siguió a la preparación, los grandes sacerdotes y los fariseos se reunieron con Pilato. «Señor», le dijeron, «nos acordamos que aquel impostor dijo, viviendo aún: "Después de tres días resucitaré". Manda, pues, que se asegure el sepulcro hasta el tercer día, no sea que vengan sus discípulos de noche, y lo hurten, y digan al pueblo: "Resucitó de entre los muertos"». Pilato les declaró: «Ahí tenéis una guardia. ¡Id! Asegurad el sepulcro como queráis». Entonces ellos fueron y aseguraron el sepulcro, sellando la piedra y poniendo una guardia. [Mateo 27:62-66]

Los grandes sacerdotes y los fariseos, con miedo de una trampa por parte de los discípulos, hacen poner una guardia ante la tumba. Sólo Mateo relata esta anécdota. En seguida, pasan tres días y la resurrección se realiza.

Jesús ya no está en la tumba
Pasado el sabbat, al amanecer del primer día de la semana, María de Magdala y la otra María vinieron a ver el sepulcro. [Mateo 28:1]

El cuerpo debía estar en la cueva y las mujeres acuden a ver el sepulcro. ¿Nos damos cuenta de lo que significa el hecho de que sean mujeres y no hombres quienes llegan a ver la tumba? ¿Por qué los discípulos no se presentan a rendir homenaje al sepulcro de su Maestro? ¡Tienen miedo! En esta historia, las mujeres demuestran más valentía que los hombres. Son las primeras que llegan a verlo. La toma de conciencia cósmica será vista en primer lugar por las mujeres. Está escrito en el Evangelio.

Y he aquí que se produjo un gran terremoto...

Ellas se encuentran, pues, ante la piedra, ¿y qué sucede cuando están en su sitio? Súbitamente, la tierra tiembla.

En el momento en que vamos a ver la tumba del ser que hemos adorado y venerado, nos aproximamos sabiendo que un milagro tiene lugar. El inconsciente tiembla. Ahí, el terremoto es el temblor del ser, del inconsciente. La realidad comienza entonces a desaparecer y caemos en el dominio onírico. La tierra se estremece y entramos en las imágenes del sueño.

La fuerza que emana de esta tumba sobrepasa el entendimiento humano. Ahí dentro, el Cristo ha atravesado un proceso inconmensurable que sería interesante estudiar. ¿Qué ha sucedido en su espíritu? Lo que haya tenido lugar se manifiesta por un movimiento de un poderío tal, que no podemos captarlo sino a través del terremoto resultante.

Es decir que los cimientos deben temblar. Nuestra seguridad religiosa, nuestra seguridad emocional, todos nuestros valores establecidos en el pasado e indesarraigables, deben ser desestabilizados. La creencia que nos ha permitido llegar hasta ahí debe temblar. Imaginábamos que todo estaba hecho y descubrimos que nada lo está. Es ahora cuando la realización debe comenzar: enfrentaremos a Dios reintegrado, al ser nuevo. Hasta entonces habíamos asistido a un proceso y participado en él; en el presente, veremos su desenlace.

En el Evangelio no hay momento más importante que este en que la tierra tiembla, puesto que ahí llega la verdad. Sin esta escena no habría Evangelio ni habría religión. Tampoco habría proceso interior. No habría nada.

Son mujeres valerosas las que padecen voluntariamente ese estado de temblor y espanto. ¡Qué terror indecible debieron experimentar!

El Ángel del Señor descendió del cielo, removió la piedra, y se sentó sobre ella. Su aspecto era como un relámpago, y su vestido blanco como la nieve. Y de miedo de él, los guardias fueron sacudidos y se quedaron como muertos. Mas el Ángel tomó la palabra y dijo a las mujeres: «No temáis, vosotras».

¿Quién es el Ángel del Señor? Es la única entidad espiritual capaz de ver a la divinidad cara a cara sin quedar calcinado.

Ya hemos oído hablar de místicos que entraron en trance y cayeron muertos en el acto. Conocemos también ese sueño de Jung en el cual vio a su Dios interior durmiendo; no osó despertarlo, seguro de que si lo hacía, moriría de inmediato. Tuvo miedo de despertarlo porque no había realizado su proceso hasta el fin. Existe un momento en que debemos enfrentar a nuestro Dios interior.

La tierra tiembla. Las rocas caen, el polvo se arremolina, los perros ladran..., todo se mueve y la luz, es decir esta entidad que se halla en contacto con el Dios interior, aparece ante nosotros. Ahí estamos, muertos de miedo. Cuando descubrimos a nuestra fuerza interior, a la entidad que se comunica con la fuerza inconmensurable, podemos ser calcinados.

Estas mujeres han despertado a tal fuerza. Ellas simbolizarán la conciencia receptiva que, llena de valentía, hace frente al despertar de este poder.

Mas el Ángel tomó la palabra y dijo a las mujeres: «No temáis, vosotras».

Al utilizar una voz audible, este ángel, que es una dimensión de nosotros mismos, nos dice «No tengas miedo, no voy a destruirte». Entonces nos calmamos y continuamos asistiendo al proceso sin miedo.

«Sé que buscáis a Jesús, el crucificado. No está aquí, pues ha resucitado, como dijo.»

Esto que el ángel pronuncia en tal momento es vital: marca una diferencia entre «Jesús el crucificado» y «Jesús el resucitado», el ser vivo.

Ello significa que nosotros, los que todavía no tenemos la fe, buscamos al crucificado, en lugar de buscar a un *ser vivo*.

Mientras nos aferremos al mito de la crucifixión y busquemos a un Dios sufriente, no lo encontraremos. Lo que deseamos es encontrar a un crucificado, a una víctima, a un martirizado, a un muerto. ¿Es ése nuestro Dios?

¿Quién nos ha hecho deificar al sufrimiento, cuando es una etapa del proceso, no su finalidad? ¡Detengamos esto! En este punto del Evangelio no hay crucificado, no hay sufrimiento: hay un ser vivo, en plena alegría.

«No está aquí, pues ha resucitado, como dijo. Venid, ved el lugar donde fue puesto el Señor. E id pronto y decid a sus discípulos: "Él ha resucitado de los muertos, y he aquí que va delante de vosotros a Galilea; allí lo veréis". He aquí que os lo he dicho.»

El ángel lo *dice*. Esta revelación representa una fulminante toma de conciencia. Sin embargo, una toma de conciencia no sirve estrictamente de nada si no la sigue de inmediato una acción.

Es por eso que el ángel dice «¡Comprobad por vosotras mismas que la tumba está vacía y luego id rápidamente a encontrar a los discípulos! ¡Actuad! ¡Trabajad!».

Entonces ellas, saliendo del sepulcro con temor y gran gozo, fueron corriendo a dar las nuevas a sus discípulos. Y he aquí que Jesús les salió al encuentro y les dijo: «Yo las saludo».

Como el ángel Gabriel había dicho a la Virgen «Yo te saludo, María» y la había inseminado, el Cristo ve a las mujeres, les dice «Yo os saludo», y al punto las insemina espiritualmente.

Y ellas se acercaron, abrazaron sus pies, y se postraron ante Él.

Encontramos aquí la confirmación de lo que dijimos poco antes acerca del reconocimiento que comienza por los pies. Abrazar los pies de alguien es abrazar sus huellas, su vía, su camino. Es también reconocer nuestro propio camino. Si reconocemos los pies de alguien, reconocemos nuestros propios pies. A medida que reconozcamos al prójimo, nos reconoceremos. A medida que nos damos a los otros, nos damos a nosotros mismos.

Entonces Jesús les dijo: «No temáis».

Exactamente como el ángel, Cristo dice «No temáis». Esto implica que se hallaba en un estado de luminosidad que podría asustarlas.

La encarnación del espíritu es un proceso de una inconcebible pureza que realiza el fenómeno de la eternidad en la carne humana. Al encarnarse, Dios ha debido sufrir todos los procesos de transformación de la carne. De niño de pecho, pasa a hombre maduro. Al mismo tiempo, comienza a comprender y a conocer su creación *desde dentro*. Al principio, él dio la vida con su soplo divino y dictó todas las leyes; luego dejó a su creación evolucionar sola, puesto que ésta poseía un libre albedrío.

Al encarnarse, se da al proceso corporal y Cristo lo vive totalmente. Conoce sus huesos, su médula, su bazo, sus glándulas, cada circunvolución de su cerebro. Asiste al nacimiento y a la muerte de cada una de sus células. Conoce el acto de alimentarse y el de digerir, siguiendo cada etapa de la transformación de la materia con una acuciosidad extraordinaria. Tiene la experiencia del dolor. Este dolor no se acompaña con el sufrimiento: es el de un ser humano en plena posesión de su conciencia. La observación de su propio dolor es incluso gozosa, ya que Él tiene el placer de experimentar esa sensación.

En seguida, asiste a su muerte. Él, la luz y la vida, Él, que es como un diamante indestructible, rinde el espíritu voluntariamente porque, además de Sí mismo, nadie puede matarlo.

Cristo se presta a ese juego, a esta mascarada que llamamos «muerte» y que no es sino una transformación. Durante tal etapa, se separa de su cuerpo humano. Realiza una dualidad: deja a José cargar esa materia inerte, y sin embargo, Él está ahí en toda su potencia.

Lo conducen a una tumba para que su cuerpo se descomponga y, en el frío y la oscuridad, Cristo asiste a la descomposición de su cuerpo sin descomponerse Él mismo, en tanto que puede atravesar la eternidad y el infinito. Cuando se ha separado completamente de su carne, cuando no tiene ya ninguna ligadura entre su conciencia y su materia, se introduce de nuevo en su envoltura humana y la embebe por completo de su poder y su conciencia. Rechaza irrevocablemente la dualidad, al decidir que la carne y el espíritu sean *uno*. Con un amor interminable entra, poco a poco, en cada una de sus células y otorga el infinito, la plasticidad y el cambio eterno a cada una de sus formas. Está dicho que Él nunca más tendrá una forma precisa: ni en el pensamiento, ni en el corazón, ni en el sexo, ni en el cuerpo. Se otorga todas las posibilidades de la materia. Se da la posibilidad de deshacerse en átomos para atravesar los muros y recomponerse en seguida. Se da la posibilidad de cambiar de formas y de colores como los cefalópodos y el camaleón. Puede desintegrarse y reintegrarse a voluntad.

Cuando su conciencia ha embebido por completo su materia, la dualidad ya no existe. Es un ser nuevo, un ser de luz que sin embargo está hecho de carne y hueso.

«Id a anunciar a mis hermanos que deben ir a Galilea, y allí me verán.» [Mateo 28:10]

Mientras las mujeres van a prevenir a los discípulos, los guardias dan testimonio a los grandes sacerdotes de lo que han visto y estos últimos les pagan para que declaren que los discípulos hurtaron el cuerpo mientras los guardias dormían.

En seguida viene el encuentro entre Cristo y los discípulos: «El resucitado envía a sus discípulos en comisión» (Mateo 28:16-20).

En cuanto a los once discípulos...

Falta Judas: el bello, el maravilloso, el increíble Judas que ha sacrificado su felicidad para que el proceso se realice. Con José, él es el gran cómplice de Cristo. Sin él no habría habido una crucifixión y, por tanto, tampoco una coronación de la obra. Judas, el santo de los santos, que está en el paraíso.

En cuanto a los once discípulos, fueron a Galilea, a la montaña donde Jesús les había ordenado ir.

Se trata de una montaña de Galilea que es imposible identificar, pero que acaso Mateo aproxima a aquellas de la Tentación y de la Transfiguración.

Como vimos, decir una montaña es decir el centro de un círculo. Simbólicamente, cuando se habla de una montaña se habla de un pozo interior. Avanzamos desde el exterior hacia la cima de nuestra montaña interna.

Cuando lo vieron, se postraron, pero algunos tuvieron dudas.

¿Dudas todavía?

Jesús se acercó a ellos y les dirigió estas palabras: «Todo poder me ha sido dado en el cielo y sobre la tierra. Por tanto, id, de todas las naciones haced discípulos, bautizándolos en el Nombre del Padre, y del Hijo, y del Espíritu Santo, enseñándoles a guardar todo lo que os he prescrito. Y he aquí que yo estoy con vosotros todos los días, hasta el fin del tiempo».

Él está con nosotros todos los días hasta nuestra muerte, hasta el fin de nuestro tiempo. Hagamos discípulos. Pongámonos en el centro. Aceptémoslo como Dios interior y él estará con nosotros hasta el fin de nuestro tiempo. Jamás estaremos solos.

La soledad consiste en no saber estar con uno mismo, con su Dios interior. Desde que encontramos a nuestro Dios interno, jamás estamos solos, jamás débiles, sino siempre en fortaleza. Él nos ayuda a vencer cualquier dificultad. Nos volvemos invulnerables. Nuestra fe es indestructible. Nuestra palabra y nuestra obra lo son también. Esa fuerza nos acompañará hasta el fin de los tiempos, hasta el final de nuestro tiempo.

La resurrección según Marcos
(Marcos 16:9-20)

Veamos ahora cómo Marcos relata la resurrección de Jesús en su capítulo «Apariciones de Jesús resucitado».

Resucitado Jesús la mañana del primer día de la semana, se apareció primeramente a María de Magdala, de quien había echado siete demonios.

Jesús había echado siete demonios: el demonio del chakra Muladhara, que está situado en el perineo; el del chakra Svadishtana, al nivel del sexo; el de Manipura, a la altura del vientre; el de Anahata, a nivel del plexo cardiaco; el de Vishuda, en la garganta; el del chakra Ajna, a la altura de la frente, y el de Sahasrara, en la parte más alta del cráneo.

Lo que ciertas culturas llaman los chakras son, como ya vimos, centros nerviosos del cuerpo donde la energía debe circular libremente. Estar poseído por un demonio equivale a no vivir el Dios interior, no dejar circular libremente la energía. En el fondo, el demonio es un tapón, una traba a la energía que nos impide vivir nuestro proceso tal como se presenta. Los chakras son flores abiertas a la nada. El pecado consiste en olvidar la energía esencial.

Jesús había retirado en María de Magdala todas las trabas que inhibían su proceso. Esto equivalía a decirle «¡Vive! ¡Vive tus energías tal como son!».

Y ella partió a anunciarlo a los que habían estado con Él, que estaban en el duelo y los lloros.

Hoy existen muchas personas que todavía siguen, pese a todo, llorando la muerte de Cristo. Continúan haciendo sufrir a sus prójimos y diciendo que la vida de Cristo es un sacrificio y no un proceso triunfal. Estamos todavía martirizándonos «para seguir el ejemplo de Cristo». Nos quedamos en la crucifixión y no avanzamos hacia la gloria, hacia la coronación de la obra, hacia la perfección.

Es como si definiéramos al parto por sus dolores, tratando

de ocultar por completo el nacimiento de un niño, el arribo de un ser nuevo. Este último no es visto: no existe. Sólo existe el dolor producido por su nacimiento. Resulta monstruoso, pero a veces así es.

Y ella partió a anunciarlo a los que habían estado con Él, que estaban en el duelo y los lloros. Pero, oyendo decir que vivía, y que ella lo había visto, no lo creyeron.

¡Cómo les cuesta dejar de ser payasos! Vieron resucitar a Lázaro, asistieron a todos los milagros de Cristo y no creen que Él pueda resucitar.

Después de esto, apareció bajo otro aspecto a dos de ellos [de los discípulos] que iban en camino, yendo al campo.

Ahora el Cristo no está fijo en una forma dada. Puede cambiar de aspecto en función de la persona con la que establece comunicación. Esto quiere decir que la morfología de base no existe y que el verdadero rostro de este Cristo es un espejo. Con un amor y una generosidad infinitos, se adapta a cada persona que se le aproxima. No tiene Yo.

Nosotros mismos no tenemos una forma fija. Podemos cambiar, descubrir nuestros otros aspectos posibles, si nos damos cuenta de que nuestro Yo es una ilusión.

Cuando nos volvemos un ser nuevo, no somos reconocidos en nuestro entorno. Con un amor infinito, debemos ocultar nuestra transformación hasta que el otro se adapte a nuestra nueva forma de ser. No asustarlo.

En el Evangelio de Juan (20:15), María Magdalena lo confunde con el guardián del jardín. Esto me recuerda una historia zen en la que una persona desea encontrar a un famoso maestro zen. Llega a su domicilio y cree descubrirlo en el jardín rodeado por algunos discípulos que lo escuchan religiosamente. Viendo a un viejo jardinero que barre las hojas secas, el visitante le pide que le presente a su Maestro. A esto el anciano responde «¿Qué desea usted? Yo soy el Maestro. Él es mi mejor discípulo».

El Maestro más poderoso es aquel que confundes con un ser humano cualquiera. Cuando te le aproximas, no ves nada. Es completamente parecido a ti: es un Maestro invisible.

El día en que encontremos a nuestro Cristo interior, será muy parecido a nosotros. Nos llevará poco a poco a nuestro desarrollo sin deslumbrarnos, de una manera desinteresada.

Existen numerosos Maestros invisibles en el planeta. Lo son porque han alcanzado un grado superior de la conciencia humana y no se hacen notar. No emergen de la masa. Sin embargo, cuando nos encontramos con un ser semejante, sin saber por qué nos sentimos muy bien. No nos damos cuenta, pero este ser nos hace el bien. Tiene la capacidad de hacerlo sin decírnoslo. Ora por nosotros, nos ayuda, nos sana con sus buenas vibraciones. Desde que entramos en su círculo nos envuelve en su energía, nos sostiene, piensa en nosotros, nos auxilia constantemente, y a pesar de todo lo ignoramos.

Un Maestro invisible nos conduce al desarrollo y a la realización sin deslumbrarnos y sin exigir ninguna clase de retribución. Su pasión: pulir gratuitamente el diamante interior del otro.

...se apareció bajo otro aspecto a dos de ellos que iban en camino, yendo al campo. Ellos fueron y lo hicieron saber a los otros; y ni aun a ellos creyeron. En seguida, se apareció a los once, estando ellos sentados a la mesa, y les reprochó su incredulidad y la dureza de su corazón, porque no habían creído a los que lo habían visto resucitado. Y les dijo: «Id por el mundo entero y proclamad el Evangelio a todas las criaturas».

¿Qué Evangelio? Proclamar el Evangelio es proclamar todas las Escrituras, porque en Lucas (24:44), Cristo dice a los once:

«Éstas son las Palabras que os dirigí, cuando estaba aún con vosotros: que era necesario que se cumpliese todo lo que está escrito de mí en la ley de Moisés, en los Profetas y en los Salmos».

Veamos el Salmo 2, por ejemplo:

> ¿Por qué esta agitación de pueblos,
> Estos inútiles rugidos de las naciones?

¿Por qué todas estas guerras actuales?

> Se levantarán los reyes de la tierra,
> Y príncipes conspirando entre ellos...

Es exactamente lo que vivimos en este momento.

> ...Contra el Señor y contra su Mesías, diciendo...

Vivimos sin duda una conspiración contra el Dios interior, contra la toma de conciencia.

> «Rompamos sus ligaduras...»

Es decir, «Aislémonos en una tumba de piedra».

> «...Y echemos de nosotros sus trabas.»
> El que mora en los cielos se reirá...

Tu Dios interior ríe. La risa es divina.

> El Señor se burlará de ellos.
> Luego hablará a ellos en su cólera,
> Y los espantará con su ira.
> «Pero yo he coronado mi rey
> Sobre Sión, mi santo monte.»

Es a Sión, pues, al que corresponde dar al mundo este concepto de Dios vivo, de Hijo, para que en seguida nosotros lleguemos al Dios interior.

> Yo publicaré el decreto;
> El Señor me ha dicho:
> «Mi hijo eres tú»...

Ahí, en el Salmo de David, comenzamos a ver al Cristo.

«Yo te engendré hoy.»

Nuestro Dios interior nos dice «Tú eres mi hijo».

«Pídeme
y te daré por herencia las naciones,
y como posesión tuya los confines de la tierra.»

Es decir, «Te doy tu cuerpo completo en herencia y te doy también la Tierra».

«Los quebrantarás con vara de hierro;
Como vasija de alfarero los desmenuzarás.»

«Con tu vara harás añicos esta civilización y la arrojarás al basurero de la historia.» Un día se exhibirá en los museos este periodo actual de la historia y se le calificará como un monstruo, un monstruo útil que permitió a la humanidad llegar a donde se encuentra, pero de todas formas un monstruo del que no se desea un resurgimiento.

Todos los países desaparecerán, sólo la metasociedad que estamos creando permanecerá. Aquí y ahora, en la raza humana, una metasociedad está naciendo. Algunos trabajan por la paz, otros por una mejora en la alimentación, otros más por la toma de conciencia, algunos por la evolución de la medicina y una mejor percepción de la salud física, algunos más por un mejor conocimiento de la salud mental, etcétera. Los artesanos de una metasociedad están en la obra: no una sociedad multinacional sino una metasociedad. Hoy, más que nunca, debemos todos colaborar con esta obra, porque la Tierra nos pertenece. Es nuestra herencia.

Debemos crear una nueva interpretación de los Evangelios, una interpretación que corresponda a su verdadero mensaje y a nuestro grado de comprensión. Las malas interpretaciones conducen a la guerra y a la muerte. Creer en un Cristo crucificado nos lleva a la devastación. ¡Creamos en un Cristo triunfante, pleno de luz, de salud y de comprensión! ¡Creamos en una toma de conciencia! ¡Comencemos a creer en la humanidad! De otro modo, veamos lo que en seguida nos predice el Salmo:

> Ahora, pues, oh reyes, sed inteligentes;
> ¡Admitid amonestación, jueces de la tierra!
> Servid al Señor con temor...

En otras palabras, «Servid a vuestro Dios interior».

> Y alegraos con temblor.
> Honrad al Hijo
> Para que no se enoje, y perezcáis en el camino...

Es verdad: perecemos de enfermedades, cánceres, infartos y demás.

> ¡Pues se inflama de pronto su ira!
> Bienaventurados todos los que en Él hallan refugio.

Cuando conocí en México al maestro zen Ejo Takata, su rostro me asombró. Era evidentemente japonés y al mismo tiempo no lo era. Es difícil expresar la sensación que me inspiró, en cierta medida al mismo tiempo parecía un bebé y un anciano. Cuando me recibió, se habría dicho que acogía a un viejo conocido de mil años. Era la fiesta. No nos conocíamos y, sin embargo, me recibió como un hermano. Me tomó de una mano y me condujo ante una caligrafía; me la tradujo (quería decir «Felicidad») y me llevó de regreso a la puerta. Volví a verlo muchas veces y, no obstante, para él todo había sido dicho en el transcurso del primer encuentro. Lo que yo buscaba desde tanto tiempo atrás se resumía en una sola palabra: «¡Felicidad!».

«Bienaventurados todos los que en Él hallan refugio.» ¡Bienaventurados! Nuestro Cristo interior es el refugio. Es el término del sufrimiento. ¡Dejemos de ser víctimas!

En general, en nuestros países civilizados parece respetarse mucho el sufrimiento humano. Pero se le respeta en el sentido en que, cuando una persona sufre, la compadecemos y lloramos con ella, y sin embargo la dejamos en su problema. Es muy infrecuente que le digamos:

«Oye, puedes salir de ese estado. Tu sufrimiento refleja una falta de conciencia. ¡Utiliza esa energía! ¡Comienza a meditar! ¡Céntrate! No te complazcas en tus problemas. ¡Utilízalos como una energía! Piensa que tienes un fogón interior en el cual vas a quemar tu sufrimiento. ¡Crea una imagen, un sentimiento, un deseo! ¡Ponte a crear con esta energía! ¡No la quemes inútilmente! ¿De qué sirve tu dolor? ¡Vuélvelo útil!».

Compadecer a las personas que sufren, sin ayudarlas, proviene del puro narcisismo. Es más interesante ponerlas a trabajar, enseñarles a servirse de su energía.

Antes de concluir su Evangelio por la ascensión de Jesús a la diestra del Padre, Marcos hace decir a Jesús lo siguiente:

«Y estas señales seguirán a los que creen: En mi Nombre echarán fuera demonios»...

No en nuestro nombre sino en el de nuestro Dios interior, expulsaremos las ideas dementes y el sufrimiento de los seres que nos rodean. Y lo haremos porque hemos creído.

«...hablarán nuevas lenguas...»

Hablarán en nombre del Dios interior. Toda lengua metafísica, simbólica, toda verdad será vista desde un ángulo nuevo. Las palabras serán acaso las mismas, pero su contenido será otro. Cuando nos dirijamos a nosotros mismos, nuestra lengua será nueva puesto que no nos miraremos con nuestro viejo punto de vista. Toda nuestra vida nos hemos visto con la mirada de un niño inhibido, y jamás con la de nuestro Dios interior. Quedamos víctimas de los sufrimientos infantiles en lugar de trascenderlos y hacer de ellos nuestra fuerza. Jamás hubiera leído los Evangelios como ahora lo hago, si mi padre no me hubiera transmitido su ateísmo feroz. A cada quien su merecido. Aquel que fue amado en su infancia tiene la posibilidad, y aquel que no fue amado la tiene también. Todo lo que nos llega es por nuestro bien.

«...tomarán serpientes con las manos...»

La serpiente es la libido, la *kundalini*. Los apóstoles dejarán que la energía sexual revigorice sus cuerpos y que se acumule en las palmas de sus manos para darles el magnetismo que cura a los enfermos.

¡Uno no rechaza a la serpiente (la energía sexual): se la utiliza en lo que la consideramos digna de ser utilizada, curar! Y si no elegimos la vía de la inhibición, usamos a la serpiente como debe ser: le imponemos convertirnos en médicos del cuerpo y del alma.

«...y si bebieren un veneno mortífero, no les hará ningún daño...»

Ninguna doctrina mentirosa tendrá poder sobre ti. No te hará ningún mal. Podrá incitarte a la crueldad y al egoísmo por todos los medios posibles, pero no te envenenará el alma. Tu fe será el antídoto que te volverá invulnerable.

«...impondrán las manos sobre los enfermos, y ellos sanarán.»

Es decir que a través de sus manos, darán masaje iniciático a los deprimidos, transmitiendo por el contacto corporal, y sin palabras, un alto nivel espiritual.

La única verdadera imposición de manos consiste en abarcar al ser en su totalidad en el transcurso de la imposición. Mi Dios interior, mi universo entero debe estar presente en mis manos. Debo estar enteramente al servicio de este contacto: a medida que impongo mis manos, todo mi ser reconoce totalmente al ser que recibe mi imposición y lo percibe. El reconocimiento del otro es intelectual, emocional, instintivo, material. A medida que toco a alguien en nombre de Cristo, la comunión y el mensaje completo pasan a cada parcela de su ser.

En una imposición de manos, tu ser entero se da en este contacto.

La resurrección según Lucas
(Lucas 24:13-53)

En el Evangelio de Lucas, como en los otros, los discípulos no dan fe al testimonio de las mujeres y hace falta que el Cristo insista enormemente para que acepten reconocerlo.

La aparición a los discípulos en Emaús
Y he aquí que, el mismo día, dos de ellos iban a una aldea llamada Emaús, que estaba a dos horas de camino de Jerusalén. Iban hablando entre sí de todos estos sucesos. Ahora bien, mientras hablaban y discutían entre sí, Jesús mismo se acercó, y caminó con ellos; mas los ojos de ellos estaban impedidos de reconocerlo.

El Cristo comienza a caminar con ellos y los escucha.

Y les dijo: «¿Qué pláticas son estas que tenéis entre vosotros mientras camináis?». Entonces se detuvieron, con aire sombrío. Uno de ellos, llamado Cleofás, le respondió: «¡Eres el único forastero en Jerusalén que no ha sabido las cosas que han acontecido en estos días!».

Para el Cristo, nada ha sucedido de doloroso, nada, en todo caso, que justifique tener el semblante sombrío. Es por ello que pregunta:

«¿Qué cosas?». Y ellos le dijeron: «De Jesús de Nazaret, que fue un profeta poderoso en obra y en palabra delante de Dios y de todo el pueblo...».

Lo consideran un profeta. Lo ven, pues, como algo proveniente del exterior. Porque ha pronunciado algunas palabras ante todo el mundo, lo catalogan como profeta.

«De Jesús de Nazaret, que fue un profeta poderoso en obra y en palabra delante de Dios y de todo el pueblo; y cómo lo entregaron los grandes sacerdotes y nuestros gobernantes a sentencia de muerte, y lo crucificaron. Pero nosotros esperábamos que Él era el que había de redimir a Israel; y ahora, además de todo esto, hoy es ya el tercer día de que esto ha acontecido. Aunque también nos han asombrado unas mujeres de entre nosotros, las que antes del día fueron al sepulcro; y como no hallaron su cuerpo, vinieron diciendo que también habían tenido visión de sus ángeles, quienes dijeron que Él vive. Y fueron algunos de los nuestros al sepulcro, y hallaron así como las mujeres habían dicho, pero a Él no lo vieron.»

Entonces Él les dijo: «¡Oh insensatos, y tardos de corazón para creer todo lo que los profetas han dicho! ¿No era necesario que el Cristo padeciera estas cosas, y que entrara en su gloria?».

Les dice «¿Por qué os quedáis en el sufrimiento cuando el Cristo ha entrado en su gloria?».

Y comenzando por Moisés, y por todos los Profetas, les explicó en todas las Escrituras lo que de Él decían.

Él conoce la Biblia de memoria. Debe de haberles hablado del Salmo 16 (7:11):

> Yo bendigo al Señor que me aconseja:
> Pero aun mis entrañas
> Me advierten en las noches.

En mis sueños, mi conciencia me aconseja y me advierte.

> Al Señor tengo yo siempre ante mis ojos:
> Estando Él a mi diestra,
> Jamás sucumbiré.

> Por eso, mi corazón está contento,
> Mis entrañas exultan
> Y mi cuerpo reposa en lo seguro.
> Tú, cierto, no abandonas mi vida ante el *seol* [sepulcro]...

Su cuerpo no se corrompe.

> ...No dejas a tu amado ver la fosa.
> Tú me muestras la senda de la vida:

Contigo, la alegría hasta la hartura;
A tu diestra, delicias sempiternas.

Acompañados por nuestro Dios interior, es la alegría y el éxtasis. Nos sentimos bien: detenemos la neurosis y el sufrimiento.

Cristo explica a los caminantes que Él está anunciado como un símbolo de gloria, de alegría, de transformación total, de conciencia absoluta y de eternidad.

Cada uno de nosotros es una fórmula única y eterna, que ha sido creada tan bella y perfecta que no puede ser destruida. Esa fórmula está inscrita aquí y ahora para la eternidad. Entonces, ¡vivamos nuestra eternidad! De otro modo, sufriremos y nos convertiremos en egoístas amargados.

Llegaron a la aldea adonde iban, y Él hizo como que iba más lejos. Mas ellos lo requirieron, diciendo: «Quédate con nosotros, porque viene la noche, y el día está ya avanzado». Entró, pues, a quedarse con ellos.

¡Qué ceguera espiritual! ¡Aún no lo reconocen!

Y aconteció que estando sentado con ellos a la mesa, tomó el pan, pronunció la bendición, lo partió y les dio. Entonces sus ojos se abrieron y lo reconocieron; mas Él se desapareció de su vista.

Por piedad hacia ellos, les muestra una forma reconocible a fin de tranquilizarlos; después desaparece para llevarlos más lejos.

Y se decían el uno al otro: «¿No ardía nuestro corazón en nosotros, mientras nos hablaba en el camino, y cuando nos abría las Escrituras?».

Al mismo instante partieron y volvieron a Jerusalén; hallaron a los once reunidos, y a los que estaban con ellos, que decían: «¡Es verdad! El Señor ha resucitado, y ha aparecido a Simón».

Y ellos contaron las cosas que les habían acontecido en el camino, y cómo lo habían reconocido al partir el pan.

La aparición a los once

Mientras ellos aún hablaban de estas cosas, Jesús se presentó en medio de ellos, y les dijo: «La paz sea con vosotros».

¿De qué paz se trata? Se habla tanto de hacer la paz en el mundo...

Cuando el Cristo dice «La paz sea con vosotros» afirma «Que la paz sea en tu cabeza, en tu corazón, en tu sexo y en tu cuerpo. Que ella sea en tu ser esencial. Que seas colmado de paz. No tengas ningún miedo. Entrégate a tu Dios interior a fin de reposar en las delicias del infinito y la eternidad. Sean quienes sean los padres que has tenido en el árbol genealógico, piensa que es el universo el que te ha creado. El universo es benévolo para ti. Posees un Dios interior que no tiene nombre. Posees tu eternidad. Lo que más desees se realizará. Anda tranquilo: estás destinado a la realización. La raza humana y todas las otras razas sutiles están conjuntamente destinadas a convertirse en la conciencia cósmica. Cuando se realice la paz en la Tierra, se realizará la paz en el universo. Como obreros infatigables, debemos trabajar en la creación del universo de conciencia cósmica».

A través de esta crisis maravillosa, estamos naciendo a la verdadera metasociedad de la que el ser humano tiene necesidad. Tú participas en ella desde tu tumba de piedra. Sin exigir nada de los otros, creas tu propia paz interior e invitas a los otros a crear la suya. Y de paz interior en paz interior, llegaremos a dar la paz al mundo.

¡No deleguemos nuestro poder! ¡Realicemos nuestra paz interior! Es lo que aconseja el Cristo al decir «La paz sea con vosotros».

No dice «¡Id a construir una iglesia!» sino «Id a hacer una reunión de personas en paz».

No pide tampoco que dejemos el sexo fuera de la iglesia ni exclama que sólo el hombre puede comunicarse con Dios mientras que la mujer puede únicamente comunicarse con el hombre. Jamás apartó de Él a las mujeres. Todas las mujeres a las que se aproximó estaban realizadas sexualmente. Incluso la Virgen lo estaba: recordemos siempre que el Evangelio nos dice muy claramente que ella tuvo cuatro niños y varias hijas después del nacimiento de Cristo. Él jamás estuvo rodeado por hombres impotentes y mujeres frígidas, sino que lo acompañaron verdaderos y completos seres humanos. Si no reconocemos esto, nos encaminamos a la guerra y la devastación.

Espantados y sacudidos de temor, pensaban ver un espíritu. Y Él les dijo: «¿Qué es esta turbación, y por qué esas objeciones se levantan en vuestros corazones? Mirad mis manos y mis pies: Yo mismo soy. Tocadme, y ved; un espíritu no tiene carne, ni huesos, como veis que yo tengo». Con estas palabras, les mostró las manos y los pies. Como bajo el efecto del gozo, permanecían aún incrédulos, y como se maravillaban, les dijo: «¿Tenéis algo de comer?». Entonces le ofrecieron un pedazo de pez asado. Y Él lo tomó y comió ante sus ojos.

El Cristo no necesitaba ser vegetariano. Al degustar este pedazo de pez no pierde su pureza, puesto que todo lo que introduce en su boca se purifica a su contacto.

Después les dijo: «He aquí las palabras que os dirigí cuando aún estaba con vosotros: que era necesario que se cumpliese todo lo que está escrito de mí en la ley de Moisés, en los Profetas y en los Salmos».
Entonces les abrió el entendimiento, para que comprendiesen las Escrituras; y les dijo: «Así está escrito: el Cristo padecerá, y resucitará de los muertos al tercer día; y se predicará en su nombre la conversión y el perdón de pecados en todas las naciones, comenzando desde Jerusalén».

Perdonaremos a todo el mundo conforme a este extracto del «Padre Nuestro»: «Y perdónanos nuestras ofensas, como también nosotros perdonamos a quienes nos han ofendido».
Lo primero que hay que hacer cuando estudiamos nuestro árbol genealógico es perdonar a toda nuestra familia. Es el mejor medio para salir del sufrimiento. Perdonar es comprender.

«Sois vosotros los que habéis sido testigos [...].» Luego los envió hasta Betania y, levantando las manos, los bendijo. Y aconteció que bendiciéndolos, se separó de ellos, y fue llevado al cielo.

La resurrección según Juan
(Juan 21:15-23)

En este pasaje de Juan, veremos que lo que dice el Cristo puede ser aproximado a lo que comentábamos al principio respecto a nuestras cuatro partes.

La misión pastoral de Pedro
Después de la comida, Jesús dijo a Simón Pedro: «Simón, hijo de Juan, ¿me amas más que ellos?». Él respondió: «Sí, Señor, tú sabes que te amo», y Jesús le dijo entonces: «Apacienta mis corderos».

¿Apacienta mis corderos? ¿Adónde quiere Cristo llegar? Veamos lo siguiente.

Una segunda vez, Jesús le dijo: «Simón, hijo de Juan, ¿me amas?». Él respondió: «Sí, Señor, Tú sabes que te amo», y Jesús le dijo: «Pastorea mis ovejas».

Esta vez avanza un poco. En la primera ocasión, el Cristo dice «Apacienta mis corderos», es decir «Alimenta a mis corderos», y ahora añade «Eres el pastor de mis ovejas».

Una tercera vez, le dijo: «Simón, hijo de Juan, ¿me amas?». Pedro se entristeció de que le dijese la tercera vez: «¿Me amas?», y le respondió: «Señor, Tú que conoces todas las cosas, sabes bien que te amo». Jesús le dijo: «Apacienta mis ovejas».

La escena tiene lugar después de la comida. Al comer el pan partido por el Cristo (el pan es la hostia), Simón-Pedro lo ha amado con su cuerpo. En seguida, a la primera pregunta, responde con el intelecto: «Sí, Señor, Tú sabes que te amo». La segunda vez responde con el corazón, y la tercera («Señor, Tú que conoces todas las cosas, sabes bien que te amo»), responde con la fuerza instintiva.

A la pregunta de Cristo, cada parte de su cuerpo se pronuncia a favor de este amor.

Cristo le dice entonces:

«De cierto, de cierto te digo: Cuando eras joven, te ceñías la cintura, e ibas a donde querías...»

Esto es: «Cuando eres joven, no tienes experiencia. Tú mismo te ciñes la cintura y vas a donde quieres. Tu ego ordena y tú te pliegas a su voluntad, pero no estás verdaderamente centrado en la verdad».

«...mas cuando ya seas viejo...»

En la Biblia resulta muy claro que hacerse viejo no significa volverse senil. Muy por el contrario, con la vejez alcanzamos la gloria de nuestro proceso. El Dios interior no conoce la decadencia.

La senilidad acompaña a las ideas detenidas. Cuando el pensamiento se detiene, se instala en una forma; ahora bien, toda forma debe envejecer. Cuando nos fijamos en una forma mental, envejecemos. A la inversa, cuando permanecemos vivos interiormente, no nos alcanza la decadencia. La progresiva decrepitud de la carne no significa nada.

«...cuando ya seas viejo, extenderás tus manos, y será otro quien te ceñirá la cintura, y te llevará a donde no quieras.»

Lo que significa «Te abandonas a la voluntad divina. Ya no eres tú quien actúa: la acción se realiza a través de ti y tú obedeces».

Jesús habló así para indicar de qué muerte Pedro debía glorificar a Dios.

Jesús habla para decir que Pedro debe morir en su vieja imagen de joven para nacer a la de un hombre que se da a la voluntad divina.

Y dicho esto, añadió: «Sígueme».

He aquí todo su mensaje: «Sígueme».

«Cuando eras joven, te ceñías la cintura e ibas a donde

querías. Ahora, déjame ceñir tu cintura: te llevaré a donde no quieres ir. Para ir a donde quiero, no debes desear nada: debes dejarte llevar. ¡Sígueme! ¡Déjame llevarte! ¡Te conduciré a donde debes ir!»

El discípulo amado y el testimonio que permanece
Volviéndose, Pedro vio que los seguía el discípulo a quien amaba Jesús...

Jesús ve a Juan. Con este último mensaje de Cristo, Pedro ha recibido *todo*.

Volviéndose, Pedro vio que los seguía el discípulo a quien amaba Jesús, el mismo que, en el curso de la comida, se había inclinado hacia su pecho, y le había dicho: «Señor, ¿quién es el que te ha de entregar?».

Juan es también un ingenuo. ¿Por qué se preocupa de saber quién entregará al Cristo? ¿Acaso ha planteado esta pregunta porque él mismo habría querido llevar a cabo esa tarea? Es un honor entregarlo, en la medida en que esto engendra el más bello sacrificio que pueda existir.

Si no sacrificamos nuestra vieja imagen, el hombre nuevo no podrá nacer. No podremos realizar la glorificación de nuestro ser de luz.

Cuando Pedro lo vio, dijo a Jesús: «Y a él, Señor, ¿qué le sucederá?».

Pedro cree que va a morir en atroces sufrimientos. Piensa que se le va a atar con un cinturón, que se le va a aprehender y a torturar... No comprende. No sabe lo que significa perder la voluntad y dejarse guiar.
Pedro tiene curiosidad de saber lo que sucederá a Juan, el discípulo predilecto. «Y a él, ¿qué le sucederá? ¿Deberá sacrificarse como yo?»
Este pasaje nos habla de los celos. ¿Por qué no se ocupa Pedro de su propia rebanada del pastel? ¿Por qué quiere saber cómo es la rebanada del otro?

Jesús le dijo: «Si quiero que él se quede hasta que yo venga, ¿qué te importa? Sígueme tú».

Es decir, «Si doy más al otro que a ti, ¿qué te importa? Tú has hecho un contrato conmigo y yo lo cumplo. Deja de compararte. Mientras vivas en la comparación, no podrás gozar lo que tienes».

El Cristo ya ha evocado este problema con la parábola de los obreros que reciben todos el mismo salario aunque algunos hayan trabajado una jornada entera y otros sólo una hora o dos.

Le dice «Goza tu talento. Si es pequeño, ¡regocíjate de su existencia! Aprende a no celar a los otros. ¡Haz tu trabajo! ¡Desarrolla tu experiencia aparte de toda comparación!».

«¡Detén la comparación! ¿Con quién te comparas cuando te juzgas bello, feo, inteligente, mediocre, pequeño, etcétera?» La comparación impide vivir. Nadie es mejor o menos bueno que nosotros.

En el dominio espiritual, no existe iluminación que sea mejor que la nuestra. No queremos la iluminación, el éxtasis del otro. La iluminación consiste en satisfacerse de lo que uno tiene. No querer más.

Mientras no estemos felices por lo que tenemos, no obtendremos más. Para desarrollar nuestros valores, hay que reconocerlos e investirlos sin compararse. No utilizamos lo que tenemos porque queremos más y mucho más.

Es a partir de este dicho que se extendió entonces, entre los hermanos, que aquel discípulo no moriría. En realidad, Jesús no le dijo que no moriría, sino más bien: «Si quiero que él se quede hasta que yo venga, ¿qué te importa?».

Cristo da su mensaje: «Si quiero dar la inmortalidad a uno y la muerte al otro, ¿qué te importa? ¡Acepta exactamente lo que te doy! ¡No me pidas lo que tienen los otros! ¡Déjate poseer por mí!».

Y, sobre todo:

Sígueme.

Obras de Alejandro Jodorowsky
publicadas en Ediciones Siruela:

El niño del jueves negro (1999)

La danza de la realidad (2001)

Donde mejor canta un pájaro (2002)

Albina y los hombres-perro (2002)

El tesoro de la sombra (2003)

Psicomagia (2004)

La vía del Tarot
(con Marianne Costa, 2004)

Yo, el Tarot (2004)

El maestro y las magas (2005)

El loro de siete lenguas (2005)

Cabaret místico (2006)

Las ansias carnívoras de la nada (2006)

Evangelios para sanar (2007)

LIBROS DEL TIEMPO

ÚLTIMOS TÍTULOS PUBLICADOS:

197. LA HABITACIÓN DEL POETA
Prosas y poemas inéditos
Robert Walser

198. APRENDIZAJE O EL LIBRO DE LOS PLACERES
Clarice Lispector

199. DISECCIÓN DE UNA TORMENTA
Menchu Gutiérrez

200. PRIMAVERA SOMBRÍA
Unica Zürn

201. LOS VASOS COMUNICANTES
André Breton

202. EL DIABLO ENAMORADO
Jacques Cazotte

203. HISTORIA DE ALADINO O LA LÁMPARA MARAVILLOSA
Antoine Galland (versión)

204. MARCA DE AGUA
Joseph Brodsky

205. ONDINAS
Las ninfas del agua
Gustavo Adolfo Bécquer, Gertrudis Gómez de Avellaneda, hermanos Grimm, Friedrich de la Motte Fouqué, Eduard Mörike, Johann Karl August Musäus

206. EL MAESTRO Y LAS MAGAS
Alejandro Jodorowsky

207. ANSIA
Y otros cuentos
Ingeborg Bachmann

208. CUENTOS DE SOMBRAS
Esopo, Théophile Gautier, E. A. Poe, Gérard de Nerval, Benito Pérez Galdós, Oscar Wilde, Hugo von Hofmannsthal y otros

209. LA CAJA DE HUESO
Antoinette Peské

210. LOS CUENTOS DEL *QUIJOTE*
Miguel de Cervantes

211. UN PUÑADO DE VIDA
Marlen Haushofer

212. LA VOZ DE OFELIA
Clara Janés

213. INGENIEROS DEL ALMA
Frank Westerman

214. MEMORIA PARA EL OLVIDO
Los ensayos de Robert Louis Stevenson
Robert Louis Stevenson

215. EN BUSCA DE MARIE
Madeleine Bourdouxhe

216. PETER PAN
El niño que no quería crecer
James M. Barrie

217. ESCRITO A LÁPIZ
Microgramas I (1924-1925)
Robert Walser

218. EL LORO DE SIETE LENGUAS
Alejandro Jodorowsky

219. EN LA LLAMA
Poesía (1943-1959)
Juan Eduardo Cirlot

220. UN FRAGMENTO DE VIDA
Arthur Machen

221. 1791: EL ÚLTIMO AÑO DE MOZART
H. C. Robbins Landon

222. EL POBRE DERROCHADOR
Ernst Weiss

223. MEMORIAS
Lorenzo Da Ponte

224. HILAROTRAGOEDIA
Giorgio Manganelli

225. TIRANDO DEL HILO
(artículos 1949-2000)
Carmen Martín Gaite

226. INUTILIDAD
William Gerhardie

227. LA CIUDAD SITIADA
Clarice Lispector

228. EL LIBRO DE LAS PREGUNTAS
Edmond Jabès

229. CABARET MÍSTICO
Alejandro Jodorowsky

230. H. P. LOVECRAFT
Contra el mundo, contra la vida
Michel Houellebecq

231. EL HOMBRE JAZMÍN
Impresiones de una enfermedad mental
Unica Zürn

232. SERPIENTES DE PLATA
Y otros cuentos
Rainer Maria Rilke

233. CUENTOS COMPLETOS EN PROSA Y VERSO
Voltaire

234. OP OLOOP
Juan Filloy

235. EL BARÓN BAGGE
A. Lernet-Holenia

236. LA RETICENCIA DE LADY ANNE
Y otros cuentos
Saki

237. LAS ANSIAS CARNÍVORAS DE LA NADA
Alejandro Jodorowsky

238. LA LÁMPARA
Clarice Lispector

239. ESCRITO A LÁPIZ
Microgramas II (1926-1927)
Robert Walser

240. RENACIMIENTO NEGRO
Miklós Szentkuthy

241. DICCIONARIO DE LOS ISMOS
Juan Eduardo Cirlot

242. LOS NÚMEROS OSCUROS
Clara Janés

243. LIBRO DE LOS VENENOS
Antonio Gamoneda

244. TRÍBADA
Theologiae Tractatus
Miguel Espinosa

245. ÁLTER EGO
Cuentos de dobles
E. T. A. Hoffmann, Achim von Arnim, Nathaniel Hawthorne, Henry James, Ambrose Bierce, Théophile Gautier, Guy de Maupassant, Marcel Schwob, R. L. Stevenson, H. G. Wells, Joseph Conrad, César Vallejo y José María Salaverría

246. PARA NO OLVIDAR
Crónicas y otros textos
Clarice Lispector

247. EL PROMONTORIO DEL SUEÑO
Victor Hugo

248. EVANGELIOS PARA SANAR
Alejandro Jodorowsky

ISBN: 978-84-9841-045-7
Depósito legal: M-16.774-2007
Impreso en Closas-Orcoyen